JN423747

북미 대립

서울대학교통일학연구총서 8

북미 대립

탈냉전 속의 냉전 대립

펴낸곳 서울대학교출판문화원
펴낸이 성낙인
지은이 장달중·이정철·임수호

초판 1쇄 발행 2011년 3월 15일
초판 4쇄 발행 2017년 11월 30일
출판등록 제15-3호

주소 (08826) 서울 관악구 관악로 1
대표전화 02-880-5252 **팩스** 02-888-4148
홍보마케팅팀(주문상담) 02-889-4424, 02-880-7995
이메일 snubook@snu.ac.kr
홈페이지 www.snupress.com

ⓒ 장달중·이정철·임수호·2011

저자와의 협의하에 인지는 생략합니다. 잘못된 책은 바꾸어 드립니다.
이 책의 무단 전재나 복제 행위는 저작권법 제98조에 따라 처벌받게 됩니다.

ISBN 978-89-521-1990-2 94340
978-89-521-1029-9 (세트)

서울대학교통일학연구총서 8

북미 대립

탈냉전 속의 냉전 대립

장달중·이정철·임수호

서울대학교출판문화원

US-DPRK Confrontation

Cold War Confrontation within the Post-Cold War Era

Dal-Joong Chang

Jung-Chul Lee

Soo-Ho Lim

Seoul National University Press

서울대학교 통일학연구총서를 내면서

냉전체제가 와해되고 남북교류가 증대하면서 21세기 한반도의 창조적 미래구상이 절실히 요청되고 있다. 우리의 희망과는 달리 남북관계는 여전히 불안정하고 국제정세 또한 유동적이지만, 상호적대적인 분단체제는 더 이상 유지되기 어려운 상황임이 분명하다. 민주화와 경제발전을 성공적으로 이룩한 우리 사회의 역량을 바탕으로 통일한국의 미래를 기획하고 추진하는 일이 핵심적인 시대적 과제로 부각되고 있다.

어떤 형태의 통일이 바람직할 것인가에 대해 완전한 합의를 얻기는 쉽지 않다. 통일이 이루어질 시기를 예측하기도 어려우며, 통일과정이 반드시 점진적이거나 평화적일 것이란 보장도 없다. 우리가 원치 않는 방식으로 통일문제에 맞부딪치게 될 가능성도 얼마든지 있다. 그럼에도 불구하고, 아니 그렇기 때문에, 통일에 대한 연구는 더욱 총체적인 시야에서 체계적으로 이루어져야 한다. 실제로 통일과정에 돌입했을 때 그 전 과정을 적절히 관리할 역량이 갖추어지지 못하면 오히려 심각한 갈등과 후유증을 겪을 우려가 크기 때문이다.

통일논의가 구체화되고 정책적 실현가능성이 높아지면 질수록 그에 적합한 전문성과 책임성을 갖추기 위해 노심초사해야 하는 것이 한국 지식인의 책무일 것이다. 반세기 이상 남북한 주민들이 경험해온 상이한 제도와 관행을 적절히 통합하고 전쟁의 상처와 오랜 대립에서 비롯되는 적대감과 이질성을 극복하기 위해서는 고도의 전문성과 기획력이 무엇보다도 필요하다. 한반도 통일을 바람직한 동북아 지역질서와 연계시키고 보다 나은 공동체를 구현하는 일도 지식인들의 높은 식견과 섬세한 대응역량이 없이는 불가능하다.

서울대학교는 2003년부터 통일학 연구 지원사업을 시작하였고, 우리 사회의 지적 대응능력을 키우는 데 진력하고 있다. 서울대학교의 통일연구사업은 북한에 대한 지역연구 차원을 넘어서 통일과정 전반에서 고려되어야 할 쟁점들을 학제적으로 분석하는 데 목적을 둔다. 따라서 정치, 경제, 사회, 역사, 문화, 환경의 영역은 물론이고 농학과 의학, 과학기술과 예술 및 체육에 이르기까지 광범위한 영역을 포괄한다. 이 일을 총괄하는 서울대학교 통일연구소는 국내외의 연구기관 및 연구자들과 교류하면서 종합학문으로서의 통일학을 정립하고자 애쓰고 있다.

서울대학교 통일학 연구총서는 이러한 학문적 노력의 결실이다. 이 총서가 우리 시대 최대의 과제인 분단극복과 통일한국을 향한 역사적 장정에 긴요한 지적 자산이 되기를 기대한다. 또한 소모적인 이념 논란을 지양하고 창조적인 대안과 정책적 지혜를 탐색하는 이성적 도구로 활용되기를 바란다. 끝으로 통일연구의 시대사적 중요성을 인식하고 서울대학교 통일연구사업의 제도적 바탕을 마련해주신 정운찬 전 총장님과 변함없이 이 연구사업을 지원, 격려해주시는 이장무 총장님께 깊은 감사를 표한다.

2006년 8월

서울대학교 통일평화연구소 출판위원회

머리말

냉전 시기 사회주의 사회에 대한 유명한 조크는 "오직 미래만이 확실하며, 과거는 항상 변한다"는 것이었다. 이것은 마르크스-레닌주의 이론가들의 가장 중요한 발견 중의 하나였다. 과거는 언제나 변화하고 있지만 미래의 유토피아 도래만은 확실하다는 것이다. 하지만 냉전의 종식과 더불어 서방 전문가들이 발견한 사회주의 사회의 '확실한 미래'는 공산권 이론가들이 내다본 유토피아와는 정반대였다. 그 확실한 미래는 유토피아의 도래가 아니라 체제의 붕괴 아니면 전환이었다.

북한 체제의 미래가 어떻게 전개될지 모르는 가운데 이와 같은 체제 붕괴 내지 전환의 미래는 탈냉전 후 북한체제에 대한 이론적 접근은 물론 정책적 접근의 전제로 등장하고 있었다. 특히 1994년의 제네바 북미합의과정에서 이미 나타났듯이 북한체제의 붕괴 내지 전환은 시간문제로 받아들여지고 있었다. 하지만 탈냉전 후 20여 년 간의 북미 대립과정은 이와 같은 예측이나 전제가 얼마나 자기 충족적 판단에 근거한 것이었나를 여실히 드러냈다. 이 책을 쓰게 된 주요 목적은 바로 이와 같은 자기 충족적 판단이 초래한 북미관계의 실상에 대한 이해의 혼란을 줄이는 데 있다. 또한 이에 못지않게 중요한 목적은 북한과 미국 사이에 오고 간 말과 선언, 그리고 합의 등을 1차 자료로 사용하여 그 뒤에 숨겨진 정치적 계산과 갈등의 의미를 밝혀내는 데 있다. 이를 위하여 우리는 1차 자료로서 북미 간에 오고 간 커뮤니케이션의 흐름이 갖는 가치를 예시함으로써 전문가들은 물론 일반 독자들이 각자 나름대로의 해석을 내리는 데 도움이 되도록 하였다.

말할 필요도 없이 오늘날 우리 사회에 만연하고 있는 북한에 대한 이해는 아주 단편적인 증거에 의존한 지극히 자의적인 해석에 좌우되고 있는 경우가 많다. 어느 서구의 공산권 전문가가 지적했듯이 마치 정신분석학자가 한두 개의 꿈을 근거로 죽음에 이르는 결론을 내리듯이, 우리 사회의 북한 연구도 어느 한 사람이 단편적인 증거를 가지고 주장을 하면 그것을 그대로 기정사실화 해버리는 현실에서 아직 탈피하지 못하고 있는 실정이다. 북한에 대해 너무 적은 증거로 너무 많은 해석을 도출해온 것이 우리의 현실임을 부인하기 어려운 것이다. 이러한 문제점을 탈피하기 위해 우리는 북한의 미디어를 통해 나타난 많은 증거들을 샘플링하여 이들 증거들을 하나의 의미있는 패턴으로 엮으려 노력했다. 이렇게 함으로써 우리는 어떤 특정 해석에 매몰되지 않고 새로운 증거에 따라 새로운 가설을 만드는 방식으로 작업을 진행할 수 있었다. 여기서 우리는 실제로 미디어를 통해 나타난 것 못지않게 실체를 드러내지 않으면서 미국에 전달하려고 한 메시지가 어떠한 것이었는가를 분석하는 데 초점을 맞추었다. 이를 위하여 우리는 북미 대립을 북미관계의 전체적 맥락에서 파악하려 노력했다.

이러한 취지하에 작성된 본 저서의 내용은 크게 ≪제I부 역사≫와 ≪제II부 이론과 쟁점≫으로 나뉜다. 먼저 ≪제I부 역사≫는 <1장 냉전 엔드게임과 북미 대립>, <2장 탈냉전과 前 제네바합의체제>, <3장 제네바합의체제>, <4장 6자회담체제>로 구성되어 있다. 1장에서는 북핵 위기를 바라보는 저자들의 관점과 시각을 정리하였다. 그리고 나머지 장들에서는 상기한 관점을 바탕으로 탈냉전 이후의 기간을 크게 3시기로 구분하여 각 시기별로 북한과 미국이 서로를 어떻게 보고, 또 어떻게 대응해왔는가를 분석했다. 여기서 중요한 것은 과연 북한의 선택이 합리성(rationality)에 바탕한 것이었느냐 하는 점이다. 이에 대한 평가는 고도의 정치적 현실주의라는 주장과 "미친 짓"이라는 주장으로 양극화되어 왔다. 그러나 실제 분석 결과는 전자에 보다 가까운 것이었다.

다음으로 ≪제II부 이론과 쟁점≫은 이론적 논의와 쟁점을 중심으로 하되 북미관계를 넘어 보다 포괄적인 한반도 차원에서의 논의를 전개하고 있다. 먼저 <5장 북한의 핵억지 전략: 제한적 비핵화 vs. 전면적 비핵화>에서는 북한의 핵전략과 북핵 문제 자체가 내포하고 있는 기술적 문제들에 대한 보다 면밀한 검토를 시도한다. 그리고 <6장 남·북·미 관계: 민족 vs. 동맹>은 북미관계의 변화를 중심으로 해서 북미관계가 남북관계 그리고 한미관계에 미치는 영향 혹은 그 연관성을 보고자 했다. 이는 북핵 문제를 넘어 한반도 탈냉전의 문제를 보다 종합적으로 조망하기 위함이다. 다음으로 <7장 한반도 평화체제: 남북 평화협정 vs. 북미 평화협정>에서는 주로 남과 북에 초점을 맞추어 기존의 한반도 평화구축의 논의가 어떻게 전개되어 왔으며 양측의 입장은 무엇이었는지를 면밀히 살펴본다. 또한 한반도 평화체제 구축의 문제가 본격적인 논의의 대상이 되기 시작한 현재 시점의 쟁점들에 대한 간략한 정리와 전망을 담았다.

본 원고가 완성되었을 때 어느 평자는 2007년에 머물지 말고 최근까지의 북미 대립관계까지 분석해주길 요구했다. 하지만 북미관계의 전반적인 틀 속에서 대립과정을 분석하고 있기 때문에 최근의 뉴스까지 다룰 필요는 없을 것으로 여겼다. 더욱이 북미 대립의 근본적인 이슈는 여전히 같은 것이며, 이러한 차원에서 작금의 서로 밀고 당기는 전술적 이슈는 그렇게 중요하다고 보지 않았기 때문이다.

그럼에도 불구하고 본 원고가 탈고된 이후에 나타난 최근의 흐름에서 우리는 앞으로의 북미관계는 물론 남북관계에 의미있는 시사점을 발견할 수 있었다. 그것은 다름 아닌 미국과의 관계 개선을 통한 체제의 안전에 대한 북한의 일관된 집념이다. 북한의 이러한 집념은 혁명을 꿈꾸는 과격한 이데올로기적 체제로부터의 '비틀거리는' 전환을 의미한다. 우리는 그동안 북한이 보여온 매우 다원화된 반응 패턴에서 북한의 이 비틀거리는 현실주의적 모습을 볼 수 있었다. 문제는 언제 그리고 어떻게 이 비틀거리며 나타나고 있는 북한 체제의 현실주의적 전환이 제대로 된 모습을 보일 것인가 하는 것이다. 이러한 최근의 상황에 대한 평가와 전망은 간략하게나마 <8장 에필로그: 전략적 인내와 6자회담의 미래>에 담았다.

어느 국가건 협상을 통해 합의를 이루고, 그것이 국익에 맞지 않을 경우 파기하는 것은 국제적인 관례이다. 하지만 처음부터 준수할 의사도 없으면서 협상에 임하는 것은 의도적인 국제적 배신행위에 다름 아니다. 북한이 어떻게 정당화시키든 그간의 북한의 행동은 이러한 배신행위의 패턴에서 벗어나지 못하고 있었다. 때문에 아마도 앞으로의 북미 대화의 성패는 바로 이러한 북한의 행동패턴을 변화시킬 수 있느냐의 여부에 달려있을 것이다.

서울대학교 통일평화연구소의 연구지원하에 집필자들은 2년여에 걸쳐 이 문제에 관심을 보인 대학원생들은 물론 전문가들과 모임을 지속적으로 가지면서 세미나와 강의, 스터디, 그리고 비공식적인 토론회를 통해 토픽을 선별하고 소제목을 정하는 작업을 벌여왔다. 이들 전문가들과 대학원생들의 적극적인 참여가 없었더라면 방대한 자료의 수집과 정리는 물론 분석 자체가 사실상 불가능했을지도 모른다. 이 자리를 빌려 이 연구가 가능하도록 재정적인 지원과 격려를 아끼지 않은 서울대학교 통일평화연구소의 박명규 소장과 김병로 박사를 비롯한 스텝들에 감사드린다. 그리고 무엇보다도 집필자들을 도와 연구과정을 종합적으로 준비하고 조직해온 서울대학교 정치학과 박사과정 안경모 군의 헌신적인 노력이 큰 도움이 되었다. 또한 안 군과 더불어 연구과정에 적극적으로 참여한 서울대학교 과학사협동과정 강호재 박사, 연세대학교 정치외교학과 이상근 군, 서울대학교 윤리교육과 대학원 신봉철 군, 이화여자대학교 북한학협동과정의 강혜석 양, 와다 하루코 양, 조영주 양, 서울대학교 정치학과 대학원의 이원영 군, 김태경 양, 한지원 양, 조형진 군, 황영민 군, 이선우 군, 연세대학교 통일학협동과정의 양은주 양 등에게 고마운 마음을 전한다.

집필진을 대표하여
장 달 중

차례

표차례

그림차례

제 I 부

역사

제1장*

냉전 엔드게임과 북미 대립

1. 북핵 위기: 우연인가 필연인가?

역사란 우연의 산물인가, 아니면 우연적 사건들의 축적으로 나타난 필연의 산물인가? 1990년대 초 핵 위기 이후 10여 년간의 북미 대립의 역사를 분석한 일본의 한 언론인은 북미 대립이야 말로 "다수의 우연적 사건들이 축적되어 일어난 필연"이 아닐까 하는 생각에 사로잡히게 되었다고 술회한 바 있다.[1]

흥미롭게도 우리 사회에도 북핵 위기를 북미 대립의 필연적 산물로 보는 사람들이 적지 않다. 어떻게 보면 우리 사회에서는 이데올로기적 스펙트럼에 상관없이 거의 모두가 북미 대립의 '예정된 필연(Pre-determined)'이라는 관점에서 북핵 위기를 파악하고 있는 듯하다. 물론 보수진영은 선과 악의 이분법을 통해 북핵 위기를 바라보는 반면, 진보진영은 제국주의적 패권세력과 약소국의 대립이라는 보다 현실주의적인 시각에서 문제를 바라보고 있다는 점에서 두 시각은 분명한 차별성을 지닌다. 그러나 북핵 위기를 한반도에서

---

* 본 장의 내용은 장달중, 2009, 「한반도의 냉전엔드게임(Endgame)과 북미 대립」, 『한국과 국제정치』 제25권 2호에 실린 내용을 수정보완한 것이다.

1 春原 剛, 2004, 『米朝對立: 核危機 10年』, 日本經濟新聞社.

의 탈냉전이 갖는 비대칭성(asymmetry)과 북미 대립이 빚어낸 필연적 결과로 간주하고 있다는 측면에서 두 진영은 동일한 시각을 공유하고 있다고 볼 수 있다.

그러나 이와 같이 북핵 위기를 예정된 필연으로 간주하는 시각은 탈냉전 이후 지속된 한반도의 위기상황을 단순한 우연의 결과로 간주하는 것만큼이나 어리석은 일일지 모른다. 왜냐하면 체제와 구조 차원에만 초점을 맞춘 '필연론'은 위기를 '주어진 것'으로 간주함으로써 정태적인 차원의 분석에 머무르기 쉽기 때문이다. 이러한 시각 속에 대립과 갈등의 이면에서 북한과 미국 사이에 오고간 수많은 '말과 행동', 그리고 그것이 빚어낸 '기회'와 '가능성' 들은 묻히고 만다.

또한 지도자 혹은 해당 집권 세력의 이데올로기나 성향, 분파 간의 갈등 등 양측의 국내정치적 요인들이 간과될 수 있다는 점 역시 이와 같은 시각의 중요한 한계라 할 수 있다. 다시 말해 필연론의 관점에서는 북핵 위기가 궁지에 몰린 북한 최고 지도자의 성향 탓인지, 아니면 적화통일을 위한 준비의 서막인지, 또 아니면 생존게임에 몰린 북한 정권의 억지력 확보의 수단 내지 흥정카드(bargaining chip)인지에 대한 질문이 간과되기 쉽다.[2]

북핵 위기가 북미 대립의 필연적 결과로 이해되고 있는 이와 같은 지배적 흐름의 원인을 살펴보기 위해 우리는 냉전과 탈냉전이 한반도에 부과한 '역설적 상황'을 이해해야 한다. 과연 그러한 역설은 무엇이었을까?

2. 냉전의 역설적 행운: 암묵적으로 합의된 게임의 룰과 확실성의 영역

이론적으로 볼 때 냉전시기 미국과 북한은 일정한 '확실성(certainties)'의

---

2 북한의 핵전략에 대한 논의는 후나바시 요이치, 2007, 노영환 외 역, 『김정일 최후의 도박』, 중앙일보시사미디어, pp. 190–195를 참조할 것.

토대 위에서 서로에 대한 테스트를 전개해왔다고 볼 수 있다. 요페의 지적처럼 냉전체제는 주변부에 대한 중심부의 통제가 매우 엄격하며 기율성(discipline)이 강한 체제였기 때문이다.[3] 이러한 주변부의 전략적 종속성은 냉전체제의 확실성을 담보해준 중요한 버팀목이었다.

예를 들어 케네디 행정부 이래 레이건의 '악의 제국'연설이 있기까지 미소 간에는 서로에 대한 일종의 '암묵적으로 합의된 게임의 룰'이 있었다. 그것은 서로의 도덕적 질서에 대한 정통성 부여를 바탕으로 하고 있었다.[4] 바로 이와 같은 게임의 룰을 통해 냉전은 '열전(hot war)'으로 비화되지 않을 수 있었던 것이다.

냉전기의 북미 대립도 예외가 아니었다. 주변부와 중심부의 종속적 전략관계, 그리고 그것이 제공하는 일정 정도의 확실성은 한반도에서도 뚜렷한 규정력을 발휘해왔다. 모겐소의 표현을 빌리면 이와 같은 체제적 규정은 냉전체제가 북한과 미국에 부여한 일종의 '역설적 행운(paradoxical fortunes)'이었다.[5] 서로의 테스트가 적어도 몇 개의 기본적인 '확실성'에 대한 묵시적 합의를 바탕으로 이루어질 수 있음을 의미했기 때문이다.

물론 냉전시기의 이러한 역설적 행운에도 불구하고 미국과 북한은 불확실성에 시달리는 경우가 적지 않았다. 한국전쟁은 이러한 불확실성이 초래한 테스트의 최악의 결과였다. 한국전쟁으로 현실화된 중심부와 주변부 간의 전쟁은 냉전체제의 역설적 행운에 대한 노스탤지어가 얼마나 허황된 것일 수 있는지를 보여주었던 것이다.[6] 또한 냉전기의 체제적 규정 속에서도 북한은 이탈

---

3 Joffe, Josef, 2006, *Uberpower: The Imperia Temptation of America*, NewYork: W.W. Norton & Company,Inc., pp. 20–29.

4 Gaddis, John Lewis, 2000, "On Starting All Over Again: A Naive Approach to the Study of the Cold War," Rosenbaum, Arthur and Lee, Chae-Jin eds., *The Cold War-Reassessments*, Monograph No. 12, The Keck Center for International and Strategic Studies, Claremont McKenna College, pp. 8–13.

5 Morgenthau, Hans, 1970, "Charles de Gaulle: The Grand Design," *Truth and Powe*, New York, Praeger Publishers, pp. 113–114.

6 Gaddis, *op. cit.*, p.20.

(defection)이나 붕괴(collapse)의 위협을 이용하여 중심부에 영향을 미치는 역전된 패턴을 보여왔다. 특히 중소분쟁 이후 공산권이 분열된 상황은 북한으로 하여금 '약자의 전횡(the tyranny of the weak)'을 가능케 하는 조건이 되었다.[7]

그러나 북한이 사용한 자율성 혹은 '약자의 전횡'이라는 카드는 제한적일 수밖에 없었다. 왜냐하면 냉전의 구속력은 북한으로 하여금 결코 북미 대립의 '결과'를 결정지을 정도의 자율성을 허용하지 않았으며 기껏해야 '페이스'를 조절할 정도의 영향력만을 허용했기 때문이다. 따라서 일정정도의 불확실성에도 불구하고 냉전기 북미 대립은 체제적 규정에 따른 확실성의 영역 내에서 서로를 테스트하는 '역설적 행운'을 누려왔다.

3. 냉전의 붕괴와 사라진 기회

어떻게 보면 세계적 차원에서의 냉전 붕괴는 미국과 북한이 냉전시기의 딜레마에서 해방될 수 있는 변화와 기회의 측면을 내포하고 있었다. 탈냉전 직후 미국과 북한은 다 같이 탈냉전의 구조적 변화가 한반도에 미칠 이러한 '기회'의 측면을 충분히 인식하고 있었다고 볼 수 있다.

북한의 입장은 1992년 김일성의 워싱턴타임스 기자들과의 대화를 통해 분명하게 드러났다.[8] 그는 냉전기 북미 대립의 지속 원인을 미국의 제국주의적 정책이 아닌 '동서간의 랭전' 때문이었다고 지적하고 "랭전의 종식과 함께 조미 사이의 비정상적인 관계를 개선할 데 대한 문제가 일정에 오르게 된 것은 응당한 일"이라고 강조했다. 따라서 "평양에 미국대사관을 개설할 가능성" 역시 "앞으로 조미관계가 어떻게 개선되는가 하는 데 따라 결정될 문제"라는 견해를

---

7 양극체제의 경쟁이 약소국의 영향력을 오히려 증대시킬 수 있다는 논리로는 Keohane, Robert, 1971, "The Big Influence of Small Allies," *Foreign Policy* (Spring)을 참조할 것.

8 김일성, 1993, 「미국 <워싱톤타임스> 기자단이 제기한 질문에 대한 대답(1992년 4월 12일)」, 『조선중앙연감』, 조선로동당출판사.

피력했다. 이는 "미제의 각을 이르는 곳마다에서 뜨게 되면 미제는 결국 멸망할 것"이며 교차승인이 "나라의 분렬을 법적으로 영구화하는, 두개의 조선 조작 책동"에 불과하다고 주장하던 냉전기의 대미 인식과는 분명히 다른 차원의 인식이었던 것이다.[9]

미국도 한반도 냉전구조 해체의 기회를 모색하기 시작했다. 이미 레이건 행정부 시기 "조심스런 접근(moderate initiative)" 정책을 통해 북한에 대한 제한적이지만 의미 있는 정책전환의 기회를 모색하던 미국은 탈냉전 후 보다 전향적인 움직임을 보이기 시작했다. 부시(George H. Bush) 행정부의 "포괄적 포용(comprehensive engagement)" 정책은 바로 그러한 변화에 해당한다. 이 정책의 핵심은 북한이 핵개발 계획을 포기할 경우 북한과의 정치적 관계 개선도 추구할 수 있다는 것이었다. 북한과의 관계개선을 위한 지속적이고 호혜적인 과정을 기대한다는 베이커 국무장관의 언급, 그리고 점진적인 북미관계 정상화를 조건으로 대량살상무기의 개발과 확산을 방지함으로써 북한의 위협을 감소시킨다는 내용을 담고 있는 1991년 국가안보검토 28호 역시 이러한 인식의 연장선에 있었다.[10]

이러한 차원에서 한국전쟁 이후 최초의 북미 간 고위급 회담이었던 1992년 1월 22일 노동당 국제담당 비서 김용순과 미 국무부 차관 아놀드 켄터(Arnold Kanter) 간의 접촉은 탈냉전에 따라 북미관계에 분기점이 마련될지도 모른다는 기대감을 증폭시켰다.[11]

그러나 이제 우리 모두가 알고 있듯이 이러한 분기점은 결코 마련되지 못

---

9 김일성, 1983a, 「조선로동당 제5차대회에서 한 중앙위원회사업총화보고(1970년 11월 2일)」, 『김일성저작집』 25, 조선로동당출판사.

10 Wit, Joel, et al.(김태현 역), 2005, 『북핵 위기의 전말』, 모음북스, pp. 7–8; Lee, Chae-Jin, 2006, *A Troubled Peace: U.S Policy and the Two Koreas*, Baltimore: The Johns Hopkins Univ. Press, pp. 130–132.

11 Lee, Chae-Jin, 2006, *A Troubled Peace: U.S Policy and the Two Koreas*, Baltimore: The Johns Hopkins Univ. Press, pp. 135–136; 春原 剛, 2004, 『米朝對立: 核危機 10年』, 日本經濟新聞社, pp. 17–53.

했다. 오히려 미국과 북한은 새로운 테스트의 순간, 순간에 대응해야 하는 시련에 직면하지 않을 수 없게 되었던 것이다. 그 결과 파국적인 전쟁의 가능성이 냉전기 그 어느 시기보다 증폭된 위기상황을 맞이하기까지 했다. 한반도의 냉전을 평화적으로 종식시킬 수 있는 '기회'는 사라진 것으로 보였고 냉전기의 '역설적 행운의 소멸'은 발전적 과정으로서가 아닌 위험의 증폭으로 나타났다. 그렇다면 탈냉전이 한반도에 부과한 질서는 과연 무엇이었는가?

4. 불확실성의 확장과 탈냉전의 역설적 시련

탈냉전이 한반도에 미친 중대한 영향 중 하나는 냉전기의 확실성 영역이 급격히 축소되고 반대로 '불확실성의 영역(areas of uncertainties)'이 확장되었다는 점일 것이다. 이러한 불확실성의 확장은 북미 간의 테스트 게임이 말할 수 없이 복잡해지는 것을 의미했다. 무엇보다도 이것은 서로의 정통성에 대해서는 시비를 금기시했던 냉전기의 암묵적인 게임의 룰이 사라졌음을 의미하는 것이었다. 이 때문에 탈냉전 후 북한과 미국이 벌인 한반도에서의 테스트 게임은 '냉전의 역설적 행운'과는 대비되는 '탈냉전의 역설적 시련'에 시달리지 않을 수 없게 되었다.

이는 냉전의 붕괴에 대한 양측의 서로 다른 해석과 그에 따른 대외전략의 전반적 변화와 밀접한 관련이 있다. 미국의 입장은 다음과 같은 아버지 부시 대통령의 선언으로 분명하게 나타났다.

> 올해 공산주의는 종언을 고했습니다. […] 신의 은총으로 미국은 냉전에서 승리했습니다.[12]

---

12 해당부분의 원문은 다음과 같다. "Communism died this year. […] By the grace of God, America won the cold war." (Bush, 1992.01.28.)

1989년 베를린 장벽의 붕괴와 1991년 소련의 몰락은 지난 40년간 세계를 지배했던 전략적 대결뿐만 아니라 이데올로기적 대결에 종지부를 찍었다. 따라서 미소라는 양극 간의 균형에 의해 탄생되었던 냉전게임의 룰, 그리고 그것이 펼쳐졌던 냉전이라는 무대는 소멸되지 않을 수 없었다. 그러나 단순히 공산주의에 대한 승리를 축하하는 것만으로는 결코 충분치 않았다. 세계를 위한 '새로운 프레임워크'가 필요했다. 그것은 요페[13]의 표현을 빌리면 "40년간 동결되었던 세계가 미국에 의해 새로 만들어져야 함"을 의미하는 것이었다. 이제 세계 여타 국가들은 이 유일 초강대국 미국이 어떤 무대 위에서, 어떻게 힘을 사용할지 주시하지 않을 수 없게 된 것이다.

이에 대한 미국의 선택은 전략적이고, 이데올로기적인 적대국의 소멸, 즉 사회주의의 붕괴가 자국의 섭리에 따른 역사의 완성을 의미한다는 것이다. 후쿠야마의 표현대로 이제 역사의 행진은 미국적 질서 속에서 완성되는 듯 보였다.[14] 탈냉전의 무대에서 미국은 결코 '관중'이나 '배우'가 아닌 스스로 '역사를 쓰는 사람(authors)'이 되어야 한다고 주장한 클린턴 행정부의 국무장관 울브라이트의 언급은 탈냉전에 대한 이러한 미국의 인식을 잘 보여준다.[15] 미국에게 탈냉전의 국제질서는 No.1세력으로서의 미국의 능력과 힘에 의해 지배되는 질서였던 것이다. 미국적 단극질서(unipolarity)로 명명된 새로운 국제질서는 바로 이를 상징하는 것이었다.

단극질서로의 재편을 위해 미국이 들고 나온 것은 전 지구적 개입(global activism)정책이었다. 이것은 유일 초강대국 미국 자신은 물론 여타 국가들의 정책과 행동방향까지도 미국적 규범에 따르도록 바꾸어 놓고자 함을 의미하는 것이었다.[16] 자연히 서로의 정통성에 대한 암묵적 합의를 바탕으로 전개되

---

13 Joffe, Josef, 2006, *Uberpower: The Imperia Temptation of America*, NewYork: W.W. Norton & Company,Inc..

14 Fukuyama, Francis, 1989, "The End of History," *The National Interest*(Summer).

15 Albright, Madelaine, 1997, Statement before the House International Relations Committee, FY-98 International Affairs Budget, February 11, http://secretary.state.gov/www/statements/970211.html (2008.11.02)

었던 냉전 게임의 룰은 유지되기 어렵게 되었다. 이제 역사의 흐름은 선(good)과 악(evil)의 절대적 기준에 의한 싸움으로 바뀌어 전개되기 시작했다.

냉전의 종식은 공산권의 정치지배가 결코 정당한(legitimate) 것이 아니었다는 사실을 분명하게 드러냈다. 공산독재치하의 민중들은 그들을 지배했던 정권이 비록 '사악(evil)'하지는 않았다 할지라도 '정당하지 않은(illegitimate)' 정권이었다는 사실을 알게 되었던 것이다. 이 때문에 냉전의 종식으로 전개되기 시작한 미국적 가치는 민주주의와 자유라는 이상과 표리관계를 이루고 나타나기 시작했다. 이러한 변화는 미국의 힘이 결코 정당하지 않은 나라와의 '국경'에서 멈추지 않을 것임을 예고하는 것이었다. 미국의 입장에서 탈냉전기의 불확실성은 바로 이러한 미국적 질서를 전 지구화시킬 수 있는 기회였던 것이다.

따라서 심각한 경제위기 속에 냉전 엔드게임(endgame)에 몰린 북한 지도자들은 이제 국경에 멈추지 않고 밀려들어 올 탈냉전의 파장이 그들의 운명에 어떤 영향을 미칠지 두려워하지 않을 수 없었다. 북한에게 탈냉전기의 불확실성은 미국과 전혀 다른 의미로, 다시 말해 체제의 '생존위기'로 다가왔던 것이다. 말할 필요도 없이 이러한 탈냉전의 파장이 몰고 올 가장 심각한 도전은 체제의 정통성에 대한 시비였다.

앞서 언급했듯이 냉전시기에는 체제의 정통성에 대한 시비가 테스트 게임의 룰에서 배제되어 있었다. 그러나 그들은 루마니아의 차우세스쿠 처형이나 동독 지도자들에 대한 가혹한 처벌 등을 목격하며 정통성이 없는 지도자에 대한 민중의 단죄가 현실로 나타날 수 있음을 피부로 느끼지 않을 수 없게 되었다.[17] 북한도 이제 더 이상 국경에 멈추어 서지 않을 미국적 질서의 역사적 행

---

16 Joffe, Josef, 2006, *Uberpower: The Imperia Temptation of America*, NewYork: W.W. Norton & Company,Inc., pp. 28–29.

17 소련 <콤소몰 프라우다> 특파원으로 평양에 있었던 포라 코프스키에 따르면 당시 김정일은 "정신 차리지 않으면 우리도 이 꼴이 된다"라며 차우세스쿠 처형을 담은 비디오를 간부들에게 1주일 동안이나 반복 관람시키면서 운명공동체 의식을 북돋았다고 한다. (하기하라, 2005, pp. 20–21)

진에서 반역사적(anti-historical) 세력으로 무대에서 사라질지도 모른다는 두려움에 휩싸이지 않을 수 없게 되었던 것이다.

이것은 일본 식민지배와의 투쟁에서 남한보다 우월한 정통성을 자랑하고 있었던 북한에게는 치명적인 도전이 아닐 수 없었다. 지도자들의 말이나 행동을 중심으로 전개되었던 냉전시기의 정통성 경쟁과는 달리 민중에 의한 정통성의 인식문제가 중요하게 부각되기 시작했기 때문이다. 이것은 상대 체제를 동일한 도덕적 우주에서 움직이는 것으로 간주했을 뿐만 아니라, 서로를 합리적 선택의 관점에서 이해한다고 여겼던 지금까지의 게임 룰에 대한 정면 도전이었다. 냉전의 붕괴가 본격화된 1989년조차 "우리인민의 역사에서 빛나는 자리를 차지하는 긍지 높은 한해"라 규정한 김일성의 호기(豪氣)에도 불구하고 실상은 '체제의 정통성이 도전받는 매우 고통스러운 한 해'에 가까웠던 것이다.[18]

따라서 북한의 가장 시급한 과제는 탈냉전의 파장에 적응하면서 이 파장이 몰고 올 체제의 정통성에 대한 시비를 차단하는 것이었다. 소련 동구 사회주의의 좌절에 대한 보다 직접적인 반응은 김정일이 1992년 1월 3일 노동당 중앙위원회 책임간부들에게 행한 담화 「사회주의 건설의 역사적 교훈과 우리당의 총로선」을 통해 나타났다. 여기서 그는 사회주의의 길이 "새로이 개척해야 할 전인미답의 길"이며, 제국주의와의 첨예한 투쟁 속에서 추진되지 않으면 안 될 것이라고 강조하고, 이러한 사태를 결코 "우연적 현상"으로 보아서는 안 된다고 역설했다. 그의 눈에 비친 소련 동구사회주의 좌절의 원인은 첫째, 사회주의의 본질을 역사의 주체인 인민대중을 중심으로 이해하지 못했고, 둘째, 사회주의와 자본주의의 질적인 차이를 보지 못했을 뿐만 아니라, 셋째, 사회주의 국가들의 당 상호관계에 있어서 자주성에 기초한 국제적 연대를 강화하지 못한 것이었다. 따라서 그는 사회주의 건설과정에서 일부 국가들이 "혁명적 원칙"을 포기하고 제국주의의 압력에 굴복하여 타협한 결과가 다름

---

18 『로동신문』 1990년 1월 1일.

아닌 소련 동구 사회주의의 좌절이었기 때문에 사회주의에 대한 흔들림 없는 신념과 올바른 지도사상을 가지고 혁명의 주체를 끊임없이 강화하는 길만이 탈냉전의 파장에서 살아남을 수 있는 길이라고 주장했다.[19]

정통성의 도전에 대한 북한의 이러한 대응이 하나의 통치담론으로 정식화되어 나타난 것이 바로 "우리식 사회주의"이다. 1990년 김일성의 시정연설을 통해 그 원형이 나타나기 시작한 "우리식 사회주의"는 김정일의 1990년 「우리나라 사회주의는 주체사상을 구현한 우리 식 사회주의이다」와 1991년 「인민대중 중심의 우리식 사회주의는 필승불패이다」를 통해 1990년대의 새로운 통치담론으로 자리매김하게 되었다.[20]

우리식 사회주의의 핵심은 다음의 두 가지다. 첫째는 북한의 사상과 체제의 독창성 및 우월성 강조이며, 둘째는 사회주의 일반원칙의 고수와 혁명의 궁극적 승리에 대한 신념의 재확인이다. 북한은 예외성의 강조를 통해 내부로의 충격을 최소화함으로써 변화가 아닌 지속을 통한 위기돌파를 시도하고 있었던 것이다. 북한의 이러한 '지속' 의지는 미국의 '변화'에 대한 의지와 충돌하며 탈냉전기의 불확실성이 가진 위험을 증폭시켰다.

물론 이러한 불확실성으로 인한 위기의 발생은 단지 한반도에만 국한된 것은 아니었다. 미국적 질서는 역사의 완성을 향해 진행되는 것이 아니라 세계 도처에서 새로운 도전에 직면하게 되었던 것이다. 테러나, 정치적 비합법성, 핵확산, 인종청소, 그리고 국제적 협정 위반 등과 같은 이슈들이 미국적 질서에 대한 새로운 위협으로 등장하고 있었기 때문이다. 이것은 탈냉전이 미국적 질서에 대한 위협자체를 제거하지는 못했음을 의미하는 것이었다. 위협은 제거되지 못한 채 변형된 형태로 나타나고 있었다. 그것들은 다수의 분산된, 그

---

19 김정일, 1997a, 「사회주의 건설의 역사적 교훈과 우리당의 총로선(1992년 1월 3일)」, 『김정일선집』 12, 조선로동당출판사.

20 김일성, 1994, 「사회주의의 완전한 승리를 위하여(1986년 12월 30일)」, 『김일성저작집』 40, 조선로동당출판사; 김정일, 1991, 「인민대중중심의 우리 식 사회주의는 필승불패이다」, 『근로자』, 6호, pp. 3–25; 김정일, 1997b, 「우리 나라 사회주의는 주체사상을 구현한 우리 식 사회주의이다(1990년 12월 27일)」, 『김정일선집』 10, 조선로동당출판사.

러나 집합적으로는 매우 심각한 도전들이었다. 알카에다의 테러나 후세인의 도전, 그리고 북한과 이란의 핵개발 등이 바로 이러한 탈 냉전기의 대표적인 위협들이었다.

북핵 위기는 바로 이러한 탈냉전기 '변형된 형태의 위협'의 하나였다. 이제 불확실성이라는 '탈냉전의 역설적 시련'을 둘러싸고 북미 간에도 새로운 역사가 펼쳐지기 시작했다. 이것은 후쿠야마가 말하는 '역사의 종언'이 아니라, 오히려 토넬슨이 얘기하는 '새로운 시작' 즉 냉전체제에 의해 동결되었던 북미관계의 새로운 단계로의 전화를 의미했다.[21, 22]

5. 충돌하는 냉전 엔드게임: 봉쇄 vs. 벼랑 끝 전술

탈냉진에 따른 불확실성의 증대는 곧 위기의 촉발로 이어졌다. 이것은 탈냉전이 부여한 '기회'에도 불구하고 냉전 엔드게임이 북미 간의 정책 '수렴'이 아니라 '충돌'로 나타났음을 의미하는 것이었다. 그렇다면 각각이 추구한 게임의 전략은 어떠한 내용을 담고 있으며 그 충돌의 양상은 어떠했는가?

중요한 것은 냉전 엔드게임이 탈냉전에 대한 북미 양자 간의 시각차이로 인해 서로 주고 받는 트레이드 오프(trade-off)게임으로 전개될 수 없었다는 것이다. 북한은 이 점에 신경을 곤두세우지 않을 수 없었다. 왜냐하면 베를린 장벽의 붕괴와 소련의 몰락은 트레이드 오프를 통한 '냉전극복'의 산물은 아니었기 때문이다.[23] 공산주의에 사망선고를 내린 부시 대통령에게 '냉전에서의 승리'란 챙긴 케이크를 통째 집어삼키는 것이나 마찬가지였다. 이 때문에

---

21 Fukuyama, Francis, 1989, "The End of History," *The National Interest* (Summer).

22 Tonelson, Alan, 1991, "What is National Interest?" *The Atlantic Monthly* (July), pp. 35–52.

23 Wohlforth, William, 2000, "German Unification: A Reassesement," Rosenbaum, Arthur and Lee, Chae-Jin eds., *The Cold War-Reassessments, Monograph* No. 12, The Keck Center for International and Strategic Studies, Claremont McKenna College, pp. 180–182.

북한은 케이크를 통째로 바치느냐, 아니면 버티느냐의 양자택일의 막다른 길에 몰리게 되었다.

케이크를 통째 집어삼키기 위한 미국의 전략은 다음의 두 가지로 나타났다. 하나는 북한을 동아시아판 헬싱키 프로세스의 틀 속에 끌어들이는 것이었으며, 다른 하나는 봉쇄(containment) 내지 고립을 통해 변화를 강제하는 것이었다.

전자는 탈냉전과 더불어 동아시아에서도 유럽안보협력회의(CSCE, Conference on Security and Cooperation in Europe)와 같은 다자적 안보, 경제협력의 틀이 가능할 것이라는 낙관론에 기반하고 있었다. 이러한 낙관론의 주요한 근거는 유럽에서와 마찬가지로 동아시아에서도 냉전시대의 국제관계를 지배했던 이데올로기적 목표 대신 경제발전의 목표가 우선시되고 있다는 점이었다. 즉 한소관계나 한중관계에서 볼 수 있듯이 이데올로기에 바탕을 둔 구(舊) 동맹체제가 무너지고 경제적 상호이해에 바탕을 둔 새로운 국제관계가 태동하고 있었기 때문이다. 따라서 유럽에서의 헬싱키 프로세스와 마찬가지로 동아시아 지역에서도 경제영역에서 공유된 가치체계가 안보분야에서의 협력체제 모색을 가능케 할 것이라는 낙관론이 대두되었다.

그러나 이러한 기대는 아시아에서는 아직 시기상조였다. 이는 다음과 같은 역사적, 구조적 차이 때문이었다. 먼저 베를린 장벽의 붕괴를 통해 냉전의 갈등을 해소한 유럽과 달리 동아시아에서는 여전히 한반도의 냉전분단뿐만 아니라 중국과 베트남과 같은 '현존사회주의 국가들(existing socialist countries)'이 건재하고 있을 뿐만 아니라, 민족주의적 영토분쟁과 지역적 군비경쟁, 그리고 중상주의적 경제정책이 가장 극심하게 표출되는 지역이기도 했던 것이다. 따라서 대부분의 국제 문제가 쌍무적 차원에서만 해결되어온 지역적 상황에서 갑작스런 동아시아판 CSCE를 기대한다는 것은 무리였다. 또한 이미 헬싱키 프로세스와 잇따른 동구의 몰락을 목도한 북한의 반발 역시 낙관론이 과도한 것이었음을 보여주는 중요한 부분이었다. '경제협력'과 '원조'를 "반혁명을 부추기고 정치적 독립을 침해하려는 제국주의자들의 책동"이자 "상투적 수법"으로 간주하는 북한이 이와 같은 서구의 접근법에 동의할 리 만무했기 때문이다.[24] 따라서 헬싱키 프로세스의 한반도에의 적용은 제대로 시도도 되어보지 못한 채 '한낱 바람에 불과한 고려(wishful thinking)'에 머무를 수밖에 없었다.

그러나 냉전의 종식, 베를린 장벽의 붕괴, 동서독일의 통일, 그리고 1990년의 한소 국교정상화와 1992년의 한중 국교정상화는 사회주의 체제의 붕괴에 따른 독일통일과 같은 상황이 한반도에서도 일어날 수 있을 것이라는 기대를 고조시키지 않을 수 없었다. 특히 냉전의 주요동맹을 상실했을 뿐만 아니라 경제적 지원도 단절되어 심각한 고립에 빠진 북한의 현실은 이러한 기대의 정책화를 재촉했다. 즉 탈냉전을 '승리'이자 '역사의 종언'으로 인식하는 시각에서 보면 사회주의 북한은 위험한, 그러나 쇠약한 패잔병에 불과했던 것이다. 이러한 기대하에 구상된 것이 바로 냉전 엔드게임의 보다 공세적인 버전, 즉 봉쇄와 고립을 통해 북한의 변화 내지 붕괴를 강제하는 두 번째 전략이었다.

이러한 전략의 핵심요소는 국제적 고립과 내부폭발의 결합으로 이해되었다. 왜냐하면 서독에 의한 동독의 흡수통일은 동독에 대한 소련의 지지철회와 '정당하지 못한 정부'의 억압에 대한 동독민중들의 저항의 결합물로 이루어졌기 때문이다. 따라서 한반도 냉전 엔드게임은 우선 북한에 대한 국제지원의 차단으로부터 시작하지 않으면 안 되었다. 동구의 탈공산화가 소련의 묵인 없이 일어나기 어려웠듯이 북한의 변화도 소련이나 중국의 묵인 없이는 결코 일어나기 어려울 것이기 때문이었다. 따라서 동구에서와 같은 변화를 북한에서도 일으키기 위해서는 무엇보다도 먼저 소련과 중국의 중립화(neutralization)가 필요했다. 동구 혁명을 가능하게 했던 것은 어디까지나 고르바초프의 이른바 시나트라 독트린(my way) 채택에 의한 소련의 중립화였기 때문이다. 고르바초프는 지금까지 동구 국제관계를 지배해온 브레즈네프의 '제한주권론'을 포기했다. 폴란드에서 시작된 탈 공산화의 움직임이 서서히 동구전체로 확산되어 나타나기 시

---

24 김정일, 1997b, 「우리 나라 사회주의는 주체사상을 구현한 우리 식 사회주의이다(1990년 12월 27일)」, 『김정일선집』 10, 조선로동당출판사.

작한 가장 큰 요인은 바로 이러한 소련의 중립화노선이었다.

고립화 내지 봉쇄정책을 통해 북한의 변화를 강제하려는 공세적 냉전엔드게임은 노태우 정부의 북방정책으로 표출되었다. 조지 케난(George Kennan)의 봉쇄정책(containment doctrine)이 소련의 개혁 개방과 냉전의 종식을 초래한 것과 마찬가지로, 북방정책은 북한의 고립 내지 봉쇄를 통하여 종국적으로 북한을 연성화(mellowing) 내지 파열(break-up)시킴으로써 흡수통일을 가져올 것이라고 기대되었던 것이다. 결국 한·소 국교정상화와 한·중 국교정상화로 마무리된 북방정책은 북한의 후원국이었던 소련과 중국의 중립화(neutralization)를 이끌어내는 데 성공한 것처럼 보였다.

이러한 공세적 냉전 엔드게임에 대해 북한은 남방정책으로 대응하고 나섰다. 일본과의 국교정상화 교섭은 이러한 남방정책의 시발점이었다. 노태우 대통령이 샌프란시스코에서 고르바초프 소련 공산당 서기장과 회담한 직후인 1990년 9월 일본 집권당의 부총재인 가네마루 신이 이끄는 자민당-사회당 대표단을 평양에 초청한 북한은 소련과 중국의 지원중단을 일본과의 국교정상화로 메우려 했다. 일본과의 국교정상화 교섭이 성공적으로 이루어지면 소련과 중국으로부터 중단된 원조의 상당 부분을 메울 수 있을 것으로 보았던 것이다. 또한 이러한 경제적 의미보다 더 중요한 것은 정치적인 것이었다. 북한에게 대일관계 개선은 고립화의 핵심인 한미일 3각 동맹 체제에 균열을 가할 기회였던 것이다. 그러나 1993년 3월 가네마루가 부정부패 혐의로 체포됨에 따라 북한은 더 이상 일본카드에 의한 남방정책이 작동할 수 없음을 알게 되었다.

코너에 몰린 북한이 들고 나온 카드는 미국을 직접교섭의 상대로 끌어들이는 것이었다. 1993년 3월 북한의 NPT(핵확산 방지조약, Nuclear Non-Proliferation Treaty)로부터의 탈퇴의사 통보는 미국과의 직접거래를 위한 카드였다. 이른바 '가마우지 외교'의 시작이었다. 북한의 눈에는 미국과 거래가 성사되면 일본과 남한은 저절로 따라 올 것으로 보였던 것이다. 우리식 사회주의로 내부단속을 하는 동시에 핵카드로 미국을 중립화시키려는 북한의 벼랑 끝 전술

(brinkmanship)의 시작이었다. 체제의 붕괴 혹은 변화를 전제로 한 미국과 남한의 공세적 냉전 엔드게임에 맞서 북한은 핵이라는 특별한 카드를 이용하여 생존을 보장받고 고립에서 벗어나는 나름의 냉전 엔드게임을 작동하기 시작한 것이다. 핵 위기는 바로 이러한 두 가지 서로 다른 냉전 엔드게임의 충돌이었다.

6. 북미 냉전 엔드게임의 과제: 필연론적 시각의 극복(?)

앞서 언급한 필연론이 기반하고 있는 핵심 논리는 탈냉전의 역설과 냉전 엔드게임의 충돌이 '주체의 선택에 의한 결과'라기보다는 '구조에 의해 이미 주어진 결과'라는 것이다. 그러나 과연 북핵 위기가 필연이었는가와 관련하여 우리는 1, 2차 북핵 위기의 역사적 경험을 토대로 다음의 몇 가지 사항을 재검토할 필요가 있다. 이러한 작업은 냉전 엔드게임을 어느 일방의 승리로 귀결되는 승패의 게임이 아니라 이해의 수렴을 통한 극복의 과정으로 변화시키기 위한 중요한 단초를 제공할 수 있을 것이다.

1) 북한의 탈급진화

먼저 우리는 북한 대외정책의 탈급진화(Deradicalization)에 주목할 필요가 있을 것이다. 이러한 탈급진화 현상은 북한의 혁명적 이데올로기와 현실주의적 대미외교 사이의 갭에서 서서히 그 모습을 드러내고 있었다. 북한은 혁명적 이데올로기를 강조하면서도 자본주의 국가들과의 협력, 특히 미국과의 협상을 통한 위기극복의 현실주의적 외교정책을 들고 나왔기 때문이다. 미국과의 직접교섭이라는 카드는 이러한 북한의 이데올로기적 혁명성과 정책적 현실주의 간의 갭을 가장 단적으로 보여준 것이라 할 수 있다.

북한이 제국주의의 선봉인 미국을 타도의 대상으로 삼지 않고 타협의 대상으로 들고 나온 이유는 무엇일까? 우리는 이것을 북한 정권의 탈급진화 현상의 산물로 받아들일 수 있지 않을까? 터커에 의한 혁명정권의 탈급진화 연구는 우리에게 많은 시사점을 던지고 있다.[25] 터커는 변혁의 목표를 달성하지 못한 채 오랫동안 생존에 성공한 급진적 운동은 대체로 탈급진화의 길을 걷게 된다고 주장한다. 급진적 운동의 본질은 현존질서의 거부와 변혁에 있다. 터커는 이러한 급진적 운동이 현존체제와 타협을 모색하는 탈급진화의 길로 들어서게 되는 것은 리더십의 교체(leadership change)나 세속적 성공(worldly success)과 밀접히 연관되어 있다고 보고 있다. 그와 같은 탈급진화의 징후는 행위패턴, 행위패턴과 이데올로기적 목표 간의 불일치, 전략전술의 발전, 그리고 내부갈등의 형태로 나타난다고 보고 있다.

북한은 1980년대 중반부터 대내외 정책 전반에서 탈급진화의 징후를 보이기 시작했다. 예를 들어 1984년 1월의 제7기 3차 최고인민회의에서 "남남협력과 대외경제사업을 강화하여 무역을 한층 발전시킬 데 대하여"라는 결의를 통해 본격화된 신용제일주의와 대외무역확대, 그리고 같은 해 합영법의 제정과 8.3 인민소비품생산운동 전개 등은 사회주의 건설에서 '속도'와 '자립' 만을 강조하던 이전의 경제건설 방식으로부터의 변화를 의미했다.

또한 탈급진화 현상은 대미정책과 대남정책 면에서 보다 눈에 띄게 나타나기 시작했다. 예컨대 1985년부터 1989년까지 북한의 신년사에서 '미제, 미제국주의'라는 표현이 사라지는가 하면, 대남정책 면에서도 지금까지의 철저한 배제전략에서 적극적인 접근전략으로 돌아서는 모습을 보인다. 1974년 이후 줄곧 북미 직접협상을 통한 북미평화협정 체결을 주장해오던 북한이 남북한 불가침선언과 북미평화 협정의 동시 체결을 주장하며 3자회담을 역제안하고 나왔던 것이다.[26]

---

25 Tucker, Robert C., 1967, "The Deradicalization of Marxist Movements," *APSR*, Vol.61, No.2 (June), pp. 347-348.

26 "미합중국 정부와 국회에 보내는 편지"(『로동신문』 1984년 1월 11일), 이러한 입장은 1974년 1월 18일 박정희 대통령의 남북불가침 협정체결 제의에 대해 '무용'할 뿐만 아니

몇 번의 부침(浮沈)에도 불구하고 1990년대와 2000년대에도 이러한 탈급진화의 흐름은 큰 틀에서 지속되었다. 남북기본합의서와 제네바합의, 6.15 공동선언과 조미공동코뮤니케, 9.19 공동성명과 2.13 합의 등은 현 체제를 부정하는 급진적 전략의 산물이라기보다는 기존 체제로의 편입을 통해 이익을 추구하려는 탈급진적 전략의 산물들에 다름 아니었던 것이다.

이러한 관점에서 볼 때 냉전 엔드게임에서 북한이 꺼내 든 핵카드는 이데올로기적 목표를 위해 미국적 질서에 대해 도전한다기보다, 기존 질서와의 타협 속에서 현실적 생존을 모색해 보고자 하는 탈급진적 전략의 한 단면이라고 보아야 할 것이다.

이와 같은 북한의 모습은 미국적 질서에 도전장을 던진 이란과 비교해 볼 때 매우 시사적이다. 이란은 "우리가 참여하지 않은 룰에 의해 지배되는 너희들 세계질서를 말하지 말라. 지금부터 지하드가 룰을 결정할 것이다"라며 미국과의 직접협상에 큰 의미를 부여하지 않고 있다. 자신들을 십자군에 비유하며 미국적 질서에 대한 도전을 통해 지역패권 국가로 발돋움하려는 이란에 비해 북한은 미국적 질서와의 타협을 최우선의 국가이익으로 들고 나왔던 것이다.

한편 터커가 지적한 탈급진화의 또 다른 징후인 이데올로기와 현실행위 패턴 간의 괴리 역시 관찰된다. 사회주의 일반 원칙의 고수와 혁명의 궁극적 승리에 대한 신념을 재확인하는 가운데서도 북한은 자본주의 국가들과의 협력을 통해 체제의 안전과 경제발전을 도모하려는 입장을 분명히 드러내고 있었기 때문이다. 1990년대 말 등장한 '모기장 이론'은 이와 같은 고민의 일단을 보여준 것이라고 볼 수 있다. '제국주의자들의 사상문화적 침투'라는 '모기'의 침투로부터 체제를 보호할 수 있는 '모기장'을 쳐야 한다는 논리는 역설적으로 탈냉전의 '바람'은 막기 어렵다는 북한지도층의 현실인식을 반영하는 것이기도 했다.[27] 이러한 움직임은 북한체제의 정통성 자체를 부정하는 탈냉

라 '분열적'이라며 반대해왔던 종래의 입장에서 볼 때 매우 의미 있는 변화로 볼 수 있다.

27 모기장 이론이란 1999년 신년공동사설을 통해 등장한 김정일의 이론을 말한다. (『로동신문』

전 질서의 '역사청산' 움직임에 대한 두려움의 표현인 동시에, 냉전시대와 같이 철의 장막으로 국경에서 모든 것을 차단하는 것이 불가능해졌다는 점을 북한이 분명히 인식하고 있음을 나타낸 것이다.

또한 핵개발의 궁극적 목적에 대해서는 여러 가지 설이 제시되고 있지만, 베를린 장벽의 붕괴, 소련의 몰락, 한국의 북방정책, 그리고 미국적 질서의 확장에 따른 심각한 안보위기의 산물이었다는 데 의심의 여지가 없다.[28] 북한이 만들어낸 제1차 핵 위기는 새로운 질서에 대한 도전이라기보다는 새로운 미국적 질서 속에서 생존을 모색하기 위한 최후의 카드였다. 카터 전 미국 대통령의 중재로 성사된 북미 간의 1차 핵 위기 타협으로 북한은 체제보장과 경제적 지원이라는 두 마리의 토끼를 잡을 수 있었다. 뿐만 아니라 1차 핵 위기의 타협으로 북한은 탈냉전으로 잠식되고 있었던 체제의 정통성에 대한 시비를 차단할 수 있게 되었던 것이다. 제네바합의는 이러한 현실주의적 사고의 산물에 다름 아니었다.[29]

2) 정책합리성 vs. 선과 악의 이분법

카터의 중재에 의한 1차 북핵 위기의 타결은 협상에 관한 정책합리성(policy rationality)의 문제를 불러일으켰다. 즉 제네바 핵합의가 북한과 미국 사이에 '공유된 정책합리성(shared policy rationality)'의 산물인가에 대한 논쟁을 불러일으켰던 것이다. 제네바합의를 성사시킨 클린턴 행정부는 적어도 핵 합의의 효용성에 대한 정책합리성이 양국지도자 간에 공유되고 있다고 믿고 있었다. 1993년 7월 9일 북한이 핵무기를 개발해 이를 사용할 경우 이는 "그들이 알고 있듯이

1999년 1월 1일).

28 북한의 핵 개발 의도에 대한 기존 논의는 방어적 군사목적설, 공격적 군사목적설, 외교목적설, 정치적 동기설 등으로 대별된다. 보다 자세한 논의는 임수호, 2007, 「실존적 억지와 협상을 통한 확산: 북한의 핵정책과 위기조성외교(1989-2006)」, 서울대학교 박사학위논문, pp. 14-73.

29 Johnson, Chalmers, 2000, *Blowback*, New York: Henry Holt and Company, p.126.

그들 국가의 종말을 의미하게 될 것"이라고 경고하고 나섰던 클린턴 대통령은 제네바합의 후 김정일 국방위원장을 '최고 지도자 각하(His Excellency Kim Jung Il, Supreme Leader of the DPRK)'로 호칭함으로써 양국 지도자 간에 북핵 문제 해결을 위한 정책합리성이 공유될 수 있음을 내비쳤다.[30]

북한 역시 마찬가지였다. 북한이 미국과의 핵 협상에서 공유된 이익을 창출할 수 있다고 보는 움직임은 곳곳에서 감지되었다. 앞서 살펴본 1992년의 발언에 이어 김일성은 1994년에도 북미관계 정상화를 통해 '두 나라 인민들이 서로 평화롭게 살며 아세아와 세계평화에 기여할 수 있을 것'이라며 미국이 '적대시 정책을 버리고 선의적인 對 조선정책을 정립할 것'을 촉구하고 나섰다.[31]

물론 북한과 미국 사이에 과연 정책합리성의 공유가 가능했는가에 대한 의문은 적지 않다. 왜냐하면 우선 정책합리성의 기준이 서로 다를 수 있기 때문이다. 미국은 북한이 체제의 생존을 담보로 핵카드를 사용하지 않을 것으로 보았지만 북한으로서는 핵 카드의 사용이 체제의 생존과 혁명의 정당성을 담보할 수 있는 최후의 수단이라고 믿고 있는 듯했다. 북한이 들고 나온 벼랑 끝 전술은 이러한 인식의 산물이었다. 북한은 냉전시기의 '긴장완화를 통한 점진적 상호주의(GRIT, Graduated Reciprocation in Tension Reduction)'의 협상 틀을 더 이상 신뢰하지 않는 것처럼 보였다.

분명 북한의 벼랑 끝 전술채택에는 이데올로기적 인식의 역할이 적지 않았을 것이다. 왜냐하면 핵은 미국의 '위협'으로부터 체제의 안전을 보장받으려는 현실적인 카드이기도 했지만, 혁명의 정당성을 담보하는 최후의 수단이기도 했기 때문이다. 따라서 북한의 대미 접근은 이러한 이데올로기와 현실주의 사이에서 지그재그식의 모습을 보이며 나타날 수밖에 없었는지도 모른다. 그러나 체제생존의 위기에 봉착한 북한으로서는 혁명의 정당성보다는 미국과

---

30 『국민일보』, 1993년 7월 10일.

31 김일성, 1995b, 「미국 <워싱톤타임스> 기자단이 제기한 질문에 대한 대답(1994년 4월 16일)」, 『조선중앙연감』, 조선로동당출판사.

의 타협이라고 하는 현실주의 정치적(realpolitik) 고려가 더 시급한 과제가 아닐 수 없을 것이다.[32]

그러나 부시 행정부의 등장 이후, 공유된 정책합리성에 기반한 북미 직접교섭에 근본적인 의문이 제기되기 시작했다. 즉 냉전 시기와 마찬가지로 과연 북한을 동일한 도덕적 우주 속에서 작동하는 실체로 간주할 수 있겠는가 하는 의문이 정치적 움직임으로 나타나기 시작했던 것이다. 네오콘(Neocon, 신보수주의자)에 의해 주도된 이러한 정치적 움직임은 북한 정권에 대한 정통성의 문제는 물론이고 그동안 제네바합의체제의 전제였던 '주고받기식(Give-and-Take)'의 게임에 대한 근본적인 부정을 의미하는 것이었다. 북한과 같은 '사악한(evil)' 국가와의 협상 불가론이 등장했던 것이다.

말할 것도 없이 이러한 변화는 현실주의적 정치(realpolitik)에 기반한 '주고받기(Give-and-Take)'식 북미관계의 종언을 의미하는 것이었다. 따라서 북미관계는 선과 악의 인식에 기반한 '도덕적 대결'의 관계로 이행된다. 부시 행정부의 등장은 미국 내의 정치적 역학관계의 변화뿐만이 아니라, 대외정책이 선과 악의 관점에서 추진될 것임을 예고하는 것이기도 했던 것이다. 이것은 지금까지 암묵적인 합의하에 유지되어 왔던 주고받기식 게임의 룰과는 매우 거리가 멀었다.

물론 부시정권 이전에도 북한정권의 정통성에 대한 시비가 없었던 것은 아니다. 카터에 의한 핵 중재를 "살인마 김일성의 말을 액면 그대로 받아들인 것"이라는 이글버거(Lawrence Eagleburger) 전국무장관의 발언이나 "테러리스트 김일성의 말을 그대로 받아들여 대북협상을 한층 복잡하게 만들어 놓았다"는 『워싱턴 포스트』의 사설, 그리고 "깡패정권에 약한 백악관"이라는 내용으로 같은 신문에 실린 짐 호글랜드(jim Heagland)의 칼럼 등은 북한 정권의 정통성에 의문을 제기하는 미국 내의 여론을 반영하고 있었다.[33] 그러나

---

32 백학순, 2007, 「북미관계」, 세종연구소 북한연구센터, 『북한의 대외관계』, 한울아카데미.
33 『한국일보』 1994년 6월 21일; *Washington Post*, 1994.6.20, 1994.10.22.

이러한 여론에도 불구하고 클린턴 행정부의 대북 포용정책 기조에는 변화가 없었다. 북한 정권의 정통성 문제가 핵협상의 거래게임에 끼어들지는 않았던 것이다. 제네바 핵합의는 바로 이러한 게임에 의한 거래의 산물이었다.

북한 정권의 정통성 문제가 북미관계에 본격적으로 제기되기 시작한 것은 북한을 "악의 축(Axis of Evil)"으로 규정한 부시의 2002년 연두교서가 발표되고 나서 부터였다. 부시의 연두교서는 북한을 현실주의적 'Give-and-Take' 게임에 의한 거래상대가 아니라 선과 악의 관점에서 제거되어야 할 상대로 취급하고 있었다.[34] 이른바 '미치광이(madman)' 이론이 등장한 것이다. 이는 2002년 새로운 국가안보전략(NSS, The National Security Strategy)을 통해 보다 분명하게 나타났다. '자유'를 위협할 수 있는 테러리즘에 대한 선제공격이 포함된 테러와의 전쟁을 공식화하고 나섰던 것이다. "우리는 NPT조약에 엄숙히 서명하고는 조직적으로 이를 파기한 폭군들의 말을 더 이상 믿을 수가 없다"[35]라고 천명한 부시 대통령은 정권의 정통성 문제를 대북정책의 핵심으로 삼을 것임을 예고했다. 그의 눈에 비친 김정일 정권은 북한주민들로부터 정통성을 부여받지 못하고 있는 사악한(evil) 정권이었다. 북한 체제와 북한의 지도자 김정일에 대한 부시의 혐오감은 2003년 연두교서에서 다시 한 번 확인될 수 있었다. 그는 북한을 대량살상무기를 추구하는 "불법정권(outlaw regime)"이자 공포와 굶주림 속에 국민을 지배하는 "억압정권(oppresive regime)"으로 규정하고 북한의 체제와 지도자는 악의 축에 속한다고 강조했다.[36] 따라서 북한 주민을 북한 지도자와 체제로부터 분리하는 정권교체(regime change)가 악의 축에 대한 정책임을 밝혔다. 특히 북한의 HEU(고농축 우라늄, Highly Enriched Uranium) 의혹이 불거지자 이러한 부시의 대북정

---

34 Bush, George W., 2002a, Address Before a Joint Session of the Congress on the State of the Union, January 28, http://www.gpoaccess.gov/sou/index.html(2008.11.2.).

35 Remarks by the President at 2002 Graduation Exercise of the United States Military Academy West Point, June 1, 2002.

36 Bush, Geroge w., 2003, "Address Before a Joint Session of the Congress on the State of the Union(January 28)," http://www.gpoaccess.gov/sou/index.html(2008.11.2.).

책은 더욱 굳어져갔다.

그러나 이러한 부시 행정부의 대북 정책은 북한의 '정권교체'는 물론 '행동변화(behavior change)'도 이끌어내지 못했다. 북한은 NPT에서 탈퇴했을 뿐만 아니라 IAEA사찰요원들을 추방하고, 영변 원자로를 재가동시켰으며 핵연료 재처리를 통해 6개의 핵무기를 더 만들 수 있는 플루토늄을 비축하게 되었다. 더욱이 2006년의 북핵실험으로 부시 행정부의 대북 대결정책은 전기를 맞을 수밖에 없었다. 카플란(Fred Kaplan)의 지적처럼 부시 행정부는 자신들의 의도대로 세계를 변화시킬 수 있으리라고 믿었던 '꿈'이 현실에서 악몽으로 변하는 모습을 북핵 문제에서 목격하지 않을 수 없게 되었던 것이다.[37] 이제 그는 '제어받지 않는 핵보유국(loose nuclear cannon)' 북한의 탄생을 그의 8년 통치의 유산으로 물려주고 말 것인가를 진지하게 고민하지 않을 수 없게 되었다.

2005년 9.19 공동성명은 이러한 고민의 산물이었다. 9.19 공동성명은 '선과 악의 이분법'적 게임에서 '정책합리성'의 공유를 통한 'Give-and-Take'게임으로의 방향 전환을 의미하는 것이었다. 미국과 북한은 비확산(non-proliferation)이라는 핵심적 이해를 선과 악의 대결적 관점이 아니라 교차승인과 경제적 보상이라고 하는 주고받기식의 게임으로 풀기로 합의한 것이었다.

9.19 공동성명의 잉크가 채 마르기도 전에 북미 간의 주고받기식 게임은 북한의 대포동 2호의 발사와 핵실험으로 다시 좌초하는 듯 보였다. 하지만 미국과 북한 간의 끈질긴 양자 교섭에 의한 2007년 2.13 합의는 다름 아닌 현실주의적 양자교섭에 의한 9.19 공동성명의 현실화를 의미하는 것이었다. 영변 핵시설의 점진적인 불능화를 포함한 플루토늄 생산계획의 중단에 대한 100만 톤의 대북 중유제공, 적성국 교역법에 의한 대북 제재의 철회, 테러리즘 지원국가 명단에서의 북한 삭제는 물론 뉴욕 필하모닉 오케스트라의 평양 공연, 50만 톤의 대북 식량지원 등은 비핵화와 관계정상화를 위한 여정의 가속화를

---

37 Bush, George W., 2002b, Greenway, 2008, "The Daydream Believers' Nightmare," International Herald Tribune(Februry, 27).

의미하는 듯 보였다.

그러나 이러한 점진적 교섭을 통한 북미관계는 다시 역행하기 시작했다. 북한의 이른바 위성발사가 이러한 역행을 돌이킬 수 없는 방향으로 가속화시킬지는 두고 볼 일이다. 하지만 한 가지 분명한 것은 북핵 문제를 둘러싸고 미국과 북한 간에 끝이 보이지 않는 외교적 진지전이 전개될 것이라는 점일 것이다. 이제 미국과 북한은 핵확산 방지에 초점을 둔 핵관리(nuclear management)냐 아니면 핵폐기(denuclearization)냐의 갈림길에서 서로의 테스트 게임을 다시 벌일 것으로 보인다.

3) 북미 직접교섭 vs. 아웃소싱

북한을 어떻게 다룰 것인가의 문제는 앞서 살펴본 북한의 정체성과 관련한 '관점'의 문제만이 아니라 구체적인 '방법'의 문제를 내포하고 있다. 이와 관련된 핵심적인 문제 중 하나는 북미 간의 문제해결 방식으로 직접교섭을 선택할 것인가 아니면 다자틀(multilateral framework) 속에서 제3국을 우회하는 아웃소싱(outsourcing)의 방식을 택할 것인가의 문제이다.

지난 50여 년간 북한은 미국에게 매우 다루기 어려운 존재였다. 북한은 미국을 한반도 문제의 당사자로 규정하고 북미 직접협상을 줄기차게 요구해왔으며 미국의 관심을 끌기 위해, 또는 협상 레버리지를 확보하기 위해 벼랑 끝 전술을 전가의 보도처럼 사용해왔기 때문이다. 1994년 1차 핵 위기의 조성으로 제네바합의를 이끌어낸 것이나, 2006년 핵실험으로 미국으로부터 종전선언과 안보 경제협력 약속을 받아 낸 것은 이러한 벼랑 끝 전술이 성공한 대표적인 예들이다.

북핵 실험은 미국의 대북정책을 재점검하는 계기를 제공했다. 미국은 북한이 핵실험을 했다 해도 미 본토를 사정권에 둔 미사일을 개발하지 못했을 뿐만 아니라 핵 공격을 감행할 의도가 없다고 판단하고 있었다. 다만 북핵 실험으로 동북아 지역에 일어날지도 모르는 핵 도미노 현상과 핵물질의 비국가 집단(non-state actors)으로의 확산 문제에 신경을 곤두세우고 있었다. 여기서 미국의 선택지는 다음 둘 중의 하나였다. 하나는 군사적 압박으로 북한의 항복을 받아내는 일이며, 다른 하나는 당근을 주고 북한과 거래를 성사시키는 일이었다. 군사적 해결이 불가능하다고 판단한 미국은 후자의 방법을 택하지 않을 수 없었다.

그러나 교착상태에 빠진 북핵 문제를 풀기 위해 미국이 들고 나온 전략은 북미 간의 주고받기식 직접게임을 넘어서는 것이었다. 미국은 북핵 문제가 북미 양국 간의 문제라기보다는 세계 전체의 문제일 뿐만 아니라 동북아 관련 당사국들의 직접적인 문제라고 보았던 것이다. 여기서 미국이 택한 전략은 6자회담이라는 다자 틀 속에서 북핵 문제 해결을 중국에 아웃소싱하는 것이었다.

미국이 6자회담이라는 다자 틀을 선택한 이유는 중국의 성격과 역할에 대한 재평가 때문이었다.[38] 2002년 9.11사태는 그 중요한 계기를 제공했다. 9.11 사태로 아프가니스탄과 이라크에서의 전쟁에 매달려야 했던 미국으로서는 중국이 주도하고 한국, 일본, 러시아가 참여하는 6자회담을 통하여 원거리에서 북한과 교섭하는 아웃소싱 전략이 효과적이라고 판단했던 것으로 보인다.

그러나 6자회담은 중국의 역할을 바탕으로 5대 1의 구도 속에서 북한의 양보를 받아내려 했던 미국의 의도와 달리 북미 양자 대화를 압박하는 과정으로 작동하게 된다. 9.19 공동성명은 바로 이러한 프로세스의 산물이었다. 하지만 아웃소싱을 통한 양자대화는 곧 한계를 드러낸다. 미국은 BDA와 인권문제를 제기하고 나섰고 북한은 미사일 발사와 핵실험이라는 벼랑 끝 전술로 대응하고 나섰던 것이다. 다시 북미 직접대화의 필요성이 제기되었다. 2007년 1월 베를린 회동을 통한 2.13 합의는 바로 이러한 북미 직접 협상의 결과였다.

이후 북핵 문제는 (북미) 양자회담 → 6자회담 → (북미) 양자회담 → 6자회

---

38 후나바시 요이치(오영환 외 역), 2007, 『김정일 최후의 도박』, 중앙일보 시사미디어, pp. 434–440.

담의 순서로 북미 양자 직접회담과 다자 틀로서의 6자회담이 병행되며 협상의 모멘텀을 이어왔다. 특히 북미 직접교섭은 6자회담 내외부에서 교착을 해소하는 중요한 역할을 해왔다. 2007년 10.3 합의의 기반이 된 2007년 6월 평양, 9월 북경 양자접촉, 그리고 9개월여 만에 재개된 2008년 7월 6자 수석 대표회담의 기반이 된 동년 3월 제네바, 4월 싱가포르에서의 북미 수석대표회담 등에서 볼 수 있듯이 6자회담의 고비 고비마다 해결 고리를 형성하고 추가의 모멘텀을 만들어 온 것은 바로 북미 양자회담이었던 것이다. 그러나 2008년 6월의 핵 신고 이후 불능화와 그에 상응하는 경제지원의 완료 문제, 그리고 신고내용의 검증에 대한 이견으로 인해 6자회담은 교착국면에서 벗어나지 못하고 있는 실정이다.

2009년 4월 5일 북한의 이른바 위성발사가 악화되고 있는 북미관계의 클라이막스를 의미하는 지는 아직 확실치 않다. 다만 현재 북미는 UN안보리 의장성명과 추가 제재, 그리고 6자회담폐기와 추가 핵실험 공언을 통해 또 다시 대결국면에 접어들고 있다.[39] 이 때문에 오바마 행정부는 '전면적이고 직접적인 외교'를 통해 북핵 문제를 해결하느냐, 아니면 북한을 핵보유국으로 인정하면서 관리해야 하느냐의 선택을 요구받고 있다. 여러 비관적 예측에도 불구하고 아직 양측이 돌아올 수 없는 강을 건넜다고 보는 것은 시기상조이다. 오바마 행정부의 스마트파워 외교가 북핵 문제 해결의 실마리를 제공할지 모두 궁금해 하고 있다.

7. 변화와 기회, 그리고 새로운 가능성?

모겐소는 '변화와 기회(changes and chances)'를 화두로 미소관계가 '비생산

---

39 조선민주주의 인민공화국 외무성 성명(『로동신문』 2009년 4월 19일); 조선민주주의 인민공화국 외무성 대변인 성명(『로동신문』 2009년 4월 28일).

적인 대결(sterile confrontation)'에서 '의미있는 협상(meaningful negotiation)'으로 변화할 수 있는 가능성을 제시한 바 있다.[40] 냉전 시기 미국의 대소 정책과 인식은 마치 진자의 추와 같이 극단을 오갔으나 '기회'는 이와 같은 '마음의 변덕(fluctuations of mood)'이 아니라 양자관계를 규정하는 '객관적 요소(objective factors)'들의 변화에 의해서 판단되어야 한다는 것이다. 특히 그는 이념적 틀에서 벗어나 서로의 '이익(interest)'을 인정할 때 변화의 기회를 실현할 수 있음을 강조하고 있다.

탈냉전 이후 20여 년간 북미관계는 미소관계 못지않게 극단의 연속이었다. 이러한 극단의 대결적 국면은 종종 현실주의적 협상을 통해 제네바 합의나 9.19 공동성명, 그리고 2.13 합의와 같은 해결책을 도출하곤 했다. 하지만 어렵게 성사된 북미 간의 합의는 북한의 특이한 접근법에 의해 백지화되기 일쑤였다. 모겐소의 지적처럼 이러한 북한의 접근법은 공산주의 국가들의 체제적 특성에 기인하고 있는 지도 모른다.

어느 국가나 체결된 합의가 자신들의 국가이익에 합치하면 지키려 할 것이고 그렇지 않으면 지키려하지 않을 것이다. 미국도 북한도 이점에서는 다를 바가 없다. 하지만 문제가 되는 것은 지난 20여 년간을 돌이켜 볼 때 북한이 합의를 체결할 때 과연 준수할 의도를 가지고 임했는지 의문이 들게 한 경우가 한두 번이 아니었다는 점일 것이다. 모겐소의 지적처럼 자신의 목적에 유리하지 않기 때문에 합의를 준수하지 않은 것과 준수할 의향도 없으면서 합의에 응하는 것은 전혀 별개의 문제이다. 합의를 해놓고도 정작 시행하려 하면 합의를 뒤엎는 북한의 행동에서 핵문제에 대한 북한의 진정성은 계속 의심을 받게 되어 있다. 이 때문에 북미관계는 계속된 합의의 도출에도 불구하고 늘 불확실성의 그늘에서 벗어나지 못하고 있는 것이다.

오바마 행정부의 전향적인 스마트 파워 외교가 북미 간에 드리워진 이러한

---

40 Morgenthau, Hans, 1971, "Changes and Chances in American-Soviet Relations," *Foreign Affairs*, Vol. 49, No. 3 (April), pp. 429–441.

불확실성의 그늘을 벗겨낼지 아직 속단하기는 어렵다. 다만 오바마 행정부의 전향적인 대북접근자세가 '선과 악의 기준'과 '정책합리성의 기준' 사이에서 방황했던 과거의 접근보다 한결 더 낙관적인 기대를 불러일으키고 있음은 부인하기 어렵다. 그 이유는 무엇보다도 이데올로기적 시각의 대립에서 발생할 필연적인 대결의 가능성을 극복하겠다는 오바마 대통령의 의지가 여러 번 천명되었기 때문이다.

하지만 앞으로 북미관계는 여타 국제관계와 마찬가지로 양국이 서로의 이익을 어떻게 인식하고 있으며 또 어떻게 추구할 것인가에 따라 결정되게 될 가능성이 높다. 서로가 양립적인 관점에서 이익을 인식할 경우 우리는 평화적인 북핵 해결을 기대할 수 있겠지만, 그렇지 못할 경우 한반도는 또 다시 핵 게임의 망령에서 탈피하지 못할 것이다.

제2장

탈냉전과 前 제네바합의체제

그간 한미 양국은 '힘에 의한 평화(peace through strength)'의 정책을 통해 안보 이익을 훌륭하게 지켜왔습니다. 이제 우리는 북한을 포함한 적들과도 대화를 모색하는 적극적 외교(active diplomacy)를 통해 억지를 보완해야 합니다. (George Bush, 1989년 2월 27일)[1]

우리는 (미국과) 화해할 준비가 되어 있습니다. […] "가능한 빨리" 미국 대사관이 평양에 들어오기를 기대합니다. (김일성, 1992년 4월 15일)[2]

전지구적 탈냉전은 동아시아에서도 오랜 적대와 반목의 구조를 해체시키면서 새로운 화해와 협력의 가능성을 만들어내고 있었다. 그러나 동아시아의 탈냉전은 대단히 비대칭적인 방식으로 이루어졌고, 이 과정에서 북한은 탈냉전의 세례를 받지 못한 유일한 국가로 낙오되었다. 노태우 정부의 북방외교(Nordpolitik)는 한소, 한중관계를 빠른 속도로 밀착시키면서, 북소, 북중 동맹

---

1 Bush, George, Remarks to the National Assembly in Seoul(February 27, 1989), <http://www.presidency.ucsb.edu>에서 검색 가능.

2 김일성, 2006, 『워싱턴타임즈』 인터뷰(1992년 4월 15일). Lee, Chae-Jin, 2006, *A Troubled Peace: U.S. Policy and the Two Koreas*, Johns Hopkins U.P., p. 136 재인용.

을 사실상 와해시키고 있었다. 이에 반해 한미동맹은 레이건 행정부에 이어 부시 행정부에 들어서도 최고의 밀월기를 구가하고 있었다. 또한 탈냉전 이후 동아시아에서 영향력을 유지, 확대하려는 미국과 독자외교를 모색하던 일본 사이에 일정한 갈등의 가능성이 내연되기는 했지만, 한미일 3각 공조체제 역시 무난하게 작동하고 있었다.

냉전형 동맹관계의 해체는 북한에게는 생존의 위기를 의미했다. 왜냐하면 그간 북한의 안보와 경제는 상당부분 소련과 중국에 의존하고 있었기 때문이다. 위기에 직면한 북한은 무엇보다 비대칭전력인 핵무기 개발에 박차를 가했다. 당시 북한 외교부장이었던 김영남의 표현을 빌리자면, "소련이 남조선과 외교관계를 맺으면, 이때까지 동맹관계에 의거했던 '일부 무기들'도 자체로 마련하는 대책을 세우지 않을 수 없다"는 것이다.[3] 그러나 북한은 핵개발을 군사적 용도로 활용하는 동시에 고립을 탈피하기 위한 외교적 협상카드로도 활용하는 전략을 구사했다. 탈냉전기 북한의 외교목표는 북미관계와 북일관계 개선을 중심에 두고 남북관계 개선을 보조적 수단으로 활용하는 북한식 교차승인 전략, '남방외교'였다.

남방외교의 성공 여부는 결국 두 가지 변수에 달려 있었다. 하나는 남북관계로서, 한미일 3각 공조체제하에서 "평양은 서울을 경유하지 않고서는 동경과 워싱턴으로 갈 수 없었다." 그러나 북한의 입장에서는 체제의 단합과 흡수통일을 방지하기 위해서라도 일정 수준 이상의 남북관계 개선은 바람직하지 않았다. 다른 하나는 핵문제로서, 미국과 일본은 핵문제가 해결되지 않는 한 본격적인 관계개선은 불가능하다는 입장을 분명히 하고 있었다. 그러나 북한의 입장에서 핵무기는 대외관계 정상화만으로는 환원될 수 없는 체제생존의 자구책이었기 때문에, 북미, 북일관계가 정상화된다고 해서 모든 핵을 포기할 수는 없었다.

---

3 1990년 9월 4일 한소수교를 통보하러 온 세바르드나제 소련외상에게 김영남 외교부장이 한 말이다. "조선의 통일에 방해되는 일", 『민주조선』 1990년 9월 19일.

이러한 딜레마의 상황을 돌파하기 위해 북한이 선택한 것이 '핵카드'였다. 그것은 동아시아와 국제 비확산체제의 안정이라는 미국의 중대한 안보이익을 건드림으로써 남북관계를 우회하여 북미 직접협상을 유도하고, 동시에 일정한 핵능력의 보유를 묵인 받으려는 시도였던 것이다. 이러한 억지력(deterrence)과 강제력(compellence)의 동시추구라는 모순된 목표는 지난 20여 년간 핵문제가 끊임없이 재반복될 수밖에 없는 원인이 되었다.[4]

1. 북방외교의 성공과 남방외교의 좌절

1) 북방외교: 모스크바와 북경을 거쳐 평양으로

1988년 7월 7일, 노태우 대통령은 한반도 냉전해체를 향한 6개항 구상을 발표했다. ① 정치인, 경제인, 언론인, 종교인, 문화예술인, 체육인, 학자 및 학생 등 남북 동포 간의 상호교류를 적극 추진한다. ② 이산가족 간 생사 및 주소확인, 서신왕래, 상호방문을 적극 추진한다. ③ 남북 간 교역의 문호를 개방하며, 남북교역을 민족내부교역으로 간주한다. ④ 비군사물자에 대해 한국의 우방들이 북한과 교역하는 것을 반대하지 않는다. ⑤ 남북 간의 소모적 경쟁과 대결외교를 종결하고, 북한이 국제사회에 발전적 기여를 할 수 있도록 협력하며, 남북대표가 국제무대에서 자유롭게 만나 민족의 공동이익을 위해 서로 협력할 것을 희망한다. ⑥ 한반도의 평화를 정착시킬 여건을 조성하기 위하여, 북한이 미국, 일본 등 한국의 우방과 관계를 개선하는 데 협조할 용의가 있으며, 또한 한국은 소련, 중국을 비롯한 사회주의 국가들과의 관계개선을

---

4 억지와 강제의 동시추구라는 북한의 핵정책에 대해서는 다음을 참조할 것. 임수호, 「실존적 억지와 협상을 통한 확산: 북한의 핵정책과 위기조성외교(1989-2006)」, 서울대학교 박사학위논문 (2007년 2월).

추구한다.

남북 간 교류협력과 교차승인의 추진을 골자로 하는 이 <7.7 선언>은 북방정책의 출발을 알리는 신호탄이었다. 북방정책은 일차적으로는 소련과 중국, 그리고 동구 사회주의국가들과의 수교를 목표로 하는 것이었지만, 궁극적으로는 북한을 개방시켜 한국의 영향력 아래에 두려는 통일정책의 일환이기도 하였다.

> 북방정책의 궁극적 목표는 북한을 개방으로 유도하여 한반도에서 '안정과 평화'를 달성하는 데 있습니다. 지금 서울과 평양 간에는 접근로가 완전히 막혀 있습니다. 따라서 우리는 모스크바와 북경을 거쳐 평양으로 가는 대안적 경로를 선택할 수밖에 없습니다.[5]

북방외교는 대단히 성공적이었다. <7.7 선언> 이후 불과 2년도 안 되는 기간 동안 한국은 헝가리(1989년 2월), 폴란드(1989년 11월), 유고(1989년 12월), 체코(1990년 3월), 불가리아(1990년 3월), 루마니아(1990년 3월) 등 상당수 동구권 국가들과 국교를 수립했으며, 한소관계 역시 1989년 4월 무역대표부 개설, 12월 영사관계 수립, 그리고 1990년 9월에는 국교수립으로 빠른 속도로 발전해나갔다. 한중관계는 북중 혈맹관계를 반영하여 한소관계만큼 빠르게 진척되지는 않았지만, 1990년 10월 무역대표부가 설치되었고 1992년 8월에는 정식으로 국교가 수립되었다.

북방외교의 성공은 북한에게는 심대한 외교적 타격이었다. 그간 남북한은 국제무대에서 제로섬 게임적인 외교대결을 벌려왔다. 여기서 사회주의국가들은 북한을 한반도의 유일한 합법정부로 승인하면서 모든 쟁점에서 북한의 입장을 지지해왔다. 이러한 상황에서 한국이 사회주의국가들과 국교를 수립하는 것은 북한에게는 정통성에 치명타를 가하는 사건이었다.[6] 보다 중요한

---

5 노태우 대통령의 유엔총회 연설(1988년 10월 19일), Lee, *op. cit.*, p. 137 재인용.

것은 과거 북한의 후견국이었던 소련과 중국의 '배신'이었다. 1990년 9월 소련의 세바르드나제 외무상이 평양을 방문하여 한소수교를 통보하자 북한은 소련이 "사회주의 강대국으로서의 존엄과 체면, 동맹국의 이익과 신의를 23억 달러에 팔아먹었다"며,[7] 소련이 북한 체제를 전복하기 위한 한미 양국의 음모에 가담하여 '3각 결탁관계'를 형성했다고 맹비난했다.[8] 중국에 대해서는 공개적 비난은 삼갔지만, 1999년까지 7년 동안 양국 수뇌부 회동을 거부함으로써 불편한 심기를 간접적으로 드러냈다.

북방정책에 대한 북한의 시각은 한마디로 '분단 영구화'를 위한 음모라는 것이었다. <7.7 선언> 직후인 1988년 7월 12일자 조국평화통일위원회의 성명은 이러한 시각을 가장 잘 보여준다.[9]

> 우리는 '7.7 특별선언'이 '두개 조선'을 위한 분열주의적 '단계론'으로 시작되고 '단계론'으로 관통되어 있으며, '교차접촉'으로 결속되고 있는 사실에 특별히 주목을 돌리지 않을 수 없다. '선언'은 대내적으로는 북과 남 사이에 교류나 하고 장사나 하면서 껄렁껄렁 세월을 보내어 분단을 고착화시키고, 대외적으로는 쌍방 '우방국'들과 각기 교차접촉관계를 실현하여 '두개 조선'을 합법화할 것을 추구하고 있다.

2) 조심스런 접근: 서울을 경유하지 않는 한 워싱턴으로 올 수 없다

그러나 이러한 비난에도 불구하고 북방정책이 반드시 북한에게 불리한 요소만 있는 것은 아니었다. <7.7 선언>에서 언급되었듯이, 북방정책은 미국과 일본의 대북접근을 지지하고 또 그것을 가능케 하는 여건을 마련해주고 있

---

6 정세현, 1989, 「북방정책에 대한 북한의 반응」, 『국제정치논총』 29, 2, p. 132.
7 "딸라로 팔고사는 외교관계", 『로동신문』 1990년 10월 5일.
8 "조선의 통일에 방해되는 일", 『민주조선』 1990년 9월 19일.
9 『로동신문』 1988년 7월 12일.

었던 것이다.

북방정책은 한국정부의 주도로 입안되고 실천되었지만, 한미관계의 현실상 미국의 승인 내지는 '우호적 방치(benign neglect)'가 없었다면 불가능한 일이었다. 냉전에서의 최종적 승리를 목전에 둔 미국은 향후 국제질서를 재편하는 구상에 몰두하고 있었다. 여기서 중심은 냉전의 주적이었던 소련과의 관계 재정립, 공동의 적이 사라진 상태에서 유럽 및 아시아 동맹국들과의 관계 조정, 그리고 냉전이 가두어 두고 있었던 지역분쟁 및 대량살상무기 확산이 발생할 가능성에 대한 대비 등이었다. 여기서 한반도는 상대적으로 미국의 관심사항 밖에 있었다. 대소 방어기지로서의 한반도, 한국방어를 통한 일본보호 등의 목표는 소련이라는 가상 적국이 사라지면서 수정될 수밖에 없었고, 이에 따라 한반도의 가치는 그만큼 낮아졌던 것이다.[10] 당시 미국이 한국방어에서 한국의 주도적 역할을 표방하면서 주한미군을 단계적으로 철수시킬 계획을 갖고 있었던 것도 이 때문이었다.[11]

이런 차원에서 레이건 행정부 말기와 부시 행정부는 한반도문제는 "한국이 선도한다"는 원칙을 정해두고 있었다.[12] 따라서 한국의 북방정책에 보조를 맞추기 위해 미국은 대북정책을 일부 수정할 수밖에 없었다. 1988년 10월 31일, 레이건 행정부는 북미접촉의 확대를 골자로 하는 이른바 '조심스런 접근조치(moderate initiative)'를 발표했다. 여기에는 북한인의 비공식 미국방문 허용, 미국인의 북한방문 관련 제약 완화, 인도주의적 상품의 대북수출 허용, 그리고 중립지역에서 양국 관리 간의 대화 허용 등 4개항이 포함되었다. 이에 따

---

10 전재성, 2003, 「노태우 행정부의 북방정책 결정요인과 이후의 북방정책의 변화과정 분석」, 하용출 외, 『북방정책: 기원, 전개, 영향』, 서울대학교출판부, pp. 30–34.

11 미국의 해외주둔 미군 감축계획은 미국 국방부가 1992년 발표한 <동아시아전략구상>(EASI)에서 처음으로 공개되었다. 이에 따르면, 미국은 한국, 일본, 필리핀 주둔 지상군과 일부 공군병력을 향후 10년간 3단계에 걸쳐 감축할 계획이었다. 이에 따라 주한미군 일부의 1단계 감축이 실행되었으나 2단계 감축은 핵 위기의 발발로 1991년 11월 동결되었다. 김일영·조성렬, 2003, 『주한미군: 역사·쟁점·전망』, 한울, 제4장을 참조.

12 春原 剛, 2004, 『米朝對立: 核危機 10年』, 日本經濟新聞社, 제1장.

라 대북 경제제재가 일부 완화되었으며, 1988년 12월부터 북경에서 북미 실무급(대사관 정무참사관급) 접촉채널, 이른바 '북경채널'이 개설되었다. 여기서 미국은 북한이 보다 건설적으로 나온다면, 향후 북미관계의 진전이 가능하다며, 그 징표로 한국전 참전 미군 유해 송환, 반미선전 중단, 비무장지대에서의 신뢰구축 조치, 테러행위 중단, IAEA 핵안전협정 체결, 그리고 남북관계 개선 등을 제시했다.[13]

북경채널의 개설은 북한으로서는 무시할 수 없는 외교적 이득이었다. 북한의 입장에서 체제보장 및 외교적 고립 탈피를 위해서는 무엇보다 미국과의 관계를 개선할 필요가 있었기 때문이다. 그러나 미국은 북경채널을 협상이 아닌 의사소통의 자리로만 간주하고 있었다. 북경주재 미 대사관의 정무참사관은 본국에서 받은 전문을 북측 파트너에게 전달할 권한만 있었고, 유일하게 허용된 협상은 그 전문을 "언제 어디서 전달할지에 관한 전화 협의"에 국한되었다.[14] 미국은 한반도문제는 어디까지나 당사자인 남과 북이 주도해야 한다는 입장이었다. 사실 미국이 북경채널을 개설한 주요 목적 중 하나는 바로 "서울을 경유하지 않는 한 워싱턴으로 올 수 없다"는 사실을 북한에게 주지시키는 데 있었다. 북방정책은 북한을 압박하여 남북관계를 개선하는 데 목적이 있었기 때문에, 한미관계를 고려해서라도 북미관계는 남북관계를 선행할 수 없었던 것이다.

3) 3당 공동선언의 좌절: 북일수교는 남북관계의 진전과 연계

한편 북방정책은 북일 접근의 기회로도 작용했다. 냉전시기 일본은 미국의 대공산권 봉쇄전략에 편승하여 북한과 적대적 관계를 유지해왔지만, 한국이

---

13 Lee, *op. cit.*, 2001, pp. 130–132; Oberdorfer, Don, 2001, *The Two Koreas: A Contemporary History*, Basic Books, pp. 194–196.

14 Quinones, Kenneth(노순옥 역), 2000, 『2평 빵집에서 결정된 한반도 운명』, 중앙 M&B, pp. 32–34.

나 미국과 달리 북한정권의 정치적 실체를 인정하는 입장이었다. 또한 동서 데탕트 분위기가 형성된 1955년과 1972년에는 북한과의 관계개선을 실제로 추진하기도 했었다.[15] 이런 면에서 탈냉전은 대북접근의 새로운 기회였다. 또한 일본으로서는 한국에 대한 소련, 중국의 접근이 가속화되면서 그간 자신들이 견지해온 '두 개의 한국' 정책이 좌초되고 한반도에 대한 열강 간 영향력의 균형이 무너지지 않을까 우려하고 있었다. 일본의 대북접근은 소련과 중국을 견제하는 동시에 한국을 견제하려는 의도를 내포하고 있었던 것이다. 이러한 상황에서 <7.7 선언>을 통해 한국정부가 주변국의 대북관계 개선을 반대하지 않는다는 점을 명확히 했기 때문에, 일본으로서는 부담 없이 대북관계 개선을 추진할 수 있었다. 북한으로서도 일본과의 관계개선은 수십억 달러의 보상금을 획득할 수 있는 기회였고, 또한 미국과의 관계개선을 우회적으로 압박할 수 있는 통로이기도 했다.

<7.7 선언>이 발표된 같은 날 오부치 관방장관은 "한국의 대중, 대소관계 개선에 균형을 맞추면서 북일관계를 적극 개선해 나가겠다"는 <일본정부견해>를 발표했고, 이후 약 2년간 북한과 일본은 상호 의사타진과 물밑 접촉을 진행했다. 그리고 1990년 9월 28일 가네마루 신 자민당 부총재와 다나베 마코토 사회당 부위원장이 방북하여 김용순 노동당 국제비서와 회담, 조속한 북일수교를 골자로 하는 8개항의 <3당 공동선언>을 채택했다.[16]

① 일본이 36년간 조선인민에게 커다란 불행과 재난을 끼친 사실과 전후 45년간 조선인민에게 입힌 손실에 대하여 조선민주주의인민공화국에 공식적으로 사죄를 하고 충분히 보상해야 한다고 인정한다.

② 두 나라 사이에 존재하고 있는 비정상적인 상태를 해소하고 가능한 빠

---

15 이원덕, 2003, 「북방정책과 일본: 북일 수교교섭과 일본의 대북정책」, 하용출 외, 『북방정책』, pp. 190-192.

16 「조일관계에 관한 조선로동당, 일본의 자유민주당, 일본사회당의 공동선언(1990.9.28)」, 『로동신문』 1990년 9월 29일.

른 시일 안에 국교를 수립해야 한다고 인정한다.

③ 두 나라 사이의 관계를 개선하기 위하여 정치, 경제, 문화 등 여러 분야에서 교류를 발전시키며 당면하여 위성통신이용과 두 나라 사이의 직행항로를 개설하는 것이 필요하다는 데 대하여 인정한다.

④ 재일조선인들이 차별을 받지 않고 인권과 민족적 제권리와 법적 지위가 존중되어야 하며 일본정부는 이것을 법적으로 담보하여야 한다고 인정한다.

⑤ 조선은 하나이며, 북과 남이 대화를 통하여 평화적으로 통일을 이룩하는 것이 조선인민의 민족적 이익에 부합된다고 인정한다.

⑥ 평화롭고 자유로운 아세아를 건설하기 위하여 공동으로 노력하며 지구상의 모든 지역에서 핵위협을 없애는 것이 필요하다고 인정한다.

⑦ 국교수립의 실현과 현안의제문제들을 해결하기 위한 정부간 교섭을 1990년 11월 중에 시작하도록 강력히 권고하기로 합의하였다.

⑧ 조선노동당과 자유민주당, 조선노동당과 일본사회당 사이의 당적관계를 강화하고 호상협조를 더욱 발전시키기로 합의하였다.

<3당 공동선언>은 국가간 조약이 아니어서 구속력이 없는 것이지만, 당시 자민당의 실세였던 가네마루 신이 직접 합의한 문서라는 점에서 그 의미는 적지 않았다. <3당 공동선언>과 관련하여 일본 내에서도 가네마루의 성급한 외교에 대한 비판이 제기되었지만, 주된 반대는 한국과 미국으로부터 나왔다. 한국의 입장에서 볼 때, '조기' 국교수립은 북한으로 하여금 남북관계 개선에 미온적인 태도를 취하게 만들 소지가 다분했다. 이에 10월 8일 가네마루를 접견한 노태우 대통령은 북일수교는 한일 간에 충분한 사전협의를 통해 "남북관계의 진전과 연계되어야 한다"고 못을 박았다. 가네마루는 이에 동의하며, <3당 공동선언>에서 "오해의 부분"이 있었던 점을 사과했다.[17] 미국

17 『조선일보』 1990년 10월 9일.

역시 북일관계가 급격히 진전되는 것은 달갑지 않았다. 9월 28일 미 국무부는 북일관계 개선이 "핵사찰 및 남북관계 개선과 연계되어야 한다"는 성명을 발표했고, 10월 9일에는 아마코스트 주일대사가 가네마루를 직접 면담하고 같은 메시지를 전달했다. 이에 가네마루는 "미국과 수교문제를 협의하지 않은 점"을 사과했다. 결국 가이후 수상은 1991년 1월 국정연설을 통해, 북일수교 협상을 남북관계에 연계시킨다는 방침을 천명했다. 동아시아에서 장기적 지위구축을 목표로 한 대북관계 정상화 욕구가 미일동맹과 한미일 3각 공조의 현실적 필요성을 넘어설 수는 없었던 것이다.[18]

> 북일수교 교섭은 한반도를 둘러싼 정세 전체를 시야에 두고, 한반도의 평화와 안정에 도움이 될 수 있도록 "한국과 밀접한 연대를 취하면서" 추진할 것이다.[19]

2. 남북-북미관계의 연계와 교차승인

1) 대남전략의 수정: 남북대화를 이용해서 북미, 북일관계를 풀어야

결과적으로 북미관계 개선만이 아니라 북일관계 개선 역시 "서울을 경유하지 않고서는" 불가능하다는 사실이 분명해졌다. 따라서 북한으로서는 대미, 대일관계를 개선하기 위해서는 대남관계를 먼저 개선해야 하는 딜레마에 봉착하게 된다. 그런데 남북관계의 실질적 진전은 북한에게는 체제적 위협이 될 수 있었고, 한국의 국제적 위상이나 경제력으로 봤을 때 그것은 흡수통일의 위험을 떠안는 것이었다.

---

18 임수호, 앞의 책, pp. 129-130.

19 가이후 수상 국정연설(1991년 1월), 신정화, 2004, 『일본의 대북정책: 1945-1992』, 오름, pp. 232-233 재인용.

최근에 남조선당국자들이 그 무슨 '북방정책'에 대하여 떠들고 있는데 그것은 우리 공화국을 고립시켜 흡수통합하겠다는 것입니다. 남조선당국자들이 떠드는 '북방정책'은 미국이 내놓은 것입니다. 미국의 부추김 밑에 남조선당국자들이 '북방정책'이요 뭐요 하면서 '흡수통일'의 야망을 실현해보려고 하지만 수령, 당, 대중이 하나로 결합되어 있는 우리의 사회주의를 어쩌지 못합니다.[20]

따라서 북한은 남북대화에 형식적으로는 호응하면서도 이런 저런 이유를 들면서 실질적 협상은 지연시키는 전략을 구사하였다. 1988년 10월 18일 제43차 유엔총회 연설에서 노태우 대통령이 남북 정상회담을 열어 남북 간 교류협력문제와 정치군사문제를 논의하자고 제안하자,[21] 11월 7일 북한은 노 대통령의 군축문제 협의의사 표명을 환영하며 남북 간 고위급 정치군사회담을 열어 '당면한' 정치군사적 대결상태를 완화하자고 역제안했다.[22] 이에 12월 28일 한국의 강영훈 총리는 총리급 고위급회담을 제안하였고, 1989년 1월 16일 북한의 연형묵 총리가 이를 수용하는 서한을 보내옴에 따라 그해 2월부터 남북 고위급회담 개최를 위한 예비회담이 열렸다. 그러나 예비회담은 성과를 내지 못했고 1990년 9월 제1차 고위급회담이 열리기까지는 무려 1년 반의 시간을 소비하고 말았다. 이 기간 동안 한국은 북한을 남북대화로 견인하기 위해 남북관계 선행의 원칙에 따라 미국과 일본의 대북접근을 견제해나갔으며, 또한 중국을 통해 북한에게 남북관계 개선을 우회적으로 압박해나갔다.

사실 북한이 남북대화에 진지하게 나서게 되는 데는 중국의 역할이 컸다고 할 수 있다. 천안문 사태 이후 중국은 국제사회의 제재에 직면해 있었고 이로 인해 개혁·개방은 좌절될 위기에 처해 있었다. 이러한 상황에서 한국은 북경

---

20 김일성, 1996, 「총련사업에 대하여(1992.2.24)」, 『김일성저작집』 43.

21 노 대통령의 연설원문은 허문영 외, 2007, 『한반도 평화체제: 자료와 해제』, 통일연구원, pp. 152-154.

22 "포괄적 평화보장방안"(조국의 자주적 평화통일을 촉진하기 위한 포괄적인 평화보장 대책)은 중앙인민위원회·최고인민회의상설회의·정무원 연합회의 명의로 채택되었다. 『조선중앙년감』, 1989, <당 및 국가 주요회의편>.

아시안게임 개최와 중국의 APEC 가입을 지원하는 등 중국이 국제사회에서 숨통을 터는 데 중요한 기여를 했다. 또한 당시 한중교역은 연간 31억 달러에 달해 한국은 중국의 중요한 교역파트너로 등장하고 있었다. 또한 한소수교가 이루어지고 일본의 대북접근이 가시화되는 상황에서 향후 중국이 한반도에서 영향력을 유지하기 위해서라도 한국과의 관계개선은 불가피했다. 이러한 상황은 중국 내부의 정책결정에 영향을 미쳐 1990년대에 들면서부터 중국은 기존의 '하나의 한국' 정책에서 조심스럽게 '두 개의 한국' 정책으로 이행하고 있었다.[23] 그러나 한소수교 과정에서 북소관계가 단절되는 것을 지켜본 중국으로서는 북중관계를 크게 해치지 않으면서 한중관계 개선을 이루고자 했으며, 이를 위해서는 반드시 남북관계가 먼저 개선되어야 했다.

세바르드나제 소련 외상이 한소수교를 일방적으로 통보하고 떠나버린 직후 김일성은 등소평을 찾았다. 1990년 9월 12일 심양에서 열린 정상회담에서 등소평은 김일성에게 남북관계 개선을 강력히 설득했다.

> 김일성: 민간차원에서 남조선과 중국간 내왕이 불가피하고, 어느 선까지는 관계설정이 부득이 하더라도, 그 속도를 가능한 늦추어 달라. 미국, 일본과 우리의 관계는 답보상태에 있는데, 중국, 소련과 남조선의 관계는 너무 앞서 간다. 우리와 미국의 관계개선을 위해서 중국이 필요한 지원을 적극 해줄 것을 기대한다.
>
> 등소평: 가까운 시일 안에 우리는 남조선과 민간차원에서 무역대표부를 설치하게 될 것이다. 언젠가는 남조선을 승인하겠지만, 그것은 북조선과 미국, 일본 관계가 정착되는 상황을 고려해서 결정할 것이다.

---

23 이태환, 2003,「북방정책과 한중관계의 변화」, 하용출 외,『북방정책』, pp. 123-128. 한중관계 개선에 대한 중국의 입장은 1990년에 들면서 갑작스럽게 바뀌기 시작했다. 예컨대 1989년 11월 6일 북경에서 김일성과 만난 등소평은 중국은 북한의 통일방안을 지지하고, 정치적으로 한국을 인정하지 않을 것이며, '두 개 한국'을 결코 승인하지 않겠다는 입장을 밝혔다. 그러나 불과 넉 달 후인 1990년 3월 14일 평양에서 김일성을 만난 강택민 총서기는 "세계의 어느 나라와도 우호관계를 발전시킬 것"이라고 밝혔다. 한국과의 관계개선을 염두에 둔 발언이었다. 실제 그 다음 달부터 한중간에는 국교수립을 위한 비밀접촉이 개시되었다. 오진용, 2004,『김일성시대의 중소와 남북한』, 나남출판, pp. 282-284, p. 290.

북남대화를 이용해서 미국, 일본과의 관계를 풀어나가야 한다. 미국을 회담장으로 끌어내려면 지금 진행 중인 총리회담 분위기를 더 극적으로 고조시켜야 한다. 미국 없이도 북과 남이 스스로 평화를 완전히 정착시켜 나가는 듯한 환경조성이 필요하다. 이것이 미국이 가장 민감하게 생각하는 부분이고, 또 불안해하는 부분이다. 북조선이 능동적으로 북남관계를 평화정착의 단계로까지 끌고 간다면, 미국은 조선반도에서 역할을 잃지 않기 위해서라도, 결국 대북관계개선 대화에 나오게 된다.[24]

김일성은 심양에서 돌아오자마자 9월 14일 노동당 정치국회의를 소집하고 남북대화를 적극적으로 추진할 것으로 지시했다.[25] 이때부터 남북 고위급회담은 탄력을 받기 시작했고, 또한 1990년 10월과 11월에는 비록 실패하기는 했지만 정상회담을 논의하기 위한 특사들(서동권 안기부장과 윤기복 노동당 대남비서)이 각기 평양과 서울로 교차 파견되기도 했다. 특히 김일성은 1991년 1월 1일 신년사를 통해 '느슨한 연방제' 방안을 내놓았다. 이는 기존의 고려민주연방공화국 방안에 비해 중앙정부의 기능을 상징적 수준으로 제한하고, 남과 북 각 지역정부의 기능을 대폭 강화한 것으로 1989년 9월 노태우 대통령이 제안한 '체제통일의 전단계로서의' 남북연합제(국가연합제)와 별반 차이가 없었다. 따라서 이는 그간 북한이 반대해온 '두 개 조선론'을 잠정적으로 수용할 수 있다는 메시지로도 해석될 수 있었다.

2) 하나의 조선론 對 두개 실체론

남북 고위급회담의 주된 쟁점은 두 가지였다. 하나는 새로운 남북관계를 어떻게 정립할 것인가 하는 문제로서, 여기서는 북한의 '하나의 조선론'과 한

---

24 오진용, 앞의 책, pp. 303–305.
25 오진용, 앞의 책, p. 306.

국의 '분단현실 인정 및 두 실체 간의 관계개선론'이 부딪혔다. 다른 하나는 남북이 무엇부터 먼저 협의, 해결해야 하는가라는 문제로서, 여기서는 북한의 '정치군사문제 우선 해결론'과 한국의 '교류협력 우선론'이 대립했다.[26]

주지하듯이 첫 번째 문제는 다름 아닌 남과 북의 유엔가입문제였다. 이 문제와 관련하여 남과 북은 이미 20여 년간 치열한 대립을 해오고 있었다. 1973년 6월 23일 박정희 대통령이 '평화통일 외교정책(6.23 특별선언)'을 발표한 이래 한국은 줄곧 남과 북의 유엔 동시가입('2개 의석 동시가입론')을 주장하고 있었다.[27] 반면 1973년 6월 23일 김일성이 '새로운 평화통일 방침(조국통일 5대강령)'을 발표한 이래, 북한은 줄곧 2개 의석 동시가입론은 분단영구화론이라며, 연방제 통일 이후 단일국호하에서 하나의 의석으로 가입해야 한다는 입장이었다. (단일국호 단일의석 가입론)[28] 김일성은 1991년 신년사에서 연방제 통일 이전이라도 유엔에 가입할 수 있다고 한발 물러섰지만, 그 경우에도 남북이 단일의석으로 가입해야 한다는 점만큼은 물러서지 않았다. ('단일의석 가입론')

> 우리는 유엔에 들어가는 문제도 연방제통일이 실현된 다음 단일한 국호를 가지고 가입하는 것이 가장 좋다고 인정하지만, 하나의 의석으로 가입하는 조건에서라면, 그전에라도 북과 남이 유엔에 들어가는 것을 반대하지 않을 것입니다.[29]

기능주의적 통일관을 갖고 있던 한국의 입장에서는 유엔 동시가입은 본격적 통일과정을 시작하기 위한 전제조건인 '남북관계의 정상화'를 의미했으며, 이런 의미에서 모스크바와 북경을 경유해서 추진해온 '평화와 안정을 위

---

26 임동원, 2008, 『피스메이커: 남북관계와 북핵문제 20년』, 중앙 Books, p. 182.

27 대통령비서실, 1974, 『박정희 대통령 연설문집』 10, p. 165.

28 김일성, 1984a, 「민족의 분렬을 방지하고 조국을 통일하자: 체스꼬슬로벤스꼬 사회주의공화국 당 및 정부 대표단을 환영하는 평양시 군중대회에서 한 연설(1973년 6월 23일)」, 『김일성저작집』 28, 조선로동당 출판사.

29 『로동신문』 1991년 1월 1일.

한'을 북방외교의 완성을 의미했다. 반면 정치군사문제 우선 해결의 법적, 제도적 통일관을 갖고 있던 북한의 입장에서는 그것은 남과 북이 별개의 국가라는 점을 국제적으로 문서화하는 '분단의 고착화'를 의미했다. 1990년 9월 18일 유엔가입문제를 협의하기 위해 열린 첫 번째 남북 대표 접촉에서 남북은 각기 이러한 자신의 입장을 다시 한번 재확인했다.[30]

> 최우진(북측대표): 북과 남이 각기 두 개 의석으로 (유엔에) 가입하게 되면, 분열을 국제적으로 합법화하는 셈이며, 통일의 전도를 흐리게 할뿐더러, 국제무대에서 북남대결을 불가피하게 할 것이므로 이는 민족의 존엄으로 보아 결코 허용될 수 없는 일이다.
>
> 임동원(남측대표): 하나가 되기 위해서는 먼저 둘이 있다는 사실을 인정해야 서로 화해하고 협력할 수 있다. 남북이 동시에, 각각의 의석으로 유엔에 가입하는 것이 한반도의 평화와 통일을 촉진할 수 있는 현실적인 해결방안이다. 이는 물론 어디까지나 남과 북이 통일될 때까지의 '잠정적 조치'이며, 남과 북은 '통일지향적 특수관계'를 유지하며 유엔에서도 긴밀히 협력하여 민족의 공동이익을 도모하고 평화통일을 추진해나가야 한다.

그러나 협상장에서의 팽팽한 대결과 무관하게 국제정세는 이미 한국 측에 유리하게 돌아가고 있었다. 최호중 외무부장관은 이미 1990년 8월 말 "북한이 남북한 유엔동시가입을 거부할 경우 한국의 단독가입을 추진할 방침"이라고 밝혀둔 상태였다. 1990년 9월 한소수교 직후부터 소련은 남과 북의 유엔동시가입에 대해 거부권을 행사하지 않을 것임을 분명히 하고 있었다. 중국의 경우에는 남과 북이 협의하여 가입하는 것을 지지한다는 입장이었다. 이에 1991년 3월 18일 이상옥 외무장관이 "중국의 지지여부와 무관하게 유엔가입을 강행하겠다"고 밝히자, 다급해진 중국은 1991년 5월 3일 이붕 총리를 평

30 임동원, 앞의 책, pp. 185-187.

양에 파견하여 북한 지도부 설득에 나섰다.[31] 그 결과 1991년 5월 27일 북한은 입장을 바꾸어 "내키지는 않지만" 남북 동시가입을 수락한다는 외교부 성명을 발표하였다.

> 남조선당국자들이 기어이 유엔에 단독으로 가입하겠다고 하는 조건에서 이것을 그대로 방임해 둔다면 유엔무대에서 전조선민족의 이익과 관련된 중대한 문제들이 편견적으로 논의될 수 있고, 그로부터 엄중한 후과가 초래될 수 있다. 우리는 이것을 결코 수수방관할 수 없다. 조선민주주의인민공화국 정부는 남조선당국자들에 의하여 조성된 이러한 일시적 난국을 타개하기 위한 조치로서 유엔에 가입하는 길을 택하지 않을 수 없게 되었다.[32]

남북의 유엔 동시가입은 1991년 9월 17일 실현되었다. 이에 따라 북한은 좋든 싫든 한반도에 두 개의 정치적 실체가 존재한다는 사실을 국제무대에서 인정하지 않을 수 없게 되었다. 임동원은 이로써 북한의 '즉각적 연방제 통일론'은 설 자리를 잃어버리게 되었으며, 북한의 통일론은 자연스럽게 평화공존을 통한 점진적, 단계적 통일이라는 한국의 통일방안으로 수렴하게 되었다고 평가하고 있다.[33] 물론 이는 다소 과도한 평가이기는 하지만, 1991년 북한이 '느슨한 연방제'를 제안한 점이나 2000년 6월 남북 정상회담의 6.15 공동선언에서 '낮은 단계 연방제'와 '국가연합제'가 공통성이 있다고 지적하고 있는 대목 등에서 그 일단을 확인할 수도 있을 것이다. 1991년 12월 타결된 <남북기본합의서>는 유엔 가입 이후 남과 북의 관계를 국가 간(inter-state) 관계도 국내(intra-state) 관계도 아닌 "통일로 가는 과정에서의 잠정적 특수관계"로 규정하였다.

남북기본합의서가 타결됨으로써 남북관계는 정상화의 과정으로 돌입하게

---

31 이태환, 앞의 글, p. 124.
32 북한 외교부 성명(1991년 5월 27일), 『로동신문』 1991년 5월 29일.
33 임동원, 앞의 책, p. 190.

되었다. 이것은 북한에게 '워싱턴과 동경으로 가는 길' 열렸음을 의미했다. 남방외교를 본격화할 수 있는 조건이 형성된 것이다. 그러나 남북관계의 개선에도 불구하고 북미, 북일관계는 별다른 진척을 보지 못했다. 우선 1992년 1월 뉴욕에서 열린 김용순 노동당 국제비서와 캔터 미 국무부 차관 간의 회담은 고위급회담의 구색을 갖추기는 했지만, 내용적으로는 회담이 아니라 각자 자기 입장을 일방적으로 전달하는 '강의'에 가까웠으며, 그나마 1회성에 그치고 말았다. 또한 북일관계는 1991년 1월부터 8차례 수교협상을 가지기는 했지만, 아무런 성과도 없이 1992년 8월 종료되었다. 결국 서울을 경유했음에도 불구하고 북한은 워싱턴과 동경으로 갈 수 없었던 것이다. 핵문제라는 또 다른 장애물이 기다리고 있었기 때문이다.

3. 핵카드와 북미관계의 돌파구: 절반의 성공 혹은 절반의 실패

1) 우리가 NPT에 가입한 것은 미군 핵병기를 철수시키기 위해서였다

탈냉전과 함께 한반도에서는 북한의 핵무기 개발이라는 새로운 안보이슈가 제기되었다. 북한은 이미 1950년대 중반부터 소련의 지원을 받아 원자력 관련 연구를 진행해오고 있었다. 1964년에는 영변에 원자력연구센터가 개설되었고 소련은 1960년대 중반부터 1970년대 초반에 걸쳐 2MWt급 초소형 실험용 경수로(IRT-2000)와 재처리시설(동위원소생산가공연구소) 등 관련 시설을 건설해주었다. 그러나 당시의 핵개발은 핵무기 개발이라기보다는 원자력의 평화적 이용을 위한 연구개발사업의 성격이 더 강했다. 따라서 북한은 1974년 원자력법을 제정하여 핵개발 체계를 완비한 후, 1977년 7월 IAEA와 부분 핵안전조치협정을 체결하고 IRT-2000에 대한 IAEA의 감시를 허용하였다.

북한이 핵무기 개발에 본격적으로 착수한 것은 1970년대 말부터였던 것으로 알려지고 있다.[34] 이에 따라 1979년부터 영변에서는 5MWe(25MWt)급 원자로가 건설되기 시작해서 1986년부터 가동에 들어갔다. 영변 5MWe 원자로는 흑연감속로로 전력생산에는 비효율적이지만 핵무기의 원료인 플루토늄을 생산하는 데는 가장 이상적인 원자로이다. 미국은 1980년부터 인공위성을 통해 영변 원자로 건설현상을 파악하고 있었다. 그러나 당시에는 그것이 원자력의 평화적 이용을 위한 목적인지, 아니면 핵무기 개발용도인지는 파악하지 못하고 있었다. 이런 와중에 1984년 4월 원자로 냉각탑이 완공되어 그것이 흑연감속로임이 드러나자 미국은 영변 원자로가 핵무기 개발용이라고 판단하고 소련에 대북 확산통제를 요청하였다. 소련은 경수로 지원을 약속해주는 대가로 북한의 NPT(핵확산금지조약) 가입(1985.12)을 설득할 수 있었다.

NPT 가입국은 1년 6개월 이내에 IAEA와 전면 핵안전조치협정(Full-Scope Safeguard Agreement, 이하 안전협정)을 체결해야 한다. 그러나 북한은 3년이 지나도록 협정을 체결하지 않았고, 이에 핵무기 개발 의혹을 느낀 미국이 1989년 3월 영변을 정밀촬영 하는 과정에서 재처리시설(방사화학실험실)과 고폭실험장(핵장치 개발시설)이 포착되었다. 이는 북한이 핵무기를 개발하고 있다는 명백한 증거였다. 따라서 미국은 북경채널을 통해 북한에 안전협정을 체결하고 조속히 핵사찰을 받을 것을 요구하는 한편, 소련과 중국을 통해서도 우회적으로 핵 포기 압력을 가하기 시작했다. 또한 미국은 관련 사실을 한국과 일본에 브리핑하고 안전협정 서명 및 핵사찰을 남북관계 개선 및 북일관계 개선의 전제조건으로 삼을 것을 요구하였다. 이로써 북한 핵문제는 국제문제화 되기 시작했다.[35]

이에 대해 북한은 1989년 11월 9일자 외교부 성명을 통해 "조선반도에 비핵지대를 창설하며 그 지위를 확고히 담보하기 위한 실천적 대책을 논의할 당사자들의 협상"을 제안하였다.[36] 핵문제는 북한의 비핵화로 끝나는 것이 아니

---

34 Mansourov, Alexandre, 1995, "The Origins, Evolution, and Current Politics of the North Korean Nuclear Program," *Nonproliferation Review*(Spring/Summer).

35 자세한 것은 임수호, 「실존적 억지와 협상을 통한 확산」, 제4장 참조.

36 『조선중앙년감』, 1990, <문건 및 자료편>.

라 한반도 전체의 비핵지대화로 귀결되어야 하며, 이를 위해서는 남과 북을 포함하여 한반도와 인근에 핵무기를 배치하고 있는 미국, 중국, 소련 등의 협상이 필요하다는 주장이었다. 물론 여기서 북한이 내심으로 기대한 것은 북미 직접협상이었다. 비핵지대화의 구체적 내용과 관련하여 북한은 1990년 5월 31일 <조선반도의 평화를 위한 군축제안>을 통해 다음과 같이 밝혔다.[37]

> 북과 남은 조선반도를 비핵지대로 만든다.
>
> ① 남조선에 배비된 모든 핵무기들을 즉시 철수시키기 위하여 공동으로 노력한다.
>
> ② 핵무기를 생산, 구입하지 않는다.
>
> ③ 핵무기를 적재한 외국 비행기, 함선의 조선경내에로의 '출입과 통과'를 금지한다.

주한미군 핵무기를 철수시키고 이후 남과 북은 핵무기를 만들지도 반입하지도 않으며, 특히 핵무기를 탑재한 항공기나 함선이 한반도를 출입하거나 통과하는 것도 금지하자는 것이 북한이 요구한 비핵지대화의 요체였다. 따라서 북한 입장에서 우선 제기되는 과제는 주한미군 핵무기를 철수시키고 "핵전쟁연습"인 팀스피리트 훈련을 중단시키는 것이었다. 그리고 이를 위해서는 북미 직접협상이 필요하다는 것이 북한의 일관된 요구였다. 북한은 이 주장을 관철하기 위해 IAEA 안전협정 서명과 핵사찰 거부라는 핵카드를 활용한 것이다.

> 미제는 우리 인민에게 직접적인 핵위협을 가하고 있는 데 대해서는 아닌 보살하면서 오히려 그 무슨 핵사찰 문제를 들고 나와 우리를 걸고드는 파렴치한 놀음을 계속하고 있다. […] 핵 담보협정(안전협정) 체결문제에 대하여 말한다면 […] 하

---

37 「조선민주주의인민공화국 중앙인민위원회, 최고인민회의 상설회의, 정무원 련합회의에 관한 보도(1990년 5월 31일)」, 『로동신문』 1990년 6월 1일.

루빨리 조인하자는 것이 우리의 입장이다. 문제는 미국이 남조선에 수많은 핵무기를 배비하고 우리를 항시적으로 위협하고 있는 데 있다. […] 핵무기전파방지조약(NPT)의 요구라 하여 나라의 자주적 권리와 민족의 생존권, 국가의 안전을 희생시키면서 핵 담보협정을 체결할 수 없다는 것은 누구에게나 명백한 일이다. 핵 담보협정을 체결하자면, 우선 우리에 대한 미국의 핵위협 제거와 법적 안전담보 공약이 있어야 한다.[38]

우리가 핵무기전파방지조약(NPT)에 가입한 것은 미군 핵병기를 철수시키기 위해서였다.[39]

2) 비핵지대화 vs. 비핵화

북한이 안전협정 서명과 핵사찰의 전제조건으로 주한미군 핵철수와 팀스피리트 훈련 중단 등 핵위협 제거를 줄기차게 요구하는 가운데, 1991년 봄부터 미군 핵철수 가능성을 시사하는 발언들이 흘러나오기 시작했다. 1991년 4월 3일 전 주미대사 김경원은 "북한에게 핵사찰을 수락하도록 하기 위해서라도 남한에서 핵무기 철수는 필요하다"고 주장했다. 이 발언은 미국의 입장을 어느 정도 반영하는 것으로 해석되었다. 더욱이 5월 8일에는 스티븐 솔라즈 미 하원 외교위원회 동아태소위원장 역시 북한이 핵사찰을 수락하면 미군 핵무기를 철수할 뿐 아니라 재배치도 하지 않을 수 있다고 발언했다. 비핵지대화의 가능성을 암시한 것이다. 이에 따라 당시 언론에는 한반도 비핵화와 관련하여 미국, 중국, 소련 간에, 그리고 북한과 미국 간에 모종의 협약이 추진되고 있다는 설들이 유포되고 있었다.[40]

---

38 「미국은 우리에 대한 핵위협을 당장 제거해야 한다」, 『로동신문』 1991년 2월 13일.

39 1991년 5월 강석주 외교부 제1부부장 발언, 『조선일보』 1991년 4월 19일 재인용.

40 『경향신문』 1991년 4월 4일; 『동아일보』 1991년 5월 2일; 『한겨레』 1991년 5월 10일; *Washington Post*(May 3, 1991); Mazarr, Michael, 1997, *North Korea and The Bomb*, St. Martin's Press, p. 59; Oberdorfer, *op. cit.*, pp. 258–259.

물론 미국이 핵 철수를 시사한 것은 북한의 요구 때문이라기보다는 소련을 겨냥한 것이었다. 미국은 소련의 정치상황이 불안정해지면서 소련이 해외에 배치해둔 전술핵무기들에 대한 통제력을 상실할 수 있다고 우려하고 있었다. 따라서 미국이 일방적으로 전술핵무기 철수선언을 함으로써 소련이 그 선례를 따르도록 한다는 계획이었다. 실제 부시 대통령은 1990년 8월 2일 전술핵무기 철수선언을 하려고 했지만, 당일 이라크의 쿠웨이트 침공이 발생함으로써 그 시기가 늦춰졌을 뿐이었다.[41] 따라서 북한은 전세계적 전술핵무기 철수가 임박했다고 보고 주한미군 핵철수 요구를 선제적으로 치고나갔을 가능성이 높다.

한편 당시 미국은 이미 내부적으로 확정된 주한미군 핵철수를 협상카드로 삼아 북한으로부터 재처리시설 포기를 얻어낸다는 생각이었던 것으로 보인다. 재처리시설이나 우라늄농축시설은 핵무기 개발에 가장 중요한 시설이지만, 동시에 원자력의 평화적 이용을 위해서도 필요한 시설이기 때문에 NPT 체제에서 그 보유를 금지하고 있지 않았다. 따라서 설사 핵사찰이 이루어지더라도 북한이 재처리시설을 신고하지 않으면 미국으로서는 그것을 포기시킬 방법이 없었다. 이와 관련하여 1991년 5월 11일 월포비츠(Paul Wolfowitz) 미 국방차관보는 "북한이 IAEA와 안전협정을 체결하는 것만으로는 부족하며 핵 처리시설을 갖지 않도록 하는 것도 중요하다"고 주장했다. 5월 15일 솔로몬 미 국무부 동아태 차관보 역시 북한이 안전협정 서명과 사찰은 물론 재처리시설까지 포기해야 한다는 입장을 표명했다.[42]

재처리시설과 우라늄농축시설의 포기 여부는 비핵화의 정도를 판가름하는 중요한 기준이다. 이 두 시설은 군수와 민수 모두에 이용될 수 있는 이중용도 시설이기 때문에 전통적인 비확산체제에서는 그 보유를 허용해왔으나, 탈냉전 이후 중동, 한반도 등 불안정 지역을 중심으로 핵개발이 확산될 가능성이 높아지면서 보유를 금지하는 쪽으로 논의가 집중되고 있었다. 특히 걸프전 이

---

41 Mazarr, *op. cit.*, pp. 60–61.

42 『한국일보』 1990년 5월 12일; 『경향신문』 1990년 5월 18일.

후 이라크가 핵보유에 상당히 근접했다는 사실이 밝혀지고 북한이 "1995년까지 핵무기를 보유할 수 있다"는 우려가 확산되면서 강제사찰인 특별사찰을 통해서라도 재처리시설과 우라늄농축시설을 포기시켜야 한다는 목소리가 높아져왔다. 미국의 입장은 이러한 후자의 흐름을 반영한 것이었다. 한편 북한이 주장한 비핵지대화는 비핵무기지대화(nuclear weapon free zone)를 의미하는 것으로, 전통적인 비핵화에 더해 주변 핵보유국(nuclear weapon state)의 핵 불위협 공약을 제도화하는 장치이다. 즉 비핵보유국(non-nuclear weapon state)은 핵무기와 관련 핵물질을 생산하거나 타국으로부터 접수하지도 않을 뿐더러(전통적 비핵화), 동맹국의 핵무기체계가 자국의 영토와 영해, 영공을 '출입, 통과'하는 것도 반대한다는 개념이다.

따라서 북한의 비핵지대화 노선과 미국의 비핵화 노선 사이에는 두 가지 중요한 차이가 있었다. 첫째, 비핵화의 정도, 즉 재처리시설 및 우라늄농축시설의 보유를 허용하는가 하는 부분으로서 여기서 북한은 허용, 미국은 금지의 입장이었다. 둘째 비핵지대화의 정도, 즉 비핵보유국의 핵무기 생산 및 접수 금지에 더해 동맹국의 핵우산을 허용하는가('출입, 통과') 여부이다. 여기서 미국은 한미동맹에 미칠 영향을 고려하여 당연히 허용해야 한다는 입장인 반면, 북한은 금지해야 한다는 입장이었다.

1991년 5월 21자 『로동신문』에 따르면, 당시 "조미 사이에 비공식적인 접촉이 이루어지고 있었는데",[43] 주된 쟁점은 이 비핵화와 비핵지대화의 정도에 있었을 것으로 추측된다. 이와 함께 또 하나의 문제는 동시사찰이었다. 북한은 주한미군 핵철수가 암시되고 있던 1991년 5월경부터 핵사찰은 영변 핵시설만이 아니라 주한미군 기지도 받아야 한다고 주장하기 시작했다. 미국이 핵철수를 선언하더라도 그것을 곧이곧대로 믿을 수는 없기 때문에 사찰을 통해 검증해야 한다는 요구였다. 또한 이 과정에서 북미 간의 직접협상을 유도해낸다는 의도도 있었다.

---

43 「리성적으로 행동할 때가 되었다」, 『로동신문』 1991년 5월 21일.

핵사찰은 우리와 국제원자력기구 사이에 핵 담보협정이 체결된 다음에 이 협정에 따라 진행되어야 할 사업이다. 만약 미국이 우리의 핵시설에 대한 사찰을 원한다면 남조선에 있는 저들의 핵무기들과 핵시설에 대해서도 동시에 사찰을 할 수 있도록 허용해야 한다.[44]

우리는 국제원자력기구 핵 담보협정에 곧 서명할 것이다. 그러나 남조선에 배치되어 있는 미군 핵무기가 철거됐다는 점을 검증하기 위한 사찰이 실시되지 않는 한, 그리고 미국이 핵위협을 가하지 않겠다는 법적 담보가 제공되지 않는 한, 우리는 사찰을 허용하지 않을 것이다.[45]

1991년 7월 30일 북한은 이러한 주장들을 하나의 패키지로 담아 <조선반도의 비핵화를 위한 새로운 제안>을 내놓았다.

1. 조선의 북과 남은 조선반도에 비핵지대를 창설하는 데 합의하고 이를 공동으로 선언한다. […] 늦어도 1992년 말 전으로 법적 효력을 가지는 공동선언을 채택해야 한다. 공동선언에는 북과 남이 핵무기의 시험과 생산, 소유를 금지하는 문제, 조선반도 비핵지대의 영내에서 핵무기의 배비(배치)와 '통과' 및 관련 군사연습을 금지하는 문제, 북과 남에 대한 사찰의 방법으로 비핵상태를 검증하는 문제 등이 규제되어야 한다.

2. 미국과 조선반도 주변의 핵무기 소유국들인 소련과 중국은 조선반도가 비핵지대로 합의, 선포되는 차제로 그 지위를 법적으로 담보한다. 핵무기 소유국들은 우선 조선반도가 비핵지대로 되는 것을 방해하지 않으며 그 지위를 담보할 용의를 표명(해야 한다.) (다음으로) 핵무기 소유국들은 조선의 북과 남이 비핵지대 창설을 공동으로 선언한 때로부터 1년 이내에 조선반도 비핵지대의 지위에 저촉되

---

44 「누가 핵무기전파방지조약을 위반하는가」, 『로동신문』 1991년 5월 2일.

45 김영남 외교부장 발언(1990년 6월 20일). Oberdorfer, Don and T.R. Reid, 1991, "North Korea Issues Demand for Mutual Nuclear Inspections," *Washington Post* (June 21) 재인용.

는 모든 요소들을 제거하고, 국제법상 요구대로 핵무기를 사용하지 않으며 핵무기를 가지고 위협하지 않을 데 대한 담보를 하여야 한다. 특히 미국은 남조선에 핵무기를 배비한 당사자로서 조선반도의 비핵화의 요구에 부합되게 자기의 핵무기를 철수하기 위한 조치를 취해야 한다.

조선민주주의인민공화국 정부는 조선반도에 비핵지대를 창설하기 위한 문제를 협의하기 위하여 임의의 시각에 쌍무적 혹은 다무적(다자적) 협상을 진행할 용의가 있다.[46]

이 성명은 강화된 비핵지대화의 요구(미군 핵철수에 더해 미군 핵전력의 한반도 경내 '통과' 금지 조항 포함)만 담고 있을 뿐, 우라늄농축 및 재처리시설 등에 있어서는 언급을 하지 않고 있어 전통적 비핵화노선을 반영한 것으로 해석될 수 있다. 한편 남북 사이에는 비핵화 내지 비핵지대화를 위한 협상을 통해 공동선언을 채택할 것을 제안하고 있으며, 핵 불위협 보장(소극적 안전보장)과 관련하여 북미 간 협상이 필요하다는 점을 암시하고 있다. 이 성명에 대해 미 국무부와 한국 외무부는 다음 날인 1991년 8월 1일 각기 성명을 내고 대체로 환영의 뜻을 표했다.[47] 당시 미국은 "당사자들의 합의가 이룩되는 조건에서 비핵지대 창설을 원칙적으로 반대하지 않는다는 입장을 취하고 있었던 것"이다.[48] 또한 8월 초 하와이에서는 월포비츠 국방차관보와 김종휘 외교안보수석이 회동하여 주한미군 핵철수와 한반도 비핵화에 대해 실무적 입장정리가 진행되었다.[49]

---

46 북한 외교부 성명(1991년 7월 30일), 『로동신문』 1991년 7월 30일.
47 『한국일보』 1991년 8월 2일; 『동아일보』 1991년 8월 2일.
48 북한 외교부 성명(1991년 7월 30일), 『로동신문』 1991년 7월 30일.
49 『경향신문』 1991년 11월 9일.

3) 이 시각, 우리나라의 어디에도 단 하나의 핵무기도 존재하지 않는다

1991년 9월 27일, 부시 대통령은 전세계에 배치된 미국의 지상 및 해상 전술핵무기를 일방적으로 철수하여 폐기한다고 발표했다. 부시선언은 한반도를 특정하여 지칭하지는 않았지만, '전세계'에는 당연히 한반도도 포함되었다. 특히 부시는 한반도의 경우에는 지상 및 해상 전술핵무기만이 아니라 공군의 공중투하탄도 철수하라고 명령했으며, 북한의 요구대로 군산에 있는 핵무기 저장소에 대한 사찰도 허용하기로 결정했다.[50] 그러나 이는 내부적 방침이었을 뿐 외부적으로 공표된 사항은 아니었다. 한미양국은 여전히 주한미군 핵이 철수되었는지, 언제 철수될 것인지에 대해서는 시인도 부인도 하지 않는(NCND) 정책을 유지하고 있었던 것이다.

따라서 북한으로서는 일단 부시의 핵철수 선언에 환영을 표하면서도 "이를 위한 실제적 조치를 빨리 취할 것"을 요구하고 나섰다. 그리고 "미국이 실지로 남조선에서 핵무기를 철수하게 되면, 우리의 핵 담보협정 체결의 길도 열리게 될 것"이라고 주장했다.[51] 이러한 상황에서 10월부터 미국의 언론들은 부시 행정부 관리의 말을 인용해 모든 주한미군 핵무기를 철수하기로 결정했으며, 거기에는 공중투하폭탄도 포함된다는 기사를 내보냈다. 간접적 방식이기는 하지만 주한미군 핵철수 결정을 특정하여 지칭하기 시작한 것이다. 11월 베이커 국무장관은 <포린 어페어즈> 기고문을 통해 남북 간 비핵화협정의 체결을 제안하고, 북한이 이를 수용할 경우, 북미대화를 격상시킬 수 있다고 밝혔다.[52] 그 연장선상에서 노태우 대통령은 <한반도의 비핵화와 평화구축을 위한 선언>(1991년 11월 8일)을 통해 재처리시설 및 우라늄농축시설 포기를 포함한 한반도 비핵화를 제안하였다. 두 시설에 대한 한국의 일방적 포

---

50 Oberdorfer, *op. cit.*, pp. 259–260.

51 북한 외무성 대변인 성명(1991년 9월 28일), 『로동신문』 1991년 9월 29일.

52 James Baker, "The Summer of Arab Discontent," *Foreign Affairs* 70, 5(Winter 1991/1992), pp. 11–14; 『국민일보』 1991년 10월 21일.

기선언은 남북의 '공동포기'를 유도하기 위한 조치로서 한미 간에 협의를 통해 결정된 사항이었다.[53]

> 우리는 핵에너지를 평화적 목적을 위해서만 사용하며, 핵무기를 제조, 보유, 저장, 배비, 사용하지 않는다. […] 한국 내의 핵시설과 핵물질은 철저한 국제사찰을 받도록 하며, 핵연료 재처리 및 핵 농축시설을 보유하지 않는다. […] 북한은 우리와 함께 핵재처리 및 농축시설의 보유를 분명히 포기해야 할 것이다. 북한이 핵안전협정에 조속히 서명하고 이와 같은 조처를 취한다면, 남북한은 고위급회담을 통해 핵문제를 포함한 모든 군사안보 문제를 협의, 해결해 나갈 수 있을 것이다.[54]

11월 25일 북한은 외교부 성명을 통해 노 대통령의 제안이 "우리가 이미 내놓은 조선반도의 비핵지대화 제안과 일부 공통된 내용"을 담고 있다며, 이를 논의할 남북협상과 미군 핵철수를 검증할 동시사찰을 위한 북미협상을 동시에 진행하자고 제안했다.

> 1. 미국이 남조선으로부터 핵무기철수를 시작하면 우리는 핵담보협정에 서명한다.
> 2. 남조선에서의 미국 핵무기의 존재여부를 확인하기 위한 사찰과 우리의 핵시설에 대한 사찰을 동시에 진행한다.
> 3. 동시 핵사찰문제와 우리에 대한 핵위협제거 문제를 협의하기 위한 조미협상을 진행한다.
> 4. 북과 남이 핵무기를 개발하지 않으며, 조선반도를 비핵지대화할 데 대한 상통된 의사를 표명한 데 따라 그 실현을 위한 북남협상을 진행한다.[55]

---

53 임동원, 앞의 책, p. 232.

54 『조선일보』 1991년 11월 9일.

55 북한 외무성 성명(1991년 11월 25일), 『로동신문』 1991년 11월 26일.

이 성명이 발표되고 며칠 후부터 한국 언론들은 "미군 핵 철수가 시작됐다"는 보도들을 내보내기 시작했다. 나아가 12월 11일 정원식 총리는 제5차 고위급회담 기조연설을 통해 <한반도의 비핵화 등에 관한 남북공동선언>을 제안하고, 1992년 2월 이전에 북한의 순천비행장 및 영변 핵시설과 남한의 군산비행장(군산 미군기지)에 대해 '남북' 상호시범사찰을 제안했다. (북한이 요구한 동시사찰은 '북미' 동시사찰임)[56] 제5차 고위급회담 마지막 날인 12월 13일 남과 북은 기본합의서를 채택하면서 한반도 비핵화와 관련한 별도 협상을 연내에 판문점에서 개시하기로 합의했다. 12월 16일, 한국 국방부는 판문점 회담에서 북측이 전향적 자세를 보일 경우 1992년도 팀스피리트 훈련을 중단하겠다고 밝혔다. 그리고 12월 18일, 노태우 대통령은 <핵부재선언>을 통해 주한미군 핵무기 철수가 완료되었다며 북한의 상응한 조치를 촉구하였다.

> 이 시각, 우리나라의 어디에도, 단 하나의 핵무기도 존재하지 않는다. […] 우리에 관한 지난 11월 8일 선언한 비핵화 정책은 완전히 실현됐음을 밝힌다. […] 우리가 비핵화를 구현하고 남북한 동시 핵사찰을 수용한 상황에서 북한이 핵무기를 개발하거나 사찰을 거부할 어떠한 명분이나 이유도 사라졌다. 이제 북한은 국제원자력기구와 핵 안전조치협정을 조속히 체결, 비준하여 아무런 조건 없이 국제사찰을 수락하고 핵재처리 및 농축시설을 포기해야 한다.[57]

이에 대해 북한은 12월 22일 외교부 대변인 성명을 발표하고, 미국이 아니라 한국이 핵철수를 확인한 것은 불만족스럽지만, "남조선에 핵무기가 없다는 것이 일단 발표된 이상" IAEA 안전협정에 서명하고 핵사찰을 받겠다고 밝혔다. 그러나 북한이 IAEA 사찰을 받을 때 주한미군 핵무기의 철수여부를 검증할 사찰도 동시에 진행되어야 하며, 이를 위해서는 북미협상이 진행되어야

---

56 『동아일보』 1991년 12월 12일; Mazarr, *op. cit.*, p. 64.
57 『조선일보』 1991년 12월 19일.

하고 그 협상에서 동시사찰 문제와 핵위협 제거문제가 논의되어야 한다고 주장했다. 그리고 한국에 대해서는 "조선반도를 비핵지대화할데 대한 선언을 빨리 채택"하자고 제안했다.[58]

4) 기대 이상의 비핵화공동선언과 기대 이하의 북미 고위급회담

한반도 비핵화를 위한 남북협상은 1991년 12월 26일 판문점에서 개최되었다. 회담 수석대표였던 임동원에 따르면, 당시 남측의 비핵화 방안과 북측의 비핵지대화 방안에는 큰 차이가 있어 협상타결이 쉽지 않을 것으로 전망하고 있었다. 그러나 예상과 달리 북측은 그간의 비핵지대화안을 철회하고 남측의 제안과 매우 유사한 방안을 제안했다. 북측은 "내난히 놀랍세도" 핵재처리시설과 우라늄농축시설을 보유하지 않는다는 조항을 수용한 것이다. 미국 역시 강제사찰(특별사찰) 조항이 포함되지 않은데 대해서는 아쉬워했으나, 재처리시설 등의 포기가 명기된 데 대해서는 "대단히 만족스럽다"는 반응이었다.[59] 그러나 12월 31일 타결된 <한반도 비핵화에 관한 공동선언>에서 더 놀라운 부분은 북한이 그간 주장해온 외국 핵무기체계의 '출입과 통과' 조항을 고집하지 않았다는 사실이다.

1. 남과 북은 핵무기의 시험, 제조, 생산, 접수, 보유, 저장, 배비(배치), 사용을 하지 않는다.
2. 남과 북은 핵 에너지를 오직 평화적 목적에만 이용한다.
3. 남과 북은 핵 재처리시설과 우라늄농축시설을 보유하지 않는다.
4. 남과 북은 한반도의 비핵화를 검증하기 위하여 상대측이 선정하고 쌍방이 합의하는 대상들에 대하여 남북 핵통제공동위원회가 규정하는 절차

---

58 북한 외교부 대변인 성명(1991년 12월 22일), 『로동신문』 1991년 12월 23일.
59 임동원, 앞의 책, pp. 234-238.

와 방법으로 사찰을 실시한다.[60]

북한이 재처리시설 및 우라늄농축시설 포기를 약속하고, 나아가 '출입 및 통과' 조항까지 포기한 이유는 불분명하다. 이와 관련하여, 임동원, 오버도퍼 등은 1991년 10월 4일–13일까지 진행된 김일성의 북경방문이 결정적 계기가 되었다고 보고 있다. 당시 등소평은 김일성에게 개혁개방 및 조속한 남북협상 타결을 권고하고, 동시에 부시의 핵 철수선언을 믿어도 된다며 핵문제에 대한 우려를 빨리 해소할 것을 설득했다고 한다. 이에 중국 방문에서 돌아온 김일성은 곧바로 10월 16일 노동당 정치국회의를 열고 기본합의서 및 비핵화선언에 관한 남북협상의 타결과 경제특구 설치에 관한 결단을 내렸으며, 핵문제를 북미수교를 위한 협상카드로 활용한다는 '전략적 결정'을 내렸다는 것이다.[61]

한편 셀릭 해리슨은 1991년 12월 24일 열린 노동당 중앙위원회 제6기 19차 전원회의에서 김일성의 전략적 결정이 이루어졌다고 보고 있다. 비핵화 공동선언 도출을 위한 판문점회담을 이틀 앞두고 열린 이 회의에서 북한 내부에서는 핵포기를 통해 북미관계 등 대외관계를 개선하자는 실용주의적 입장과 핵개발의 지속을 요구한 강경한 입장이 맞부딪혔으며, 여기서 김일성은 일단 '핵동결'을 통해 북미관계 개선가능성을 시험해보고, 그것이 입증되는 경우에는 핵포기를 선택하고, 실패할 경우에는 핵개발을 선택한다는 타협책을 내놓았다는 것이다.[62]

---

60 <한반도 비핵화에 관한 공동선언>(1991년 12월 31일).

61 임동원, 앞의 책, pp. 205–206; Oberdorfer, *op. cit.*, p. 261. 임동원은 이러한 정보를 1991년 11월 초에 중국의 북한문제 전문가로부터 입수했으며, 이를 청와대 외교안보수석실에 보고했다고 한다. 외교안보수석실에서는 이 정보가 신뢰할 만하다고 판단하고 기본합의서 및 비핵화공동선언에 타결에 대한 기대를 걸기 시작했다고 한다. 오진용에 따르면, 이 방문을 통해 김일성은 중국 지도부로부터 체제안전에 대한 확실한 약속을 얻어냈으며, 그것이 핵포기 결단에 중요했다고 보고 있다. 강택민은 "핵을 포기하는 대신 김일성-김정일 체제의 안전을 확실히 보장한다"고 약속했으며, 등소평은 외국이 북한을 침범해올 경우 한국전쟁 때처럼 "대규모 병력을 파견하겠다"는 언질과 함께, 150억 위안(약 30억 달러)의 차관과 매년 125만 톤의 석유 제공을 약속했다는 것이다. 오진용, 앞의 책, pp. 355–338.

따라서 북한으로서는 1992년 1월 22일로 예정된 역사상 최초의 북미 고위급 회담인 김용순(노동당 국제비서)과 아놀드 캔터(미 국무부 차관) 간의 회담에 상당한 기대를 했음이 틀림이 없다. 그러나 그 결과는 기대 이하였다. 당시 미국 내에서는 북미회담을 두고 찬반양론이 엇갈리고 있었다. 회담을 반대하는 국방정보국(DIA)이나 CIA 등은 "북한과는 협상하지 않는다"는 기존 원칙을 내세웠고, 회담을 찬성하는 입장에서는 핵사찰의 부드러운 진행을 위해서도 회담이 나쁘지만은 않다고 주장하였다. 이러한 상황에서 북측대표로 "김정일의 남자" 김용순이 참석한다는 사실이 알려지자 회담을 진행하는 쪽으로 의견이 모아졌다. 북한의 의도를 파악하고 미국의 의사를 전달하는 데 좋은 기회라는 것이다. 이에 따라 미국은 회담은 하되 단 1회에 한정하며, 회담의 목적은 "북한 지도부에 직접, 미국의 의사를 명확히 하는 것"으로 한정되었다.[63]

따라서 김용순-캔터 회담은 회담이라기보다는 '강의'에 가까웠다. 캔터는 김용순에게 북한에 핵위협을 가할 의사가 없으며, 주한미군 핵무기는 완전히 철수되었다는 사실을 통보했다. 그리고 핵사찰을 충실히 이행하고 "핵포기 약속을 지키면 아시아경제의 기적적인 성장에 북한도 동참할 수 있으나, 약속을 지키지 않으면 더욱 고립될 것"이라는 메시지를 전달했다. 또한 캔터는 국제 비확산체제 준수, 미사일 수출 중지, 생화학무기 폐기, 남북대화, 테러리즘 포기, 미군유해 반환 등이 이루어지면 '특정하지 않은 좋은 일'이 있을 수 있으나, 그렇지 않은 경우에는 '특정하지 않은 나쁜 일'이 있을 것이라고 제시했다.[64]

한편 김용순은 캔터에게 핵위협 중단, 핵무기 철수, 팀스피리트 훈련 중단,

---

62 Harrison, Selig, "The North Korean Nuclear Crisis: From Stalemate to Breakthrough," *Arms Control Today*(November 1994); "Defusing the North Korean Nuclear Crisis," Remarks at the Chicago Council at Foreign Relations (May 7, 2003).

63 春原 剛, 앞의 책, 제1장.

64 春原 剛, 앞의 책, 제1장.

그리고 핵사찰문제를 논의하기 위한 북미협상을 요구했다. 주한미군 철수문제도 거론했는데, 원칙적으로는 미군철수를 요구하면서도 당분간 "주둔을 용인할 수 있으며, 연방제통일 이후에도 동아시아의 안정을 위해(일본의 위협을 고려해) 단계적 철수도 가능하다"고 밝혔다. 당시 김용순은 이러한 '미군주둔 용인론'을 북미협상을 위한 비장의 카드로 준비해 갔으나, 미국은 이를 진지하게 받아들이지 않았다. 또한 김용순은 추가회담에 대한 공동성명을 발표하자고 제안했으나, 캔터는 이를 일언지하에 거절했다.[65]

북한의 입장에서 김용순-캔터 회담은 분명 기대 이하의 회담이었다. 그러나 북한은 1992년 1월 24일 <중앙방송>을 통해 "회담이 솔직하고 건설적인 분위기 속에서 만족스럽게 진행됐다"고 평가했다.[66] 그것은 북한이 북미회담의 성과를 부풀려 선전하고 싶었기 때문이거나, 아니면 김용순이 김일성과 김정일에게 회담결과를 부풀려 보고했기 때문일 것이다.

---

65 Mazarr, 2004, *op. cit.*, pp. 69–71; Wit, Joel et al., 2004, *Going Critical: The First North Korean Nucelar Crisis*, Brookings Institute Press, pp. 12–13.

66 「조미고위급회담」, 『조선중앙년감』, 1993.

제3장

제네바합의체제

우리의 사활적 이익이 도전받은 때, 국제사회의 의시와 양심이 도전받을 때, 우리는 가능하다면 평화적 외교로, 그러나 필요하다면 무력을 써서라도 행동할 것이다. (Bill Clinton, 1993년 1월 21일)

힘에는 힘으로, 대화에는 대화로 대답하는 것이 우리의 확고부동한 의지이며 정책이다. (북한 외교부 대변인 성명 1994년 4월 4일)

1. 90일간의 위기와 〈북미공동발표문〉

1) NPT 탈퇴선언과 점진적 고조: 빈말을 하지 않는다 vs. 모든 옵션을 고려하고 있다

1993년 3월 12일 북한은 정부성명을 통해 핵확산금지조약(NPT) 탈퇴를 선언했다. NPT 조약문(Treaty on the Non-proliferation of Nuclear Weapons) 제10조 1항은 "가입국이 비상한 사태(extraordinary events)에 직면하여 자국의 최고이익(supreme interests)이 위험에 빠져 있다고 판단하는 경우에는 조약에서 탈퇴할 권한을 갖는다"고 명시하고 있어 북한의 탈퇴는 분명 적법한 행위였다. 북한은 '비상한 사태'로 팀스피리트 훈련 재개와 IAEA의 특별사찰 요구를 들었으며,[1] 그로 인해 자주권과 국가생존이라는 최고이익이 침해되었다며 탈퇴의 정당성을 주장했다.[2] 그러나 1970년 NPT가 발효된 이래 당시까지 탈퇴를 선언한 나라는 북한이 처음이었고, 당시 미국 등 핵 강대국들은 NPT의 영구조약 승격을 추진하고 있었기 때문에 북한의 행동은 적법성 여부를 떠나 중대한 국제안보 이슈로 부각될 수밖에 없었다.

북한이 모종의 강수를 둘 것이라는 점은 이미 1992년 말부터 예고되고 있었다. 1992년 10월 8일 한미 연례안보협의회는 1993년도 팀스피리트 훈련 재개를 발표했다. 그런데 김용순은 1992년 1월 캔터와의 회담이 팀스피리트 훈련으로 대표되는 대북 핵위협의 '영구적' 중단과 영변 핵시설에 대한 사찰을 맞바꾼 거래라고 이해하고 있었고, 또한 그렇게 김일성과 김정일에게 보고한 바 있다.[3] 따라서 북한은 팀스피리트 훈련재개를 미국이 핵 합의를 이행할 의사가 없다는 증거로 받아들였다. 더구나 북한은 매년 팀스피리트 훈련이 개시될 때마다 3개월간 국가를 준전시상태로 운영하는 등 극도의 불안감에 시달려 왔다. 따라서 북한이 이 문제에 대해 민감하게 반응하는 것은 당연한 일이었고, 그 수위는 시간이 지남에 따라 점점 고조되었다.

> 우리는 미국이 핵위협을 하지 않으리라는 것을 전제로 […] 사찰을 받게 되었다. (따라서) 팀 스피리트 합동군사연습이 '영원히' 중단되어야 국제원자력기구

---

1 IAEA는 1992년 5월부터 대북 핵사찰을 진행하고 있었다. 원만하게 진행되던 사찰은 1992년 가을부터 파행으로 치닫기 시작했다. 북한이 신고한 플루토늄량과 사찰을 통해 확인된 플루토늄 사이에 '중대한 불일치'가 발생했기 때문이다. 이에 IAEA는 정확한 플루토늄량을 검증하기 위해 2개의 미신고시설(핵폐기물저장소) 사찰을 요구했으나, 북한의 거부에 직면, 결국 강제사찰인 특별사찰을 요구하기 시작했다.

2 북한 정부성명(1993년 3월 12일), 『로동신문』 1993년 3월 13일.

3 Mansourov, Alexandre, "North Korean Decision-Making Process Regarding the Nuclear Issue," *Nautilus Institute Special Report* (May 1994).

> 의 사찰도 계속 원만히 진행될 수 있다. […] 만일 미국과 남조선 당국자들이 끝내 훈련을 강행하는 길로 나간다면, 그로부터 초래되는 모든 '엄중한 후과'에 대하여 전적인 책임을 지게 될 것이다.[4]

> 미국과 남조선 당국자들이 팀스피리트 합동군사연습을 벌리는 것은 조선인민과 세계인민에 대한 참을 수 없는 우롱이다. […] 우리는 필요한 '자위적 조치'들을 취하지 않을 수 없다.[5]

> 미국이 팀스피리트 합동군사연습을 기회로 방대한 무력을 집결한 가운데, <핵개발저지> 등을 구실로 북침전쟁의 도화선에 불을 달지 않으리라는 담보는 어디에도 없다. […] 우리 인민은 전쟁을 바라지 않지만, 평화를 구걸하지도 않는다. […] 만일 미국과 남조선 당국자들이 우리의 거듭되는 경고에도 불구하고 합동군사연습을 강행하는 길로 나아간다면 그로부터 초래되는 모든 후과에 대해 전적인 책임을 지게 될 것이다.[6]

이러한 상황에서 1993년 2월 25일 IAEA 이사회는 북한에 대한 특별사찰(강제사찰) 결의안을 통과시켰고, 3월 9일에는 예정대로 팀스피리트 훈련을 시작했다. 팀스피리트 훈련 하루 전인 3월 8일, 조선인민군 최고사령관 김정일은 준전시상태 돌입을 선언했고, 나흘 후 NPT 탈퇴를 선언했던 것이다.

NPT 조약문에 따르면, 가입국이 탈퇴를 선언하고 그것을 유엔안보리와 관련국들에게 통보하면 3개월 후, 즉 6월 11일이면 자동으로 탈퇴의 효력이 발생하게 된다. 북한은 NPT 탈퇴를 선언하면서 "미국이 핵위협을 중단하고 IAEA가 독자성과 공정성의 원칙으로 돌아선다면" 탈퇴를 재고할 수 있다는 여지를 남겨두었다.[7] 다시 말해서 NPT 탈퇴선언은 팀스피리트 훈련으로 대

---

4 북한 외교부 대변인 성명(1992년 11월 2일), 『로동신문』 1992년 11월 3일.

5 북한 외교부 성명(1992년 11월 27일), 『로동신문』 1992년 11월 28일.

6 『로동신문』 1993년 1월 30일.

표되는 핵위협 제거와 특별사찰 요구 중단을 수용하든지, 아니면 북한의 핵무장과 이로 인한 동아시아와 국제 비확산체제의 불안정성이라는 중대한 불이익을 감내하든지 둘 중 하나를 "90일 안에" 선택하라는 대미 협박이었던 것이다.

북한의 NPT 탈퇴선언에 대해 미국은 일단 북한 핵문제의 안보리 회부로 대응했다. 4월 1일 IAEA 특별이사회는 북핵 문제를 안보리에 회부한다는 결의안을 통과시켰다. (중국과 리비아는 기권) 그러나 당시 미국은 즉각적 대북제재는 선택가능한 방안이 아니라고 보고 있었다. 안보리 상임이사국인 중국이 대북제재를 반대하고 있었을 뿐 아니라, 한국과 일본 역시 제재는 외교적 노력을 다해본 후 선택할 방안이라는 입장이었기 때문이다. 따라서 미국은 대북협상과 즉각적 제재의 중간책인 '점진적 고조(gradual escalation)'의 전략을 선택했다. 대북압력을 서서히 높여가는 동시에 중국의 제재참여를 유도할 수 있는 시간과 명분을 확보한다는 전략이었다. 이 과정에서 중국은 제재가 현실화되는 것을 막기 위해 북한을 설득하고자 할 것인데, 그것이 성공하면 그 다음에 외교적 해결이 시도될 수 있고, 만일 실패하면 중국도 더 이상 제재를 반대할 명분이 없다는 논리였다.[8] 이에 대해 북한은 4월 5일 외교부 성명을 통해 제재를 가한다면 '자위적 조치'를 취하겠다고 맞섰다.[9]

4월 8일 안보리는 제재결의안이 아닌 "사태를 계속 주시하겠다"는 의장성명을 채택했다. 물론 제재결의안이 채택되지 못한 것은 중국의 반대 때문이었지만, 그것은 '점진적 고조'를 위해 필요한 단계이기도 했다. 4월 16일, 클린턴 대통령은 대화와 제제를 포함하여 "모든 옵션(whole range of options)"을 고려하고 있다고 밝혔다.[10] 5월 11일, 안보리는 "필요하다면 추가적 조치를

---

7 북한 정부성명(1993년 3월 12일), 『로동신문』 1993년 3월 13일.

8 Joel Wit et al., 2004, *Going Critical: The First North Korean Nuclear Crisis*, Brookings Institute Press, pp. 30–34; Leon Sigal, 1998, *Disarming Strangers: Nuclear Diplomacy with North Korea*, Princeton U.P., pp. 52–57.

9 북한 외교부 성명(1993년 4월 5일), 『로동신문』 1993년 4월 6일.

10 미일 정상 기자회견(April 16, 1993). <http://www.presidency.ucsb.edu>에서 검색 가능.

검토하겠다"는 대북 결의안을 채택했다. (중국과 파키스탄은 기권) 비록 즉각적 제재를 결의하지는 않았지만, 북한이 협력하지 않으면 다음 수순은 제재라는 분명한 메시지였다. 더욱이 중요한 것은 중국이 이 결의안에 대해 반대가 아니라 기권표를 던졌다는 점이다. 이는 향후 대북제재가 추진될 경우 더 이상 중국이 방어막이 되지 않을 것임을 의미하는 것이었다.

사실 당시 북중관계는 이미 최악의 상황으로 치닫고 있었다. IAEA 이사회가 북핵 문제를 안보리에 회부하던 2월 25일 당일 중국은 반대가 아닌 기권을 선택했고, 이에 김정일은 그날로 3월 8일로 예정되었던 중국방문 일정의 취소를 통보했다. 4월 19일부터는 평양주재 중국 외교관들의 활동이 제한 당했으며, 북경 주재 북한 대사관은 중국외교를 비판하는 전단을 만들어 뿌리기도 했다. 4월 23일~25일에는 압록강변의 북한군인들이 중국을 향해 총격을 가했고, 5월 초부터는 중국 민항기의 북한비행이 금지되고, 북한 민항기의 북경비행도 2주일에 한번으로 감축되었다. 5월 13일 김일성은 특사를 보내 강택민 면담을 요구했으나 거절당했으며, 강택민을 대신해 나온 중국 공산당 정치국원 정광근은 북한의 당대표단, 군간부대표단의 중국방문을 취소할 것임을 통보했다.[11]

이처럼 궁지에 몰린 상황에서 북한은 '강력한 자위적 조치'를 언급하며 모종의 행동을 암시하기 시작했다.

> 우리는 부당한 <결의>를 절대로 접수할 수 없다. […] 만일 미국과 그 추종자들이 우리의 정당한 요구를 무시하고 압력에 매달린다면 우리는 자기의 권리와 이익을 수호하기 위하여 '강력한 자위적 대응조치'를 취하지 않을 수 없다. 우리는 결코 빈 말을 하지 않는다.[12]

> 만일 유엔안전보장이사회가 이번 <결의>에 기초하여 우리에 대한 <제재>

---

11 오진용, 2004, 『김일성시대의 중소와 남북한』, 나남출판, pp. 394-398.
12 박길연 유엔주재 북한대표 성명(1993년 5월 11일), 『로동신문』 1993년 5월 14일.

와 같은 부당한 압력을 가해 나선다면 우리 인민은 결코 가만히 앉아서 보고만 있지 않을 것이다. 우리 인민은 그 어떤 압력에도 굴하지 않고 나라의 자주권을 굳건히 지켜나갈 것이다.[13]

북한이 말한 '자위적 대응조치'는 5월 29일 노동미사일 시험발사로 나타났다. 노동미사일은 북한 최초의 핵탄두 탑재가능 미사일이자 일본 본토를 사정거리 안에 두는 탄도미사일로서 북한의 핵위협이 현실적인 군사적 위협으로 전환될 수 있다는 점을 보여준 사건이었다. 따라서 한국과 특히 일본의 핵무장 유인을 자극할 수 있었으며 미국은 한미동맹과 미일동맹을 방어하기 위해서는 북한의 핵위협을 적정수준 이하로 묶어둬야 했다. 이로부터 북미 간 타협이 가능성이 생겨났다.

물론 북미 고위급회담은 5월 17일 합의되었기 때문에[14] 미사일시험발사가 북미 고위급회담 개최의 직접적 원인이었다고 보기는 힘들다. 사실 NPT 탈퇴 자체가 6월 11일이면 자동으로 효력을 발휘하는 시한폭탄이었기 때문에 미국으로서는 시간이 오래 걸리는 다국적 제재보다는 북미 직접 협상 이외의 대안을 발견하기 힘들었을 것이다. 다만 미국은 협상에서 유리한 고지를 차지하고 협상이 실패했을 때의 대안을 마련해 두기 위해 "다음 수순은 제재"라는 안보리 결의안을 추진했던 것이다. 북한 역시 노동미사일 시험발사를 통해 북미협상에서 유리한 고지를 차지하고자 했던 것으로 보인다. 사실 여부를 떠나 "유일 초강대국으로 자처하는 미국이 노동 1호 미사일의 위력 앞에 북미 기본합의문에 도장을 찍었다"는 주장은 이를 뒷받침한다.[15] 노동미사일 시험발사로 일본 내에서 핵무장론[16]이 고개를 드는 등 미일동맹을 긴장시키고 있었기

---

13 「절대로 용납하지 않을 것이다」, 『로동신문』 1993년 5월 14일.

14 Quinones, Kenneth(노순옥 역), 2000, 『2평 빵집에서 결정된 한반도 운명』, 중앙 M&B, pp. 134-136.

15 김철우, 2000, 『김정일장군의 선군정치』, 평양출판사, pp. 251-252.

16 1993년 7월 무토 가분 외상은 "만일 북한이 핵무기를 개발하고, 그것이 일본에 위협이 될 경우에는, 우선 일본은 미국의 핵우산에 의존할 수 있다. 그러나 그것도 위험에 빠질 경우에

때문에, 미국은 대북정책 결정에서 이 문제를 고려하지 않을 수 없었을 것으로 보인다. 1993년 7월 클린턴 대통령은 노동미사일을 구체적으로 지적하며 다음과 같이 언급한 바 있다.

> 우리는 이 치명적 무기가 가하는 위협이 확대되어 냉전시대의 핵 전멸과 같은 악몽이 되살아나도록 방치할 수는 없다. 오늘날 이것은 너무도 현실적인 정책적 문제이다.[17]

2) 〈북미공동발표문〉: 미국에게 중요한 것은 과거 핵인가 미래 핵인가?

제1차 북미 고위급회담은 1993년 6월 2일부터 11일까지 뉴욕에서 개최됐다. 회담 첫날부터 북한은 핵무장을 암시하며 미국을 압박했다.

> 강석주(북한측 수석대표): 우리는 핵무기를 제작할 능력을 보유하고 있다. 원자로를 핵무기 생산에 사용할지 전력생산에 사용할지 곧 결정해야 한다. 그러나 만일 미국이 핵위협을 중단한다면 핵무기를 만들지 않겠다는 약속을 줄 수 있다.
>
> 갈루치(미국측 수석대표): 유엔헌장의 관련원칙에 따라 안전보장을 제공할 용의가 있다. 대신 북한은 NPT에 복귀하고 안전협정을 이행해야 한다. NPT에 복귀하지 않으면 국제사회는 나름의 조치(안보리 제재)를 밟아나갈 것이다.
>
> 강석주: 제재는 선전포고이다. 그 경우 우리는 핵무기 제조능력을 공개하고, 폐연료봉으로부터 플루토늄을 추출하겠다.[18]

는 '우리도 할 수 있다'는 의지를 가지는 것이 중요하다"고 주장한 바 있다. "Japan Spells out Nuclear Stance," *Los Angeles Times* (July 29, 1993) 재인용.

17 Sanger, Daivd, "Clinton, In Seoul, Tell North Korea To Drop Arms Plan," *New York Times*(July 11, 1993) 재인용.

18 Wit et al., *op. cit.*, pp. 53–55 재인용.

"폐연료봉으로부터 플루토늄을 추출하겠다"는 강석주의 발언은 '미래 핵'을 현실화하겠다는 위협이었다. 1993년 당시 북한이 원자로 가동을 중단하고 8,000개 연료봉을 모두 인출한다면, 최소한 3-4개의 핵무기를 제조할 수 있는 플루토늄을 추출할 수 있었다.[19] 따라서 1992년 이전에 확보한 1-2개의 핵무기에 해당하는 플루토늄, 즉 '과거 핵'과 향후 추출할 플루토늄인 '미래 핵'을 합하면 북한은 모두 4–6개의 핵무기를 제조할 수 있는 능력을 확보하게 된다. 강석주의 위협은 이러한 사실을 염두에 둔 것이었다.

또한 강석주의 이 발언은 당시 미국 내에서 대북정책을 둘러싸고 벌어지고 있던 '비확산 우선론자들'과 '안보 실용주의자들' 간의 갈등을 정확히 겨냥한 것이었다. 국무부를 중심으로 한 비확산 군축론자들은 특별사찰을 강행해서라도 '과거 핵'의 정확성을 규명하는 것이 중요하다고 보았다. 만일 북한의 핵과거를 얼버무리고 넘어가면 국제 비확산체제에 오점을 남기는 것이고 나아가 다른 나라들도 북한의 선례를 따를 우려가 있다는 주장이었다. 반면 국방부를 중심으로 한 안보실용주의자들은 비확산체제의 완전무결성보다는 북한의 핵능력 증가를 막는 것이 시급하며, 이를 위해서는 특별사찰보다는 핵시설 동결이 더 중요하다고 보았다. 특별사찰 요구가 계속되면 북한은 미래 핵을 현실화할 것이므로 핵시설 동결만 얻어낼 수 있다면 특별사찰 요구는 당분간 접어둘 수 있다는 입장이었다. 1993년 3월 애쉬톤 카터 국방부 차관보가 토마스 허바드 국무부 부차관보에게 한 말처럼, "중요한 건 특별사찰이 아니라 폐연료봉(It's not special inspection, but fuel rods!)"이었다.[20]

강석주와 갈루치가 협상을 벌이던 당시는 미국의 대북정책 결정에서 '과거 핵' 우선주의자들(비확산 우선론자들)로부터 '미래 핵' 우선주의자들(안보실용주의자들)로 무게중심이 옮겨가던 과도기였다. 갈루치에 따르면, 강

---

19 Daniel Pinkston and Andrew Diamond, "Special Report on the Shutdown of North Korea's 5MW(e) Nuclear Reactor," <http://cns.miis.edu/pubs/week/pdf/050428.pdf, 검색일자: 2006.7.25.>.

20 Sigal, *op. cit.*, pp. 59–61.

석주의 다음과 같은 6월 11일 발언은 "미국이 처한 딜레마의 정곡"을 찌르는 것이었다.[21]

> 강석주: 과거 핵 활동을 확인하는 것과 미래 핵 활동을 방지하는 것 중에서, 미국이 더 중요하게 생각하는 것은 무엇인가?
>
> 갈루치: 우리는 과거 핵에 대한 우려를 털어버릴 수는 없다. 그러나 당신들을 망신시킬 의도도 없다.

"망신시킬 의도가 없다"는 것은 주권침해 소지가 있는 강제사찰, 특별사찰을 강요하지 않을 수 있다는 암시였다. 6월 11일 발표된 <북미공동발표문>은 안전조치의 '공정한' 적용을 명기했다. 북한이 NPT 탈퇴의 이유로 든 것 중 하나가 IAEA 특별사찰 요구의 '불공정성'이었다는 점을 감안한다면, 그 의미는 분명해진다. NPT 탈퇴선언 당시 요구한 또 다른 사항인 핵위협 중단 문제, 적대정책 포기 문제는 '탈퇴 유보'와 거래되었다. 이에 따라 6월 11일 <북미공동발표문>이 발표되었다. 그 요지는 다음과 같다.

① 핵무기를 포함한 무력의 불사용 및 불위협에 대한 보장(assurance)
② IAEA 전면안전조치협정(full-scope safeguard)의 '공정한(impartial)' 적용
③ 북한은 자신이 필요하다고 인정하는 기간만큼 NPT 탈퇴효력의 발생을 일방적으로 "유보한다(suspend)"
④ 상대방 주권에 대한 상호 존중, 상대방 내정에 대한 불간섭

①항은 대북 핵 불사용 및 불위협에 대한 보장, 즉 소극적 안전보장(negative security assurance)에 대한 약속이다. 물론 이는 1992년 김용순-캔터 회담에서도 합의된 바 있지만, 이번에는 공동발표문을 통해 공개적으로 약속됐다는 점

---

21 Wit et al., *op. cit.*, p. 60.

에서 의미가 있다. ②항은 앞서 살펴보았듯이, 특별사찰에 대한 사실상의 포기 혹은 미래로의 지연을 의미한다. 강석주에 따르면, 북미 양국은 향후 북미 협상에서 IAEA의 불공정성 문제를 계속 토의하기로 합의하였다고 한다.[22] 과거 핵 규명의 문제를 특별사찰 방식으로 국한하지 않고 북미 간 협의를 통해 해결하기로 합의했다는 의미였다. ③항은 북한은 NPT에 완전히 복귀하는 것이 아니라, 탈퇴를 '유보'한다는 조항이다. 강석주에 따르면, 6.11 합의는 북한이 "NPT에 복귀하지 않고도 핵전파 방지를 담보할 수 있는 현실적인 방도"에 대한 합의였다.[23] 퀴노네스에 따르면, "북한을 핵확산금지조약에 묶어둘 수 없다면, 차선책은 탈퇴유보였다."[24]

④항은 상호간 적대정책 전환의사를 원칙적으로 표명한 것이다. 물론 이는 유엔헌장에 명기되어 있는 사항이지만, 북미 간에 공동성명 형태로 발표했다는 점에서 그 의미는 남다르다. 강석주에 따르면 북한은 이 조항을 6.11 합의의 핵심으로 파악하고 있었다. 왜냐하면 한반도 핵문제라는 것은 어디까지나 "미국의 대조선 적대시정책에서 발단"된 것이기 때문에, "적대관계라는 근원을 제거하지 않고서는 핵문제는 해결될 수 없다"는 것이다.[25] 6.11 합의는 북미 간에 상호 적대적 의사가 없음을 표명한 최초의 공식문건이었다.

요컨대 북한은 NPT 탈퇴선언 당시의 요구사항인 소극적 안전보장(핵위협 중단), 특별사찰 요구 중단(IAEA의 공정성 확보), 적대정책 포기, 북미 직접협상 등 네 가지를 모두 관철시켰다. 반면 자신은 NPT에 완전 복귀한 것이 아니라 탈퇴 '유보' 상태로 반쪽만 복귀함으로써 이후 또 다른 협상카드를 만들어낼 근거를 확보했다. 나아가 <북미공동발표문>은 정치적으로 중요한 의미가 있었다. 한반도 평화문제에 관한 한 북한과 단독으로 협상하지 않는다는 미국의 오래된 원칙이 처음으로 포기된 것이기 때문이다. 북한이 <북미공동발표

---

22 강석주 담화(1993년 9월 18일), 『로동신문』 1993년 6월 19일.
23 강석주 담화(1993년 9월 18일), 『로동신문』 1993년 6월 19일.
24 Quinones, 앞의 책, p. 174.
25 강석주 담화(1993년 9월 18일), 『로동신문』 1993년 6월 19일.

문>을 "역사적인 공동성명"이라고 평가하고 있는 이유도 이 때문이다.[26]

2. 전쟁위기와 제네바합의

1) 폐연료봉 인출과 전쟁위기: 제제는 선전포고 vs. 전쟁불사

1993년 6.11 합의 이후 핵문제는 다시 장기교착 국면으로 돌입했다. 핵문제 해결에서 배제된 한국은 북미협상에 제동을 걸면서 남북대화 우선론을 관철시키고자 했으며, 6.11 합의문을 통해 불공정성을 비판받은 IAEA는 추락한 위신을 내북사찰의 강화를 통해 보완하고자 했다. 이에 반해 북한은 통미봉남의 전략하에서 남북대화에는 형식적으로만 응했으며, NTP 탈퇴를 유보한 특수지위를 내세워 IAEA 사찰은 안전조치의 연속성을 유지하는 수준의 제한적 사찰만을 허용할 수 있다는 입장을 굽히지 않았다. 사실상 클린턴 행정부는 북한과 한국 및 IAEA의 사이에 끼어 이러지도 저러지도 못하는 형국이었다. 이러한 가운데 1994년 봄부터 한반도에서는 빠른 속도로 위기가 재연되기 시작했다.

3월 21일 IAEA 이사회가 북한의 비협조를 이유로 핵문제를 유엔 안보리에 다시 회부하자, 같은 날 북한은 "제재는 선전포고"라며 "NPT를 완전히 탈퇴하겠다"고 위협했다.[27] 3월 31일 안보리는 IAEA 사찰과 남북대화를 촉구하면서, 필요시 "추가조치를 고려"한다는 의장성명을 발표했다. 제재에 대한 암시였다. 이에 4월 4일 북한은 외교부 대변인 성명을 통해 "힘에는 힘으로, 대화에는 대화로 대답하겠다"라며 핵 활동 재개를 선언하였다.[28] 그리고 4월 27일

---

26 「1993년 정치개관」, 『조선중앙년감』, 1994, <국내편: 정치>.
27 북한 외교부 대변인성명(1994년 3월 21일), 『조선중앙통신』 1994년 3월 22일.
28 북한 외교부 대변인 성명(1994년 4월 4일), 『로동신문』 1994년 4월 5일.

"곧 연료봉 교체를 시작한다"고 밝힌 데 이어,[29] 5월 13일부터 실제 연료봉을 무작위 인출하기 시작했다.

폐연료봉은 '미래 핵'으로서 그것을 재처리할 경우, 북한은 기존의 1-2개의 핵무기에 더해 3-4개의 핵무기를 추가로 만들 수 있는 플루토늄을 얻을 수 있었다. 이는 미국의 안보실용주의자들이 전쟁을 불사해서라도 막으려고 했던 레드라인이었다.[30] 또한 폐연료봉의 무작위 인출로 '과거 핵'의 이력을 정확히 계측하는 것이 불가능해져버렸다.[31] 이는 IAEA와 미국의 비확산 우선론자들이 NPT의 완전무결성을 유지하기 위해 설정해둔 레드라인이었다. 따라서 6월 3일, IAEA는 "과거 핵의 전용여부를 검증하기가 불가능해졌다"고 안보리에 보고했다. 국제제재의 방아쇠를 당긴 것이다.[32] 이에 6월 4일 강석주는 담화를 발표하고, "경제제재는 선전포고"라며 제재가 시행될 경우 "제재에 참가하는 측은 물론 제재를 뒷받침하는 측도 응당한 책임을 지게 될 것"이라고 경고했다.[33] 이후 북한은 수차례 동일한 메시지를 반복하며 모종의 '자위적 조치'를 예고하고 나섰다.

> 유엔 제재는 곧 우리에 대한 선전포고로 간주한다는 입장을 강력히 재확인한다. 제재와 대화는 양립할 수 없다. 적대세력의 제재조치의 확대에 '자위적 조치의 확대'로 대응하는 것은 우리의 불가피한 선택이다.[34]

---

29 북한 외교부 대변인 기자회견(1994년 4월 27일), 『조선중앙통신』 1994년 4월 27일.

30 Sigal, *op. cit.*, pp. 59-61.

31 북한이 1992년 이전에 추출한 플루토늄의 양을 측정하는 방법은 핵폐기물저장소로 추정되는 2개 미신고시설에 대한 특별사찰과 5MWe 원자로의 연료봉 측정 등 두 가지 방법이 있었는데, 전자보다는 후자가 보다 정확한 계측을 가능케 하는 방법이었다. 이를 위해 IAEA는 30개의 특정채널들(1채널=10연료봉)을 지정해놓고 있었는데, 이 채널들을 다른 채널들로부터 선택적으로 분리보관한 후 연소된 핵물질의 양과 질을 측정하면 '과거 핵'의 정확한 양을 측정할 수 있었다.

32 김재목, 1995, 『북핵협상 드라마』, 경당, pp. 248-282.

33 강석주 외교부 제1부부장 담화(1994년 6월 4일), 『조선중앙통신』 1994년 6월 5일.

34 북한 외교부 성명(1994년 6월 13일), 『로동신문』 1994년 6월 14일.

> 대화와 제재는 양립될 수 없다. 우리는 제재가 어떤 규모에서 취해지는가에 따라 그에 상응한 대응조치를 취할 것이다. 우리의 입장은 대화에는 대화로, '전쟁에는 전쟁으로' 대답하는 것이다.[35]

미국은 북한이 전쟁 가능성을 암시하는 상황에서 대북제재와 함께 한반도 전쟁에 대한 대비에 착수했다. 첫째, 6월 15일 미국은 한국 및 일본과 상의하여 안보리 제재 초안을 완성하고, 안보리 상임이사국들과 협의에 착수했다. 초안은 북한이 안전협정 및 한반도비핵화공동선언 이행을 수용하지 않을 경우, 30일 이내에 7개항에 걸친 경제제재에 착수하며,[36] 나아가 북한이 NPT를 완전 탈퇴하거나 핵 재처리, IAEA의 안전조치 활동을 방해하는 경우에는 추가로 북한의 금융자원을 동결하고 대북 송금을 금지한다는 내용을 담고 있었다. 그러나 정상적인 상업거래나 의료 및 인도적 목적의 송금은 제재대상에서 제외되었다.[37] 중국은 공식적으로는 제재에 반대했지만, 비공식적으로는 거부권을 행사하지 않을 수 있다는 암시를 흘리고 있었다.[38]

둘째, 6월 10일 페리 국방장관은 한반도 군사력 증강에 관한 세 가지 방안을 마련했다. ① 2,000명의 미군과 장비를 우선 파견하는 방안으로, 이는 게리 럭 주한미군사령관이 긴급히 요청하고 있던 사항이었다. ② 1만 명의 지상

35 『로동신문』 1994년 6월 23일.

36 ① 북한의 핵 활동에 기여할 수 있는 모든 기술적, 과학적 협력 중단, ② 정기 상업여객기를 제외한 북한과의 항공협력 중단, ③ 모든 대북 개발원조 중단, ④ 북한과의 상호원조협정 중단, ⑤ 자국 영토 내의 북한 대사관 및 영사관 직원의 숫자 및 수준을 크게 감축하고, 남아 있는 북한 직원들의 활동도 제한, ⑥ 북한과 모든 핵, 생화학, 전략 및 재래식 무기, 미사일, 미사일운반수단, 이중용도품목의 수출입 금지, ⑦ 문화, 기술, 과학, 상업, 교육분야에서 모든 상호교류를 중단하며 북한에 대한 방문과 스포츠교류를 금지.

37 김재목, 2006, 앞의 책, pp. 282–305; Lee, Chae-Jin, 2006, *A Troubled Peace: U.S. Policy and the Two Koreas*, Johns Hopkins U.P., p. 171.

38 6월 10일 탕자쉬안 외교부 부부장은 주중 북한대사와의 회담에서, 중국의 인내가 한계에 달했으며 제재문제에 대해서 중국이 할 수 있는 일은 한계가 있다는 점을 밝혔다. 미국의 제재안에 대해 거부권을 행사하지 않겠다는 메시지였다. Oberdorfer, Don, 2001, *The Two Koreas: A Comtemporary History*, Basic Books, p. 320; Wit et al., *op. cit.*, pp. 198–199, 208–209.

군을 남한에 파병하고, 수개의 전술비행대대(F-11 스텔스 및 장거리폭격기 포함), 제2 항공모함 전단을 한반도 인근에 배치하는 방안이다. 이는 페리와 샬리카쉬빌리 합참의장이 선호한 방안이었다. ③ 5만 명의 지상군과 해병대, 400여 대의 항공기, 항공모함 전단 등을 파병하고 예비군을 소집하는 방안이었다. 페리는 이 세 가지 방안 중 어떤 것이 선택되던 모두 안보리제재 이전에 이루어져야 하고, 빠를수록 좋다는 입장이었다.[39]

물론 이러한 군사적 조치는 전쟁발발을 억지하기 위해서였다. 페리는 럭 사령관에게 영변 핵시설에 대한 정밀폭격(surgical strike) 시나리오(작전계획 5026)를 준비하라고 지시했지만, 실제 대통령에게 선제공격을 권고하지는 않았다. 무엇보다 한국이 반대할 것이고 또한 군사력 시위는 강압외교를 뒷받침하는 데 머물러야 한다고 보았기 때문이다.[40] 그러나 북한은 "제재는 선전포고"라고 줄곧 주장해왔기 때문에, 제재가 실행되면 실제 군사행동에 나설 가능성도 배제할 수 없었다. 여기서 북한의 오판을 줄이고, 실제 도발이 감행될 때는 즉각적으로 대처하기 위해서는 미리 군사력을 증강시켜둘 필요가 있었던 것이다. 그러나 반대로 군사력의 증강은 선제공격이 임박했다는 북한의 또 다른 오판을 불러일으켜 오히려 도발을 자극할 가능성도 있었다. 페리는 후자의 가능성을 충분히 감안하고 있었지만, 무력증강은 불가피하다고 보았고, 그 때문에 전쟁이 발생한다면 그것 역시 감내할 수 있다고 보았다.

당시 럭 사령관은 한반도에서 전쟁이 발발한다면, 90일 이내에 54만 2,000명의 군인(미군 5만 2,000명 포함)이 사망하거나 부상당하고 610억 달러의 전쟁비용이 소모될 것이며, 만일 전쟁이 장기전화 한다면 100만 명의 사상자(미군 10만 명 포함), 1,000억 달러의 전쟁비용, 1조 달러의 한반도 재산파괴가 초래될 것이라고 페리에게 보고했다. 그러나 페리는 북한의 핵 보유를 허용하여 동아시아에 '지정학적 지진(geopolitical earthquake)'을 초래하고 전세계적

39 Wit et al., *op. cit.*, pp. 204–206; Oberdorfer, *op. cit.*, pp. 312–324.
40 Lee, *op. cit.*, pp. 170–171.

인 핵 확산 도미노가 발생하는 것보다는 한반도가 잿더미가 될 위험을 감내하는 것이 더 낫다고 보고 있었다. 후자는 "내키지 않는 선택"이었지만, 전자는 "재앙적 선택"이라고 간주되었다.[41]

한반도는 전쟁 발발의 벼랑 끝 위에 서 있었다. 주한 미국인들을 해외로 소개하는 작전이 시작된 가운데, 한국에서는 생필품 사재기 현상이 급속히 확산되고 있었다. 1994년 6월 초에 실시된 뉴스위크 여론조사에 따르면, 당시 미국인들의 61%가 북미 간 전쟁 가능성이 "아주 높다"거나 "상당히 높다"고 보고 있었다.[42] 6월 16일, 실제 클린턴은 페리가 제시한 세 가지 군사옵션 중 하나를 선택할 준비를 하고 있었다. 이때 평양의 카터로부터 전화가 왔다. 카터는 개인자격으로 6월 15일 평양을 방문했지만, 사실상 미 행정부의 특사나 다름이 없었다. 실제 카터는 클린턴의 공식승인을 받고 레이크 안보보좌관과 갈루치 차관보, 게리 럭 주한미군사령관 등의 브리핑을 받은 후 미국 외교관 2명을 대동하고 방북했다. 다만 클린턴의 표현처럼 카터의 방북이 "체면을 잃지 않고 위기고조의 상황에서 벗어날 수 있는 탈출구"가 되기 위해서는 공식적으로는 "개인자격"을 유지할 필요가 있었을 뿐이다.[43]

클린턴과 마찬가지로 김일성은 미국 전직 대통령의 방문을 대내외적으로 체면을 구기지 않고 벼랑 끝에서 물러날 수 있는 적절한 기회로 활용하고자 했다. 김일성은 카터에게 미국이 대북 핵공격을 하지 않고, 경수로를 제공해주면, 핵 프로그램을 동결하고 IAEA의 영변 사찰을 수용할 수 있다고 제안했다. 특히 그는 남북 정상회담에 대한 김영삼 대통령의 제안을 수락한다고 밝혔다. 이에 카터는 그 경우 미국은 유엔제재를 중단할 것이라며 아직 미국 정부가 카드로 내놓지 않은 사항까지 제안해버렸다. 한미양국은 카터의 경솔한 제안을 내켜하지 않았지만, 일단 전쟁위기를 중단시킬 수 있는 기회를 놓칠

---

41 Oberdorfer, *op. cit.*, p. 324; Carter, Ashton and William Perry, 1999, *Preventive Defense: A New Strategy for America*, Brookings Institute Press, pp. 123–124.

42 *Newsweek* (June 27, 1994).

43 Lee, *op. cit.*, pp. 172–173.

수는 없었다. 특히 김영삼은 김일성이 남북 정상회담을 수락했다는 소식을 접하고 기자회견을 자청하여 카터의 모든 방북결과를 승인해버렸다. 6월 16일 클린턴은 김일성의 제안이 "대화 기간중에는 핵 프로그램을 검증가능하게 동결할 의사를 밝힌 것이라면, 고위급회담을 재개할 의사가 있다"고 밝혔다. 6월 20일 갈루치는 강석주에게 서한을 보내, 5MWe 원자로 가동을 중단하고, 폐연료봉을 재처리하지 않으며, 안전조치 연속성을 유지한다면 북미고위급회담을 재개할 수 있다고 제안했다. 6월 22일 강석주는 이 세 가지 사항을 모두 수용한다는 답신을 보내왔다. 클린턴은 김일성-카터 회담의 협상결과를 보증하는 김일성의 서한을 받은 직후 유엔제재의 추진과 한반도 군사력 증강을 중단시켰다. 이로써 연료봉인출로 시작된 전쟁위기는 해소되었고, 다시 북미협상의 길이 열렸다.[44] 그러나 6월 30일 워렌 크리스토퍼 미 국무장관은 협상 재개를 환영하지만, 북한이 성의를 보이지 않을 경우 다시 제재국면이 발동될 것임을 분명히 했다.

> 우리는 항상 협상을 통해 북한 핵문제를 다루는 것을 선호해왔습니다. 그러나 북한이 대화를 악용해서 문제의 해결을 지연시키고자 한다면, 우리는 이 문제를 유엔 안보리에 회부하여 그들에게 제재를 가하고, 나아가 적절한 모든 조치를 취할 준비가 되어 있습니다.[45]

2) 제네바합의문: 외교적 승리 혹은 잘못된 행동에 대한 보상

제3차 북미고위급회담은 두 차례에 나눠서 진행됐다. 1단계 회담은 8월 5일부터 12일까지, 2단계 회담은 9월 23일부터 10월 21일까지 모두 제네바에서

---

44 임수호, 2007, 「실존적 억지와 협상을 통한 확산: 북한의 핵정책과 위기조성외교(1989–2006)」, 서울대학교 정치학박사학위논문, pp. 196–201; Lee, *op. cit.*, p. 174.

45 Statement by Secretary of State Warren Christopher before Senate Foreign Relations Committee (June 30, 1994)

열렸다. 3차 회담은 핵문제의 일괄타결을 목표로 한 것으로, 경수로와 흑연감속로의 맞교환을 중심으로, 북한이 핵무기프로그램을 포기하는 대가로 미국은 소극적 안전보장과 경제제재의 완화, 북미관계개선을 제공한다는 원칙 아래 진행되었다. 회담과정에서 한국형 경수로 문제, 폐연료봉 처리문제, 남북대화 재개 문제, 그리고 특별사찰 문제 등이 난제로 제기되었으나, 이미 전쟁위기를 경험한 북미 양국은 협상결렬이 가져올 후과를 감안, 적절한 선에서 타협하는 길을 택했다. 북미 양국의 국내정치적 상황 역시 타협에 유리하게 작용했다. 클린턴은 재선을 앞두고 소말리아와 보스니아에서의 실패를 메워줄 외교적 성과가 절실했고, 김정일로서는 김일성의 마지막 외교적 업적을 승계함과 동시에 자신의 첫 번째 외교적 승리가 필요했다. 이에 따라 10월 21일 북미 제네바합의문(U.S-DPRK Agreed Framework)이 도출되었다.

제네바합의문은 기본합의문, 비공개양해각서, 그리고 클린턴 대통령의 보장각서 등 세 가지로 구성되어 있다. 클린턴의 보장각서는 1994년 10월 20일 김정일에게 보낸 서한으로 여기서 클린턴은 경수로 건설과 건설기간 중 대용에너지(중유) 제공을 보장할 것이며, 만일 북한의 책임이 아닌 다른 이유로 이행이 이루어지지 않는 경우가 발생한다면, 미국이 의회의 승인을 받아 직접 이행을 책임지겠다고 약속하고 있다.[46] 비공개 양해각서[47]는 기본합의문에 적시되지 않은 경수로 대체와 특별사찰에 대한 세부규정 등이 명시되어 있다. 기본합의문과 비공개 양해각서를 종합하면 제네바합의의 요지는 다음과 같다.[48]

---

46 「위대한 령도자 김정일동지께 경수로제공과 대용 에네르기 보장과 관련하여 미합중국 대통령이 보내여온 담보서한」, 『조선중앙년감』 1995, <문건 및 자료편>.

47 이 각서는 2002년 10월 25일 북측이 일방적으로 공개하였다. 원문은 『연합뉴스』 2002년 10월 25일.

48 이하의 내용은 임수호, 앞의 글, pp. 203-205 재인용.

Ⅰ. 흑연감속로의 경수로 대체

① 미국

- 2003년을 목표시한으로, 2기의 1,000MWe 경수로 제공
- 1호 경수로의 완공시점까지 중유 제공
  - 3개월 이내 5만t, 3개월 이후 1년 이내 추가 10만t, 그 뒤 매년 50만t

② 북한

- 흑연감속로 및 관련 시설을 동결하고, IAEA의 감시 허용
  - 동결 대상의 규정(비공개 양해각서)
    · 5MWe 원자로의 연료봉 재장전 및 가동 금지
    · 50MWe, 200MWe 원자로의 건설 중지
    · 5MWe 원자로에서 인출된 연료봉의 재처리 금지
    · 재처리시설의 봉인 및 가동 중지
    · 연료봉가공공장 가동 중지
- 1호 경수로가 완공되면 동 시설의 해체 착수, 2호 경수로가 준공될 때 완료
- 1호 경수로의 주요 핵심부품 인도가 시작되면, 5MWe 원자로에서 인출된 연료봉의 해외반출을 시작, 1기 경수로가 준공될 때 반출 완료.
  - 주요 핵심부품의 규정: 핵공급그룹(NSG, Nuclear Suppliers Group)의 수출통제품목에 의해 통제되는 부품(비공개양해각서)

Ⅱ. 북미관계 정상화

① 3개월 이내 통신 및 금융거래에 대한 제한을 포함, 무역 및 투자제한 완화

② 쌍방의 수도에 연락사무소 개설

③ 상호 관심사항에 대한 진전이 이루어짐에 따라, 양국관계를 대사급으로 격상

Ⅲ. 한반도 비핵화 및 남북대화

① 미국: 대북 핵무기 불위협/불사용에 관한 공식보장 제공

② 북한

- 한반도비핵화공동선언을 이행하기 위한 일관성 있는 조치

• "본 합의문이 대화를 촉진하는 분위기를 조성해 나가는 데 도움을 줄 수 있기 때문에(혹은 도움을 주는 데 따라), 남북대화에 착수" (DPRK will engage in North-South dialogue, 'as' this Agreed Framework will help create an atmosphere that promotes such dialogue.)

Ⅳ. 국제비확산체제 강화를 위한 북한의 의무

① NPT 당사국으로 잔류하며, 안전조치협정 이행을 허용

② 비동결대상에 대한 사찰

• 경수로공급계약 체결 이전: 안전조치 연속성 차원의 사찰

• 경수로공급계약 체결 이후: 일반 및 임시 사찰

③ 특별사찰 관련

• 경수로사업의 상당부분이 완료될 때, 그러나 핵심 핵(nuclear) 부품의 인도 이전에, IAEA와 협의를 거쳐 IAEA가 필요하다고 판단하는 모든 조치를 취할 것을 포함하여, IAEA 안전조치협정을 완전히 이행

• '경수로의 상당부분 완료'에 대한 세부규정(비공개양해각서)

- 경수로공급계약 체결
- 경수로 부지 굴착 완료, 경수로 건설을 지원하기 위한 설비 준비 완료
- 최초 설계도면 완성
- 1호 경수로 주요부품의 확정과 가공
- 터빈, 발전기를 포함한 1호 경수로용 주요 비핵(non-nuclear)부품의 인도
- 1호 경수로용 터빈 수용 건물 및 부속 건물의 완공
- 핵 증기공급 시스템용 부품 공급이 시작될 수 있을 정도까지 1호 경수로용 건물과 그 부속건물의 완공
- 2호 경수로의 토목공사와 부품의 가공 및 인도

제네바합의는 미국 내에서 격렬한 찬반양론을 불러왔다. 찬성론자들은 합의가 국제비확산체제의 강화와 한반도 및 동북아의 안정을 위해 중요한 진전이고, 미국의 '외교적 승리'라며 환영했다. 워렌 크리스토퍼 국무장관은 제네

바합의를 다음과 같이 평가했다.

> 약 2년 전, 북한은 NPT 탈퇴를 선언함으로써 동북아를 위기상황으로 몰아넣었습니다. 그러나 우리의 단호한 외교의 결과, 이제 핵문제는 해결의 길로 들어섰습니다. 제네바합의는 한미 양국이 공유하고 있는 핵심적인 전략적 목표를 달성하게 해줄 것입니다. 제네바합의가 타결됨으로써 우리는 무장충돌로 비화될 수도 있었던 위기의 벼랑 끝에서 빠져나올 수 있었습니다. 제네바합의가 타결됨으로써 우리는 동북아에서 핵 군비경쟁의 망령을 걷어낼 수 있었습니다. 제네바합의가 타결됨으로써 우리는 세계의 안정에 필수적인 비확산체제를 강화할 수 있었습니다. 제네바합의가 도출될 수 있었던 것은 우리가 분명하고 일관된 목표와 우선순위를 유지하고, 그것을 북한에게 분명히 주지시켰기 때문입니다.[49]

협상의 주체인 갈루치 차관보는 제네바합의를 "북한 핵문제 해결을 향한 중요한 조치"이자 "북한과 국제사회를 갈라놓고 있는 여타 문제들을 해결할 수 있는 최상의 장치"라고 자평했다. 특히 그는 흑연감속로를 포기시키고 플루토늄 재처리 금지 및 보유한 플루토늄의 해외반출을 약속받은 것은 NPT 체제상의 의무를 넘어선 것이라며 의미를 부여했다. 특별사찰을 미래의 일로 미루어둔 것은 더 중요한 문제인 플루토늄의 추가적 생산을 막기 위해 불가피했던 것으로 미신고시설(핵 폐기물저장소)에 대한 사찰이 미래에 이루어지더라도 과거 핵 규명에는 문제가 없다고 주장했다. 또한 제네바합의는 북한에 대한 신뢰에 기초한 것이 아니라 검증에 기초한 것이며, 북한이 협력하지 않으면 언제라도 중단될 수 있는 구조를 가지고 있다는 점을 강조했다.[50]

반면 제네바합의에 대한 비판 역시 만만치 않았다. 잘못된 행동에 대한 보

---

49 Remarks by U.S. Secretary of State Warren Christopher to the Korean American Friendship Society(November 9, 1994).

50 Testimony of Robert Gallucci before the Senate Foreign Relations Committee Subcommittee on East Asian and Pacific Affairs(December 1, 1994).

상이며, 사실상 미국의 굴복이라는 것이다. 합의의 최대 승리자는 북한이고, 최대 패배자는 비확산레짐이며, 합의의 성공여부는 수년 내지 10여 년 이상이 지나봐야 알 수 있다는 것이다.[51] 또한 인출된 연료봉의 해외반출이나 핵시설의 해체가 즉각 이루어지지 않은 것 역시 북한에 핵개발 재개의 옵션을 부여한 행위라는 비판이 제기되었다. 특히 특별사찰 문제에 대해 확실한 보장을 얻지 못한 것이 비판의 초점이었다. 그러나 보다 중요한 문제는 이러한 기술적 문제들보다 제네바합의가 가져올 외교적, 안보적 파급효과였다. 이와 관련하여 <한반도 비핵화 공동선언>의 사실상의 입안자인 월포비츠 전 국방부 차관보는 다음과 같이 혹평했다.

> 제네바합의는 북한에게 핵무기 확보를 허용할 우려가 있으며, 또한 이란과 이라크 등 핵무기를 개발하려는 다른 위험한 국가들에게 하나의 선례로 작용할 수 있습니다. 또한 제네바합의를 도출하는 과징에서 우리가 한 행동들은 동북아의 주요 국가들과 미국의 관계에 심대한 악영향을 미칠 수 있습니다. 일본과 한국은 미국이 다음 세기에도 동북아에서 평화를 유지할 능력이 있는지에 대해 새롭게 생각하게 될 것입니다.
>
> 제네바합의는 클린턴 행정부가 주장하는 외교적 승리가 아니며, 북한 핵문제를 해결하지도 못합니다. 제네바합의는 단순히 문제를 지연시킨 것에 불과하며, 궁극적으로 문제 해결을 더 어렵게 만들었습니다. 북한에게 미국이 합의를 지키지 않는다며 핵 프로그램을 재가동할 명분을 만들어주었기 때문입니다.
>
> 클린턴행정부가 저지른 실수 중 하나는 스스로 '합의냐(타협이냐) 아니면 전쟁이냐'의 굴레에 빠진 것입니다. 그러나 우리는 경제제재를 강화함으로써 '대결의 종결이냐 아니면 경제적 재앙이냐'의 선택을 북한 스스로 하게 만들었어야 합니다.[52]

---

51 Safire, William, "Clinton's Concessions," *New York Times*(October 24, 1994); David Sanger, "Who Won in the Korean Deal," *New York Times*(October 23, 1994).

52 Testimony of Paul Wolfowitz before the U.S Senate Committee on Foreign Relations Hearings on North Korean Nuclear Accord(January 25, 1995)

3. 대포동미사일 시험발사와 페리프로세스

1) 제네바합의 파기위협과 위협을 통한 억지: 선택권은 우리에게도 있다

1994년 11월 이른바 '공화당 혁명'으로 공화당이 상하양원을 모두 장악하자 제네바합의에 대한 비판은 클린턴 행정부의 대북 관여정책에 대한 발목잡기로 현실화되었다. 공화당은 제네바합의가 "핵공갈에 대한 보상"이며, "다른 테러리스트 국가들에게 잘못된 신호를 보낼 수 있다"며 그 이행을 제약했다.[53] 따라서 1995년 1월에 실행된 제네바합의에 따른 대북제재 완화는 지극히 형식적 수준에 머물고 말았다. 또한 공화당은 <미국 해외이익법>(American Overseas Interests Act of 1995)을 통과시켜 군사적 긴장완화와 교역확대 등에 관한 남북대화가 시작되지 않는 한 북미 간 외교관계를 업그레이드 하지 못하도록 막았다. 클린턴행정부는 산적한 현안을 놔두고 굳이 북한 때문에 의회와 대치할 필요성을 느끼지 못하고 있었다. 더욱이 클린턴 행정부 스스로도 합의를 성실히 이행할 의사가 없었는데, 왜냐하면 당시 미국 내에서는 북한이 조만간 붕괴될 것이라는 전망이 지배적이었기 때문이다.[54] 이에 따라 제네바합의의 골간인 경수로 사업도 제대로 진척되지 못했다. 애당초 5년 내 완공으로 목표로 시작된 사업이었지만, 1997년 8월에 가서야 착공식을 가질 정도였다. 더욱이

---

53 Statement of Senator Frank Murkowski before Senate Energy and Natural Resources Committee(January 19, 1995).

54 예컨대 1995년 말 스탠리 로스 NSC 아시아담당 특보는 "미국의 대북정책은 북한이 조만간 붕괴할 것이라는 맥락에서 수립되었다"고 발언한 바 있다. Mann, Jim, "U.S. Watches North Korea for Signs of Collapse," *Los Angeles Times*(February 12, 1996) 재인용. 1996년 3월 게리 럭 주한미군 사령관 역시 "문제는 북한이 붕괴하는가 안하는가가 아니라, 언제, 어떻게 붕괴하는가, 내파(implosion)인가 외파(explosion)인가 여부이다"고 주장한 바 있다. Testimony before the House Armed Service Committee (March 16, 1996). 1997년 3월 고어 부통령 역시 비무장지대를 방문한 자리에서 "북한체제가 붕괴하고 있기 때문에 한반도 냉전은 오래가지 못할 것"이라고 주장한 바 있다. 『조선일보』 1997년 3월 31일 재인용.

미 의회는 경수로공사에 대한 재정부담을 한국과 일본에만 떠넘겼다. 이 때문에 공사비 분담을 둘러싼 한미일 갈등이 대두되었고, 이는 당시 IMF 위기와 맞물려 경수로 공사를 좌초의 위기로 몰아넣었다.

이러한 상황에서 미국의 대북 강경파들은 이른바 '금창리 의혹'을 제기하고 나섰다. 1998년 1월 미 국방정보국(DIA)은 탈북자들의 증언을 기초로 확인도 하지 않은 채 자강도 하갑에 있는 지하시설을 핵무기 관련 시설로 단정지었고, 6월부터는 하갑 '지하 핵시설'과 금창리 '지하 핵시설'을 의회에 브리핑하기 시작했다. 그리고 8월 17일 <뉴욕타임즈>가 이를 보도함으로써 '금창리 위기'가 시작되었다.[55] 금창리 핵시설 의혹은 제네바합의를 파기하기 위한 미국 내 대북 강경파들이 급조해낸 의혹이었을 가능성이 높다. 오버도퍼에 따르면, 당시 공화당 의원들은 이것을 "제네바합의로부터 벗어나기 위한 훌륭한 면죄부"라고 판단하고 있었다.[56] 그러나 금창리 위기는 해프닝으로 끝나고 말았다. 1999년 5월 미국은 약 3억 달러에 가까운 현물(60만 톤의 식량과 씨감자 1,000톤)을 '참관료'로 내고 금창리를 현장방문했지만, 6마일짜리 빈 터널 이외에는 아무 것도 찾지 못했다. 6월 25일 미 국무부는 금창리 지하시설에는 "원자로나 재처리시설이 없었으며, 또한 그 용도로 만들어진 것도 아니다"고 발표했다.[57] 이로써 금창리 의혹은 해소되었다.

제네바합의 파기 위협은 1998년 들어 북한으로부터도 제기되었다. 합의파기를 위협함으로써 미국의 합의이행을 강제해내려는 전형적인 벼랑 끝 전술이었다. 북한의 위협성 발언들은 시간이 지날수록 점점 정교해지고 그 수위가 높아져갔다. 흥미로운 것은 북한이 '해당 부문' 혹은 '군부'를 언급하며 미국을 향해 역-양면외교를 펼치고 있었다는 점이다.

---

55 Sanger, David, "North Korea Site an A-Bomb Plant, U.S. Agencies Say," *New York Times* (August 17, 1998).

56 Oberdorfer, *op. cit.*, pp. 411–413.

57 *Ibid.*, pp. 413–414.

지금 우리의 해당부문에서는 언제 들어올지 알 수도 없는 경수로를 믿고 자립적인 핵동력공업을 계속 희생시킬 수 없으므로, 제재완화요, 경수로건설이요 하는 미국 측의 빈 약속에 더 이상 귀를 기울이지 말고 원래 계획대로 나가자고 요구해 나서는 형편에까지 이르고 있다. (외교부 대변인 담화, 1998년 3월 6일)

일부 해당부문에서는 합의문이 깨어져도 무방하다는 견해들을 표시하고 있다. 합의문이 정 달갑지 않으면 그만두라. 그렇게 되면 우리도 제 갈 길을 가면 될 것이다. (『로동신문』 1998년 10월 2일)

그간 우리 군대는 참고 지켜봤다. 우리 외교관들에게는 더 할 일이 없어지고 있다. 우리로서도 다른 방도가 없는 것이 문제다. (외무성 대변인 답변, 1998년 12월 7일)

원래 우리 인민군대는 기본합의문에 기대를 가지지 않았으며, 외교적 경로를 통한 대화와 협상에도 흥미를 느끼지 않았다. 현 사태는 우리 인민군대의 주장과 입장이 전적으로 옳았다는 것을 실증해주고 있다. 우리 인민군대는 격분할 대로 격분했으며, 이번에는 기회를 놓치지 않으려 하고 있다. 이것이 우리 혁명무력의 확고한 결심과 의지다. 현 사태는 외교적 방법으로는 해결하기 힘든 지경에로 점점 번져가고 있다. (『로동신문』 1998년 12월 12일)

외교적 협상만이 문제해결의 방도가 아니다. 우리 군대의 주장이 이렇다. 지금 이야말로 미국이 자기의 입장을 명백히 해야 할 때이다. 조미합의문을 이행하겠는가, 버리겠는가? 선택권은 우리에게도 있다. (『로동신문』 1999년 1월 12일)

한편 1998년 8월 31일, 북한은 대포동 미사일(사정거리 2,500km)을 시험발사함으로써 새로운 위기를 조성했다. 대포동 시험발사는 김정일 체제의 공식 출범을 알리는 대내용 정치행사라는 의미도 있었지만, 위협을 통한 억지(deterrence through threat)의 전략이기도 했다. 사실 북한이 모종의 군사력 증강조치를 취할 것이라는 점은 이미 1997년 가을부터 예고되고 있었다. 1997년

9월 23일, 미국과 일본은 신가이드라인을 발표하고 한반도위기를 포함한 이른바 '주변사태'가 발생했을 때 일본이 미군활동을 지원할 수 있는 법적 근거를 마련하였다. 북한은 신가이드라인이 한미일 3각동맹의 군사적 연결고리를 완성함으로써 탈냉전 이후 미국 국방전략의 요체인 윈-윈전략을 한반도에서 실현하려는 조치, "북침전쟁 시나리오"를 기어이 집행하려는 사전조치라고 해석했다.[58] 이에 따라 신가이드라인은 "우리 공화국을 주되는 공격목표로 하고 있다"며, '힘의 정책'에 매달리는 미국과 일본에 대항해 '자위적 조치'를 취하지 않을 수 없다고 경고하고 나섰다.[59] 자위적 조치라는 표현은 북한이 구체적 행동을 암시할 때 사용하는 용어로 1년 후의 대포동 미사일 시험발사를 예고하는 것이었다. 이후 북한은 "나라의 무장력 강화에 힘을 넣지 않을 수 없다"[60] → "우리도 주저없이 효과적인 대응책을 강구하게 될 것이다"[61] → "우리의 정당한 자위권 행사에 누구도 왈가왈부하지 말아야 한다"[62] → "조선에서 전쟁이 일어난다고 하여 그것이 조선땅에서 하는 전쟁으로만 되지 않을 수 있는 가능성이 충분하다"[63] → "끝끝내 북침전쟁의 불을 지른다면, 미제침략군부터 타격소멸하고 그와 결탁하여 우리를 건드리는 자들은 모조리 쓸어버릴 것이다"[64] 등으로 점점 더 발언 수위를 높여왔다.

특히 대북 선제공격 내용을 담은 <작전계획 5027-98>이 언론에 유출된 1998년 11월 말부터 북한은 장거리 미사일을 억지력으로 활용하고자 하는 의도를 분명히 드러냈다.

(<5027-98>에 대해) 우리에게는 우리식의 작전계획이 있다. ≪외과수술식타

58 『로동신문』 1998년 2월 18일, 1998년 5월 2일.
59 북한 외교부 대변인 담화(1997년 9월 27일), 『로동신문』 1997년 9월 28일.
60 『로동신문』 1997년 11월 1일.
61 북한 외교부 대변인 담화(1997년 11월 7일), 『로동신문』 1997년 11월 8일.
62 『로동신문』 1998년 1월 19일.
63 『로동신문』 1998년 2월 10일.
64 『로동신문』 1998년 6월 25일.

격≫이요, ≪선제타격≫이요 하는 것들은 결코 미국만의 선택권이 아니며, 그 타격방식도 결코 미국만의 독점물이 아니다. 우리 인민군대의 타격에는 한계가 없으며 그 타격을 피할 자리가 이 행성 위에는 없다는 것을 똑바로 알아야 한다. 불과 불이 오가는 전쟁마당에서 미제침략군뿐 아니라 총알받이로 앞에 나서려는 남조선괴뢰들과 뒤에서 기지를 제공하거나 심부름을 하는 일본을 비롯한 온갖 어중이떠중이들 모두가 우리의 타격목표로 된다는 것을 잊지 말아야 한다. (조선인민군 총참모부 대변인성명 1998년 12월 2일)

히로시마와 나가사키에 원자탄을 떨군 미국은 오늘까지 50년간이나 포탄 한 발 맞지 않고 살아왔다. 하지만 이제는 절대로 그렇게 안 될 것이다. 만일 미국이 우리에게 핵 참화를 들씌우려 한다면 미국 땅도 무사치 못할 것이다. (『로동신문』 1999년 1월 23일)

우리는 그 어떤 대결도 피하지 않는다. 미사일이면 미사일, 핵이면 핵 그 무엇에도 주저 없이 맞설 것이다. (『로동신문』 1999년 1월 29일)

2) 페리프로세스와 전면적 관여정책: 다른 대안이 없다

1999년 5월 금창리 위기는 해소되었지만 미사일 위기는 지속되었다. 이에 따라 미국 내에서는 제네바합의에 대한 회의론이 수그러들지 않았다. 그러나 클린턴 행정부는 제네바합의가 깨질 경우 1994년 6월의 악몽이 되살아날 수밖에 없다고 보고 어떤 수단을 쓰든 합의를 유지해야 한다고 판단하고 있었다. 그리고 합의를 유지하기 위해서는 미사일 시험발사와 같은 행동이 재발되는 것을 막아야 한다고 보고 북한을 압박했다.

북한의 핵물질 생산능력을 동결하고 해체하기 위해서는 관련 당사국 모두가 제네바합의를 성실히 이행해야 합니다. 특히 북한은 미사일문제에서 자제력을 발휘해야 합니다. 대외관계의 개선이냐 고립의 심화냐, 평양은 이 두 가지 중 하나를 선택해야 합니다. 우리는 전자를 바라지만, 후자의 경우에도 대비가 되어 있습니다.[65]

1998년 10월 1일–2일 뉴욕에서 열린 제3차 북미 미사일협상에서 미국은 미사일 수출과 개발 중단을 요구함과 동시에 또 다시 시험발사를 한다면 북미관계에 부정적 영향을 미칠 수밖에 없다고 경고했다. 이에 북한은 인공위성 및 미사일의 개발과 시험발사는 자주권에 속하는 문제로서 협상의 대상이 될 수 없으며, 다만 3년간 매년 10억 달러를 보상한다면 수출은 중단할 수 있다고 밝혔다.[66] 그러나 이는 미국이 수용하기 힘든 제안이었다.

북한은 제4차 미사일협상(1999년 3월 29일–30일)을 앞두고 미사일 시험발사를 재개할 수 있다는 위협을 가하고 있었다. 1999년 2월 10일, 유엔주재 부대사인 리근은 위성발사는 자주권에 속하는 문제라며, 지난 8월의 '광명성 1호'에 이어, 2, 3호도 계속 발사할 계획이라고 밝혔다. 2월 13일 『로동신문』은 아예 인공위성이 아니라 '미사일' 시험발사라는 표현을 사용하며, 그것이 자주권에 속한다고 못을 박았다.[67] 이에 따라 4차 협상도 성과 없이 끝나고 말았다.

이러한 상황에서 5월 대북정책 조정관 페리의 방북이 이루어졌다. 1998년 11월 클린턴행정부는 의회의 요구에 따라 대북정책을 전면 재검토하기 위한 고위급 정책조정관으로 페리 전 국방장관을 임명한 바 있다. 페리는 행정부와 의회, 그리고 한국, 일본, 중국과 조율을 거쳐 이후 <페리프로세스>로 불리는 전면적 대북 관여정책의 틀을 1999년 3월경에 마련해놓고 있었다. 5월 방북은 북한이 그것을 수용할 의사가 있는지, 그리고 그 전제조건인 미사일 시험발사를 중단할 의사가 있는지를 파악하는 것이 목적이었다.

<페리프로세스>는 두 가지 대안적 전략으로 구성되어 있었다. 우선, 북한에

65 Remarks of Secretary of State Madeleine Albright at the Center for National Policy (January 21, 1999)

66 서보혁, 2004, 『탈냉전기 북미관계사』, 선인, p. 275.

67 『중앙일보』 1999년 2월 12일; 『로동신문』 1999년 2월 13일.

대한 '포괄적, 통합적 접근(comprehensive, integrated approach)'으로서, 북한이 핵 및 미사일 프로그램을 완전하고 검증가능하게 포기하는 대가로 미국은 북한의 안보적 우려를 해소해주고 정치, 경제적으로 전면적으로 포용(engage)한다는 것이다. 둘째, 반면 북한이 이 접근에 호응하지 않는다면, 북한의 위협을 봉쇄하는 조치를 취함과 동시에 첫 번째 접근으로 유도하기 위해 단호한 조치를 취한다는 것이다. 페리는 이 두 가지 전략 중 전자가 우선되어야 한다고 권고했다.

> 만일 북한이 핵 프로그램과 장거리미사일 프로그램을 포기할 의사가 있다면, 미국은 북한과의 관계정상화를 향해 움직여야 합니다. 반면 북한이 그러한 의사가 없다는 점이 그들의 행동을 통해 드러나면, 우리는 우리의 안보를 지키기 위한 행동을 선택해야 합니다. 제 생각으로는 첫 번째 전략, 즉 관계정상화의 전략이 우선되어야 합니다. 두 번째 전략은 비용이 많이 들고 위험한 전략이기 때문입니다. 사실 두 번째 전략은 우리를 다시 1994년 6월의 위기상황에 빠뜨릴 가능성이 높습니다.[68]

과거의 대북정책과 대비되는 페리프로세스의 특징은 핵과 미사일 문제를 제외한 나머지 문제들, 예컨대 남북관계 개선이나 북일관계의 이슈들, 북한의 재래식전력문제, 생화학무기 문제, 마약거래 문제, 인권문제 등 이른바 '기타 광범위한 우려들'은 대북관여의 전제조건으로 삼지 않는다는 데 있었다. 즉 제네바합의 이후 다양한 이슈들로 북미협상의 초점이 분산됨에 따라 핵과 미사일이라는 긴급한 문제의 해결이 지연됐다는 인식이었다. 또한 포괄적, 통합적 접근을 위한 북미협상이 진행되는 과정에서 북한이 '복합적 신호' 예컨대 협상력을 높이기 위한 목적이나 북한 내부의 불일치로 인해 도발적 행동을 하

68 Press Briefing of William Perry on U.S. Relations with North Korea(September 17, 1999).

더라도 일희일비해서는 안 되며, 포괄적, 통합적 접근을 일관되게 밀고나가야 한다고 권고하고 있다. 이를 위해서 한미일 3국의 긴밀한 대화(TCOG)와 의회의 초당적 지지가 필수적이라고 권고했다.[69]

페리는 전면적 대북관여 정책을 선택해야 되는 이유로 "다른 대안이 없다"는 점을 들었다. 페리는 제네바합의가 깨지는 경우 북한이 5MWe 원자로를 재가동할 것이고, 나아가 건설이 중단된 50MWe, 200MWe 원자로까지 가동된다면 일본과 한국의 핵무장이 불가피해져 동아시아의 지정학이 근본적으로 뒤바뀌게 되기 때문에 합의가 깨지는 일은 어떤 경우든 막아야 한다고 보았다. 그리고 이를 위해서는 북한에 대한 전면적 관여 이외에는 다른 대안이 없다고 보았다. 정권붕괴나 개혁촉진정책도 고려되었지만, 그것이 성공할 가능성이 거의 없고, 설사 성공 가능성이 있더라도 그 전에 동아시아의 지정학이 먼저 흔들릴 가능성이 높았다. 또한 현상유지는 또 다시 미사일시험발사를 가져올 것이고, 이 경우 미 의회와 일본의 비토 속에서 제네바합의는 파기될 수밖에 없다는 것이다.[70]

페리 프로세스는 한국전쟁 이후 지속되어온 미국의 대북 봉쇄정책에 대한 최초의 진지한 재검토였다. 그리고 미국 내에서는 여전히 공화당의 반발이 지속되었지만, 한국과 일본으로부터 전폭적 지지를 받고 있었다는 점에서 상당한 실행가능성도 확보하고 있었다. 클린턴은 한반도와 중동에서 항구적 평화를 수립하는 것을 자신의 외교적 유산으로 남기고자 했으며, 이런 의미에서 북한과의 관계개선에 진지하게 임하고 있었다.

그러나 북한은 미국의 진정성을 파악하는 데 너무 오랜 시간을 소비하고

---

69 William Perry, *Review of United States Policy Toward North Korea: Findings and Recommendations* (October 12, 1999), pp. 8–13.

70 Perry, *Review*, pp. 1–8; Speech at a North American luncheon in New York City(May 23, 1996); "Crisis on the Korean Peninsula: Implication for U.S. Policy in Northeast Asia," *Brookings Leadership Forum*(January 24, 2003); "PBS Interview,"(February 26, 2003); Statement before House Committee on International Relations Hearing on U.S. Policy Toward North Korea Ⅰ: Perry Review(October 13, 1999).

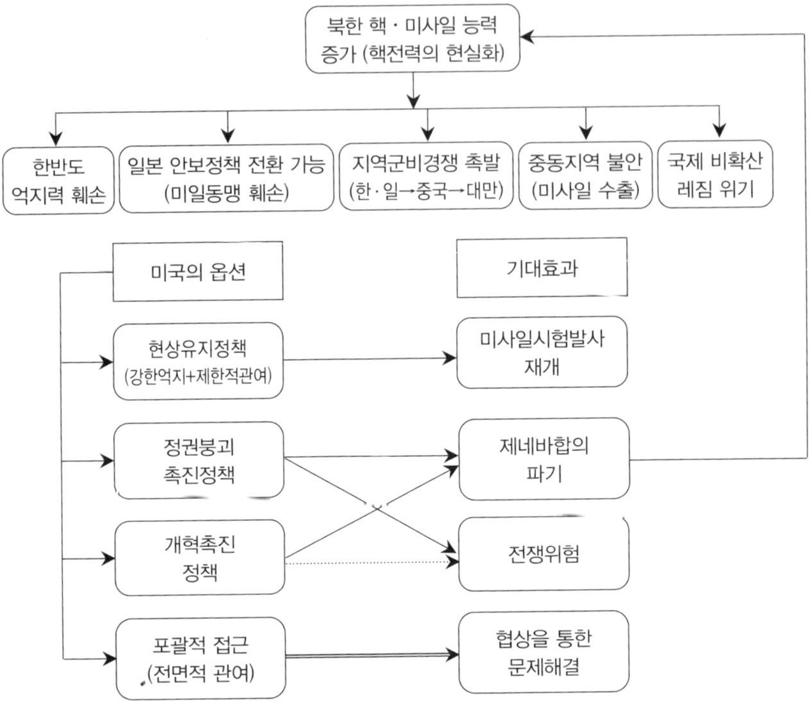

출처: 임수호, 「실존적 억지와 협상을 통한 확산」, p. 241.

그림 3-1 대북관여정책의 불가피성: 페리의 증언

말았다. 1999년 9월 베를린에서 열린 북미 고위급회담에서 미국은 대북 경제제재를 포괄적으로 완화하고,[71] 북한은 그 대가로 '대화가 진행되는 동안' 미사일 시험발사를 유예한다는 합의가 이루어졌다. 그러나 미사일 개발과 수출 문제는 여전히 진전을 보지 못했다. 2000년 들어서도 테러지원국 해제에서

71 경제제재 완화는 2000년 6월에 실행되었다. 미국은 대외자산통제규정(Foreign Assets Control Regulation)과 수출관리령(Export Administration Regulation)을 개정하여 군수물자나 대량살상무기 관련 물자가 아닌 경우 북한 상품의 미국시장 진출을 허용하였으며, 미국산 물자의 대북수출도 부분적으로 완화하였다. 그러나 북한자산의 동결은 유지했으며, 테러지원국 지정으로부터 해제하지도 않았다. 미국의 대북경제제재에 대해서는 임수호, 2008, 「미국의 대북경제제재 완화와 남북경협」, SERI Issue Paper(2008년 6월).

제외되지 않은 점과 미사일방어망 추진을 이유를 들어 미사일협상을 지연시켰다. 미사일 수출중단의 대가로 30억 달러의 현금보상안을 끝까지 고집한 것도 협상타결의 의지를 의심케 하는 대목이었다.[72] 2000년 10월 조명록과 올브라이트의 교차방문은 그해 1월에 김계관-카트만 회담에서 합의된 사항이지만, 북한은 합의를 이행하는 데 9개월을 허비하고 말았다. 조명록-올브라이트 교차방문에서 미사일문제 해결과 북미수교에 대한 대체적인 윤곽이 잡혔지만, 이때는 이미 시기를 놓친 상황이었다. 미국 대선이 불확실한 상황으로 접어들면서 클린턴 행정부가 북미수교를 추진할 여력이 급속히 감소하고 있었던 것이다. 2000년 10월의 교차방문 이후 북미협상이 재개되기까지는 7년의 시간이 소비되었다.

---

72 북미 미사일협상은 2000년 10월 제6차 회담을 마지막으로 종료되었다. 여기서 미국이 현금대신 상업차관을 제공하는 문제가 검토되었으나 합의에는 이르지 못했다. 『연합뉴스』 2002년 6월 20일.

제4장

6자회담체제

1. 부시 행정부의 등장과 2차 북핵 위기

1) 악의 축 공방: 오는 말이 고와야 가는 말이 곱다

2002년은 여러 가지 측면에서 충격적 사건이 연속된 해였다. 새해 벽두인 1월 29일, 부시 미국 대통령은 북한을 3대 '악의 축(Axis of Evil)'으로 규정하였다. 9.11 이후 '테러와의 전쟁' 의지를 분명히 한 부시 행정부는 2002년을 전쟁의 해로 선포하고 대외 강경 정책에 시동을 걸기 시작했다. 그 일환으로 북한과 이란, 이라크를 '악의 축'이라 규정하고 공세에 박차를 가하기 시작했다.

> 북한은 인민들을 굶주리게 하면서도 미사일과 대량살상무기로 무장을 하고 있는 체제입니다. 이란은 선거로 당선되지 않은 일부 집권층이 자유를 염원하는 이란 국민들을 억누르면서, 대량살상무기를 손에 넣으려 하고 있고, 테러를 수출하고 있습니다. 이라크는 미국을 적대시하면서 테러를 지원하는 행위를 지속하고 있습니다. 이라크 정권은 지난 10년 간 탄저균과 신경가스, 그리고 핵무기를 개발해왔습니다. 이라크는 이미 독가스로 수천 명의 자국민(自國民)을 학살했으며, 죽은 아이들 위로 어머니들의 시신을 쌓아 올린 정권입니다. 문명세계에 대해 무엇

> 인가 숨길 것이 있는 정권입니다.
>
> 이런 국가들과 그들의 테러 동맹 세력들은 세계 평화를 위협하는 악의 축을 구성합니다. 이런 정권들은 대량살상무기를 추구하면서 세계에 심대한 위협을 제기하고 있습니다. 이런 정권들은 테러 세력에 대량살상무기를 제공할 수 있으며, 이는 그들의 증오심을 충족시켜 줄 수단을 제공하는 것에 다름 아닙니다. 그들은 우리 동맹국들을 공격할 수도 있고 미국에 협박을 가할 수도 있습니다.[1]

곧이어 동아시아 3국 순방에 나선 부시 대통령은 2월 18일 동경에서 열린 미일정상회담에서 "(세계에는) 자유국가가 있는 반면 국민은 굶기면서도 대량 살상무기를 생산하는 나라가 있다"며 "모든 대응 수단을 검토(all options on the table)"[2]하고 있다는 강경 발언을 쏟아 부었다. 물론 한국과 중국에서 부시 대통령의 발언 수위는 다소 누그러지는 듯 했다. 한국에서 부시 대통령은 도라산 역을 방문하여 일본 방문 시 멘트와는 다소 다른 뉘앙스로 "북한을 침공할 의사가 없다"는 발언을 했다. 프리처드는 이 발언이 부시 대통령이 여러 번 북한을 침공할 의사가 없음을 확인하였지만, 그 최초 발언으로 기억된다고 기술하고 있다.[3] 그러나 북한을 반테러동맹의 적으로 보는 부시 대통령의 단호한 태도에는 변함이 없었다. 김정일이 인민을 굶주리게 하면서 대량살상무기 개발에 여념이 없다는 식이었다.

북한은 부시 대통령의 '악의 축' 발언을 '선전포고'이자 '조선전쟁론'이라며 '미국이야말로 악의 제국'이라 반발했지만, 대화를 반대하거나 극단적인 행동에 돌입하지는 않았다. 『로동신문』의 개인 필명을 통한 공세는 이어졌지

---

1 부시 대통령 연두교서, 2002년 1월 29일(http://monthly.chosun.com/lecture/view.asp?c_cc=LL&c_idx=95 ; 검색일자: 2008년 1월 26일).

2 모든 수단(all options)이라는 단어는 미국이 북한에 대해 군사적 제재 조치나 선제 타격도 검토하고 있다는 뜻으로 받아들여지는 용례이다. 따라서 이 단어를 사용한다는 것은 미국이 북한에 대해서 군사적 공격을 배제하지 않는다는 강압으로 이해해도 된다는 뜻이었다.

3 Pritchard, Charles L. 2007, *Failed Diplomacy*, Washington D.C.: Brookings Institution Press, p. 19.

만, 외무성 성명과 같은 공식적인 반응은 잦아들었다.

근래의 조미관계 력사에서 미국 대통령이 직접 정책 연설을 통해 자주적인 주권국가인 우리나라에 이처럼 로골적인 침략위협을 가한 적은 없다. 이것은 사실상 우리에 대한 선전포고나 다름이 없다. 오는 말이 고와야 가는 말이 고운 법이다. […] 우리는 대화와 협상의 가면마저 벗어던지고 정세를 전쟁 접경에로 몰아가고 있는 미국의 심상치 않은 움직임에 대하여 예리하게 주시하고 있다. 미국이 주제넘게 줴치기 좋아하는 <타격>의 선택권은 미국에만 있는 것이 아니다. (외교부 대변인 성명 2002년 1월 31일)

부쉬는 올해를 전쟁의 해로 선포하였다. 미국은 올해에 아프가니스탄에 이어 반테러전쟁을 다른 나라와 지역들에로 확대하려 하고 있다. 그 주된 대상이 바로 조선이다. 부쉬의 악의 축론은 그 주된 대상이 바로 조선이다. […] 만일 미제가 끝끝내 제2조선전쟁의 불을 지른다면 우리 군대와 인민은 침략자들에게 무서운 불벼락을 안길 것이다. (『로동신문』 2002년 2월 11일)

원래 부쉬의 두뇌진에서 작성한 <일반서신연설> 초안에는 이라크만이 문제시되어 있었다. 그런데 부쉬가 <일반서신연설> 초안을 보면서 거기에 우리나라와 이란을 찍어넣고 <악의 축>으로 규정하였던 것이다. […] 우리는 배심이 든든하며 그 어떤 대적과 그 어떤 형태와 방식의 전쟁도 승리적으로 치를 수 있는 전법과 수단을 가지고 있다. 우리의 위력과 전쟁방식 앞에서 부쉬의 '악의 축'론은 파산을 면치 못할 것이며 미제침략자들은 조선에서 까마귀밥이 되고 말 것이다. (『로동신문』 2002년 2월 14일)

우리에 대해 험담만을 일삼아 오던 부쉬는 이번 행각기간에 한걸음 더 나아가 우리 제도의 <변경>에 대해 운운하고 지어는 우리의 최고수뇌부를 악랄하게 중상모독하는 망동까지 부렸다. 이로써 부쉬가 우리를 <악의 축>이라고 망발한 것이 그 어떤 무기문제나 <테로와의 련관성> 문제가 아니라 국제여론도 평가하고 있는바와 같이 본질상 우리 최고수뇌부와 우리 제도에 대한 부쉬의 체질적인 거부감에서 나온 것이라는 것이 명백해졌다.[4] […] 그가 설사 인간으로서의 초보적인 리성마저 잃은 사람이든 정치적 미숙아이든 절대로 용서할 수 없다. […] 우리 역시 우리 인민이 선택한 제도를 힘으로 변경시켜 보려고 망상하고 있는 부쉬패거리와는 상종할 생각이 없다. […] 미국이 우리 제도를 인정하려 하지 않으면서 침공의 구실만을 찾기 위해 제창하고 있는 그런 대화는 필요없다. (외무성대변인 성명 2002년 2월 22일)

2월 부시 대통령의 한중일 3국 방문 직후, '이성을 잃은 사람, 정치적 미숙아, 유권자의 절반도 못되는 지지표로 대통령 감투를 가로챈' 등의 성명전을 주고받았지만, 다시 북한의 반응은 차분해졌다.

"조미회담은 조건이 마련되면 진행되게 될 것이다"(4월 11일), "미국 전 대통령 클린턴을 초청한 바 없다"(5월 1일), "미 국무성 특사의 평양방문문제와 관련한 입장 천명"(6월 7일), "미 국무장관이 대화 진전의 전제 조건을 들고 나온 것을 비판" 등과 같이 공식적인 외무성 대변인 성명을 통해, 대화 재개에 대한 공방을 전개해오던 북한은 7월 이후 놀라울 정도로 발 빠른 전방위 대응을 시작했다.

8월 23일 김정일 위원장이 블라디보스토크에서 푸틴 러시아 대통령과 정상회담을 개최한 이후, 9월 17일에는 전격적으로 북일 정상회담을 가졌다. 이 회담에서 김정일 위원장은 일본인 납치 사실을 솔직히 인정하고 사과함에 따라 북일수교를 가로막아온 난관의 하나를 극복하고자 했다. 소위 고백(confession) 외교라 불리는 북한의 태도는 그동안의 북한 측 태도나 국제관행에 비추어 볼 때도 파격적인 것이었다.

---

4 북한은 자국의 제도에 대한 비판뿐 아니라, 지도자 김정일에 대한 비판에 대해서 특히 용납할 수 없다는 태도를 취했다. 이런 북한의 태도 때문에 국제 사회가 미스터 김정일이라는 호칭을 취하느냐 그냥 김정일이라고 부르느냐 혹은 독재자 김정일이라고 부르는가는 북한의 대외 정책 결정의 한 변수가 되어왔다.

비슷한 시기인 9월 24일 북한은 신의주 특구를 선포하고 중국인 양빈을 장관으로 선정하는 파격적 조치를 취한다. 신의주를 홍콩식 특구에 버금가는 개방지대로 만든다는 신의주 특구 전략은 매우 충격적인 조치였다.[5] 그 해 11월과 12월에 개성공업지구법과 금강산 특구법이 선포된 것도 그 연장선상에 있었다.

사실 2002년 7월 북한의 경제 개혁과 개방 전략은 밀접히 연계된 것이었고 그것은 장기간에 걸쳐 준비된 시나리오였다. 북한이 1998년 강성대국론을 제기한 이래 각 단위에서 준비되어온 개혁 개방 전략이 총화되어 나타난 것이었다.[6] 이는 연초에 부시 행정부가 북한을 '악의 축'으로 규정했지만, 북한이 그 같은 수사에 큰 의미를 두지 않았음의 반증이었다. 나름대로 준비해온 개혁 개방 드라이브를 중단 없이 강행하는 쪽으로 방향을 잡은 것이다.

2) 평양의 진실 공방: 압력적이고 오만한, 초대국주의의 강도론법?

10월 이후 정국 방향이 다시 한 번 요동치게 되었다.

---

5 북한이 이처럼 개방정책을 펴게 된 데는 여러 가지가 있겠지만 그 한 요인은 7.1 경제개혁 조치였다. 북한은 2002년 7월 1일을 기해 대규모 인플레이션 정책을 통해 국내 사경제를 국가경제로 통합하는 조치를 취하였다. 즉 단기적으로 수요 부문을 통제하고 사경제로 흘러가는 자금을 흡수하여 1990년대 경제난으로 무너진 경제를 정상화하는 조치를 취한 것이다. 그러나 동 조치는 장기에 있어서 공급 부문이 활성화되지 않으면 의도한 효과를 발휘하지 못하고 오히려 주민의 대정부 불만만 가속화시킬 따름이다. 천문학적인 인플레이션을 통해 인상된 가격 하에서라도 자유롭게 물건을 구할 수 있다면 그것은 노동의욕을 높이는 인센티브로 작동할 것이다. 그러나 가격만 높아졌지 여전히 구입할 물건이 부족하다면, 동 조치는 주민들의 부를 국가가 강제로 전유하는 것일 따름이다. 이 점에서 공급 부문이 활성화되지 않으면 북한의 개혁정책은 그야말로 무용지물이 될 따름인 것이다. 아니 오히려 주민들의 불만을 가속화시킬 것이다. 자신들의 경제 정책이 갖는 이 같은 한계를 분명히 알기 때문에 북한은 대서방 교섭과 남북관계 개선에 적극적이지 않을 수 없었다. 장기적으로 공급 부문을 활성화하고 국내 경제를 정상화하기 위해서는 대규모의 경제지원과 외화 자금이 필요하다. 북한이 대일수교나 대미 및 남북관계 개선을 통해 얻는 경협 자금과 외자 및 공공차관은 북한 경제의 개발 시나리오에 적지 않은 도움이 될 것이기 때문이다.

6 물론 북한의 개혁과 개방 정책을 수준으로 따진다면 중국 초기 개방 전략 수준을 넘지 않는다. 이를 1990년 이후 동구 사회국가들의 체제전환전략과 평면 비교하는 것은 무리이다.

2002년 10월 3-5일, 사흘간 미 대통령 특사이자 국무성 아태 담당 차관보인 제임스 켈리가 평양을 방문하였다. 북한의 기대와는 달리 방미 직후 미국은 회의 내내 대적성국 교본에 따른 자세를 견지하였다. 이에 따라 평양 방북시 외교관들이 만찬을 한 차례씩 교환하는 관행을 거부하고, 미국은 사전에 약속된 답례 만찬 행사를 할 수 없다고 통고했다. 당시 회담이 고농축우라늄(HEU) 문제에 대한 해명을 주요 내용으로 하는 냉철한(low-key) 회담이 되어야 한다는 강경파의 의도에 따라 만찬은 한 차례면 충분하다는 판단이 진제된 탓이었다.[7] 이뿐 아니라 켈리 대표는 대북 협상에서 사전에 주어진 원고를 북한 대표의 면전에서 읽어 주었을 따름이다. 이는 과거 아시아 국가들이 미국 외교관을 대할 때 본국 정부가 사전에 작성해준 원고를 읽었던 관례를 답습하는 것이어서, 부시 행정부가 평양 정부를 대하는 태도나 협상에 임하는 태도를 잘 알 수 있게 해주는 단적인 사례였다. 당시 이 회담을 동행한 프리처드는 이 대목에 대해서 미국 외교관들과 아시아 외교관들의 입장이 반대가 되었다며 미국의 외교방식에 불만을 표하고 있었다. 미국의 대북 협상 행태에 대한 자조 섞인 비판이었다.[8]

며칠 후 북한이 외교부 대변인 성명을 통해 회담 당시 미국 측이 심히 '압력적이고 오만하게 나왔다'며 불만을 드러냈지만, 당시 동 성명은 미국에 대한 북한의 의례적인 공격성으로 간주되어 주목받지 못하였다.

> 우려사항이라는 것을 내들면서 핵 및 미사일과 상용무력, 인권문제 등에 대한 미국의 일방적인 요구를 먼저 해결해야 조미, 조일, 북남 관계도 순조롭게 풀릴 것이라고 심히 압력적이고 오만하게 나왔다. (외무성 대변인 성명 『조선중앙통신』

---

7 4년 후 랜토스 하원 의원 방북시 북한 안내원은 첫날 일정표에서 답례 만찬이란 일정 옆에 물음표를 달아서 주었다고 한다. 이에 대해 랜토스 의원이 왜 물음표가 있는지 묻자 답례 만찬을 할 의사가 있는지 확실하지 않아서 그랬다는 대답이 돌아왔다는 것이다. (크리스토퍼 힐의 하원외교관계위원회 증언, 2005년 10월 6일)

8 Pritchard, *op. cit.*, p. 21; p. 34.

2002년 10월 7일)

그러나 당시 미국의 평양 협상 행태가 알려진 이후에는 북한 외교부 대변인의 위와 같은 성명이 의례적이거나 이유 없는 공격적 패턴이 아니라 나름대로 근거가 있는 것이라는 공감대가 형성되었다.

결국 우려했던 대로 10월 17일 미 국무부는 북한이 고농축 우라늄핵개발 프로그램(HEUP)을 진행하고 있다는 사실을 '실토'하였다는 충격적인 사실을 공표했다.

> 미국 고위 관계자들이 이 달 초 광범위한 현안을 논의키 위해 북한을 방문했다. 제임스 켈리 국무부 차관보가 이끌고 간 미 특사단은 북한이 제네바 협정 등 핵무기 협정을 위반하고 핵무기 개발에 필요한 우라늄을 농축시킬 프로그램을 갖고 있다는 정보를 미 당국이 입수했다는 사실을 북한측에 전했다. 북한 관계자들은 핵무기 개발 계획을 시인했다. 북한은 또 미국을 비난하려고 했으며 제네바 협정이 무효화한 것으로 간주하고 있다고 밝혔다. 켈리 차관보는 이에 대해 북한이 수년전 핵무기 개발 계획에 착수한 사실을 지적했다. (미 국무부 성명 요약 2002년 10월 17일)

미국은 이를 계기로 북한에 대한 대담한 접근법(bold approach)을 사실상 폐기하기에 이르렀다.[9] 이로서 2차 핵 위기가 시작된 것이다.

그러나 이 시기 북한의 핵 보유 시인에 관해서는 한국 측에서는 통역상의 실수라는 설이 다수이다. 반면 미국이나 일본 측은 북한의 전략적인 발언으로 보는 설이 많다. 프리처드는 그 날 강석주의 발언이 반론 불가능할 정도로 명확한 진술 즉, 결정적 증거(precise and irrefutable statement – a smoking gun)

---

9 아미티지 당시 국무부 부장관은 2003년 2월 4일 상원 외교위 청문회에서 북한의 우라늄 농축 계획(covert uranium enrichment program)으로 대담한 접근법(bold approach)이 정상 궤도대로 진행되지 못하게 되었다며 북한 측에 전적으로 책임이 있음을 강조하였다.

는 아니었지만, 사실상 고농축우라늄 핵개발프로그램을 가지고 있다는 투의 공격적 시인이었다고 진술하고 있다. 후나바시 요이치 역시 같은 취지에서 당일의 사건을 기록하고 있다.[10]

박건영은 통역 상의 오류 가능성을 제기하고 있다. 프리처드에 따르면 방북 팀에는 한국어가 가능한 통역자들이 3명이 있었는데, 당시 북한의 핵 보유 실토 결론은 이들을 각각 분리시켜 상황을 재구성하게 하고 그 결과를 토대로 내린 것이라고 전한다.[11] 하지만 2004년 1월 지그프리트 헥커 로스 알라모스 핵 연구소 선임연구원과 미국 스탠포드 대학의 존 루이스 교수 등 5명으로 구성된 방미단은 10월 당시 북미 간의 대화록을 보고 통역상의 오류로 문제가 시작된 것 같다고 했다. 북한 측 대화록에는 "우리는 핵 프로그램을 가지게 되어 있다(We are entitled to have nuclear weapons program)고 밝힌 뒤, '이보다 더 강력한 무기'[12]도 갖고 있다(We have weapon more powerful than that)"고 한 것으로 되어 있다는 것이다.[13] 당시 통역으로 참여한 김동현 씨는 퇴직 후 인터뷰에서 "당시 강 제1부상의 정확한 발언은 '우리는 이것보다 더한 것도 만들게 되어 있다(be entitled to)'였다"고 밝혀[14] 통역상의 오류설에 더 무게를 싣고 있다. 이 같은 사실은 미국 내에서도 의구심의 대상이어서 이미 2003년 <유에스에이 투데이>는 "미국 정보당국이 북한에 우라늄 농축 프로그램이 있는지조차 분명하지 않다고" 실토하고 있다는 사실을 밝히고 있다.[15]

---

10 후나바시 요이치(오영환 외 역), 2007, 『김정일 최후의 도박』, 중앙일보 시사미디어, pp. 160–169.

11 Pritchard, *op. cit.*, p. 40.

12 '이보다 더 강력한 무기'라는 표현에 대해서 당시 우리 일간지들은 수소폭탄이네, 중성자탄이네 운운하며 호들갑을 떨었지만, 필자가 2004년 한성렬 유엔주재 북한대표부 차석 대사를 만나 확인한 바에 따르면 그것은 "인민대중의 일치단결된 힘"을 의미하는 북한의 정치수사(rhetoric)일 따름이었다.

13 박건영·정욱식, 2007, 『북핵 그리고 그 이후』, 풀빛, p. 98.

14 『동아일보』 2007년 3월 5일. 검색일자: 2008년 1월 19일 http://news.empas.com/show.tsp/cp_do/20070305n00757/?kw=%7B%B1%E8%B5%BF%C7%F6+%C5%EB%BF%AA+2002%7D+%7B%B1%E8%B5%BF%C7%F6+%C5%EB%BF%AA+2002%7D+%7B%B1%E8%B5%BF%C7%F6+%C5%EB%BF%AA+2002%7D+%7B%7D

한편 켈리가 방북하고 있던 그 시기인 4일 새벽 중국은 전격적으로 양빈 장관을 부패 혐의로 구속한다. 북한의 신의주 특구의 꿈은 좌절될 것이다. 중국의 설명은 간단했다. 신의주 특구에 대한 북한의 구상이 산업 도시가 아니라 엔터테인먼트와 금융을 중심으로 하는 구상이기 때문에 이 같은 구상은 중국 측이 수락하기 어렵다는 것이었다. 한마디로 북한이 중국에 사전 양해를 구하지 않은 것에 대한 몽니였다.[16]

2002년 여름의 북한식 개혁 개방 드라이브에 강력히 제동을 건 것은 이처럼 10월의 두 사건이었다. 이는 곧 중국과 미국이 북한의 개방 드라이브를 동시에 좌절시킨 것이라고 해도 과언이 아니었다. 결과적으로 김대중 정부의 대북 정책 구상도 좌절되었음은 물론이고, 고이즈미 정부 역시 납치 문제에 대한 자국 우파의 분노를 추스르기에는 역부족이었다.

이제 상황은 악화일로의 외길 뿐이었다.

북한은 17일 미국의 성명에 대해 1주일이나 지난 10월 25일 외무성 성명을 통해 공식 논평을 발표했다. 사태를 관망하며 조심스럽게 나온 성명에 비하면 그 내용은 매우 강경했다. 미국 측의 주장이 '일방적이고 오만무례'하며, '적반하장격의 강도적 론리'라며, 제네바합의의 비공개양해록을 공개하는 강수

---

15 *USA Today*, 2003년 11월 4일. 통역 상의 오류설에 대해 체계적으로 밝히며 미국 언론의 보도 태도를 문제 제기한 다음 글을 참조. Gusterson, Hugh, 2008, "Paranoid, Potbellied Stalinist Gets Nuclear Weapons – How the U.S. Print Media Cover North Korea?," *Non-Proliferation Review*, Vol. 15, No. 1.
 한편, 양성철 당시 주미 대사에 따르면 켈리의 방북 보고서에는 HEU(고농축 우라늄)라는 표현이 아니라 EU(농축 우라늄)라는 표현이 들어있었을 따름이라며, HEU 실토 운운은 미국 내 강경파들의 정치적인 조작일 가능성이 높다는 뉘앙스를 강하게 풍겼다.

16 북중관계에 대한 비관적 전망은 중국 전문가들보다는 일본 전문가들의 분석에서 압도적이다. 그들의 기대 섞인 주관적 염원이 앞을 가린 탓도 있지만 중국 관료들이 일본 전문가들에게 그런 방향의 논리를 흘리기 때문인 측면도 있다. 그러나 실제 중국의 외교 관료들의 경우 당-군과는 달리 북한에 대해 비판적인 경우가 많은 것도 사실로 보인다. 중국 지도부의 북한에 대한 냉소적이고 냉랭한 반응과 북한 관리 의도에 대해서는 다음을 참조. 후나바시 요이치 앞의 책, p. 397; pp. 422–426; pp. 456–461.

를 두었다. 그리고 이에 기초하여 "벌거벗고 무엇을 가지고 대항하라는 말이냐"라는 항변에 이어 "협상의 방법도 있을 수 있고 억제력의 방법도 있을 수 있으나 우리는 될수록 전자를 바라고 있다"라며, 협상의 방법으로 북한과 미국 간의 '불가침 조약'의 체결을 요구하였다.

미국은 북한의 제안에 대해서는 응답할 가치가 없다는 투로 2002년 11월 15일 대통령 성명을 통해 중유 제공을 중단하겠다고 선언하였고, 북한은 "큰 나라는 작은 나라를 마음대로 위협해도 좋지만, 작은 나라는 그 위협에 대응하려 하면 안 된다는 오직 미국 초대국주의의의 강도론법"이라며, 제네바합의 위반 책임은 미국에 있음을 확인하는 성명으로 화답했다. (외무성 담화, 2002년 11월 21일) 이후 북한은 IAEA에 의해 봉인되어 있던 연료봉을 재가동함으로써, 10년 만에 핵 프로그램을 재개하기 시작했다.

미국으로서는 북한의 핵 개발을 방치할 수도 없고 그렇다고 군사적 개입을 감행하기에는 전략적 우선순위에 대한 판단이 서지 않은 듯했다. 부시 행정부에게 한 가지 분명했던 것은 제네바체제가 더 이상 유용하지 않다는 것이었다. 그리고 그 책임은 북한에 있었다. 부시는 "나의 전임자가 충실하게 제네바합의를 이행했고 미국은 의무를 다했지만, 북한은 그렇게 하지 않았다. 우리가 제네바합의가 이행되고 있다고 믿고 있던 그 시점에 북한은 우라늄을 농축하고 있었다"며 제네바체제의 종식을 실행에 옮겼다. (부시 2003년 3월 6일)

이어 미국은 북한의 핵 개발을 관리할 주체로 중국을 선택하였다. 중국은 북한을 설득하는 주체이자 북한의 극단적 행동을 제어할 협조자로 보였다. 따라서 부시 대통령은 집권 초기 중국에 대한 강경 구상[17]을 포기하고 중국과의

---

17 부시 행정부는 집권 초기 클린턴 행정부의 대중국, 대공산권 포용(engagement)정책을 비판하며, 중국에 대해 위화(圍和; con-gagement)정책을 검토하였다. 이에 따라 부시 행정부에서 중국은 전략적 파트너(strategic partner)에서 전략적 경쟁자(strategic competitor)로 격하되게 되었다. 중국에서 위화 즉 포위적 화해 혹은 포위적 접촉으로 번역되는 본 개념은 네오콘의 주요 이론가 중의 하나이자 이라크 대사로 현지 상황을 주도한 Zalmay M. Khalizad가 미국의 랜드(RAND) 연구소의 보고서에서 처음으로 제기한 개념임. Khalizad, Zalmay M., "Sweet and Sour," *Rand Review*(winter 1999–2000), pp. 6–11 참조.

화해를 통한 동북아의 상황관리를 선택했다.[18] 미국으로서는 다가올 이라크 전쟁에 대한 역량 집중이 더 중요했기 때문이었을 것이다. 이는 사실상 미국이 북핵 문제에 대해 중국에 대해 외주(outsourcing diplomacy)를 준 것이나 마찬가지였다.[19] 애초부터 북핵 문제를 대미 정책의 일환으로 간주한 중국이 이 같은 미국의 구상[20]을 적극 환영했음은 물론이다.[21]

결과적으로 동아시아에서 미국과 중국 양 대국간 협력 즉, 미중협조체제의 영향력을 무시한 전략적 주도성이라는 실험은 우물 안 개구리의 논리에 불과했다는 것을 북한 측이 절실히 느꼈을 것은 분명하다.

3) 이라크 효과의 역설?: 미국이 총을 쏘면 우리도 총을 쏠 것…

이를 계기로 북한은 억지 균형을 공개적으로 추구[22]하는 것만이, 소국 외교의 한계를 탈피하는 대안이라는 판단을 하게 된 것으로 보인다.

2차 북핵 위기가 시작된 직후인 2003년 1월까지도 북한은 핵무기 제조 의사가 있음을 공식적으로 시인하지 않았다. 매우 높은 수준의 담화인 공화국 성명을 통해 NPT 탈퇴 성명을 발표하면서도, "현 단계에서 우리의 핵 활동은

---

18 Lee, Chae-Jin 2006, *A Troubled Peace,* Baltimore: The Johns Hopkins Univ. Press, p. 224.

19 미국이 중국에 외주를 준 것에 대해서는 미국의 의도가 북한의 핵 폐기가 아니라 핵 비확산에 있음을 의미하는 것이라는 조심스런 해석도 검토할 필요가 있다.

20 중미협조체제에 대해서는 다음을 참조. 박홍서, 2007,「탈냉전기 중미간 "협조체제"의 출현?: 9. 19 공동성명 후 북핵문제에 대한 중미간 협력」,『국제정치논총』47집 3호, pp. 83-88. 이의 한 기능으로 북한 관리(condominium)의 개념도 가능하다. 관리 즉 공동통치(condominium) 개념은 강대국과 약소국과 동맹관계에 있을 때, 동맹 약소국으로 인해 기타 강대국과 분쟁 상황에 직면한다면, 강대국이 해당 약소국을 설득하거나 압력을 가해 자기 이익을 관철하는 과정에서 기타 강대국과 협력을 통해 약소국을 공동통치한다는 개념에서 사용되었다. Snyder, Glenn H. 1984, "The Security Dilemma in Alliance Politics," *World Politics,* Vol. 36, No. 4, pp. 484-486.

21 후나바시 요이치, 앞의 책, p. 434.

22 힘의 균형이 파괴될 때 불안정과 위기가 조성되고 지어 전쟁까지 벌어진다는 것은 력사의 교훈이며 오늘날의 이라크 사태가 보여주는 국제관계의 랭혹한 현실이다. (외무성 대변인 성명,『조선중앙통신』2006년 7월 7일)

오직 전력생산을 비롯한 평화적 목적에 국한될 것"[23]이라며, 핵무기 제조 의사가 없다는 점과 평화적 핵이용권을 강조하는 내용의 발표에 머무르고 있었다. 그러나 이 같은 논조는 2003년 3월 이라크 전쟁을 계기로 해서 변화되기 시작했다.

> 안보리에서 취급하는 것 그 자체가 전쟁의 전주곡 […] 국제여론도 유엔헌장도 미국의 이라크 공격을 막지 못했다. […] 불가침조약도 소용없다. 물리적인 억제력, 그 어떤 첨단무기에 의한 공격도 압도적으로 격퇴할 수 있는 막강한 군사적 억제력만이 전쟁을 막을 수 있다는 것이 이라크 전쟁의 교훈 […] 잠재력을 총동원하여 전쟁의 억제력을 갖추려 한다. (외무성 대변인 성명 2003.4.6)

북한이 전쟁 '억지력' 개념을 제기하며, 자위적 핵 무장 필요성을 언급하기 시작한 최초의 성명이었다. 그 이전까지는 "미국이 총을 쏘면 우리도 총을 쏠 것 […] 미국이 한방 쏘면 우리는 열방, 백방을 쏠 것이다"(『로동신문』 2003년 1월 9일)거나 "조미합의에 구애됨이 없이 그에 대응한 실질적인 조치"(외무성 대변인 성명, 『조선중앙통신』 2002년 3월 13일)를 취한다거나 하는 추상적이고 상징적인 표현들을 사용한 것이 고작이었다. 그러나 북한은 이라크 전쟁을 계기로 명백한 '억지력' 개념을 사용하기 시작했다.[24] 이때부터 북한은 핵 억지력 보유를 공공연하게 표명하는 것이 자위력을 강화하는 방편이라는

---

23 공화국 대변인 성명, 『조선중앙통신』2003년 1월 10일. 북한은 주요 사안에 대한 자신들의 입장이나 주장을 대외적으로 밝힐 때 주로 외무성 명의로 '성명, 대변인 성명, 담화, 대변인 담화, 대변인 대답' 등 다섯 가지 형식을 활용한다. 한편 북한의 성명 중 가장 격(格)이 높은 방식은 '정부 성명'이다. 2003년 1월10일 핵무기전파방지조약(NPT) 탈퇴를 선언할 때 정부 성명이 사용되었다. 현재까지 6차례에 불과한 것으로 분석된다. 외무성 명의 중에서는 외무성 성명이 가장 격이 높다. 2005년 2월 10일 핵무기 보유 및 6자회담 무기한 불참 성명과 1년 7개월만의 2006년 '핵실험 성명'은 모두 외무성 성명이다. 그 외에는 외무성 대변인 성명이 자주 발표되고, 그것보다도 중요성이 낮은 사안의 경우 담화나 대변인 담화 등의 형식을 사용한다.

24 2002년 10월 25일 외무성 담화에서 억제력이라는 용어를 사용하기도 했으나, 이때까지도 억제력 자체를 추구한다는 의미보다는 협상의 방법을 더욱 강조하는 상황이었다.

사고를 내 비치기 시작했다.

이는 이라크전쟁에 대한 북한의 학습 효과였고, 미국의 입장에서 보면, 힘의 외교가 빚은 역효과였다.[25] 북한의 경우에는 이라크 전쟁이 미국의 군사력 앞에 굴복하게 하는 기대 효과보다는 미국에 대항하는 군사력 강화 조치에 나서게 하는 역효과가 더 크게 나타난 것이었다. 물론 북한의 이 같은 태도 변화는 미국의 이라크 전쟁뿐만이 아니라, 중국과 한국 새 정부의 대미 협조적 자세에 기인한 측면도 있었다. 당시 중국은 대테러전에 적극 협조할 것을 밝히고 이라크 전쟁에 대해서도 사실상의 지지로 오해를 살만한 입장을 취하고 있었다.

한편 노무현 정부 역시 당시 대북 특검을 수용하여 김대중 정부의 대북 정책과 다른 형태의 대북 접근법을 취하겠다는 시그널을 보내고 있었다. 결과적으로 북한은 이라크 전쟁의 개시라는 국제 정세가 전개되는 그 시점에 공교롭게도 한국과 중국에 대한 신뢰를 가질 수 없는 상황이 조성되고 있었다는 점에서 피포위의식이 극대화되고 있었다고 할 수 있었다.

2. 9.19와 말 대 말 공방

1) 3자회담과 6자회담: 3자회담에서 직방 6자회담으로

미국이 북핵 문제의 해결을 위해 중국을 파트너로 선택하고 다자 틀의 대화 방식을 요구하자 중국은 이에 곧바로 화답하고 나섰다. 중국은 미국에게 북미 양자 간 뉴욕 채널의 중단을 요청하고 베이징 3자 회담을 유일하고 공식적인 협상 통로로 하라고 요구하였다. 때마침 미국의 네오콘들은 북미 직접 대화 채널을 못마

---

25 2003년 연두 연설에서 부시는 북한을 악의 축에 이어 '무법 정권들(outlaw regimes)'이라고 부르며 대북 강압을 지속하고 있었다.

땅하게 생각하고 있었고 국무부 역시 중국의 레버리지가 중요하다고 생각했기 때문에 중국의 이 같은 요청을 즉각 수용하는 쪽으로 입장을 정리하였다. 결과적으로 중국과 미국의 협조하에 북미 직접 접촉 채널마저 막힌 것이다.[26]

이런 상태에서 중국은 북한에게 베이징 3자회담이 사실상 북미 양자회담이 될 것이라고 설득하여 3자회담을 성사시켰다. 그러나 이에 참여한 북한은 회담 과정에서 미국이 양자회담을 기부하는데 격분해 "북한은 핵무기를 갖고 있다. 이를 물리적으로 보여주는 것, 국외로 이전하는 것도 가능하다"며 핵무기 이전 가능성을 흘림으로써 양자 대화를 거부하는 미국을 도발하였다.[27] 미국은 이를 북한의 공갈 외교라 부르며 추가 대화를 거부했고, 북한 역시 이런 형태의 회담에는 응하지 않겠다는 입장을 표하며 중국에 강력히 항의하였다. 중국이 북한 대표 리근에게 자살골을 넣을 생각이냐며 회담을 조율했지만, 3자회담은 시작부터 공전상황에 빠진 것이다.

3자회담 직후인 4월 25일, 북한은 "조미 쌍방의 우려를 동시에 해소할 수 있는 새롭고 대범한 해결 방도를 내놓았으나 미국은 구태의연한 종전의 선핵 포기 주장만을 되풀이 했다"고 평가하였다. (외무성 대변인 답변, 2003년 4월 25일) 북한이 언급한 새롭고 대범한 해결방도는 네 가지 요구사항과 네 가지 약속이었다. 네 가지 요구사항은 북미 불가침조약, 북미관계정상화, 남북 및 북일 간의 경제협력 방해 중단, 경수로 제공 지연에 따른 전력손실 보상에 및 조속한 경수로 제공 등이었고, 네 가지 약속은 핵계획 포기 및 그에 대한 사찰 허용, 핵 시설의 궁극적 해체, 그리고 탄도미사일 시험발사 보류 및 수출 중지였다. 그러나 이 같은 주장이 미국에 의해 받아들여질 리 만무했다.

실패한 3자 회담의 대안으로 처음부터 6자회담이 논의된 것은 아니었다. 중국은 3자회담에 남한만이 참가하는 4자회담이나 일본이 빠지고 러시아가 참여하는 5자회담을 검토하였다. 반면 일본은 러시아가 빠지는 5자회담을 제

---

26 Pritchard, *op. cit.*, p. 62.
27 후나바시 요이치, 앞의 책, p. 469.

기하였다. 이 상황에서 6자회담을 전격 제안한 것은 오히려 북한이었다. 2003년 7월 14일 김정일 위원장이 다이빙궈 중국 외교부 부부장과의 면담에서 "정말 진지한 대화가 가능하다면 3자든 5자든 대화 형식에 구애받지 않겠다"는 방침을 밝힌 후, 8월 1일 공개 외무성 답변을 통해 "3자회담을 거치지 말고 '직방 6자회담을 개최'하며 거기서 양자회담을 진행하자"고 전격 제안함으로써 6자회담의 막을 열게 된다.

> 지난 7월 31일 뉴욕에서 조미사이의 핵문제에 대한 회담과 관련한 조미접촉이 있었다. 최근에 조미사이의 핵문제해결을 위하여 3자회담, 4자회담, 3자회담에 이어 5자회담을 진행할 데 대한 제안들이 나왔다. 미국은 얼마 전에 제3자를 통하여 다자회담 틀거리 안에서 조미 쌍무회담을 할 수 있다는 것을 우리에게 알려 왔다. 우리는 이번 조미 접촉에서 3자회담을 거치지 말고 직방 6자회담을 개최하며 거기에서 조미쌍문회담을 진행할 데 대한 새로운 제안을 내놓았다. (외무성 대변인 답변, 『조선중앙통신』 2003년 8월 1일)

1997년의 경험에 비추어 중국만 참가하는 4자회담이 결코 유리하지 않다는 평가를 내리고 있던 북한으로서는, 어차피 다자회담을 한다면 어떤 형태로든 러시아를 포함하는 것이 유리하다는 판단을 하고 있었던 것이다.[28]

2) CVID 공방과 6자회담의 공전: 패전국에게나 강요하는 CVID

이로써 2003년에 시작된 6자회담은 2006년 북한이 핵 실험을 단행할 때까지 4차에 걸쳐 진행되었다. 이 기간 동안 북한과 미국 각각의 입장은 확고했

28 사실 2007 남북 정상회담에서 논란이 되고 있는 종전선언의 3자 또는 4자 당사자 논란도 북한이 중국의 참여에 대해 완전히 개방적일 수 없는 역사적 경험을 배경으로 하고 있음을 간과해서는 안 된다. 중국의 북한에 대한 역할 변화와 북한의 중국에 대한 불만은 다음 글을 참조. 이희옥, 2004, 「중국은 우리에게 무엇인가」, 『미국의 신보수주의 외교 전략과 한반도 평화문제』, HWB, pp. 152-155.

다. 북한은 미국의 적대시 정책 철회와 미국과 북한과의 동시 행동 원칙을 강조하며, 회담과 병행해 영변 5MW 원자력 발전소를 지속적으로 가동하여 '억지력'의 원천이 되는 플루토늄 재처리를 준비하였다. 반면 미국은 북핵 문제에 레드라인을 상정하지 않고 북한의 도발을 무시하는 대북 무시정책(hawkish neglect)[29]을 지속하면서, 중국과의 협조를 통해 북한의 도발을 관리한다는 북핵 관리정책을 계속하였다. 회담의 공전은 불가피했다.

2003년 8월의 1차 회담과 2004년 2월의 2차 회담은 탐색전의 성격이 강했는데, 북미 양측 모두 기존 입장을 되풀이함에 따라 별다른 성과를 내지 못했다. 특히 1, 2차 회담 과정에서는 미국의 경직된 대응이 문제로 대두되었다. 2003년 5월부터 미국은 북한 핵 프로그램에 대한 CVID, 즉 "완전하고, 검증가능하며, 돌이킬 수 없는 핵폐기(Complete, Verifiable, Irreversible Dismantlement)"의 원칙을 정하고 있었다.[30] 이는 북한이 핵 프로그램을 전면적 사찰을 통해 완

---

29 구갑우, 2002, 「비판적 국제이론과 한반도 평화과정: 대안적 연구의제의 설정」, 『통일정책연구』 제11권 1호, 통일연구원, p. 22.

30 CVID는 기술주의적 비확산정책을 극단적 수준에서 추구하고 있는 것으로 볼 수 있다. 기술주의적 비확산정책이란 핵개발의 정치적 (안보·경제·위신 등) 동기를 완화시키기보다는 핵능력의 확보를 차단하는 데 초점을 둔 비확산정책이다. 이러한 접근은 경직된 비확산정책을 낳을 소지가 많다. 핵관련 기술, 시설, 물질의 이전을 통제하고 거부하는 기술적 비확산정책들은 그간 국제원자력기구(IAEA)의 사찰제도나 핵 공급그룹(NSG, Nuclear Supply Group)의 수출통제 정책을 통해 핵무기의 수평적 확산을 방지하는 데 중요한 기여를 해왔다. 그러나 아무리 철저한 기술적 통제를 가한다고 하더라도 핵 보유에 강력한 유인을 느끼는 나라들의 확산을 막는 데는 한계가 있을 수밖에 없다. 이들의 경우에는 기술적 비확산정책과 더불어 확산의 동기를 완화시켜주는 정치적 접근이 보다 중요하게 요구된다. 더욱이 비확산정책이 실패해서 이미 확산이 이루어진 경우에는, 기술적 접근보다는 정치적 접근이 우선되어야 한다. 이미 핵물질 생산능력을 확보한 나라의 경우, 기술적 접근이 제시할 수 있는 정책처방은 핵능력을 제거하는 것일 수밖에 없는데, 이는 필연적으로 강압이나 심지어 군사적 대응을 초래하게 된다. 어느 것도 바람직한 결과를 가져오지 못했다. 클린턴행정부는 북한의 핵 보유를 저지하기 위해, 특별사찰이나 제재, 핵시설에 대한 정밀폭격 등 채택 가능한 모든 수단을 고려했었다. 그러나 이러한 강압적 행동은 1990년대 초반의 1차 핵 위기에서도 그랬고, 2002년 이후의 2차 핵 위기에서도 그렇고, 오히려 확산을 자극했을 뿐이다. 어떤 나라가 핵무기를 가지려는 주된 이유는 주권과 생존을 담보하려는 것인데, 강압은 오히려 그것을 위험에 처하게 함으로써 핵 보유의 필요성을 더욱 강화시켜주기 때문이다. 북한식으로 표현하자면, 강경정책은 초강경 대응을 초래할 뿐이다. 1994년 제네바합의는 클린턴행정부가 기술주의적 접근을 포기하고 정치적 접근을 채택함으로써 이루어질 수 있

전히 폐기한 후 '대담한 접근법(bold approach)'을 다시 적용한다는 것으로 <先핵포기, 後보상>의 원칙을 강화한 것이었다. 문제는 1, 2차 회담과정에서 미국은 이러한 원칙론 이외에는 구체적인 로드맵을 제시하지 않았기 때문에 협상 자체가 불가능했다는 점이다. 이러한 태도는 매파 관여정책의 차원에서 봤을 때도 바람직하지 않은 것인데, 왜냐하면 이는 미국이 대화를 통한 핵문제 해결의 의지가 있는 것인지를 의심케 했기 때문이다.

1차 회담에서 북한은 베이징 3자회담에서 제안한 것과 유사한 <4단계 동시행동 방안>을 내놓았다. 첫째, 미국이 중유제공을 재개하고 인도주의 식량지원을 확대하는 동시에 북한은 핵 프로그램 폐기의사를 선포하며, 둘째 미국이 북미불가침조약을 체결하고 전력손실을 보상하는 시점에서 북한은 핵시설과 핵물질을 동결하고 이를 감시할 사찰단을 받아들이며, 셋째 북미, 북일 외교관계가 수립되는 동시에 북한은 미사일문제를 해소하며, 마지막으로 넷째 경수로가 완공되는 시점에 북한은 핵시설을 해체한다는 것이다.[31] 불가침

었다. Mazarr, Michael, "Going Just a Little Nuclear: Nonproliferation Lessons from North Korea," *International Security* 20, 2 (Autumn 1995). 그러나 부시 행정부는 정치적 접근이 문제를 해결하지 못했을 뿐 아니라 잘못된 행동에 대한 보상이었다고 보고, CVID의 요구나 평화적 핵이용권마저 부인하는 등 극단적인 기술주의적 접근으로 되돌아가버렸다. 그러나 CVID는 북한 당국의 적극적인 협조 없이는 불가능하다. 월츠가 지적하듯이, "북한에는 핵탄두를 숨기기에 딱 좋은 11,000개의 땅굴이 있다. [⋯] 북한은 사찰단이 자기네 국토를 휘젓고 다니도록 허용하지 않을 것이고, 설사 허용한다고 하더라도 핵무기를 숨길 만한 장소들을 모두 뒤질 수는 없을 것이다." Waltz, Kenneth, 2003, "More May Be Better," Scott Sagan and Kenneth Waltz, *The Spread of Nuclear Weapons: A Debate Renewed*, W.W.Norton&Company, p. 38. 현재까지 행태로 봐서 북한에 새로운 정권이 들어서지 않는 한 CVID에 적극적으로 협조하는 경우는 상상하기 힘들다. 그렇다면 부시 행정부는 북한의 정권교체를 전제로 비핵화를 추진하고 있다는 것인데, 이러한 "적대시정책"이야말로 북한에게 핵 폐기를 거부할 필요성과 명분을 제공해왔다. 북한의 표현을 빌리자면, "우리의 ≪제도전복≫을 노리는 상대와 마주앉아 제도수호를 위해 만든 핵 억제력(억지력) 포기문제를 논의한다는 것은 말도 안 된다." 조선민주주의인민공화국 외무성 대변인 담화(2005년 12월 2일), 『조선중앙통신』 2005년 12월 2일. 기술주의적 비확산정책에 대한 비판은 Betts, Richard, 1993, "Paranoids, Pygmies, Pariahs and Nonproliferation Revisited," Zachary Davis and Benjamin Frankel eds., *The Proliferation Puzzle: Why Nuclear Weapons Spread and What Results* (Frank Cass).

31 Beck, Peter, "Six-Party Talks: Agreeing to Disagree," *Korea Insight* 5, 9 (September

조약 및 경제지원과 핵동결을 맞바꾸자는 주장은 제네바합의의 붕괴를 경험한 미국이 받아들일 수 없는 요구였다.

1차 회담에 대한 북한의 평가는 극도로 부정적이었다. 북한 외무성은 CVID를 지칭하며 미국이 "기존의 선핵포기 주장보다 더 후퇴한 날강도적 요구조건"을 들고 나왔다며, "동시행동원칙을 전면부정하고 우리가 핵계획을 포기한 다음에도 쌍무관계를 정상화하려면 미사일, 상용무력(재래식전력), 인권 등의 문제들까지 논의해야 한다는 주장을 들고 나왔다"고 비판했다. 따라서 "이런 백해무익한 회담"에 더는 흥미가 없다며, "핵 억제력(억지력)을 계속 강화해나가는 이외에 다른 선택여지가 없다"고 주장했다. (외무성 대변인 답변, 2003년 8월 30일) 나아가 9월 29에는 핵억지력을 유지하고 계속 강화하기 위한 "실제적인 조치를 취해나가고 있다"고 주장했다. 10월 2일에는 7월 8일 재처리를 완료했다는 통보에서 한 걸음 더 나아가 "재처리를 통해 얻은 플루토늄을 핵 억제력(억지력)을 강화하는 방향에서 용도를 변경시켰다"고 주장했다. 이는 플루토늄으로 핵무기를 만들었다는 것을 암시한 것이었다. 또한 향후 5MWe 원자로에서 나오는 연료봉도 "지체없이 재처리하겠다"고 엄포를 놓았다. 10월 16일에는 "때가 되면 우리의 핵 억제력(억지력)을 물리적으로 공개하는 조치"를 취하겠다며, 핵실험 가능성을 암시했다.

동시에 북한은 HEU문제가 미국이 조작한 문제라는 반론을 적극적으로 펼쳤다. 당시 미국은 HEU문제에 대해 어떤 구체적인 증거도 제시하지 않고 있었기 때문에, 한국, 중국, 러시아 등은 전반적으로 북한의 주장에 동조하면서 미국이 HEU문제로 핵문제 해결을 어렵게 만들 것이 아니라 시급한 흑연감속로 프로그램의 동결을 위해 유연한 태도를 보여줄 것을 요구하고 있었다. 따라서 핵 '동결'과 보상을 맞바꾸자는 북한의 주장이 설득력을 얻었고, 미국은 '5대 1' 구도를 형성하기는커녕 '2(미일)대 4' 구도로 고립되는 형국이었다.[32] 이러한 상황에서

2003).

32 Niksch, Larry, 2005, "Korea: U.S.-Korean Relations," Congressional Research Service,

2003년 10월 20일, 부시는 "다자틀 내에서 대북 안전보장을 제공할 용의가 있다"는 유연한 입장을 표명했고, 이에 대해 북한은 그것을 긍정적으로 평가하면서, "고려할 용의"가 있음을 밝혔다. (외무성 대변인 답변, 2003년 10월 25일) 이에 따라 11월 11일 북미 간에 2차 6자회담 재개가 합의되었다.

2차 6자회담을 앞두고 12월 9일 북한은 기존 주장을 다소 변경한 제안을 내놓았다. 1차 회담에서 제안한 4단계 동시행동조치를 한꺼번에 일괄타결할 수 없다면, 우선 첫 단계 조치라도 합의하자는 것이다. 북한이 핵활동을 동결하는 대신 미국은 테러지원국 명단해제, 정치, 경제, 군사적 제재와 봉쇄 철회, 중유 및 전력지원을 제공할 것을 요구했다. (외무성 대변인 답변, 2003년 12월 9일) 이러한 주장은 1차회담에서 제안한 1단계조치와 2단계조치를 한 번에 묶어서 "첫 단계"로 일괄타결하자는 요구였다. 이른바 <동결 對 보상> 방안이었다. 보다 구체적인 내용은 같은 날 리근 외무성 미주국 부국장이 미국 민간정책연구기관인 국가정책센터(CNP)에 보낸 공개답변서에서 상세히 제시되었다.[33] 우선 리근은 1차회담에서 제안한 4단계 행동에서 불가침조약을 불가침에 대한 "서면담보"로 대체할 수 있다고 밝혔다. 10월 20일 부시의 제안을 수용한 것이었다. 반면 "서면담보 종잇장 하나로 공화국의 핵억제력(억지력)을 밑뿌리채 들어낼수는 없다"며, "이미 만든 핵무기"에 대해서는 북미수교 이후에 "논의해볼 수 있다"는 입장을 피력했다. 이는 핵 프로그램에 더해 핵무기를 새로운 협상의 지렛대로 삼겠다는 의도였다. 요컨대, 12월 9일 외무성이 제안한 1단계와 2단계를 묶은 "첫 단계 조치"에서 기존의 요구 이외에 제재 및 봉쇄철회, 테러지원국 해제의 요구조건을 첨가한 대신 북한은 핵시설 동결에 더해 "핵무기를 더 이상 제조하지 않으며, 시험도 하지 않겠다"는 것이다. 실제 북한은 2004년 1월 미국의 핵 과학자를 영변으로 초청해 핵 억지력(소량의 플루토늄)을 '실물'로 증명해보였다.[34] 이미 확보한 핵 억지력을 어떻게

The Library of Congress, pp. 4–5.

33 리근, 「핵문제 해결의 제반요소들」(2003년 12월 16일).

할 것인지를 가지고 협상하자는 것이었다.

이에 미국은 다시 HEU 카드로 반격에 나섰다. 2차 회담을 전후한 시기에 북한에 HEU 관련 기술을 팔았다는 파키스탄 칸 박사의 증언이 대대적으로 보도되기 시작한 것이다. 그러나 당시 칸 박사는 파키스탄 정부 이외에는 누구도 접근할 수 없었기 때문에 이러한 증언을 검증할 수 있는 상황이 아니었다. 따라서 중국이나 러시아는 여전히 HEU문제에 대해 북측의 주장에 동의하는 입장이었다.[35] 따라서 2차회담 역시 CVID를 주장하는 미국과 북한의 요구가 대립하는 가운데 아무런 성과를 내지 못했다. 다만 2차 회담에서는 회담과 회담 사이에 실무그룹회의를 가동하기로 합의함으로써 회담의 연속성을 보장하기로 한 것이 성과라면 성과였다. 북한은 2차 회담에 대해 자신들의 보다 융통성 있는 12월 9일 제안에 대해서도 미국이 또다시 CVID를 되풀이했다며, 강하게 비난했다. 그러면서 미국의 의도는 "6자회담의 간판 밑에 시간이나 끌면서 우리를 고립질식시키려는 것"이라며 "핵문제 해결이 지연된다고 해서 우리에게 불리할 것은 없다. 그동안 우리는 필요한 조치를 계속 더 빠르게 취해나갈 것"이라고 주장했다. (외무성 대변인 답변, 2004년 3월 1일) 한편 3월 10일 북한은 CVID 주장이 평화적 핵활동까지 포기시키려는 의도라며, 그것을 포기할 의사가 전혀 없다고 밝혔다. 평화적 핵이용권에 대한 주장은 2003년 1월 NPT 탈퇴 이후 처음 제기된 것으로 향후 경수로 제공문제를 반드시 관철시키겠다는 포석이었다. (외무성 대변인 담화, 2004년 3월 10일)

3) 제3차 6자회담: 제도변경 vs. 정권 변환

2004년 6월 23일 열린 3차 회담에서 미국은 핵 위기가 발생한 이후 처음으

---

34 영변을 방문했던 <로스 알라모스 연구소> 헤커 박사는 무기급 플루토늄인 플루토늄금속을 눈으로 확인했다. Statement of Siegfried Hecker before Senate Committee on Foreign Relations Hearing (January 21, 2004).

35 Niksch, *op. cit.*, p. 5.

로 다음과 같은 문제해결의 로드맵, 이른바 <6단계 해법>을 제시했다.[36]

① 북한은 모든 핵 프로그램을 해체할 것임을 일방적으로 선언한다.

② 이 선언에 대응하여, 관련국들은 첫째 조건부 다자안전보장을 제공하고(해체가 진행됨에 따라 이 보장은 점점 더 지속적인 성격의 것으로 된다), 둘째 북한의 에너지문제를 어떻게 '비핵에너지' 프로그램으로 대처할 것인지를 '연구'하기 시작하고, 셋째 대북 경제제재와 테러지원국 해제에 필요한 조치들을 '토론'하기 시작한다.

③ 북한의 선언에 기초하여, 관련국들은 북한의 모든 핵 프로그램을 감독 가능하게 해체하고 핵무기와 관련 부품들, 원심분리기와 기타 핵 부품들, 핵물질, 연료봉 등을 제거할 상세한 실천방법에 대해 '합의'한다. 여기에는 플루토늄 프로그램만이 아니라 HEU 프로그램과 '이미 만든 핵무기(existing weapons, 핵무기와 관련부품들)'까지 포함되어야 한다.

④ 이 합의에 기초하여, 미국을 제외한 관련국들이 북한에 '중유를 제공'한다.

⑤ 합의를 실천하기 위해 3개월의 준비기간을 가지며, 이 기간 동안 북한은, 첫째 모든 핵 활동에 대한 완전한 목록을 제공하고, 둘째 모든 핵 활동을 중단하며, 셋째 모든 핵물질과 연료봉에 대한 안전조치를 허용하며, 넷째 모든 핵무기와 관련 부품, 핵심 원심분리기 부품들을 공개적이고 관측가능하게 무력화(disablement)시키는 것을 허용한다.

⑥ '해체가 완료된 후', 북한에 제공될 보상으로는 에너지 문제에 대한 '조사', 제재의 종결 및 테러지원국 해제에 관한 '토론' 등이 된다. 그러나 이 모든 조치에도 불구하고 북미관계 정상화를 위해서는 추가적으로 인권향상, 불법적 대량살상무기의 제거, 미사일관련 기술의 확산중지, 재래식무력의 재배치 등이 있어야 한다.

---

36 Statement of James Kelly before Senate Foreign Relations Committee Hearing (July 15, 2004).

미국 측 제안은 한 마디로 <핵 폐기 선언 → 조건부 안전보장 및 중유제공 → 모든 핵 프로그램 및 핵무기 해체 → 비핵에너지 제공에 대한 '조사', 제재 종결 및 테러지원국 해제에 관한 '논의' → 미사일, 생화학무기, 재래식전력, 인권 문제 해결 → 북미관계정상화>로 규정할 수 있다. 조건부 안전보장과 중유제공을 제외하면, 기존의 선(先)핵폐기 후(後)보상의 원칙에서 거의 변화한 것이 없다는 것을 알 수 있다.

한편 3차 회담 직후 북한 외무성 담화를 보면, 북한은 회담에서 <동결 對 보상>안을 집중 제기한 것으로 보인다. 동결에는 ① 핵무기 관련 모든 시설과 그 운영으로 나온 결과물 ② 핵무기를 '더' 만들지도 이전하지도 시험하지도 않는 것, ③ 동결은 종국적인 핵무기계획 폐기로 가는 첫 시작이라는 것 등이 포함되어 있다. 보상조건으로는 ① '동결기간은 철두철미 보상여부에 따라 결정'된다는 원칙, ② 제재와 봉쇄해제 약속, ③ 중유, 전력 등으로 총 200만 kw의 에너지 지원 등이 포함되어 있다. (외무성 대변인담화, 2004년 6월 28일)

3차 6자회담에서 핵폐기의 로드맵에 대해 합의된 것은 아무것도 없었지만, 적어도 회담장 내외에서는 북미 양국의 조심스러운 변화에 따라 진전의 조짐이 점쳐졌다. 미국은 북한이 모든 핵시설을 폐기할 의사를 밝혔다는 점을 긍정적으로 평가했고, 북한은 미국이 동시행동원칙에 합의하고 CVID 용어를 사용하지 않았다는 점을 긍정적으로 평가했기 때문이다. 특히 미국 측이 CVID 용어를 사용하지 않고 이전과 달리 개념 페이퍼에 따라 구체적인 대북 제안을 하기 시작했고, 8월 초 뉴욕에서의 1.5 트랙에서의 대화도 예정되고 있었기 때문에 일부에서는 미국 내 정책 변화의 가능성을 점치는 시각이 드러나기 시작했다. 소위 미국이 북한의 정권 교체(Regime Change)를 목표로 하지 않고 이제 정권의 속성 변화(Regime Transformation) 즉 김정일 정권과 북한체제의 존속을 인정하되, 지금과는 근본적으로 다른 정권형태를 띠는 경우 북한을 국가로 인정할 수 있다는 식의 정책 전환 여부를 검토하기 시작했다는 것이다. 북한이 전체주의적 속성을 버리고 권위주의적 형태로만 전환하더라도 북한을 대화 상대로 인정할 수 있다는 식의 논의인 것이다.

그러나 3차 회담 직후부터 북한과 미국 내에서는 6자회담 무용론이 제기되기 시작했다. 미국 내에서는 3자회담에서 켈리의 제안이 너무 '유화적'이라는 불만들이 제기되었고, <리비아식 핵포기>를 북한에 적용해야 한다는 요구들이 다시 증가했다. 특히 7월 미 하원에서는 북한이 민감하게 생각하는 인권문제를 건드린 북한 인권법안이 통과되었다. 더욱이 미국은 이미 대통령 선거 국면으로 접어들고 있었다. 실제로 켈리 대표는 북한이 3차 6자회담에서 유일한 성과로 인정한 CVID를 7월 말 의회 청문회에서 재차 공식적으로 언급했고, 당시 국무부 정책기획 차관보였던 미첼 리스(Mitchell Reiss) 역시 3차 6자회담에서 미국이 보인 변화는 본질이 아니라 대화의 톤에서만 바뀌었을 뿐이라고(change in tone, not in substance) 확인해주어, 북한 핵문제를 보는 미국의 시각이 여전함을 확인해주었다. (2004년 7월 12일 인터뷰)

북한 내에서도 불만이 제기되었을 것으로 추측된다. 3자회담 직후 미국 측 제안에 대해 긍정성과 부정성을 모두 인정하는 유보적 태도를 보였다면 1개월 후에는 "미국의 <전향적 제안>은 더 이상 논의할 일고의 가치도 없다"고 평가절하했다. (외무성 대변인 답변, 2004년 7월 24일) 특히 인권법안 통과에 대해서는 "이처럼 정치적 도발을 계속 걸어오는 조건에서 회담을 계속할 필요가 있겠는가"라며, "물리적 억지력을 더욱 강화"할 의사를 표명했다. (외무성 대변인 답변, 2004년 7월 27일) 북한의 태도 돌변은 미국 내에서 제기된 리비아식 해법, 인권법안 통과 등이 중요한 원인이 되었겠지만, 북한 내부의 정치역학도 상당한 영향을 미쳤을 것으로 보인다. 예컨대, 8월 20일 북한은 연례적으로 진행되던 을지포커스 훈련을 빌미로 '6자회담의 근본기초가 허물어졌다'며 전쟁억지력을 '실전단계에서 질량적으로 더욱 강화하겠다'고 주장했다. (외무성 대변인 답변, 2004년 8월 20일) 10월 인권법안이 하원에 이어 상원을 통과하여 입법화되자 북한은 '대화와 협상의 의미가 상실됐다'고 선언했다. (외무성 대변인 답변, 2004년 10월 4일) 곧이어 미 대선이 본격화됨으로써 9월에 예정되어 있던 6자회담 재개전망은 사라지고 말았다.

한편 남북관계 역시 얼어붙기 시작했다. 노무현 정부가 김일성 사망 10주기 조문단을 불허한 것이 그 첫 번째 이유였다. 이 문제가 풀려갈 즈음에 발생한 또 하나의 사건은 남북관계를 1년 동안 동결시키는 결과를 낳았다. 베트남에 억류되어 있던 탈북자를 노무현 정부가 아시아나기를 통해 한국으로 데려온 것이 발단이었다. 북한은 국적기를 통한 한국 정부의 납치라고 주장하면 노무현 정부에 대해 쌓였던 불만을 폭발시켰다. 남북대화가 재개되기 위해서는 1년의 기간이 필요했다.

4) 9.19 공동성명 전야의 말 대 말 공방: 폭정의 전초기지 vs. 핵 보유 선언

2005년 1월 신임 국무장관으로 지명된 라이스는 상원 인준 청문회에서 '악의 축'에 다름없는 '폭정의 전초기지(outpost of tyranny)'로 북한을 지칭하였다. 라이스 국무장관 내정자는 자유와 민주주의를 확산시켜야 한다며 북한에 대한 간접적 공세를 지속했다. 미국 대선에서 부시 대통령이 재당선된다면 일관성을 가지고 온건한 대북 정책을 지속할 수 있으리라는 북한의 기대가 완전히 허물어지는 순간이었다. 연말인 12월 4일과 연초인 1월 8일, 11일 연속으로 외무성 대변인 성명을 발표해 "2기 부시 행정부의 대조선 정책 정립을 지켜보고 그에 맞게 대응하겠다"고 표명해온 북한으로서는 모종의 조치를 취하지 않을 수 없게 되었다.

북한은 마침내, 2월 10일 "부시 행정부의 증대되는 대조선 고립 압살 정책에 맞서 자위를 위해 핵무기를 만들었다"는 핵 보유 선언과 함께 6자회담에 무기한 참여하지 않겠다고 선언하였다. "미국이 핵 위협을 통해 우리의 제도를 없애버리겠다는 기도를 드러낸 이상 조선 인민이 선택한 사상과 제도, 자유와 민주주의를 지키기 위해 핵무기를 늘리기 위한 대책을 취할 것"이라는 것이었다. 그리고 3월 2일에는 장문의 외무성 비망록을 통해 미사일 발사 유예 조치도 더 이상 유효하지 않다고 선언하였다.

> 2기 부쉬 행정부는 1기 때와 같이 우리와 공존하지 않으며 우리 인민이 선택한 제도를 ≪전복≫하겠다는 것을 정책으로 정립함으로써 우리가 6자회담에 참가할 명분을 말끔히 없애 버리였다. […] 그러므로 핵무기를 휘두르며 우리를 선제타격하겠다는 부쉬 행정부의 정책기도에 맞서 정당방위를 위해 우리가 핵무기를 만들었고 또 만드는 것은 너무나도 응당한 것이다. […] 미싸일 문제에서도 우리는 국제조약이나 그 어떤 국제법적 구속을 받고 있는 것이 없다. 일부에서는 마치도 우리의 미싸일발사보류조치가 아직도 유효한 듯이 떠들고 있다. 우리는 이전 미행정부 시기인 1999년 9월 ≪대화가 진행되는 기간 미싸일 발사 림시중단≫ 조치를 발표했으나 2001년 부쉬 행정부가 집권하면서 조미사이의 대화는 전면 차단되였다. 따라서 우리는 미싸일발사보류에서도 현재 그 어떤 구속력도 받는 것이 없다. 주지하는 바와 같이 우리로 하여금 자위적 핵무기고를 강화하도록 떠밀고 있는 것은 바로 미국의 대조선적대시정책이다.

북한은 심지어 라이스 장관을 "폭정독재국가의 하수인"(외무성 성명 2005년 3월 17일), "거짓말만 일삼는 아주 철면피한 여자"(외무성 성명 2005년 5월 16일)라 지칭했고, 부시 대통령을 "도덕적 미숙아, 인간추물", "택사스 목장의 말몰이꾼", "인민들의 피가 묻은 손을 내 흔드는 세계의 독재자"(외무성 성명 2005년 5월 2일)로 불렀다. 이 같은 북한의 거친 대응은 한편으로는 5월 11일 8,000개의 폐 연료봉을 인출하여 "핵무기고를 늘리는 조치"를 취하기 위한 것이고 다른 한편으로는 라이스 길들이기 즉, 추가의 협상을 위해서 폭정의 전초기지 발언을 취소시키고자 한 것이었다.

라이스 장관은 '폭정의 전초기지' 발언을 취소하지는 않았지만, 수차례 북한의 주권을 인정한다는 발언을 하였고, 비로소 부시 대통령은 5월 31일 'Mr. 김정일'이라는 호칭을 사용했다. 이에 북한은 간접 철회의 효과가 나타나는 것으로 용인하였다. 동시에 한국 정부는 전력 제안이라는 중대 제안을 발표해, 중단된 대화의 재개를 위해 노력했다.

사실 북한은 그 전 해에 부시 대통령과 한 차례 호칭에 관한 공방을 벌인 뒤였다. 그 발단은 부시 대통령이 김정일 위원장을 폭군으로 부른 것이었다. 이에 북한은 부시 대통령을 "정치적 미숙아", "저렬한 불망종", "인간 살육을 오락처럼 벌려놓은 원흉", "히틀러를 몇십배 릉가하는 폭군중의 폭군", "저능아, 무식쟁이, 폭군, 살인마" 등 차마 입에 담기 힘든 용어로 비난하고 나섰었다. (외무성 대변인 답변, 2004년 8월 23일)

이런 전례를 감안하면 부시 대통령이 김정일 위원장에게 Mr. 라는 호칭을 단 것은 북한 입장에서는 썩 나쁜 일은 아니었던 것이다. 이에 6월 4일 북한은 "백악관 기자 회견에서 우리 최고 수뇌부에 대해 ≪선생≫이라고 존칭하였다고 한다. 우리는 이에 대해 류의한다"며 폭정의 전초기지 발언에 대한 간접적인 철회로 인정하겠다는 의사를 밝혔다. 나아가 7월 11일 "6자회담 조미단장접촉에서 미국은 조선이 주권국가라는 것을 인정하며 침공의사가 없다는 것과 6자회담 틀거리 안에서 조미쌍무회담을 진행할 의사를 표명하였으며, 우리는 미국 측의 입장 표시를 우리에 대한 미국의 ≪폭정의 전초기지≫ 발언의 철회로 리해하고 6자회담에 나가기로 하였다"고 발표함으로써 1년간 공전되었던 6자회담 재개의 발판을 마련하게 되었다. 폭정의 전초기지 발언을 두고 벌어졌던 오랜 말 공방이 6개월간의 논란에 종지부를 찍는 순간이었다.

한편, 이 과정에서는 한국 정부의 역할론이 있었다는 것이 당시 통일부 장관이었던 정동영 장관 측의 주장이다. 실제로 정동영 장관은 5월 대북 송전 방안을 발표하고, 북한 김정일을 직접 면담하기까지 하였다. 이 과정에서 미국과 북한 간에 시작된 말 대 말 공방의 수위를 조절하고 비난 전의 열기를 식히는 데 역할을 하였던 것으로 보인다. 김정일 선생이라는 호칭이 가능했던 것도 바로 한국 정부의 노력 때문이었다는 것이다.

5) 천당에서 지옥으로 떨어진 4차 6자회담: 천연바위 같이 굳어진 경수로 논란과 BDA제재

2005년, 우여곡절 끝에 어쨌든 6개항으로 된 9.19 공동성명이 채택되었다.

4차 6자회담에서 주목할 부분은 성명의 1항 핵 폐기 범위와 관련한 논란에 대해서 북한이 핵무기 외에도 현존하는 모든 핵 계획(existing nuclear programs)[37]을 포기하기로 한 점이다. 단 북한의 평화적 핵이용권을 인정하고 경수로를 제공하는 것이 그 전제였다.

문제는 이것과 관련한 선후 순서였다. 북한은 양자의 시점을 동일하게 나아가 선 경수로, 후 NPT 가입(검증 및 사찰)의 순서를 원하고 있었고, 미국, 일본은 선 NPT가입(선핵포기), 후 경수로 제공(논의)이라는 순서를 주장하였다. 동 회담에서는 결국 애매모호한 표현 즉 '빠른 시일'과 '적절한 시점'이라는 표현을 사용하되, 이에 대한 각국의 입장을 비공개적으로 공표하기로 함으로써 가까스로 합의에 도달할 수 있었다.[38]

회담타결 직후, 미국과 일본은 선 핵폐기, 후 경수로 제공이라는 자신들의 입장을 비공개 언론 간담회 형식으로 브리핑했고, 이것이 보도되었다. 9월 19일 힐 차관보의 발언인 "평화적 핵이용권은 이론이지 사실이 아니다"와 라이스 장관의 발언 "우리가 공동성명에서 한 일은 북한의 평화적 핵이용권 주장에 유의한다는 것이었다. 북한의 평화적 핵이용권은 현존하지 않고 멀리 있는 문제이다"가 언론에 보도된 것이다.[39]

이에 격분한 북한은 다음날 외무성 대변인 성명을 통해 "신뢰조성의 물리적 담보인 경수로 제공이 없이는 우리가 이미 보유하고 있는 핵억제력을 포기하는 문제에 대해 꿈도 꾸지 말라는 것이 지심깊이 뿌리박힌 천연바위처럼 굳어진 우리의 정정당당하고 일관한 립장이다"(『조선중앙통신』 2005년 9월 20일)라며 공개적으로 입장을 발표해 버렸다.

이미 루차 밝힌 바와 같이 조미관계가 정상화되여 신뢰가 조성되고 우리가 미

---

37 여기서 현존하는 모든 핵 계획에는 HEU 문제와 신포 경수로까지 포함되는 것이라고 해석되었다.

38 『산케이신문』 2005년 9월 20일.

39 『연합뉴스』 2005년 9월 19일.

국의 핵위협을 더이상 느끼지 않게 되면 우리에게는 단 한 개의 핵무기도 필요없게 될 것이다. 따라서 기본의 기본은 미국이 우리의 평화적 핵활동을 실질적으로 인정하는 증거로 되는 경수로를 하루빨리 제공하는 것이다. 신뢰조성의 물리적 담보인 경수로제공이 없이는 우리가 이미 보유하고 있는 핵억제력을 포기하는 문제에 대해 꿈도 꾸지 말라는 것이 지심깊이 뿌리박힌 천연바위처럼 굳어진 우리의 정정당당하고 일관한 립장이다. 우리는 지금까지 미국의 강경파를 대상하여 정책을 세웠으며 앞으로도 그렇게 할 것이다. 미국이 앞으로 ≪행동 대 행동≫ 단계에서 실지 어떻게 움직이겠는가 하는 것은 두고 보아야 하겠지만 또다시 ≪선 핵무기 포기, 후 경수로제공≫ 주장을 고집해 나선다면 조미사이의 핵문제에서는 아무것도 달라질 것이 없을 것이며 그 후과는 매우 심각하고 복잡할 것이다. 만일 미국이 이번에 한 약속을 어기는 길로 나간다면 우리는 우리의 신념이며 표대인 선군로선이 가리키는 길로 단 한 치의 드팀도 없이 나아가게 될 것이다. (외무성 대변인 성명 2005년 9월 20일)

이견을 비공개로 하자는 합의 정신을 어긴 것은 쌍방이 마찬가지였지만, 북한은 이견을 공식 외교 경로를 통해 발표했다는 점이 문제가 되었다. 곧 바로 부시 대통령은 합의문이 나온 다음날 약속을 번복하는 북한을 믿을 수 없다며 공개적이면서도 강한 톤으로 북한을 비판했다. 그러나 엄밀히 말하면 북한이나 미국이 본국에 돌아가 경수로 제공과 핵 포기 간의 선후관계에 대해 입장을 표명한 것은 공동성명합의 과정에서 각자가 약속한 데 따른 것이었다. 외교가에서는 순진한 북한이 당했다는 표현이 돌기 시작했다.

9.19 공동성명이 무력화된 것은 이뿐이 아니었다. 더 큰 문제가 기다리고 있었다. 공동성명이 발표되는 그 날 미 연방관보에 마카오의 방코델타아시아(BDA)은행이 북한의 위폐세탁 우려대상은행이라고 게재되었기 때문이다. 사실상 북한에 대한 금융제재의 시작이었다. 북한의 입장에서 볼 때, 미 재무성의 BDA 우려대상 지정 행위는 9.19 공동성명의 신뢰구축 조치에 정반대되는 조치로 해석될 만한 것이었다.

9.19 공동성명과 동시에 탄생한 BDA 제재 곧 대북 금융제재는 북한의 강력한 반발을 불러왔고, 북한은 6자회담을 공전시키는 전략을 선택하였다. 북한은 미국에 대해서 뿐 아니라 중국에 대해서도 강력히 항의하였다. 이는 더 이상 미중 관리 체제 아래에서 버틸 수 없다는 현실 인식이자, 독자적인 이니셔티브를 통해 일방적으로 관리되는 상황을 탈피하겠다는 강한 의지의 표현이었다.

반면 미국은 북핵 문제뿐만 아니라 인권, 마약, 위폐 등 북한 문제 전반을 다루는 접근법을 개시하였다. 금융제재에 대한 북한의 격한 반응은 오히려 미국에게 그것이 생각지도 않았던 북한의 약점이었다는 확신을 준 듯했다. 미국의 북한에 대한 압박 역시 상상 이상으로 커졌다.

9월 금융제재 이후 로버트 졸릭 부장관은 "평양 정권의 핵활동을 비롯, 위조지폐, 마약판매, 납치 범죄에 대해 미국은 그에 상응하는 조치를 취해야 하기 때문에 현재와 같은 상황은 계속될 수가 없다. 북한은 범죄국가"라고 말했다. 12월 17일 버시바우 주한 미 대사는 "북한정권은 80년대부터 본격적으로 위조달러를 불법적으로 [⋯] 사용하고 있으며, 마약을 생산, 외교관들을 통해 [⋯] 내다팔고 있는 범죄정권"이라며 북한 비판에 가세했다. 2006년 1월 3일 스코트 맥클래런 백악관 대변인 역시 "북한의 위조달러 제작과 유통은 미국법을 위협한 심각한 사태이며 범죄행위이다. 이는 용서할 수 없는 일로써, 6자회담과 아무런 관련이 없다"며 대북 비난에 가세했고, 헨리 하이드 미연방 하원 국제관계위원장은 "북한정권의 범죄 행위를 두둔하거나 변명하려는 사람들은 미국과 미국인의 친구가 아니다"라며 행정부를 옹호하고 나섰다. (2005년 12월 20일) 심지어 노무현 대통령이 북한에 대한 지나친 압박은 한미관계에 불일치와 긴장을 가져올 것이라는 경고에 대해, 부시 대통령이 "누군가가 우리를 상대로 사기 행각을 벌인다면, 우리가 직접 이를 중단 시킬 필요가 있다"라며 직접 반박하고 나서자 사태 해결의 실마리는 보이지 않고 상황은 점점 미궁으로 빠져들었다.

3. 2.13과 행동 대 행동

1) 핵실험과 2.13 합의: 비핵화를 위한 핵실험이라는 역설

돌아보면 2006년 이후 북한의 행보는 억지력 강화를 위한 전략적 로드맵을 따르고 있었다. BDA 문제로 일체의 대화를 거부했던 북한은 6월 1일자 외무성 대변인 성명을 통해 힐 차관보를 평양으로 초청하고 이에 응하지 않을 경우 '초강경조치'를 취할 수밖에 없다는 점을 분명히 함으로써 핵 실험의 서막을 열었다. (『조선중앙통신』 2006년 6월 2일) 그리고 7월 5일 북한은 전격적으로 일곱 발의 미사일을 발사했다.

이에 대해 미국은 7월 16일 유엔 안보리에서 대북 비난 결의안을 주도했다. 한국전 이후 발효된 대북 결의안 중 가장 강력한 것이라는 평가를 받는 동 결의안은 그러나 일본이 제안한 원안에서 제재조항이 삭제된 채 채택되었다.

그러나 북한은 이에 굴하지 않고, 8월 26일에는 동 대변인 성명을 통해 부시 행정부가 '자신의 정치적 생명이나 유지해보려고' 6자회담을 파탄내고 있다고 비난함으로써, 부시 행정부가 중간선거용으로 자신들에 대한 강경책을 전환하지 않고 있다는 인식을 분명히 하였다. 북한이 미국의 중간선거 시점을 모종의 조치의 시한으로 설정하고 있음을 예고한 것이다. 마침내 중간 선거를 눈앞에 둔 10월 3일 북한은 핵실험 예고 성명을 내었고 9일에는 핵실험을 강행하였다.[40]

---

40 일부 보도는 북한의 미사일 훈련은 미국의 대북 선제(예방) 공격에 대해 북한이 보복 능력을 보여준 지휘소 훈련이었다고 평가한다. 정보 당국은 북한이 당시 미국의 핵 공격으로부터 살아남기 위한 지휘·통제시스템 시험을 한 것으로, 이 시험이 성공적이었으며 북한은 미국 본토를 공격할 수 있는 2단계 발사 장거리 미사일 능력을 갖췄다고 재평가했다는 것이다. 실제로 "북한은 산악지대에 미사일을 배치해 놓은 뒤 대체로 핵 공격의 피해를 입지 않을 벙커에서 통제한 것"이라며 "북한은 이 훈련에 기초해 미국이 공격하더라도 핵 미사일의 절반가량을 보존할 수 있다는 평가를 내린 것으로 미국이 보고 있다"는 것이다. Insight on the News, 2006년 8월 30일. 이 같은 평가가 사실이라면 북한은 의도적으로 미사일 훈련을 과시한 후 핵 실험을 한 것으로 볼 수 있다. 그 순서가 바뀔 경우 북한의 보복 능력을 인정하

이즈음 북한과 미국은 각각 '시간은 우리 편이다'라는 표현을 사용하기 시작했다. 북한의 입장에서 시간은 플루토늄의 양적 증대를 통해 핵 억지력을 강화시키는 기회공간의 보장을 의미하는 것이었다. 반면 미국은 시간이 지날수록 북한의 체제 내구력이 약해짐에 따라 핵 위협마저도 동반 쇠약해진다는 포괄적 논리에 입각한 것이다. 양국은 서로 다른 시간판(time table)을 가지고 위협에 대한 해석을 달리해온 것이다. 북미협상이 실재하지 못한 가장 근본적인 이유였다.[41]

만일 북한의 핵실험이 협상을 염두에 두고 있다면 이는 일차적으로 백악관의 이 같은 시간 개념에 수정을 강제하기 위한 것으로 볼 수 있다. 현존하고도 명백한 위협을 과시함으로써, 미국이 자신들과 동일한 시간판위에 서도록 하는 것만이 벼랑 끝 외교를 성공하게 만드는 방법이라고 본 것이다. 위협의 현실화만이 미국 국내 정치의 압력을 동원해 백악관의 정교한 대북 무시 정책을 무력화시킬 수 있다는 것이다. 『조선신보』가 의미하는 "주도권은 조선이 쥐고 있다"거나 "선수를 치고 초반전에 벌써 시한부를 정한 것" 혹은 "시한부를 정할 권한이 사실상 조선 측에 있다"는 등의 주장은 이번 핵실험이 북한식 시간판과 이에 따른 협상판을 강제하기 위한 것이라는 것을 보여주는 장면이다. (『조선신보』 2007년 10월 30일)

우리는 이미 부쉬행정부의 악랄한 적대행위에 대처하여 나라의 자주권과 민족의 존엄을 수호하기 위해 필요한 모든 대응조치를 다 강구해나갈 것이라고 선포한바 있다. 조선민주주의인민공화국 외무성은 위임에 따라 자위적전쟁억제력을 강화하는 새로운 조치를 취하게 되는 것과 관련하여 다음과 같이 엄숙히 천명한

지 않는 미국이 예방공격교리에 따라 압박과 군사 위협을 고조시킬 것이 분명하기 때문이다. 따라서 먼저 지휘소 훈련을 통해 보복 능력을 과시한 후 실행된 핵 실험은 북한의 억지력을 최고도로 과시하는 것으로 된다. 북한이 실시한 미사일 연습이 지휘소 훈련이었다는 점은 이후 한국 정부에서도 확인하고 있는 사실이다.

41 프리처드는 미국과 북한의 이 같은 시간관의 차이로 결국은 비확산레짐만이 희생양이라고 보고 있다. (Pritchard, *op. cit.*, pp. 132–134)

> 다. 첫째, 조선민주주의인민공화국 과학연구부문에서는 앞으로 안전성이 철저히 담보된 핵시험을 하게 된다. […] 둘째, 조선민주주의인민공화국은 절대로 핵무기를 먼저 사용하지 않을 것이며 핵무기를 통한 위협과 핵이전을 철저히 불허할 것이다. 자기의 믿음직한 전쟁억제력이 없으면 인민이 억울하게 희생당하고 나라의 자주권이 여지없이 롱락당하게 된다는 것은 오늘 세계도처에서 벌어지고 있는 약육강식의 류혈참극들이 보여주는 피의 교훈이다. […] 셋째, 조선민주주의인민공화국은 조선반도의 비핵화를 실현하고 세계적인 핵군축과 종국적인 핵무기 철폐를 추동하기 위하여 백방으로 노력할 것이다. 우리는 반세기이상동안 미국의 핵위협공갈을 직접 당해왔으며 그로부터 조선반도비핵화를 제일먼저 제기하고 그 실현을 위해 최대한의 노력을 기울여왔다. 대화와 협상을 통하여 조선반도의 비핵화를 실현하려는 우리의 원칙적 립장에는 변함이 없다. 우리는 온갖 도전과 난관을 과감하게 뚫고 우리 식대로 조선반도비핵화를 반드시 실현하기 위하여 적극 노력할 것이다. (외무성 대변인 성명 2006년 10월 3일)

이상과 같은 핵 실험 성명을 통해 핵 실험을 강행한 후 북한은, 자신들의 핵 실험을 '핵억제력의 영구 확보'가 아니라 '비핵화를 위한 핵시험'이자 '포기를 전제로 한 핵억제력의 활용'이라고 설명하였다. (『조선신보』 2007년 10월 5일[42]) 억지력의 확보가 협상력의 강화라는 북한의 인식을 그대로 드러내는

---

42 "이것은 조선이 핵억제력강화로서의 최종목표를 조선반도비핵화의 실현에 두고 있는 것과 무관하지 않을 것이다. 외무성 성명은 ◇안전성이 담보된 핵시험의 실시 ◇선핵공격의 부정, 핵위협과 핵이전의 불허 ◇조선반도의 비핵화와 세계적인 핵군축, 핵무기철폐를 위한 노력의 세 가지 기둥으로 되어 있다. 현시점에서 국제사회가 최우선으로 검토해야 할 내용은 세 번째 항목일 것이다. 여기에는 조선반도의 영구평화를 실현할 데 대한 김일성주석의 유훈이 구현되어 있다. 조선의 선군정치는 핵무기를 전쟁억제력으로 삼을 결단을 내렸지만 그것은 나라의 힘이 약하면 여지없이 대국의 공격을 받을 수 있고 그 누구도 그것을 막을 수 없다는 21세기 국제정치의 랭엄한 현실을 반영한 것이다. ≪핵억제력≫이란 단어는 같아도 그 내용은 20세기 랭전시대에 대국들이 들었던 주장과 다르다. 조선은 6자회담의 마당에서 적대국의 핵위협이 제거되면 단 한발의 핵무기도 필요 없게 될 것이라는 립장을 밝힌 바 있다.

조선의 선군령장은 ≪유훈관철≫을 위해 미국의 위협에 상응하게 주동적으로 맞선 것이다. 핵억제력의 영구확보를 위해서가 아니라 자기 나라를 향한 핵위협을 없애기 위해 조선

대목이었다. 안전보장체제가 자신들에게만 비대칭적으로 해체된 상황을 원점으로 되돌려놓을 때, 차후에 시작될 협상판에서 제 몫을 제대로 챙길 수 있다는 판단이다. 그것이 바로 북한이 얘기하는 핵 폐기를 위한 핵실험론의 본질이다.

이 같은 북한의 전략이 성과를 낸 것인가는 확인하기 어렵지만, 미국은 핵실험 직후부터 북한과의 직접 대화를 시작하였다. 2007년 1월에는 소위 '베를린 합의'를 통해 북한과 미국이 6자회담 개최 이전에 의제와 합의 사항을 사전 조율하였고 이것이 소위 '3단계 5차 6자회담'에서 2.13 합의를 이루어낸 동력이었다.[43] 실제 부시 대통령은 2002년 취임 후 첫 국정연설에서는 북한을 '악의 축'으로 규정하고, 2003년에는 '억압 정권'과 '무법 정권', 2004년에는 '세계에서 가장 위험한 정권들', 2006년에는 '북한, 이란 같은 (민주주의가 아닌) 나머지 절반을 잊어서는 안 된다'고 말하는 등 해마다 북한을 강력히 비난했다. 그러나 2007년 국정연설에서는 "한국과 중국, 일본, 러시아의 우리 파트너들과 함께 핵무기 없는 한반도를 이룩하기 위한 집중적인 외교를 추구하고 있다"고 짤막하게 말한 데 이어, 2008년엔 아예 북한 문제에 대해 단 한마디도 언급하지 않았다. 북한과의 대화를 피할 수 없다는 미국의 인식 변화를 추론해볼 만한 재미있는 근거이다.

은 핵무기를 만들었다. 포기를 전제로 한 핵억제력의 활용은 과거에 그 어느 나라도 택하지 못한 전략이다. ≪조선반도의 비핵화를 위한 핵시험≫은 정치군사의 상식을 뒤집는 단호한 결단이다. 그런데 그러한 역설이 성립되게 된 근원은 조선에 대한 미국의 적대시와 위협공갈에 있다. 따라서 미국이 외무성 성명에 나타난 조선의 지향을 공동의 목표로 삼고 이제부터라도 조선반도비핵화를 위한 행동을 취해나간다면 현재의 위기는 극복될 수 있다. 그러나 미국이 대화와 협상을 통하여 비핵화를 실현하려고 한다는 조선의 립장표명을 나약성의 신호로 오판하고 압력소동을 계속한다면 위기는 보다 심화될 수밖에 없다. 오늘의 핵공방에서 시한부를 정할 권한이 사실상 조선측에 있기 때문이다."(『조선신보』 2006년 10월 4일)

43 2.13 합의가 과연 북한의 핵실험 즉 억지력이 가져온 협상의 강제라고 볼 수 있는가에 대해서는 이견이 있을 수 있다. 오히려 미 국무부 내의 협상파의 부상 특히 젤리코 보고서를 중심으로 한 정책 전환 논의가 미국 내에서 부상된 결과라고 볼 수도 있다. 젤리코 보고서에 대해서는 다음 글 참조. 윤덕민, 2007, 「한반도 평화체제 구축을 위한 외교전략」, 현대경제연구원, 『통일경제』 여름호 Vol. 89, pp. 77-79.

2) 양자 – 6자의 병행 협상 체제: 핵 포기 결단에 의한 주도권론

이 5차 6자회담부터 최근까지의 6자회담은 (북미) 양자회담 → 6자회담 → (북미) 양자회담 → 6자회담의 순서를 밟으며, 6자회담의 동력이 미중협력에서 북미협력으로 전환하고 있음을 보여주고 있다. 아직은 중국이 의장국으로서의 권위와 역할을 지니고 있고, 참가국들에게 일정한 영향력을 행사하고 있지만, 2007년 1월의 베를린 북미회동이나 6월 평양에서의 북미회동, 9월 북경회담 그리고 2008년 4월 싱가포르 회동 등에서 보듯이 6자회담의 고비 고비마다 북미 양자회담이 그 해결 고리를 형성하고 추가의 모멘텀을 만들어내고 있다.[44]

북한은 상황의 주도권이 자신들에게 있다고 주장하고 있다. 소위 '국제관계 재편성의 결정권'(『조선신보』 2007년 11월 9일), '핵포기 결단에 의한 주도권론'(『조선신보』 2007년 2월 13일)이다. 국제 사회가 북한의 의도대로 움직일 것이라고 보는 것은 북한 중심주의에 따른 오판이겠지만, 북핵 문제에 관한 일정이 북한의 태도 여하에 따라 즉각 이행되거나 지연되어 결과적으로 북한이 의도하는 대로 시간표를 따라가는 경우가 나타나는 것은 사실에 부합하기도 한다.

2007년 초에 합의된 2.13 이행의 수순도 예정대로라면 4월에 불능화 단계로 들어갔어야 하지만 북한은 BDA 제재 문제에 대해 다음과 같은 논리를 근거로 삼아 6월에 가서야 실질적인 논의를 시작하였다.

> 조선은 금융제재의 해제를 핵공약 리행토의의 선결조건으로 내세웠다. 그런데 그것은 단순히 BDA에 묶인 약 2,500만$(약 30억엔)의 돈을 되찾으려는 차원에서 주장한 것은 아니였다. […] 오랜 세월 미국의 제재 속에서 살아온 조선이 금융제

---

44 적어도 2007년의 상황은 억지력(deterrence)이 협상을 강제(compellence)할 수 있다는 주장이 사실일 수 있음을 보여주는 사례였다.

재의 해제를 그토록 중요시한 것은 그것이 미국의 정책변화의지를 확인할 수 있게 하는 징표로 되기 때문이였다. [···] ≪미국이 실시하고 있는 반공화국금융제재는 피줄을 막아 우리를 질식시키려는 제도말살행위≫(조선외무성 대변인)라는 것이다. [···] 결국 미국은 ≪2.13 합의≫의 리행시한을 앞두고 BDA에 있는 자금의 전액동결해제를 발표했지만 조선측은 즉시 호응하지 않았다. 미국의 발표는 언제든 BDA에서 돈을 인출할 수 있다고 광고할 뿐 조선이 제재발동 이전처럼 금융거래를 진행할 수 있는가 어떤가에 대해서는 ≪상관없다≫는 태도를 취했기 때문이다. [···] 미국이 BDA문제의 해결을 조선에 대한 적대시정책을 전환시키는 공정의 일환으로 간주하고 애당초 문제해결의 기준점을 국제금융체계에 따르는 조선의 정상적인 은행거래를 담보하는 것으로 상정하였더라면 ≪2.13 합의≫에 명시된 초기조치는 벌써 리행단계에 들어섰을 것이다. (『조선신보』 2007년 4월 20일)

조선이 ≪2.13합의≫의 리행을 보류한 것은 비핵화방향으로 발걸음을 뗄 수 있는 조건을 미국측이 마련하지 않았기 때문이다. 걸림돌로 된 BDA문제는 단순한 돈 문제가 아니다. 조선은 정치, 군사적인 대결관계에 있는 조미 두 나라가 과거의 대립점을 해소하고 신뢰를 조성하는 문제로 보았다. 부쉬대통령은 조선이 핵시험을 진행한 다음 달인 작년 11월, ≪종전협정에 수표할 수 있다.≫고 말한 바 있다. 그런데 BDA문제의 처리과정에 나타난 미국의 무책임한 태도는 ≪2.13 합의≫ 리행의 변수로 작용하였다. (『조선신보』 2007년 4월 22일)

그것도 힐 차관보의 방북이라는 이벤트를 통해 북미 평양 대화를 만들어 낸 이후에서야 시작된 프로그램이었다.

남북관계 역시 마찬가지다. 북한은 5월 장관급 회담을 끝으로 남북대화를 2달간 닫아 매었다가 8월 초 전격적으로 남북 정상회담을 제안하였다. 9월 2단계 6차 6자회담의 일정을 1주일 미룬 것도 역시 북한이었다.

이 같은 일정 조절을 통해 북한은 마침내 10월 3일 6자회담 합의문, 10월 4일 남북관계 발전과 평화번영선언을 이끌어내는 데 성공했다. 그 내용에서야 북한과 미국, 북한과 남한의 행동 대 행동에 따른 예측 가능한 거래들이 명문화된 것이지만, 전반적인 일정은 북한의 의도에 따라 이루어졌다고 해도 과언이 아니라 하겠다.

특히 "탁월한 령도술에 의하여 ≪6.15≫와 ≪9.19≫의 교차점이 마련되였다"는 『조선신보』의 주장은(2007년 10월 4일) 북한이 남북관계와 북미관계를 동시 발전시켜 주도권을 쥐겠다는 의지의 표현으로 보인다. 이는 2002년 좌절된 개방 전략에 대한 반성으로 현 국면을 1998-2000년 당시와 같이 북미관계와 남북관계를 병행 발전시키는 상황으로 전환시켜가겠다는 북한의 의도가 반영된 것으로 볼 수 있다. 돌이켜보면 " ≪비핵화≫와 ≪통일≫은 표리의 관계에 있다"는 『조선신보』의 다음과 같은 주장은(2007년 1월 1일) 이미 정상회담과 북미관계를 병행 진척시키겠다는 의도를 드러낸 표현이었다고 평가할 수 있겠다.

> 조선은 대담무쌍하게 미국에 대한 외교적 공세를 보다 강화해나갈 공산이 높다. 핵시험을 실시한 시점에서 조선은 미국의 위협과 간섭에 종지부를 찍는 로정도를 마련해놓았다고 보는 관점이 타당할 것이다. 2007년의 조선반도정세에서 주목되는 변수는 북남관계이다. ≪조선반도 비핵화≫와 더불어 ≪조국통일≫은 김일성주석님의 유훈이다. 핵억제력에 의거하여 분단의 원흉인 미국의 전횡을 막고 조미동시행동을 통해 나라와 민족의 자주권을 지키는 체제를 구축해나가는 전략에서 ≪비핵화≫와 ≪통일≫은 표리의 관계에 있다. 북의 립장에서 보면 핵시험의 실시로 대남정책을 대담하게 전개해나갈 수 있는 유리한 조건은 있다. (『조선신보』 2007년 1월 1일)

3) 비핵화 vs. 비핵지대화 vs. 핵군축회담

한편 핵 폐기 순서에 대한 북한의 입장은 분명하다. 핵무기 포기 문제는 현 단계에서 논의 대상이 아니라는 것이다. 2.13 합의에 따른 핵 폐쇄(shutting down) → 불능화(disablement) → 해체(dismantlement)라는 3단계 과정에서 북한은 핵무기 문제 논의는 마지막 단계 혹은 그 이후 단계의 문제로 두고 있다.

> 우리는 6자회담이 비핵화회담으로 되기를 바라지만 현 단계에서 핵무기문제를 론의 대상으로 삼으려고 시도한다면 부득불 핵군축회담이나 핵군비통제회담을 진행할 것을 요구할 수밖에 없게 될 것이라고 말했다. 즉 미국이 9.19공동성명발표이후의 ≪새로운 상황≫을 무시하고 핵무기포기를 요구해 나선다면 조선으로서는 별로 달갑지 않지만 핵무기의 수량을 조절하는 ≪핵군축회담≫의 틀거리 안에서 론의를 할 수밖에 없다. (『조선신보』 2006년 12월 20일)

이처럼 불능화 단계에서는 북한의 핵무기 문제는 논의 대상이 아니라는 것이다. 핵무기 문제는 '전반적 관계 정상화 및 평화체제 구축 문제'와 연관된 것이어서, 자신들이 원하는 최종 목표를 달성할 때까지는 억지력을 포기할 수 없다는 것이다. 그 이전 단계에서 핵무기 폐기 논의를 하자는 것은 곧 핵무기 숫자를 조정하는 차원의 핵군축협상을 의미할 따름이라는 것이 북한의 일관된 입장이다. 따라서 핵군축협상은 핵무기 폐기가 주한미군, 평화협정, 북미수교 등과 포괄적인 협상의 대상임을 의미하는 것이기도 하지만, 다른 한편으로는 북한에 핵 폐기의사가 없음을 의미하는 것이기도 하다. 이 점에서 북한이 핵군축협상이라는 주장을 들고 나온다면 이는 사실상 북한이 핵 보유국 지위를 얻기 위한 협상 명분으로 될 것이다.

> ≪전조선반도비핵화는 우리의 일방적인 무장해제로 이어지는 비핵화가 아니라 조미적대관계를 청산하고 조선반도와 그 주변에서 모든 핵전쟁위협을 근원적으로 제거하는 비핵화≫(김계관 부상)라고 조선은 주장해왔다. 조선의 립장에서 보면 녕변핵시설의 폐쇄, 봉인이라는 초기조치도 이러한 ≪전조선반도비핵화≫를 향한 6자의 첫 단계 행동조치의 일환으로 규정되여 있다. (『조선신보』 2007년 3월 30일)

북한은 핵실험 이후 비핵화의 정의를 남한과 일본에 대한 핵우산까지 포함하는 비핵지대화 유사의 개념으로 설정해놓고 있다. 『조선신보』의 글은 실제 핵무기 폐기 과정이 얼마나 어려운 과정이 될 것인가를 암시하는 대목이다. 물론 그들은 핵무기 폐기 의사를 분명히 갖고 있지만, 그 조건은 한반도 주변 지역의 비핵화까지 포함하는 것이어야 하고 사실상 주한미군 및 주일미군의 핵 무장을 철폐하는 것이어야 한다는 것이다. 북한의 핵폐기 검증 절차는 주한미군의 핵무기 사찰 과정과 교환되어야 한다는 논란이 일고 있는 것도 이 때문이다. 북한이 이 같은 수준의 비핵화를 요구한다면, 비핵화 과정은 주한미군이나 주일미군의 전력 문제를 포함하는 지난한 협상 과정이 될 것이다. 미국이 받아들이기 어려운 협상이 될 것임은 물론이다. 이 점에서 비핵지대화 주장은 1994년 당시와 같이 몸값 높이기가 아니면 핵군축협상론으로 전환하기까지의 과도적 전략이 될 것이라 추측 가능하다.

북한의 목적이 억지와 협상의 동시 추구라고 본다면, 북한의 핵군축협상 요청은 '협상 가능 범위를 이탈'하는 것이다. 수천 개 핵 능력으로 무장한 미국이 십여 개 핵으로 무장한 북한과 군축협상을 한다는 것은 상상할 수 없기 때문이다. 이 경우 미국은 다시 무시와 봉쇄 전략으로 회귀하게 될 것이다. 반면 북한이 완벽하게 비핵화를 선언하고 핵무기를 포기해버렸을 경우, 북한은 미국의 '관심영역 밖으로 이탈'해버린다. 더 이상 미국은 북한과 대화할 유인이 없게 되기 때문이다.

따라서 이미 핵실험을 실시해 억지력을 과시한 북한에게는, 적당한 핵 포기 가능성을 흘림으로써 미국을 지속적으로 협상 상대로 묶어두는 것이 가장 유리한 옵션이 된다. 자신들의 외교적 목적을 실현시켜 나가며, 미국이 수용할 수 없는 요구 이를테면 동북아 비핵지대화 같은 것을 내걸어 협상 상태의 지체를 추구한다는 것이다.[45] 이것이 소위 '비핵화를 위한 핵실험론'이나 '핵

---

45 임수호, 2007, 「실존적 억지와 협상을 통한 확산: 북한의 핵정책과 위기조성외교(1989-2006)」, 서울대학교 박사학위논문, pp. 11-12.

포기 결단에 의한 주도권론'이라는 모호한 표현에 담긴, 북한의 실제 의도라는 해석이다.

그러나 이 경우에도 이미 핵실험을 한 북한에 대해 이 같은 불확실한 상황을 미국이 용인해줄 수 있는가 하는 문제는 남는다. 임수호는 이에 대해 핵실험과 실전배치를 분리시켜 북한이 비록 핵실험을 했지만 실전배치를 하지 않은 상태이기 때문에, 국제사회가 북한을 핵클럽으로 인정하지 않아도 되는 타협이 가능하다는 것이다. 즉 북한이 비배치(Non-Deployed Nuclear Weapon State) 전략을 통해 미국으로부터 과거 핵 여부를 묵인 받는 협상을 추구할 것이고 국제사회도 마땅한 대안이 없는 상태이기 때문에, 북한을 핵클럽으로 인정하지 않는 선에서 이 같은 과도적 상태를 수용하는 '제한적 비핵화'라는 대안이 북미 양자 모두에게 유용하다는 해석이다.[46]

2008년 6자회담의 전개 상황은 이 같은 대립 구도를 더욱 명확히 하고 있다. 2007년처럼, 2008년 4월 8–9일 싱가포르 북미 협상을 통해 6자회담이 진전되었고, 북한의 냉각탑 폭파, 불능화 진전에 대한 합의가 진척되었고 동시에 미국은 대적성국 교역법 적용을 해제하였다. 그러나 8월 11일 예정된 테러지원국 해제를 미국이 거부하자[47] 북한은 미사일 카드를 만지작거리며 다시

---

46 위의 책, pp. 294–302. 사실 이 같은 구상은 비핵무기화 국가(Nuclear Non-Weaponized State) 개념 즉 핵물질과 핵장치를 보유하고 있어서 핵무기라는 억지력을 갖고 있을 가능성이 있지만, 핵실험을 하지 않음으로써 불필요한 안보 딜레마를 자극하지 않는 이스라엘이나, 남아공이나 1997년 이전의 파키스탄, 인도와 같은 상태를 제기하는 개념을 응용하였다. George Perkovitch나 Rosalind Raynolds, Mark Clark 등의 논의를 참조..

47 2008년 4월 8일 진행된 북미 6자회담 수석대표간 싱가포르 회동은 9.19 공동성명 2단계 이행이 막바지에 이르렀음을 보여주었다. 북한 김계관 외무성 부상은 9일 "의견이 상이한 부분을 많이 좁혔다", "회담이 잘 됐다고 할 수 있다"고 평가했지만 "좀 더 시간을 가지고, 인내심을 가지고 생각해 달라"고 말해 아직 최종 합의에 도달하지 못했음을 내비치면서도, 다만 "모든 전반적인 문제를 논의했다"면서 "앞으로 합의에 따라서 필요한 사업들이 진행될 것"이라고 하여 기본 합의가 이루어졌음을 암시하였다. 북한 외무성 대변인도 9일 "10.3합의 이행을 완결하는 데서 미국의 정치적 보상조치와 핵신고 문제에서 견해 일치가 이룩됐다"면서 "싱가포르 합의"라는 표현을 사용하여 북미 간 잠정 합의가 있음을 확인시켜주었다. 미국 힐 국무부 차관보 역시 9일 "좋은 협의를 했다", "제네바 회동때보다 더 진전이 있었다"고 평가했다. 또한 10일 미 하원 외교위 소속 의원들에게 비공

힐을 평양으로 '불러들여' 10월 3일 북미 협상을 진행하였다. 해석에 따라서는 지난 해 10.3 선언에 맞춘 북미 협상이라고 볼 수도 있을 정도로 묘한 시점이었다. 결국 10월 12일 미국은 북한에 대한 테러지원국 지정 조치를 해제하여, 여전히 북한이 시한 주도권을 쥐고 있다고 주장할 만한 경로를 보여주고 있었다.

한편 협상의 내용이라는 관점에서는 2008년까지는 북미 간 비핵화 협상이 진행되고 있다고 할 수 있었다. 북한이 비핵지대화 논의나 군축 협상으로 논의를 전환시키고 있다는 조짐은 없었기 때문이다. 검증 문제에 대해서도 북한의 입장에는 변화가 없었다.

개 브리핑을 마친 뒤 기자들과 만나 "싱가포르에서 북한측과 만나 좋은 대화를 나눴고 싱가포르 회담이 북핵 2단계를 완료하는 데 매우 도움이 됐다"며 "향후 2주간 북한과 합의한 여러 요소들을 이행하기 위한 일련의 활동들이 있을 것"이라고 하여 실무급에서는 북미 간 타협점을 찾았음을 확인하였다. (http://www.allinkorea.net/sub_read.html?uid=9939& section=section16& 검색일자: 2009년 7월 25일) 이어 북한의 냉각탑 폭파 이벤트로 북미협상의 모멘텀은 한층 강화되어 기대를 높여주었다. 예상대로라면 8월 12일 미국은 북한에 대한 테러지원국 지정 조치를 해제하게 되어 있었다.

그러나 7월 이후 이상기류가 감지되었다. 검증 과정을 국무부 비확산팀이 주도하게 되면서 국무부 내 강경파들의 입김이 강호된 것이다. 검증안 마련의 주책임자였던 폴라 디셔터 국무부 검증 이행담당 차관보(Paula DeSutter, Assistant Secretary of State)는 네오콘이었던 볼튼 전 유엔 주재 미국 대사가 임명한 인물이었다.

뒤늦게 워싱턴 포스트의 글렌 케슬러 기자에 의해 밝혀지지만(WP, 2008년 9월 26일), 7월 미국 측이 북한에 제시한 검증방안은 사실상 북한이 수용하기 어려운 수준의 것이었다. 미국이 제시한 IAEA '국제적 검증 기준' 안이라는 것은 1998년 신규 채택된 <IAEA 추가 의정서>상의 기준으로, 필요한 경우 신고시설만이 아니라 미신고시설도 사찰하고, 동 사찰시 시료 채취를 의무화하는 내용의 것이었다. 이는 1994년 기준으로는 사실상의 특별사찰을 의미하는 것이었다. 1998년 IAEA의 추가의정서가 채택되기 이전의 규정인 기존의 <IAEA 전면안전조치>는 신고시설만 사찰하고, 미신고시설은 특별사찰(강제사찰)을 통해 검증하는 내용으로 되어 있었다. 1994년 북한과의 협상시 이 규정이 문제가 되어 북한에게 적용하기 힘들어지자 1998년에 IAEA가 사찰 규정을 강화하기 위해 <추가의정서>를 채택한 것이었다. 그러나 <IAEA 추가의정서>는 84개국이 서명하고 59개국이 비준한 상태이지만, 북한은 사실상 NPT 및 IAEA에서 탈퇴한 상태였으므로 대상국이 아니었고 당연히 추가 의정성를 비준하지도 않은 상태였다. 오히려 <추가의정서>에 따르면 북한은 1994년에도 수용하지 않았던 특별사찰을 수용하는 것이 되는 것이었다. 북한의 반발은 충분히 예상가능한 것이었다. 결국 8월 12일 테러지원국 해제 시한을 넘기면서 북미관계는 다시 전운이 감돌기 시작했다.

우리는 지난 6월 26일 핵신고서를 제출함으로써 자기 의무를 리행하였다. 그런데 미국은 우리 핵신고서에 대한 검증의정서가 합의되지 않았다는 ≪리유≫로 약속된 기일안에 우리를 ≪테로지원국≫ 명단에서 삭제하지 않았다. 이것은 합의에 대한 명백한 위반이다. 6자나 조미사이의 그 어떤 합의들에도 우리의 핵신고서에 대한 검증문제를 명단삭제의 조건부로 규제한 조항은 없다. 검증에 대하여 말한다면 그것은 9.19공동성명에 따라 전조선반도를 비핵화하는 최종단계에 가서 6자모두가 함께 받아야 할 의무이다. … 국제적 기준이란 곧 1990년대의 […] 특별사찰이다. 미국이 우리나라에 대해서도 이라크에서처럼 제 마음대로 가택수색을 할 수 있다고 생각했다면 그것은 큰 오산이다. (외무성 대변인 성명 2008년 8월 26일)

이는 북한의 확고한 주장이었다. 이에 따라 미국이 국제적 기준이라는 주장을 완화하여 1994년 수준의 일반사찰을 중심으로 하여 분리 검증 안을 제기한다면 현재의 북미 간 마찰은 곧 바로 해소될 수 있다는 것이 북한의 주장이었다. 그러나 결국 2008년 12월 6자회담은 이에 돌파구를 마련하지 못하고 결국 북핵 문제의 해법은 미국의 신정부와의 협상으로 이전되고 있었다.

제 II 부

이론과 쟁점

제5장*

북한의 핵억지 전략: 제한적 비핵화 vs. 전면적 비핵화

조선반도의 비핵화는 우리의 핵무기계획 포기만으로 되는 것이 아니다. (제60차 유엔총회에서 북한대표의 발언, 2005년 10월 14일)

포기를 전제로 한 핵 억지력의 활용은 과거에 그 어느 나라도 택하지 못한 전략이었다. (『조선신보』 2006년 10월 5일)

1. 북한 핵정책의 성격과 목표

1) 북한 핵문제 vs. 조선반도 핵문제: 조선반도 핵문제의 근원은 미국의 대북 적대시정책

2007년 10월 남북 정상회담 합의문(이하 10.4 합의문)에는 "한반도 핵문제 해결을 위해 6자회담 <9.19 공동성명>과 <2.13 합의>가 순조롭게 이행되

* 본 장의 내용은 임수호, 2007, 「북한의 대미 실존적 억지·강제의 이론적 기반」, 『전략연구』 제14권 2호에 실린 내용을 수정보완한 것이다.

도록 공동노력 한다”(제4항)는 조항이 포함되어 있다. 여기서 ‘한반도 핵문제’ 혹은 ‘조선반도 핵문제’라는 표현은 그간 북한이 사용해온 표현으로 한국이나 미국에서는 사용하지 않던 것이다. 한미양국은 통상 ‘북한 핵문제’라는 표현을 사용해왔는데, 이는 문제의 원인이 북한에 있으며 그 해결도 북한의 협력여부에 달려 있다는 의미를 함축하고 있다. 따라서 한미양국의 대북 핵정책은 본질적으로 ‘당근과 채찍’을 통해 북한의 협력을 유도하거나 아니면 아예 북한정권의 성격 자체를 바꾸는 것에 초점이 두어져 왔으며, 이를 위해 필요하다면 북미 간 직접협상을 추진할 수도 있지만, 보다 기본적인 수단은 북한문제에 대한 균열 없는 국제공조체제를 마련하여 탈출구를 봉쇄하는 데 있다고 보고 있다. 한미양국은 북한 핵문제 해결에서 항상 외교적 수단을 우선해왔지만, 여기서 가장 중요한 외교는 북미외교가 아니라 미국-한국-일본-중국으로 이어지는 공조라인을 긴밀히 관리하는 것이었다.

반면 북한이 사용해온 ‘조선반도 핵문제’라는 표현은 문제의 근원이 미국의 대북 적대정책에 있으며, 그 해결도 미국이 대북정책을 근본적으로 전환하는가 여부에 달려 있다는 의미를 함축하고 있다. 다시 말해서 북한이 핵무기를 개발하게 된 원인은 미국의 위협을 억지(deter)하기 위해서이고 북한이 핵을 포기하자면 미국의 위협이 근원적으로 종식되어야 하며, 나아가 미국의 위협을 근원적으로 제거하기 위해 핵을 외교수단으로 활용하겠다는 것이다. 따라서 북한에게 한반도 핵문제는 어디까지나 북미 간의 문제이고 북미 간 협상을 통해 해결되어야 할 문제일 뿐이다. 3자회담이나 6자회담의 ‘본질’은 어디까지 ‘조미회담’이며, 핵문제에 한국이나 중국이 정도를 넘어 개입하는 것은 ‘주제넘은 짓’이라는 것이 북한의 시각이다. 따라서 북미관계를 중핵으로 하는 북한의 핵외교와 북한을 겨냥한 국제공조를 중핵으로 하는 한미양국의 핵외교는 근본적으로 충돌의 가능성을 내포하고 있다.

그렇다면 북한이 보는 핵문제 해결의 조건으로서의 미국 대북정책의 전환이란 것은 무엇인가? 북한의 입장은 2003년 12월 16일 6자회담 북한 측 부대표인 리근 외무성 부국장이 미국의 민간정책단체인 국가정책센터에 보낸 서

한에 가장 상세히 나타나 있다.[1]

> 미국의 대조선 적대시정책이 변화하지 않는 한 우리는 절대로 핵을 포기할 수 없다. 미국이 대조선적대시정책을 근본적으로 전환한다면 우리도 핵 억제력을 포기할 수 있다. 즉 미국이 우리를 위협하지 않는다는 것을 담보하는 법률적, 제도적 장치가 마련되어 미국에 대한 일정한 신뢰가 조성되고 우리가 미국의 위협을 더 이상 느끼지 않게 된다면, '그 때에 가서' 미국과 '이미 만든 핵무기'와 관련한 문제를 가지고 '논의'할 수 있으리라고 본다.
>
> 미국이 대조선 적대시정책을 포기하였다는 판단의 기준은 다음과 같다. 첫째, 우리 공화국을 공격하지 않을 것이라는 불가침담보를 우리가 믿을 수 있는 방식으로 제공한다. 둘째, 조미 사이에 외교관계가 수립되어야 한다. 셋째, 미국이 우리와 남조선, 일본 등 다른 나라들과의 경제거래를 방해하지 말아야 한다. 이러한 세 가지 문제가 '해결되기 전에는' 핵무기의 유무와 그 해체문제를 '논의'할 수 없다는 것이 우리의 입장이다.

요컨대 미국의 대북정책이 근본적으로 바뀌었다는 징표는 불가침담보, 북미수교, 경제제재 해제의 세 가지이고, 더 단순화하여 북미수교에는 경제제재 해제가 포함된다고 본다면 불가침담보와 북미수교 두 가지다. 여기서 북미수교의 의미는 분명하지만, '우리가 믿을 수 있는 방식의 불가침담보'의 의미는 불분명하다. 북한은 2차 핵 위기가 발생한 직후인 2002년 10월 25일 의회 비준을 거쳐야 하는 북미 불가침조약 체결을 요구한 이래[2] 약 1년간 이를 핵문제 해결의 가장 긴급한 전제조건으로 요구해왔다. 그러다 2003년 10월 22일 부시가 APEC 회의에서 그 대안으로 서면안전보장 제공을 제안하자 "그것이 조미 간 공존의도를 반영한 것이고 동시행동원칙에 기초한 일괄타결안을 실

---

1 리근, 「핵문제 해결의 제반요소들」, 이근 외무성 부국장이 미국 국가정책센터에 보낸 서한(2003년 12월 16일).

2 북한 외무성 담화(2002년 10월 25일).

현하는 데 긍정적인 작용을 하는 것이라면 고려할 용의가 있다"[3]고 밝힌 후 더 이상 불가침조약을 요구하지 않았다. 리근에 따르면, '믿을 수 있는 방식의 불가침담보'란 우선 동시행동원칙에 근거한 일괄타결의 과정에서의 서면안전보장을 의미하는 것으로 보인다.

> ① 미국이 중유제공을 재개하고 인도주의적 식량지원을 대폭 확대하는 동시에 조선은 핵 계획(핵 프로그램) 포기의사를 선포하며
> ② 미국이 불가침을 서면담보하고 전력손실을 보상하는 시점에서 조선은 핵시설과 핵물질 동결 및 감시사찰을 허용하며
> ③ 조미, 조일 외교관계가 수립되는 동시에 조선은 미사일문제(시험발사 및 수출 중지)를 타결하며
> ④ 경수로가 완공되는 시점에 조선은 핵시설을 해체한다.

2005년 <9.19 공동성명> 제1항에는 "미합중국은 한반도에 핵무기를 갖고 있지 않으며, 핵무기 또는 재래식무기로 조선민주주의인민공화국을 공격 또는 침공할 의사가 없다는 것을 확인하였다"는 조항이 있다. 이후 북한이 불가침담보를 요구하지 않고 있는 것을 보면, 북한은 일단 이 조항을 서면안전보장으로 받아들인 것으로 볼 수 있다. 그러나 '믿을 수 있는 방식의 불가침담보'는 이러한 서면안전보장으로 끝나는 것이 아니다.

> 미국은 지금 ≪서면안전담보≫라는 문서장 하나를 가지고 우리의 핵 억제력을 송두리 채 들어내 보자고 하는 것 같다. 사실상 ≪서면안전담보≫는 하나의 공약에 지나지 않는다. 조미가 반세기가 훨씬 넘도록 적대관계에 있는 것은 내놓고라도 미군이 남조선을 의연히 강점하고 있으며 남조선과 조선반도 주변에서 우리를 겨냥한 무력증강에 박차를 가하고 있는 지금의 실정에서 우리가 적대상대방인 미

---

3 북한 외무성 답변(2003년 10월 25일).

국의 미온적인 공약 하나만을 믿고 스스로 무장해제 된다는 것은 상상할 수도 없는 일이다.[4]

요컨대 북한이 말하는 '믿을 수 있는' 불가침담보는 서면담보로 끝나는 것이 아니라 그것이 주한미군의 지위와 역할 변화, 한미연합군의 대북전력태세 변경 등을 통해 뒷받침되어야 하는 것이다. 여기서 주목해야 할 것은, 리근의 서한에도 나와 있듯이 서면안전보장과 북미수교 이후 북한이 폐기하는 것은 핵시설(핵 프로그램)이지 '이미 만든 핵무기'가 아니라는 점이다. 리근의 다른 표현에 따르면, 핵무기의 해체문제는 불가침담보와 북미수교 이후에나 '논의' 해볼 수 있다는 것이다. 이는 핵 프로그램은 북미수교를 포함한 제반 정치적, 경제적 보상과 교환될 수 있지만, 이미 만든 핵무기는 군사적 보상과만 맞교환될 수 있다는 의미이다. 2005년 3월 31일 북한 외무성 대변인의 담화는 그 군사적 보상의 골사가 대남 핵우산의 폐기 내지는 변경임을 적시하고 있다.

> 조미가 기술적으로 전쟁상태에 있고, 남조선이 미국의 핵우산 밑에 있는 조건에서 그전까지는(그것이 해소되기 전까지는) 우리가 핵무기를 가지는 것이 오히려 조선반도에서 전쟁을 막고 평화와 안정을 보장하는 기본 억지력으로 된다.

2) 비핵화 vs. 비핵지대화, 적극적 안전보장 vs. 소극적 안전보장: 남조선이 미국의 핵우산 밑에 있는 조건에서는 우리의 핵무기는 평화와 안정의 보장자

요컨대 북한은 이미 만든 핵무기는 북미수교 이후 미국의 대남 핵우산 폐기를 포함하여 전반적인 한반도 평화체제의 군사적 보장체제 마련을 위한 협상카드로 남겨두려는 전략을 갖고 있다고 보인다. 이는 1991년 <한반도 비

---

4 북한 외무성 답변(2003년 12월 9일).

핵화 공동선언> 이후 물밑으로 잠복했던 '조선반도의 비핵지대화'(NWFZ, Nuclear Weapon Free Zone)에 관한 문제제기라고 보인다.

북한은 1980년 10월 제6차 당 대회에서 한 김일성의 보고[5] 이후 비핵지대화를 '조선반도 핵문제' 해결의 비전으로 일관되게 주장해왔다. 북한의 비핵지대화안은 ① 미국, 중국, 러시아(소련) 등 동아시아의 핵보유국들은 한반도에 배치된 모든 핵무기를 철기하고 이후 재배치하지 않는다, ② 남과 북은 핵무기를 시험, 생산, 반입, 배치 등을 하지 않는다, ③ 핵무기를 적재한 외국의 비행기, 함선 등이 한반도 경내로 출입, 통과하지 않는다 등의 세 가지 요소로 구성되어 있다.[6]

주지하듯이 한미양국은 1991년 9월 부시 대통령의 전술핵무기 철수선언과 같은 해 11월 노태우 대통령의 핵부재선언으로 ①은 기본적으로 달성된 것으로 보고 있다. 그러나 북한은 주한미군 기지에 대한 사찰이 실시되지 않았기 때문에 아직 ①의 과제가 달성되지 않은 것으로 보고 있다. 2008년 8월 26일 북한은 핵 불능화 중단을 선언하면서 북한 핵시설을 사찰(검증)하려면 "남조선과 그 주변에 미국의 핵무기가 없으며 새로 반입되거나 통과하지도 않는다는 것을 확인하는 검증이 동시에 진행되어야 한다"고 밝힌 바 있다.[7]

②는 1991년 12월 <한반도 비핵화 공동선언>으로 달성되었다. 선언의 1항은 "남과 북은 핵무기의 시험, 제조, 생산, 접수, 보유, 저장, 배비(배치), 사용을 하지 아니한다"고 규정하고 있다. 또한 선언의 3항은 핵무기 생산을 보다 적극적으로 통제하기 위해 핵무기 생산에 사용될 수도 있는 이중용도시설인 재처리시설과 우라늄농축시설을 남과 북 모두 보유하지 않는다고 규정하고 있다. 그러나 이러한 조항들에도 불구하고 북한의 재처리시설은 아직 폐기되지 않았으며 북한은 우라늄농축능력을 확보하려고 시도한 바 있다. 또한 북한은 아직 핵무기를 배치하

5 김일성, 1987, 「조선노동당 제6차 대회에서 한 중앙위원회 사업총화 보고(1980년 10월 10일)」, 『김일성저작집』 35, pp. 354-359.

6 「조선민주주의인민공화국 정부성명: 조선반도에서 비핵지대, 평화지대를 창설할 데 대한 제안(1986년 6월 23일)」; 「조선민주주의인민공화국 중앙인민위원회, 최고인민회의 상설회의, 정무원 련합회의에 관한 보도: 조선반도의 평화를 위한 군축제안(1990년 5월 31일).」

7 북한 외무성 성명(2008년 8월 26일).

지는 않은 것으로 보이지만, 시험, 생산, 보유, 저장하고 있는 상태이다.

가장 민감한 부분은 ③이다. 이는 외국 핵무기의 '출입, 통과' 조항으로서 비핵화와 비핵지대화를 구분하는 가장 중요한 징표이기 때문이다. <한반도 비핵화 공동선언>에서는 이 조항이 빠져 있다. 그렇다면 북한은 1991년 12월에 이르러 그간의 비핵지대화안을 포기한 것인가? 이와 관련하여 주목할 점은 <한반도 비핵화 공동선언>은 남과 북의 의무만을 규정하고 있는 남북한 간의 합의라는 점이다. 반면 북한의 비핵지대화안은 남과 북의 의무사항(②)에 더해 핵보유국의 의무사항(①과 ③)이 포함되어 있고, 사실 전자보다는 후자가 더 높은 비중을 차지하고 있다. 다시 말해서 북한은 <한반도 비핵화 공동선언>으로 비핵지대화안을 포기한 것이 아니라, 남과 북 간의 합의와 북미 간의 합의를 구분한 것이며, 후자는 여전히 북한 핵정책의 중심부를 차지하고 있다. 앞서 언급한 핵 불능화 중단선언에서 북한이 미군 핵무기의 '통과'문제도 사찰대상에 포함시켜야 한다고 주장하는 것도 이 때문이다. 더욱이 북한은 ②를 위반한 것은 ③이 실현되지 않았기 때문이라고 주장하고 있다.

> 우리는 미국에 의해 날로 증대되는 전쟁위험을 막고 나라의 자주권과 생존권을 지키기 위해 부득불 핵무기보유를 실물로 증명해보이지 않을 수 없게 되었다. 비록 우리는 미국 때문에 핵실험을 하였지만, 대화와 협상을 통한 조선반도의 비핵화 실현의지에는 변함이 없다.[8]

북한이 ③(핵무기의 '출입, 통과' 조항)을 중시하고 있는 이유는 바로 이것이 핵위협 중단, 체제보장, 불가침담보 등 이른바 '소극적 안전보장(NSA, Negative Security Assurance)'의 물리적 혹은 군사적 기반이기 때문이다. 북한 입장에서는 주한미군 전술핵무기가 철수되었더라도 일본이나 괌 등에 배치된 전폭기 및 전투기, 항공모함, 그리고 미사일 등의 수단을 통해 언제라도 미

---

8 북한 외무성 대변인 담화(2006년 10월 11일).

국 핵무기가 한반도 경내로 '출입, 통과'할 수 있기 때문에 이 부분에 대한 분명한 제어장치가 마련되지 않는 한 미국이 백번 말로써 핵위협 중단이나 불가침을 담보하더라도 그것이 '믿을 수 있는 방식'이라고 보지 않는 것이다. 북한 입장에서는 그럴만한 근거가 있다.

1993년 6월 11일 제1차 북미고위급회담에서 나온 <북미공동발표문>과 1994년 10월 21일 <제네바합의문>에서 미국은 북한을 핵무기를 포함한 무력으로 위협하거나 공격하지 않는다고 '서면보장' 한 바 있다. 그러나 1998년 11월 언론에 폭로된 <작전계획 5027-98>은 기존의 침략시 격퇴 개념에서 벗어나 대북 선제공격의 내용을 담고 있었고,[9] 실제 1998년 6월에는 <작전계획 5027-98>에 따라 노스 캐롤라이나에서 대북 선제 핵공격 연습을 실시했다. 이 연습은 노스 캐롤라이나에서 플로리다로 날아가 핵폭탄을 투하하는 연습으로, 그 거리는 괌이나 오키나와에서 평양까지의 거리와 동일했다.[10] 또한 미국은 2002년에는 <핵태세검토보고서>(NPR)를 통해 대북 핵 선제공격을 정식 독트린으로 채택했으며, 2003년 4월에는 괌 앤더슨 공군기지에서 미 본토에서 날아온 40여 대의 B1, B2 폭격기들이 대북 핵 폭격훈련을 실시한 바 있다.[11] 한마디로 미국의 서면안전보장은 '빈 종이장'에 지나지 않았던 것이다.

결국 북한의 핵심 요구사항은 단순한 말이 아닌 구속력 있는 소극적 안전보장을 제공하라는 것이다. 그러나 미국의 입장에서는 '출입, 통과' 금지조항이 포함된 구속력 있는 소극적 안전보장을 제공하는 경우 동아시아에서 자국의 핵전력 운용이 크게 제한받기 때문에 수용하기가 힘든 것이 현실이다. 이는 비단 미국만의 문제가 아니다. 중국이나 러시아의 경우에도 동아시아에서 자유롭게 핵전력을 운용하자면 구속력 있는 소극적 안전보장을 제공하지 않는 것

---

9 Richard Halloran, "S. Korea, U.S. draft deadly response plan. If North invades, destruction is goal," *Washington Times* (November 19, 1998).

10 Hans Kristensen, "Preemptive Posturing: What happened to deterrence?," *Bulletin of the Atomic Scientists* 58, 5 (September/October 2002).

11 히다카 요시키(은영미 역), 2003, 『미국은 북한을 핵폭격 한다』, 나라원, pp. 8-36.

이 자국의 이익이다. 이는 핵보유국들의 이해관계가 중첩되고 공유되는 지역에서는 비핵지대가 창설되기 힘들다는 것을 의미한다. 실제 현재 비핵지대가 창설된 지역은 남극(Antarctic Treaty, 1961년 6월 발효), 라틴아메리카(Treaty of Tlatelolco, 1968년 4월 발효), 남태평양(Treaty of Rarotonga, 1986년 12월 발효), 아프리카(Treaty of Pelindaba, 1996년 4월 발효), 동남아시아(Bangkok Treaty, 1997년 3월 발효) 등 주변부 5개 지역에 불과하고, 유럽이나 동아시아, 중동 등 핵심지역에서는 비핵지대화 논의가 겉돌고 있는 상황이다.[12]

현재 NPT체제가 위기에 처한 이유도 핵보유국들이 구속력 있는 소극적 안전보장을 제공하기 꺼리는 것과 관련이 있다. NPT체제는 5대 핵보유국의 핵독점을 인정하는 대가로 핵보유국들은 점진적 핵군축과 비핵보유국에 대한 소극적 안전보장을 제공하기로 합의한 협상체제이다. 이에 따라 5년마다 열리는 NPT회의에서는 매년 소극적 안전보장 문제가 핵심쟁점으로 대두되었으나, 핵보유국들은 자국의 안보이익을 고려하여 구속력 있는 보장을 제공하기를 꺼려왔다. 이러한 핵남북대결로 인해 지난 2005년 NPT회의는 파행으로 끝나고 말았다.[13]

한미양국의 입장에서 보다 중요한 문제는 소극적 안전보장과 적극적 안전보장(Positive Security Assurance, PSA) 간의 충돌문제이다. 비핵보유국에 대한 안전보장은 적극적 안전보장(핵우산)과 소극적 안전보장으로 나뉜다. 전자는 어떤 비핵보유국이 핵보유국으로부터 핵공격을 받거나 핵위협을 받을 때 제3의 핵보유국이 군사적 지원을 통해 안전을 보장한다는 개념으로서, 핵우산이 대표적인 예이다. 그러나 비핵보유국을 둘러싸고 핵보유국 간에 위기

12 Center for Nonproliferation Studies, *Nuclear-Weapon-Free-Zone* (July 25, 1997); Hiromichi Umebayashi, "Northeast Asia Nuclear Weapn Free Zone," *Disarmament & Security* 56 (April 2000).

13 George Bunn, "The Legal Status of U.S. Negative Security Assurance to Non-Nuclear-Weapon States," *Nonproliferation Review* (Spring/Summer 1997); Leonard Spector and Aubrie Ohide, "Negative Security Assurance: Revisiting the Nuclear-Weapon-Free Zone Option," *Arms Control Today* (April 2005); Carlton Stoiber, "The Evolution of NPT Review Conference Final Documents, 1975–2000," *Nonproliferation Review* (Fall/Winter 2003).

가 고조된다면 핵전쟁의 위험을 피하기 위해 안보공약을 후퇴시킬 가능성이 높기 때문에 완전한 안보대책은 되지 못한다. 반면 소극적 안전보장은 핵보유국이 비핵보유국에 대해 핵사용 및 핵위협을 가하지 않겠다는 약속을 제공하는 것이다. 여기서 문제는 그 약속이 신뢰할만한가 하는 점이다. 따라서 비핵보유국은 법률적 구속력이 있는 약속을 원하는 반면, 핵보유국은 그러한 구속은 자국의 행동능력을 제약하기 때문에 꺼려하는 경향이 강하다. 특히 한국, 북한, 미국의 관계처럼 어떤 나라(미국)가 A(한국)라는 비핵보유국에 적극적 안전보장을 제공하고 있는 경우, 동시에 B(북한)라는 비핵보유국에 구속력 있는 소극적 안전보장을 제공하는 것은, 만일 A와 B가 적대국일 경우, A에게는 핵우산의 약화, 안보공약의 후퇴로 비치게 된다.[14]

요컨대 북한은 이미 만든 핵무기의 해체문제를 한미군사동맹의 요체인 대남 핵우산 폐지와 맞교환하려는 목표, 다시 말해서 북미수교 이후 핵군축협상을 추진하려는 목표를 갖고 있으며, 그것이 북한이 요구하는 핵위협 중단, 체제보장, 불가침담보의 요체이다. 그러나 한미양국의 입장에서는 주한미군 전술핵무기가 철수한 상황에서 출입, 통과 금지조항이 마련되면 핵우산이 무력화되고 한미군사동맹이 심각하게 훼손되기 때문에 수용하기 힘든 문제이다.

2. 핵능력과 핵전략

1) 북한의 핵능력: 비배치 초소형 핵전력

북한이 이른바 '조선반도 핵문제'를 해결하려면 핵전략이 필요하고 핵전략은 다시 목표와 능력에 의해 규정받는다. 그렇다면 북한의 핵능력 혹은 핵전

---

14 임수호, 2007, 「실존적 억지와 협상을 통한 확산: 북한의 핵정책과 위기조성외교(1989-2006)」, 서울대학교 정치학박사학위 논문, p. 134.

력(nuclear force)은 어느 정도나 되는가? 핵전력은 핵물질, 핵장치, 운반수단, 그리고 정밀보조체계 등으로 구성된다. (그림 5-1)

북한이 보유한 핵물질(플루토늄)의 정확한 양은 사찰을 해봐야 알 수 있다. 2008년 6월 26일 북한은 38.5kg의 플루토늄을 생산했다고 신고했는데, 이는 추출량(31kg)과 폐연료봉 내의 잔존량(7.5kg)을 합한 수치이다. 반면 국제사회는 북한이 33-55kg의 플루토늄을 추출했고, 폐연료봉 내에는 10-13kg이 재처리되지 않은 상태로 존재하여 모두 43-68kg을 생산한 것으로 추정하고 있다. 따라서 북한의 신고내역과 국제사회의 추정치 간에는 4.5kg-29.5kg의 차이가 있다. 한편 미국은 북한이 제공한 원자로 가동일지를 토대로 44kg을 생산한 것으로 추정하고 있으나, 추출량과 폐연료봉 내 잔존량에 대해서는 언급하지 않고 있다.[15] 이는 북한이 신고한 생산량과 약 5.5kg 정도(핵무기 1-2개 분량) 차이가 나는 수치이다. 나아가 북한은 2009년 4월부터 폐연료봉을 재처리하여 2010년 2월 현재 재처리를 완료한 것으로 추정되기 때문에 플루토늄 보유량은 수 kg 이상 증가된 것으로 보인다.

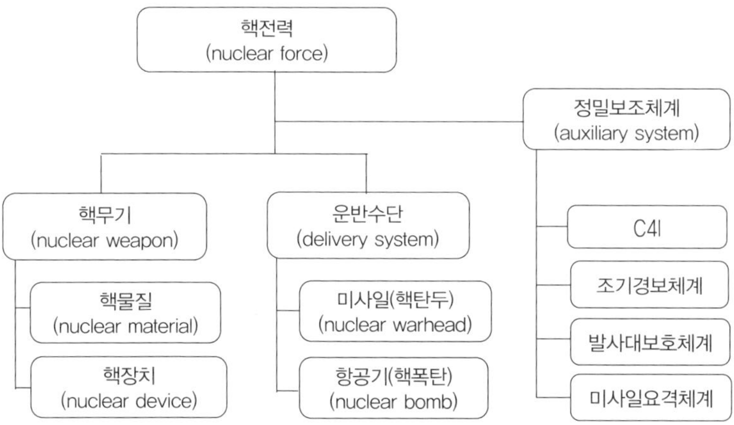

그림 5-1 핵전력의 구성요소

---

15 *AP*(August 5, 2008).

표 5-1 북한 플루토늄 추정내역 및 신고내역 비교

	국제사회 추정내역**	북한 신고내역***	차이	미국 추정내역****
플루토늄 추출량(A)	33-55kg	31kg	2-24kg	-
핵실험에 사용	5kg	2kg	3kg	-
핵무기제조에 사용 (핵무기 개수)	28-50kg (5-12개 정도)	26kg (미신고)	2-24kg	-
폐품	-	2-3kg	2-3kg	-
폐연료봉 내 잔존량(B)*	10-13kg	7.5kg	2.5-5.5kg	-
플루토늄 생산량(A+B)	43-68kg	38.5kg	4.5-29.5kg	44kg

* 2009년 4월부터 재처리 시작(2010년 2월 현재 재처리 완료 추정)
** Albright, David and Paul Brannan, "The North Korean Plutonium Stock," *Institute for Science and International Security* (February 20, 2007)
*** 2008년 6월 26일 북한이 중국(6자회담 의장국)에 제출한 신고내역
**** 북한 원자로 가동일지를 분석한 추정치

한편 북한은 추출한 플루토늄의 사용처에 관해서는 2kg을 핵실험에 소모하고 26kg을 핵무기 제조에 사용했으며, 나머지 2-3kg은 폐품이라고 신고했다. 반면 국제사회는 5kg을 핵실험에 소모하고 28-50kg을 핵무기 제조에 사용한 것으로 추정하고 있다. (2차 핵실험시 소모된 플루토늄은 제외) 북한은 핵무기 제조에 상용한 플루토늄의 양은 신고하면서도 핵무기의 숫자는 신고하지 않았는데, 이 경우 자국의 핵무기제조기술이 공개될 수 있기 때문이다. 국제사회는 북한이 5-12개의 핵무기를 보유하고 있을 것으로 추정하고 있다. 이와 관련하여 ISIS(Institute for Science and International Security)의 데비드 올브라이트 박사는 북한이 미사일장착 핵탄두(warhead) 3기, 공중투하 중력탄(bomb) 3기 등 모두 6기를 보유하고 있을 것으로 추정한 바 있다.[16]

핵물질과 핵장치를 조립하면 핵무기가 된다. 현재 북한이 핵장치를 보유하고 있다는 것은 재론의 여지가 없지만, 그것이 미사일에 탑재할 만큼 경량화·

16 Albright, David and Paul Brannan, "The North Korean Plutonium Stock," Institute for Science and International Security (February 20, 2007). 한편 북한은 현재 가동중단 상태에 있는 영변 5MWe 원자로가 정상 가동될 경우, 매년 핵무기 1-2개 분량의 플루토늄(6kg)을 생산할 수 있으며, 또한 건설 중단 상태에 있는 영변 50MWe 원자로가 정상 가동될 경우, 매년 핵무기 9-16개 분량의 플루토늄(56kg)을 생산할 수 있다.

소형화되었는가 여부에 대해서는 이견이 존재한다. 핵무기는 항공기로도 운반할 수 있지만, 현재 한미연합군이 한반도 제공권을 완벽하게 장악하고 있기 때문에 항공기로 운반되는 중력탄은 실제 핵전력으로는 별다른 의미가 없다. 따라서 북한의 핵무기가 핵전력으로 의미를 가지기 위해서는 미사일에 탑재되는 핵탄두로 존재해야 하는데, 이를 위해서는 핵장치가 1톤 미만으로 소형화·경량화 되어야 한다. 그간 북한의 핵장치는 원시적 형태이기 때문에 1톤을 초과할 것으로 추정되어 왔다. 그러나 최근에는 북한의 장거리미사일 개발이 상당히 발전했고, 또한 최소 140여 차례 이상 고폭실험을 실시해온 점을 들어 성공가능성을 배제하지는 못하고 있다.[17] 특히 미 군사정보당국은 북한이 700kg 전후의 핵장치를 보유하고 있다고 평가하고 있으며, 실제 국방정보국(DIA)의 로웰 자코비 국장은 2005년 4월 28일 상원 군사위원회 청문회에서 북한이 소형화-경량화에 성공했다는 평가를 내놓은 바 있다.[18] 나아가 2006년 10월 및 2009년 5월 두 차례의 핵실험은 성공과 실패 여부를 떠나 핵장치 경량화에 중요한 진전을 의미한다.[19] 따라서 현재 북한은 핵장치 경량화·소형화에 성공했거나 그에 근접한 상황으로 보는 것이 타당할 것이다.

한편 북한이 노동, 대포동 등 핵무기를 운반할 수 있는 탄도미사일을 확보하고 있다는 것은 이미 잘 알려져 있다. 핵장치 경량화·소형화에만 성공한다면 현 시점에서 북한은 한반도 전역을 포함해 일본전역과 괌까지를 핵공격의 사정거리로 둘 수 있는 능력을 보유하고 있다. 또한 북한은 2006년 7월 및 2009년 4월 대포동 2호를 시험 발사했는데, 비록 실패했지만 상당한 사정거리를 선보인 바 있다.[20] 따라서 북한이 조만간 대포동 2호의 시험발사에 성공

---

17 전성훈, 2005, 「북한의 핵능력과 핵위협 분석」, 『국가전략』 11, 1; 신성택, 2000, 「북한 핵개발의 현황과 아국의 대응방향」, 『전략연구』 20.

18 홍성표, 2005, 「북한의 군사과학 기술(後)」, 『군사논단』 42(여름), p. 161; Peter Hayes, "Defense Intelligence Agency Says North Korea has Nuclear Armed Missiles," *Nautilus Institute Special Report 05-37A* (May 2005).

19 Kang, Jungmin and Peter Hayes, "Technical Analysis of the DPRK Nuclear Test," *Nautilus Institute PFO 06-89A* (October 20, 2006), p. 7.

표 5-2 북한의 탄도미사일 능력

구분	명칭	최대 사거리(km)	사정권	시험발사
SRBM	화성 5호	300-500	한반도 중남부	1984
	화성 6호	500-600	한반도 전역	1990
MRBM	노동	1,000-1,500	일본전역(오키나와 제외)	1993
	대포동 1호*	2,200-3,000	오키나와, 대만	1998
IRBM	SSN-6 개량형**	3,000-4,000	괌	미실시
	대포동 2호***	3,800-5,500	알래스카	2006/2009
ICBM	대포동 3호**** (동창리 1호?)	5,500-12,000	하와이 - 미 중서부	미실시

출처: Bermudez, Joseph, 1999, "A History of Ballistic Missile Development in the DPRK." *CNS occasional paper* 2; Covault, Craig, "North Korean Rocket Flew Further than Earlier Thought," *Space Flight Now*(April 10, 2009); Bechtol, Bruce, "The North Korean Long-Range Missile Test-Launch of April 2009: Results and Implications," *Nautilus Institute Policy Forum Online* 09-032(April 21, 2009); 장준익, 1999,『북한 핵·미사일 전쟁』, 서문당, 제3장.

* 인공위성(광명성 1호) 발사 형식으로 진행. 2단계 추진체의 탄착지점이 2,200km였으며, 이를 미사일로 환산할 경우 2,200-3,000km의 사거리.

** 구소련의 SSN-6 잠수함 발사 탄도미사일(SLBM)을 개량한 것으로 시험발사 없이 2007년 실전배치. 2009년 5월 강원도 안변군 깃대령 인근에서 시험발사 조짐이 포착.

*** 2006년 7월 시험발사는 실패(발사 40초 만에 폭발). 2009년 4월 시험발사는 인공위성(광명성 2호) 발사 형식으로 진행. 2단계 추진체의 탄착지점이 3,800km였으며, 이를 미사일로 환산할 경우 3,800-5,500km의 사거리.

**** 2009년 4월 북한이 ICBM 시험발사를 예고한 가운데, 2009년 5월 평안북도 철산군 동창리 미사일기지에서 시험발사 조짐이 포착. ICBM이라고 했을 때 사거리가 최소 5,500km, 최대 12,000km에 달할 것으로 추정.

할 가능성은 충분하며 이 경우 하와이와 알래스카를 타격할 능력을 갖추게 된다. 나아가 현재 개발 중인 것으로 추정되는 대포동 3호는 미 본토 전역을 사정거리로 두는 것으로 평가되고 있다.[21]

마지막으로 북한의 정밀보조체계에 대해서는 거의 알려진 것이 없다. 2006년 7월의 무더기 미사일발사실험이 핵 운용능력 테스트라고 알려져 있는 점을 감안한다면, 북한이 일정한 C4I(Command, Control, Communication, Computer,

20 2006년 시험발사의 실패는 기술적 결함보다는 연료주입기간을 너무 길게 잡아서 연료탱크가 부식했기 때문으로 추정되고 있다. 2006년 10월 2일 미 국방과학위원회 윌리엄 슈나이더 위원장의『마이니치』인터뷰.『연합뉴스』2006년 10월 2일.

21 2006년 3월 9일 버웰 벨 주한미군 사령관의 상원 군사위원회 청문회 증언.『연합뉴스』2006년 3월 10일, 5월 19일.

Intelligence) 능력을 확보하고 있는 것으로 추정되지만, 여타 조기경보체계, 발사대보호체계, 미사일요격체제는 갖추지 못한 것으로 추정된다. 그런데 북한이 핵전력을 실전배치하기 위해서는 이러한 정밀보조체계의 확보가 필수적이다. 이는 북한의 핵전력은 세계 최고의 핵전력을 자랑하는 미국을 직, 간접적으로 겨냥하는 것이기 때문이다. 미국의 정찰위성이 북한 전역을 24시간 감시하고 있는 상황에서 미사일요격체계나 발사대보호체계를 갖추지 못한 북한이 소규모 핵무기를 실전배치하게 되면 손쉬운 선제공격의 타겟으로 노출되기 십상이기 때문이다.[22] 더욱이 핵전력은 상대적인 것이기 때문에 설사 장기적으로 북한이 원시적인 정밀보조체계를 갖추게 되더라도 실전배치 가능성은 거의 없다. 왜냐하면 미국은 막강한 자금력과 기술력을 바탕으로 핵전력 현대화 작업에 박차를 가하고 있기 때문에 향후 북한과 미국의 정밀보조체계 수준을 시간이 지날수록 그 격차가 더 벌어질 수밖에 없기 때문이다.[23]

2) 실존적 억지와 억지-강제의 동시추구: 포기를 전제로 한 핵 억지력의 활용(?)

그렇다면, 10개 미만의, 그것도 실전배치 되지 못한 원시적인 핵전력을 가지고 북한은 핵 초강대국인 미국을 상대로 도대체 무엇을 하려는 것인가? 전통적인 핵전략의 시각에서 보면 북한의 핵무기는 군사적으로 무용지물이나 다름이 없다. 냉전시대 미국과 소련의 핵전략인 상호확증파괴(Mutual Assured Destruction)나 전투를 통한 억지(War-Fighting Deterrence)의 전략, 혹은 영국, 중국, 프랑스 등 핵 중진국들의 핵전략인 최소억지(Minimum Deterrence) 전략에서는 상대방의 공격

---

22 임수호, 2007, 앞의 글, pp. 299–300.

23 핵무기와 운반수단을 확보하기는 점점 쉬워지고 있지만 기존 핵보유국과 신생 핵보유국 간에 정밀보조체계 능력은 점점 더 벌어지고 있기 때문에 향후 핵무기를 실전배치하는 핵보유국의 숫자는 거의 증가할 수 없다. 이를 킨케이드는 '확산의 역설(paradox of proliferation)'이라고 부르고 있다. Kincade, William, *Nuclear Proliferation: Diminishing Threat?*, INSS Occasional Paper 6 (December 1995).

을 억지하기 위해서는 최소한 2차 공격능력(second strike capability)을 보유하고 있어야 한다. 즉 아측의 핵전력에 대한 상대방의 선제공격(first strike)을 받고도 상대방에게 '감내할 수 없는 피해'를 보복으로 되돌려줄 만한 충분한 핵전력을 보유하고 있어야 한다. 이를 위해서는 우선 핵무기의 숫자가 충분해야 하고, 나아가 상대방의 핵미사일을 탐지하고 요격하며, 아측의 핵전력을 보호할 수 있는 정밀 보조체계를 갖추고 있어야 한다.[24]

북한이 이러한 능력을 갖고 있지 못하다는 것은 분명한 사실이다. 이에 따라 북한의 핵무기는 군사용도가 아니라 단순한 '외교폭탄(diplomatic bomb)'에 불과하다는 시각이 한미양국 내에서 광범위하게 확산되어 왔다. 미국이 충분한 정치적·외교적·경제적 보상을 제공하면 북한은 핵무기를 포기할 것이며, 핵개발은 거기에 이르기까지 미국의 양보를 강제해내기 위한 협상카드라는 인식이다. 곧 미국의 세계전략 상 파급효과가 큰 핵과 미사일을 파국적 결과가 초래되지 않는 범위 내에서 적절히 확산시킴으로써 미국으로부터 체제를 지탱해나가는 데 필요한 경제적 보상, 정권과 체제의 안전에 대한 담보, 그리고 국제질서로의 통제가능한 편입을 강제해내려는 '갈등적 편승'의 전략이라는 것이다. 또한 대량살상무기의 확산과 국제질서로의 편입은 궁극적으로 병행될 수 없기 때문에, 전자를 통해 후자의 목표를 달성하면 결국 핵을 포기할 것으로 본다.[25] 북한식으로 표현하면 '포기를 전제로 한 핵 억지력의 활용 전략'이다.[26]

> 북한의 이해는 안전보장과 경제회복입니다. 핵을 몇 개 갖고 있으며 뭐합니까. 이쪽서 보장해주면 북한은 핵을 포기하게 되어 있습니다. 핵을 포기하고자 하는 마음이 생기도록 그만한 이익을 주어야 합니다.[27]

---

24 자세한 것은 임수호, 앞의 글, pp. 84–98.

25 장노순, 1999b 「약소국의 갈등적 편승외교정책: 북한의 통미봉남 정책」, 『한국정치학회보』 33, 1.

26 「사생결단의 선언 <비핵화를 위한 핵시험>, 조선외무성 성명」, 『조선신보』 2006년 10월 5일.

27 김대중 전 대통령 인터뷰(2005년 6월 7일), 『한국일보』 2006년 6월 9일.

> 한국과 일본에 대한 미국의 안보공약을 고려할 때 그들이 핵무기를 개발하는 것은 (군사적으로) 쓸데없는 짓이다. 핵을 사용하는 순간 북한은 종말(the end of their country)을 맞이하게 될 것이다.[28]

물론 이러한 외교목적설이 북한 핵전략의 일단을 정확히 포착하고 있는 것은 분명한 사실이다. 북한이 핵개발을 미국을 강제(compellence)하기 위한 협상카드로 활용해온 것은 지난 20여 년의 과정에서 확인된 사실이기 때문이다. 그러나 이것이 사실이라고 하여 북한의 핵이 협상카드로서의 의미만을 가진다고 보기는 힘들다. 역사적으로 협상카드로 활용하기 위해 핵무기를 만든 나라는 없으며, 오히려 협상력은 핵개발의 부산물이었을 따름이다. 즉 북한의 핵은 협상카드로서의 의미와 군사적 억지력으로서의 의미를 동시에 가지고 있다고 보인다. 억지와 강제의 동시추구가 북한 핵전략의 요체이다.

그렇다면 2차 공격능력을 가지지 못한 북한의 핵이 어떻게 미국을 상대로 한 억지력으로 작용할 수 있는 것인가? 이 문제에 답하는 데서 실존적 억지(existential deterrence)와 간접억지(indirect deterrence)의 개념이 도움이 된다. 실존적 억지란 2차 공격의 확실성이 아니라 1차 공격의 불확실성, 즉 선제공격을 가하더라도 상대방의 핵전력을 모두 파괴할 수 없을지 모른다는 심리적 불확실성에 근거하는 억지다. 선제공격 후 단 하나의 핵무기라도 살아남아 나에게 보복으로 되돌아올 가능성이 있다면 선제공격은 자제된다. 또한 핵전쟁에 따를 감내할 수 없는 피해는 국가의 물리적 파괴 정도가 아니라 국가 최고지도부의 정치적 부담에 의해 규정된다. 군부나 군사전략가들은 선제공격시 아측에 되돌아올 보복으로 자국 국민 100만 명이 희생당할 가능성이 있더라도 공격을 감행할 수 있지만, 정치인들에게는 불가능한 선택이다. 핵공격을 실행하는 것은 군대의 몫이지만, 그것을 결정하는 것은 정치의 몫이다. 따라서 극소수의 핵무기만 가지고 있더라도 상대방의 공격을 억지할 수 있다.[29]

---

28 *The New York Times* (July 12, 1993).

실존적 억지란 단지 핵무기의 존재만으로도 군사적 갈등이 핵전쟁으로 비화할 지 모른다는 분명하고도 돌이킬 수 없는 위험이 존재하는 상황을 의미한다. 이러한 두려움은 곧 정치적 계산에 반영된다. 이러한 위험에 직면해서 국가들은 행동에 더욱 조심스러워지고 신중해지게 된다.[30]

요컨대 실존적 억지는 정치적 억지이며 북미관계처럼 억지 당사자 간 능력의 비대칭과 무관하게 작동하는 억지다. 미국이 1차 공격으로 북한의 핵무기를 완전히 파괴할 수 있다는 확신을 가지지 못하는 한, 그리고 북한의 보복공격을 완전히 방어할 수 있다는 확신을 가지지 못하는 한, 선제공격은 자제된다. 특히 북한의 핵무기는 실전배치되지 않고 숨겨져 있으며, 아직 미사일방어망에 대한 기술적 확신이 존재하지 않기 때문에 북한의 비배치 상태의 소규모 핵전력이 대미 억지력으로 작동할 수 있는 것이다. 나아가 비대칭억지에서는 물리적 능력만이 아니라 도발에 대해 핵무기로 대응할 가능성이 매우 높다는 확신을 상대방에게 심어주는 심리적 능력, '의지의 비대칭성'이 중요하다. 따라서 약소국은 '위협을 통한 억지'(deterrence through threat)를 추구하며, 그것은 위기감을 재생산하는 적극적인 위기조성외교로 나타나게 된다.[31]

한편, 북한의 대미 억지를 보다 확실하게 작동시키는 것이 간접억지의 상황이다.[32] 북한의 대미 억지는 미국의 생존을 겨냥한 직접억지가 아니라 중대한 혹은 사활적 이익인 한국과 일본을 겨냥한 삼각억지(triangular deterrence)다. 억지에 필요한 능력은 상대방에게 감내하기 힘든 손실을 가할 만큼의 최소한의 능력이라고 봤을 때, 북한이 극소수의 핵무기와 그것을 운반할 미사일(노동 및 대포동 미사일)만 보유하면 미국의 가장 중요한 동맹국인 한국과 일본,

---

29 임수호, 앞의 글, pp. 95–98.

30 Trachtenberg, Marc, 1985, "The Influences of Nuclear Weapons in the Cuban Missile Crisis," *International Security* 10, 1 (Summer), p. 139.

31 임수호, 앞의 글, pp. 98–99.

32 Harkavy, Robert, 1998, "Triangular or Indirect Deterrence/Compellence: Something New in Deterrence Theory," *Comparative Strategy* 17.

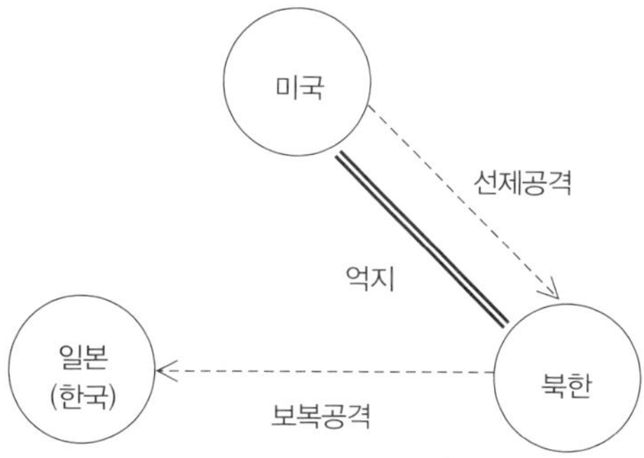

그림 5-2 대미 삼각억지의 논리

그리고 그곳에 있는 미군기지를 볼모로 삼을 수 있는 것이다. 미국이 한국과 일본을 포기하지 않는 한, 북한은 이들을 상대로 전쟁을 도발할 수 없다. 마찬가지로 미국이 한국과 일본을 상실할 수 있는 도박을 선택하지 않는 이상, 북한을 대상으로 전쟁을 도발할 수 없다. 따라서 억지는 성립된다.[33]

북한의 다음과 같은 언급은 대미 실존적 삼각억지의 논리를 가장 잘 표현해주고 있다.

> 우리에게는 우리식의 작전계획이 있다. '외과수술식타격'이요, '선제타격'이요 하는 것들은 결코 미국만의 선택권이 아니며, 그 타격방식도 결코 미국만의 독점물이 아니다. 우리 인민군대의 타격에는 한계가 없으며 그 타격을 피할 자리가 이 행성 위에는 없다는 것을 똑바로 알아야 한다. 불과 불이 오가는 전쟁마당에서 미제침략군뿐 아니라 총알받이로 앞에 나서려는 남조선괴뢰들과 뒤에서 기지를 제공하거나 심부름을 하는 일본을 비롯한 온갖 어중이떠중이들 모두가 우리의 타격목표로 된다는 것을 잊지 말아야 한다.[34]

---

33 임수호, 앞의 글, pp. 99-100.
34 조선인민군 총참모부 대변인성명 (1998년 12월 2일).

3. 제한적 비핵화와 6자회담 전망

1) 제한적 비핵화: 미국의 대북 적대시정책이 철폐되기 전에는 핵무기 해체문제를 논의할 수 없다

북한의 대미 실존적 억지와 강제의 핵전략에는 핵능력에 대한 자기제한이 내적 구성요소로 포함되어 있다. 북한의 핵능력이 증강될수록 대미 억지력은 증가하며, 강제력 역시 증가한다. 그러나 핵능력의 증가가 일정수준 이상을 넘어서면, 북한 핵문제는 더 이상 협상의 대상이 아니게 됨으로써 강제력은 상실되고 만다. 구체적으로 말해서, 북한이 핵무기를 실전배치하게 되면, 핵문제는 더 이상 비핵화의 대상이 아니라 핵군축의 대상이 되며, 미국이 '불량국가'와 핵군축 테이블에 마주 앉을 가능성은 사실상 없기 때문에 북한은 협상을 통한 강제력을 상실하게 되는 것이다. 또한 북한의 핵무기가 실전배치되고 그 숫자가 증가할수록 한국과 일본의 핵무장이 불가피해지며, 이 경우 북한은 자신보다 수십 배, 수백 배나 큰 경제력을 가진 나라들과 핵 군비경쟁에 직면하게 된다. 북한은 이를 견뎌낼 만한 경제력을 갖고 있지 못하다.

마찬가지로 완전한 비핵화 역시 북한의 입장에서 대안이 아니다. 북한이 핵능력을 완전히 포기하고 투명한 비핵보유국이 되면 억지력만이 아니라 대미 협상력 역시 사라지게 된다. 북한문제는 미국의 관심권 밖으로 밀려나기 때문이다. 또한 이 경우 설사 미국이 체제보장과 북미수교를 제공하고 남북군축이 실현되더라도, 한국과의 질적인 재래식전력 불균형은 그대로 남기 때문에 선택 가능한 옵션이 아니다. 핵무기는 한국과의 재래식전력의 불균형을 보정할 수 있는 북한의 유일한 수단이기 때문이다.

이에 비해 실전배치 되지 않은 소수의 핵무기(existential deterrent)는 값싼 억지력과 대미강제의 자원으로 동시에 활용될 수 있다. 북한이 핵실험에도 불구하고 비배치(non-deployed)의 상태를 지속할 것으로 보는 이유도 이 때문이다. 물론 북한은 핵교리 발표 등 공개적인 실전배치 태세로 전환하지 않고도

은밀한 형태로 핵무기를 배치할 가능성도 있다.[35] 그러나 공개화 되지 않은 실전배치는 억지력에서 비배치의 상태와 다르지 않다. 따라서 향후 북한은 비배치의 범주 내에서 핵능력의 보유가 제공하는 이익과 핵능력의 축소로부터 제공되는 보상이익의 합계가 극대화되는 수준에서 협상을 통해 핵능력을 조정하고자 할 것이다. 이런 점에서 그간 비확산진영에서 요구해온 북한의 '완전한' 비핵화는 사실상 불가능하지만, '제한적' 비핵화의 여지는 여전히 남아 있다고 보인다.[36]

2) 6자회담 전망: 제한적 비핵화 vs. 포괄적 패키지

그러나 '제한적 비핵화'는 미국이 동의하기 어렵다는 문제점이 있다. 사실 북한의 '제한적 비핵화' vs 미국의 '완전한 비핵화'의 대립구도는 지난 20여년간 북미 대립의 근저를 형성해온 주제였고, 북미 간 합의는 양자 사이의 불안정한 절충의 결과물에 다름 아니었다. 예컨대 1994년 <제네바합의>는 특별사찰을 통해 '과거 핵'을 투명하게 규명하려는 미국의 요구와 이를 주권침해라며 강력히 반대한 북한의 주장 사이에서 특별사찰을 미래의 과제로 연기함으로써 도출된 결과물이었다. 또한 '9.19 프로세스'[37] 역시 '완전하고 검증가능하며 역전불가능한 핵폐기'(CVID, Complete, Verifiable, Irreversible Dismantlement)를 요구한 미국의 입장과 '제한적 비핵화'를 요구한 북한의 입장이 절충된 결과였다. 이는 다음과 같은 사실을 통해서도 알 수 있다.

---

35 기존 핵보유국들은 핵실험 직후 실전배치를 통해 무기화단계로 진입했지만, 신생 핵보유국들은 실전배치로 가기까지 여러 단계를 거치게 되며 또한 이스라엘처럼 실전배치를 하더라도 그것을 비밀에 부칠 가능성이 높다. Feaver, Peter, 1993, "Proliferation Optimism and Theories of Nuclear Operations," Zachary Davis and Benjamin Frankel eds., *The Proliferation Puzzle: Why Nuclear Weapons Spread and What Results*, Frank Cass, pp. 175–178.

36 임수호, 앞의 글, 제7장.

37 <9.19 공동성명>(2005년 9월 19일)과 그 후속조치 합의들인 <2.13 합의>(2007년 2월 13일) 및 <10.3 합의>(2007년 10월 3일)를 통칭하는 개념.

첫째, 미국은 원래 핵폐기에는 핵 프로그램(핵시설) 폐기만이 아니라 핵무기 폐기까지 포함된다는 입장이었으나, 북한은 전자와 후자를 명확히 구분하고 사실상 전자만 협상대상에 포함시키고자 하였다. 그 결과 비핵화의 목표를 열거한 <9.19 공동성명>에서는 '모든 핵무기와 현존하는 핵 프로그램의 포기'가 명시되었으나, 실제 행동의 로드맵인 <2.13 합의>와 <10.3 합의>에서는 핵무기 폐기문제가 제외되었던 것이다. 사실 <9.19 공동성명> 이후 6자회담의 중심 주제는 핵 프로그램 폐기에 국한되었으며 핵무기 폐기와 관련해서는 어떠한 합의도 도출되지 못했다. 뿐만 아니라 북한의 요구에 따라 핵시설 폐기문제도 동결 → 불능화/신고 → 검증 → 폐기 등 점진적, 단계적으로 접근하도록 규정되었다.

둘째, 불능화 문제에 있어서도 애초 미국은 사실상의 폐기를 의미하는 '높은 수준의 불능화'를 요구하였으나 북한의 강력한 반대에 부딪혀 결국 사실상 동결에 지나지 않는 '낮은 수준의 불능화'에 합의하고 말았다. 북한과 미국 사이에 미리 합의되고, 6자회담을 통해 추인된 불능화 방식에 따르면 북한은 핵시설에서 핵심부품을 분리하여 파괴하는 것이 아니라 북한 지역 내에 보관하도록 허용되었다. 이에 따라 북한은 마음만 먹으면 언제든지 1년 내에 핵시설을 재가동할 수 있는 옵션을 부여받았고, 실제 북한은 2009년 4월 핵시설 복구를 선언하고 재처리시설 등의 복구를 거의 완료한 것으로 추정되고 있다.

셋째, 핵 프로그램 신고문제에 있어서도 원래 미국은 신고대상에 플루토늄 프로그램만이 아니라 우라늄농축 및 핵확산 의혹까지 포함시켜야 한다는 입장이었으나, 북한은 플루토늄 프로그램만 신고할 수 있다는 입장이었다. 우라늄농축이나 핵확산에 대해서는 "그런 것은 절대 없다"는 주장이었다. 이러한 대립은 결국 2008년 4월 크리스토퍼 힐 미국 국무부 동아태 차관보와 김계관 북한 외무성 부상 사이의 <싱가포르 잠정합의>에 따라 플루토늄 프로그램은 6자회담 의장국인 중국에 공개신고하고, 우라늄농축 및 핵확산의혹은 미국에 비공개양해각서를 통해 간접 신고하는 방식으로 절충되었다.[38]

마지막으로 넷째, 신고한 내역에 대한 검증문제 역시 북미 간 입장차가 확연

했다. 미국은 핵시설에서 시료채취(샘플링) 허용, 미신고시설에 대한 접근 허용 등을 포함한 국제적 기준에 따른 사찰방식의 검증을 요구한 반면, 북한은 현장 방문과 문서확인, 기술자 인터뷰만으로도 충분히 검증이 가능하다며 사찰은 핵무기 폐기 및 미국의 대남 핵우산 폐기를 맞교환하는 비핵화의 최종단계에 가서나 가능한 것이지 핵 프로그램 폐기를 논의하는 현 단계에서는 절대 허용할 수 없다는 주장을 굽히지 않았다.[39] 결국 이 문제를 둘러싼 격차를 줄이지 못하고 6자회담은 2008년 12월을 마지막으로 결렬되고 말았던 것이다.[40]

그렇다면 6자회담은 재개될 수 있을 것인가?[41] 2009년 상반기 한반도에는

---

38 비공개 양해각서의 내용은 알려지지 않고 있으나, 대체로 미국이 관련 우려사항을 나열하고 북한은 이에 대해 '인지한다(acknowledge)'고 명기하는 선에서 타협된 것으로 보인다.

39 "검증에 대하여 말한다면, 그것은 9.19 공동성명에 따라 전 조선반도를 비핵화하는 최종단계에 가서 6자 모두가 받아야 할 의무이다. 남조선과 그 주변에 미국의 핵무기가 없으며 새로 반입되거나 통과하지도 않는다는 것을 확인하는 검증이 우리의 의무이행에 대한 검증과 동시에 진행되어야 하는 것이 바로 '행동 대 행동'의 원칙이다. 현 단계에서는 6자 테두리 안에서 검증기구와 감시기구를 내오기로 한 것이 합의사항의 전부이다. 그러나 미국은 이 합의사항을 악용하여 갑자기 핵신고서에 대한 검증에 '국제적 기준'을 적용해야 한다는 문제를 들고 나오면서 우리나라의 아무 곳이나 마음대로 뒤져보고 시료를 채취하고 측정을 하는 것과 같은 사찰을 받아들일 것을 강박하였다. 미국이 말하는 '국제적 기준'이란 곧 1990년대의 국제원자력기구가 들고 나와 우리나라의 자주권을 침해하려다가 결과적으로 우리의 핵무기전파방지조약(NPT) 탈퇴를 초래하였던 '특별사찰'이다. 미국이 우리나라에 대해서도 이라크에서처럼 제 마음대로 가택수색을 할 수 있다고 생각했다면 그것은 큰 오산이다." 북한 외무성 성명(2008년 8월 26일), 『조선중앙통신』(2008년 8월 26일).

40 2008년 10월 11일 미국 국무부는 힐 차관보의 방북을 통해 검증문제에 대해 북미 간 합의가 도출되었다며 그 내용을 공개하였다. ① 6자회담 당사국의 전문가들이 검증활동에 참여할 수 있으며 여기에는 핵을 보유하지 않은 국가의 전문가도 포함된다. ② 국제원자력기구(IAEA)가 핵검증에 중요한 자문과 지원 역할을 담당한다. ③ 전문가들은 신고된 모든 시설에 접근할 수 있으며 신고되지 않은 시설에 대해서는 '상호 동의'에 의해 접근한다. ④ 샘플링(시료채취)과 실증적으로 규명해내는 과학적인 절차의 이용에 관해서도 합의가 이뤄졌다. ⑤ 검증체계에 포함된 모든 조치들은 플루토늄을 기반으로 한 프로그램, 모든 우라늄 농축, 핵확산 활동 등에 적용된다. 여기에 6자회담 당사국들 사이에 이미 합의된 감시체계는 핵확산과 우라늄 농축 활동에 대해 적용된다는 것이다. 그러나 북한은 같은 해 11월 12일 이를 반박하며 ① 검증은 플루토늄 프로그램에 국한한다. ② 검증방식은 현장방문, 문건확인, 기술자 인터뷰에 국한한다. ③ 검증에 있어서 IAEA의 역할은 지원에 국한된다는 기존 입장을 재확인하였다.

41 이하의 내용은 임수호, 2009, 「전환을 모색하는 한반도」, 『SERI 전망 2010』, 삼성경제연구소, pp. 413-418을 부분적으로 수정한 것임.

표 5-3 9.19 프로세스의 주요내용

	비핵화	관계개선	일정
1 단계	– 3개 핵시설 폐쇄 · 봉인(shutdown · sealing) · 5MWe 원자로, 재처리시설, 연료봉가공공장	– BDA 금융제재 해제 – 관계개선 논의 시작 – 중유 5만 톤 상당	2007년 8월 이행완료
2 단계	– 3개 핵시설 불능화(disabling) · 핵심부품 제거 후 북한 내 특별관리 – 핵 프로그램 신고(declaration) · 공개신고: 플루토늄 프로그램 (관련 핵시설, 플루토늄 추출량 및 용처) · 비공개신고: UEP 및 對시리아 핵확산의혹	– 테러지원국 지정 해제 – 적성국교역법 적용 해제 – 한반도 평화포럼 가동 – 중유 95만 톤 상당	2008년 말 약 80% 완료된 상황에서 2009년 북한이 핵시설 복원에 돌입함에 따라 무산
3 단계	– 핵 프로그램 해체(dismantlement) · 핵사찰 · 모든 핵시설 해체 · 플루토늄 해외반출	– 북미연락사무소 개설 – 한반도 종전선언 – 경수로제공	미합의
4 단계	– 핵무기 폐기 – 장거리미사일 폐기	– 평화협정 체결 – 북미수교	

※ 출처: 6자회담 합의사항과 주요쟁점을 중심으로 정리

한치 앞을 내다볼 수 없는 대결국면이 조성되었다. 2009년 4월과 5월 북한은 장거리 로켓발사와 2차 핵실험이라는 초강수를 연이어 두었다. 이에 유엔 안보리는 6월 13일 대북 군수품 전면금수조치(embargo)를 골자로 하는 <제재 결의안 1874호>를 만장일치로 통과시켰다. 이와 함께 미국은 독자적 금융제재에 착수했으며, 한국과 일본 역시 이에 적극 협력하는 한편 북한과의 무역관계를 제한하기 시작했다. 이에 북한은 한편으로는 핵시설 복구(2009년 4월), 우라늄농축 선언(2009년 6월)이라는 강경대응을 하면서도, 예상되었던 대륙간탄도미사일(ICBM) 시험발사나 3차 핵실험을 자제함으로써 대화의 문을 완전히 닫지는 않았다는 신호를 보냈다. 여기에는 파국적 상황을 막기 위한 중국의 중재가 상당한 영향을 미친 것으로 알려지고 있다.[42]

42 안보리 결의안이 채택되기 직전에 북한의 인민무력부장인 김영춘이 중국을 방문했다. 그 후 곧바로 중국이 안보리 결의안에 찬성표를 던졌고, 이에 대해 북한 외무성은 '순화된 비난성명'(2009년 6월 13일)을 내놓았다. 또한 7월 1일에는 중국이 대북 곡물수출관세를 폐지하

대북제재가 지속되는 가운데 하반기부터는 대화복원을 위한 각국의 물밑 노력이 활성화되었다. 이는 미국과 중국 사이의 전략대화를 정점으로 하고, 한미 정책조율과 북중 정책조율이 보조하는 방식으로 전개되었다. 7월 말 미중 전략대화를 전후하여 미국은 핵문제 해결을 위한 '포괄적 패키지' 방안을 제시하고,[43] 8월 초 클린턴 전 대통령을 북한에 보내 이에 대한 김정일 국방위원장의 의사를 타진하였다. 북한은 클린턴 방북에 대한 성의로 피랍 여기자들을 석방하였다. 북미 대화를 위한 장애물이 제거된 것이다. 이에 따라 9월 3일–8일 보스워스 대북특사가 한중일 3국을 순방하여 북미 양자대화 개최에 관한 컨센서스를 마련한 후 9월 11일 미국은 "6자회담 틀 내에서의 북미 양자회담" 의사를 공식적으로 밝혔다.

한편 중국은 9월 16일 부총리급인 다이빙궈 국무위원을 북한에 특사로 보내 김정일과 면담하게 했다. 여기서 김정일은 "양자든 다자든 핵 협상을 할 용의가 있다"고 밝혔다. 미국의 6자회담 틀 내 양자회담 제의에 대한 간접 수용이었다. 이에 따라 미국은 9월 26일부터 10월 1일까지 진행된 스타인버그 국무부 부장관의 아시아 5개국 순방을 통해 제재와 대화의 병행 방침 및 포괄적 패키지 방안에 대한 합의를 이루어내도록 했다. 특히 이명박 대통령이 9월 21일 '그랜드 바겐' 방안[44]을 내놓은 이후 한미 간에 잡음이 발생하고 있던 상황이어서[45] 한미 정책조율이 중요한 과제였다. 이후 10월 4일에는 원자바오 총

였다. 이러한 정황은 김영춘을 매개로 북중 간에 모종의 협의가 있었다는 점을 암시한다.

43 북한이 불가역적 방식으로 핵을 포기하면 미국은 안전보장, 북미수교, 대규모 경제보상 등을 제공한다는 제안이다.

44 미국의 '포괄적 패키지' 방안과 맥을 같이 하는 것으로 북한이 핵을 포기하면 400억 달러의 국제펀드를 조성하여 북한의 경제재건을 돕는다는 제안이다. 그러나 다분히 '先핵포기, 後보상'의 뉘앙스를 띠고 있어 북한이 수용할 가능성은 낮다는 지적이 많다.

45 이 대통령의 '그랜드 바겐' 제안에 대해 캠벨 미 국무부 동아태 차관보가 "그것은 이 대통령의 생각이고 나는 모르는 것"이라고 발언하고, 이 대통령이 "캠벨이 모른다는 것이 뭐 그리 대수인가"라고 반박하여 '그랜드 바겐'을 둘러싼 한미 간 이견이 있는 것 아니냐는 의혹이 제기되었다. 특히 캠벨은 북핵 문제 조율을 위해 아시아 국가들을 순방하면서도 한국은 그 대상에서 제외함으로써 이러한 의혹은 더욱 증폭되었다.

리가 북한을 방문, 2,000만 달러의 무상원조를 포함한 대북지원을 결정하면서 제재국면은 사실상 대화국면으로 반전되기에 이르렀다. 그 대가로 김정일은 "북미협상의 결과를 지켜본 후 6자회담을 포함한 다자회담에 복귀"할 의사를 밝혔다. 이와 동시에 남북, 북일관계 정상화 의지를 피력하기도 했다.

한반도 정세가 협상무드로 전환되면서 남북관계에서도 해빙모드가 조성되었다. 8월 10일 북한은 현정은 현대아산 회장을 통해 대남 화해메시지를 던졌고, 같은 달 김대중 전 대통령의 조문기간에는 특사조문단을 보내 정상회담을 포함한 남북관계 개선의지를 전달하기도 했다. 이어 이산가족 상봉, 적십자회담이 이루어졌으며, 최근에는 남북 정상회담과 관련해 모종의 실무접촉이 진행되고 있다는 설이 확산되고 있다.

물론 아직 대북제재가 끝난 것은 아니다. 중국의 대규모 원조에도 불구하고 한국정부는 북한이 6자회담에 복귀하고 비핵화 관련 합의가 도출되어야 제재를 끝낼 수 있다는 입장이다. 미국 역시 "완전한 비핵화를 향한 검증가능하고 되돌릴 수 없는 조치가 취해질 때까지 대북제재를 완화하지 않을 것"(클린턴 국무장관, 2009년 10월 27일)이라는 입장이다. 그러나 이는 북한을 6자회담으로 끌어내기 위한 압박전술의 일환일 뿐, 북한이 6자회담에 복귀하는 경우 제재국면은 사실상 종결되는 것으로 봐야 할 것이다. 10월 말 리근 북한 외무성 미주국장이 미국을 방문하여 성 김 6자회담 미국 측 수석대표와 접촉하였으며, 이를 토대로 12월에는 스티븐 보스워스 미국 대북특사가 방북하여 북미대화를 갖고 북한의 6자회담 복귀에 대한 원칙적 합의가 마련되었다. 현재 북한은 6자회담에 복귀하기 위해서는 제재가 먼저 해제되어야 한다고 주장하고 있으나, 이는 회담 복귀를 반대하려는 명분이라기보다는 회담복귀의 명분을 달라는 주장으로 해석된다.

그러나 6자회담이 재개되더라도 북핵 문제에서 당장 획기적인 돌파구가 마련될 가능성은 높지 않다. 오히려 2010년은 북핵 문제의 해법을 둘러싼 진지한 협상과 진통의 기간이 될 가능성이 높다. 현재 한국과 미국은 지난 '9.19 프로세스'의 실패에서 얻은 교훈을 바탕으로 다시는 '합의를 위한 합의'는 하지 않겠다는 의지가 확고하다. '9.19 프로세스'는 북한 핵 폐기를 '핵시설 동결 → 핵시설 불능화 → 핵시설 해체 → 핵무기 해체'라는 4단계로 구분하고 매 단계마다 그에 상응하는 보상을 매치시키는 방식으로 전개되었다. 특히 한 단계에서 다음 단계로 넘어갈 때마다 매번 새로운 협상을 벌이는 구도로 전개되었다. 이러다 보니 북한은 협상을 빌미로 무한정 비핵화를 지연시킬 수 있는 구조였던 것이다. 특히 핵시설 불능화(disabling)가 되돌릴 수 없는 방식이 아니라 손쉽게 원상 복구할 수 있는 방식으로 진행된 것이 문제였다.

따라서 한미 양국은 이 같은 오류를 반복하지 않기 위해 비핵화 프로세스 전체에 대해 구체적 시간표(time-table)를 확정짓는 일괄타결(big deal)을 구상하고 있다. 또한 비핵화의 이행은 북한의 비핵화 조치에 보상을 매치시키는 방식으로 단계적으로 진행하되, 동결과 같은 사소한 조치가 아니라 실제 핵무기 폐기와 직접 관련되는 보다 본질적인 부분부터 먼저 실행한다는 입장을 가지고 있다. 그렇지 않은 경우 현재 북한이 핵무기를 보유하고 있다는 점을 감안하면 협상이 장기화되어 협상의 과정이 오히려 북한의 핵보유를 묵인해주는 역설이 초래될 가능성이 높기 때문이다.

문제는 북한이 이러한 방식에 동의할 것인가 하는 점이다. 북한은 핵시설 폐기는 북미수교 및 경제보상과 맞바꿀 수 있지만, 핵무기 폐기는 북미수교 이후 미국의 대남 핵우산 폐지와 연계지어 폐기할 수 있다는 입장을 수차례 밝혀왔다. 즉 핵무기를 포기하기 위해서는 한반도가 비핵지대화 되어야 한다는 것이다. 따라서 한미양국을 비롯한 관련국들이 6자회담에서 핵무기 폐기를 우선으로 하는 일괄타결을 이루어내기 위해서는 비핵지대화에 대한 일정한 공감이 마련되어야 하는 상황이다. 그러나 비핵지대화는 한미동맹과 직결되기 때문에 한국과 미국이 이에 호응하기는 매우 어려울 것으로 보인다. 따라서 향후 6자회담은 북미수교를 최대 보상책으로 하여 하루빨리 핵무기 폐기의 시간표를 마련하자는 한미 양국의 입장과 북한의 비핵지대화 요구가 팽팽히 맞부딪히면서 협상은 지속하되 뚜렷한 성과는 없는 상황이 전개될 가능성이 높다.

그러나 미국과 북한이 자신들의 요구에서 한 발짝씩 물러나 새로운 합의가 도출될 가능성도 배제할 수는 없다. 북한이 핵무기 폐기의 전제조건으로 비핵지대화를 요구하고 있지만, 그것이 진심인지 아니면 보다 많은 양보를 이끌어내기 위한 블러핑인지는 아직은 알 수 없는 상황이다. 북한으로서는 후계구도의 완성을 위해 경제재건이 필요하고 이를 위해서는 외부투자가 있어야 하기 때문에 북핵 문제라는 걸림돌을 어떻게든 해결하고 넘어가야 하는 상황인 것이다.

오바마 행정부 역시 아프간 문제로 어려운 상황이기 때문에 북핵 문제를 중국에 아웃소싱하고자 하는 생각이 강할 것이다. 중국은 북핵 문제의 근본적 해결보다는 위기가 재발하지 않도록 상황을 관리하는 데 치중하는 입장이다. 따라서 미국과 중국이 근본적 비핵화보다는 상황 악화 방지에 무게를 두는 쪽으로 북핵 해법을 조율할 경우 핵무기 폐기를 우선한다는 기존 입장에서 물러설 가능성도 있다. 이 경우 북한이 비핵화의 전체과정에 대한 일정표만 동의해준다면 기존의 낮은 단계에서 높은 단계로의 점진적 비핵화 방식에 의한 새로운 비핵화 프로세스가 합의될 가능성도 있는 것이다.

제6장*

남·북·미 관계:
민족 vs. 동맹

북미관계는 자유주의 패권국과 잔존 공산국간의 대결 관계이자, 하나의 거인이 하나의 난쟁이(one giant, one pigmy)와 협상하는[1] 비대칭관계이기도 하다. 따라서 북미관계는 쌍방 간의 위협 인식에 대한 평가와 이에 따른 미국의 대 공산권 정책인 관여정책의 적용여부와 그 방법으로서의 양자협상이라는 방법론상의 적실성에 대한 논의가 중심이 되어 있다. 전형적인 근대적 국제정치의 과제인 셈이다.

한편, 남북관계는 한반도 주민이 전근대에서 근대로 이행하는 과정에서 발생한 제국주의의 기억과 정체성 정치, 국민국가 완성의 과제가 어우러진 근대 이행의 과제이다. 반면 한미관계는 최근 세계화와 미국의 반테러전, 그리고 군사혁신정책 등에 따라 전통적 근대 국제정치의 영역에서 탈피해 탈근대 이행과 관련된 문제로 전환하고 있는 추세이다.[2]

따라서 남북미 3각 관계에 대한 입론을 세운다는 것은 거시적 시대 단층의

---

* 본 장의 내용은 이정철, 2009, 「북미대립과 한미동맹: 변화와 딜레마」, 『한국정치연구』 제18집 1호; 이정철, 2009, 「북미대립과 남북관계: 변화와 동조화」, 『정신문화연구』 제32권 1호에 실린 내용을 수정보완한 것이다.

1 Waltz, Kenneth N.(박건영 역), 2000, 『국제정치이론』, 사회평론, p. 122.

2 전재성, 2007, 「한국 국제정치학의 향후 과제들」, 『국제정치논총』 46집 특별호, p. 238.

중첩과 복합 속에서 근대 이행, 근대, 탈근대의 문제를 하나의 일반 법칙으로 엮어내고자 하는 무리한 시도이다.[3] 이들 간의 상관관계를 밝힐 수 있는 일반 이론은 정립되어 있지 않다는 점 때문에 3각관계를 해명하고자 하는 시도는 대부분 특수성을 강조하는 경향이 있다. 그러나 특수성론에 대한 공감대는 약한 실정이다.

이 장에서는 북미관계의 변화를 중심으로 해서 북미관계가 남북관계 그리고 한미관계에 미치는 영향 혹은 그 연관성을 보고자 한다. 3각관계의 규칙성이나 상관성을 발견하는 것이 목표이긴 하나, 앞서 보았듯이 3각 관계에서 하나의 일반 원리를 발견하는 것은 매우 어려운 문제이다.

따라서 근대 국제정치의 문제의식을 가장 많이 담고 있는 북미관계를 기본축으로 해서 북미관계와 남북관계의 상관성을 먼저 그려보고, 다음으로 북미관계와 한미관계의 연관성을 추적하는 것이 바람직하다고 판단된다. 양자 비교에서는 일정한 패턴을 발견하기가 더욱 쉽고, 양자 간에 패턴을 추적할 수 있다면 이를 기반으로 3각 관계를 해명하는 또 다른 연구가 가능할 것이라는 기대가 있기 때문이다.

1. 북미관계: 특성과 시기별 구분

1) 북미관계의 3대 특징

(1) 비대칭억지: 미제 침략자들은 조선에서 까마귀밥이 되고 말 것이다

북미관계는 기본적으로 비대칭억지 관계이다.[4] 미국과 북한간의 양자 관계

3 위의 책, p. 238.

4 백학순, 2007, 「북미관계」, 세종연구소 북한연구센터, 『북한의 대외관계』, 한울아카데미, p.36, p.136.

에서 힘의 균형은 애초부터 불가능했다. 특히 한국은 미국에 대한 확고한 편승외교를 통해 북한의 위협에 대항한 반면, 북한은 중국이나 소련에 대한 편승보다는 자주외교, 자주국방에 더 주력하였다. 북한의 철학과 사상에 기인한 탓도 있으나 북방 내부 관계가 원활하지 못했던 측면도 동시에 작용했다고 볼 수 있다. 특히 탈냉전 이후 교차승인 없이 일방적으로 한중, 한러 수교가 이루어지자 비대칭 상황은 더욱 심화되었다. 탈냉전 자체도 비대칭적으로 작동한 것이다. 중국과 러시아가 한국과 수교를 맺은 반면 미국과 일본은 북한과의 적대관계를 지속하였다. 북한의 입장에서는 탈냉전이 한국에만 비대칭적으로 적용된 것으로 보였다.

북한이 핵무기를 본격적으로 개발하기 시작한 것은 이 즈음이었다. 심화되는 경제력 격차와 피포위 상황에 대처하여 재래식 무기와 불완전한 북방동맹만으로는 더 이상 힘의 균형 즉, 능력과 피해의 균형을 이룰 수 없다는 판단이 북한의 핵 개발 시도로 나타난 것이다. 제네바합의로 북한의 억지 전략은 일정한 성공을 거두는데, 당시 북한의 억지는 의지의 비대칭성을 이용해 위기고조의 부담을 상대방에게 떠넘기는(relinquishing initiative) 전략이 성공한 데 따른 것이다.[5]

2002년 9월 부시 독트린이 제기된 이후, 예방전쟁(preventive war)론이 공식화되었다. 당시 라이스 국가안보보좌관은 9.11 테러로 미국의 취약성이 명백히 드러난 이상 새로운 국가안보전략에서는 예방전쟁(preventive war)과 선제공격(preemptive strike)이 불가피하다고 설명했다.[6] 미국의 선제공격과 선제타격 교리가 공공연히 회자되고 특히 새로운 교리에 따른 대 이라크 전쟁이 개시된 데 맞춰, 이에 대응이라도 한 듯 북한은 핵무기 개발을 공식화하였다.

---

5 임수호, 2007, 「실존적 억지와 협상을 통한 확산: 북한의 핵정책과 위기조성외교(1989–2006)」, 서울대학교 박사학위논문, p. 244. 물론 의지의 비대칭은 능력의 균형 즉 피해의 균형이 유지될 때에만 유효하므로, 능력의 비대칭이 발생한다면 의지의 비대칭은 무력화된다. (임수호, 앞의 책, p. 107)

6 NSS, 2002.

그 이전까지 북한이 NCND라는 모호성 원리를 활용한 억지를 추구했다면, 이라크 전쟁 이후 미국이 반확산정책을 공공연히 하자 북한은 공식적인 핵개발 공표를 통해 억지를 추구한 것이다.[7]

부시 행정부가 반확산정책과 강압정책을 강화하고 능력의 비대칭을 추구했음에도 불구하고 북한의 억지가 유효했던 것은 단순히 의지의 비대칭성 곧 북한의 비대칭 위협만으로는 설명하기 어렵다. 이에 대해서는 실존적 억지 개념[8] 외에도 국제사회가 전통적 세력균형인 경성균형(hard balancing)의 시기가 아니라 연성균형(soft balancing)의 시기로 돌입했기 때문이라는 설명 역시 참고할 만하다. 즉 세계수준에서 부시정부의 이라크 공격과 이라크 주둔은 미국내 반발과 주요 강대국들의 비협조를 초래했고, 동북아에서도 중국, 러시아, 남한은 미국의 대북 공격이나 제재조치 시도에 대한 비협조경향을 나타냈기 때문에 동북아 지역에서도 일정한 연성균형이 이루어졌다는 것이다. 이런 설명은 북한의 비대칭 위협 '때문이' 아니라 북한의 비대칭 위협에도 '불구하고' 억지가 이루어졌다는 논리에 따른 것이다.[9]

(2) 갈등적 편승 vs. 무시, 그리고 다자주의: 위협한다고 대화하지 않겠다

앞서 보았듯이 북한은 미국을 '백년숙적'이자 '악마의 제국'[10]이라고 부르며 대미 군사 억지를 추구하고 있다. 그럼에도 불구하고 북한의 가장 큰 바람

---

7 북한의 대미 비대칭억지에 대한 사례연구로는 최소억지개념을 적용하고 있는 최용환, 2003, 「북한의 대미 비대칭 억지·강제 전략: 핵과 미사일 사례를 중심으로」, 서강대학교 박사학위논문을 들 수 있다.

8 실존적 억지론은 억지가 능력이나 군사적 논리가 아니라 심리적, 정치적 논리에 따라 작동하는 게임으로 본다. 따라서 단 1개의 핵무기, 곧 핵무기의 '존재 자체만으로도(existential)', 나아가 상대방이 핵무기를 가지고 있을지 모른다는 의혹만으로도 억지는 작동한다. 실존적 억지가 북한이 능력의 균형을 이루지 못함에도 불구하고 억지에 성공했던 것을 설명하는 데 사용되는 이유이다. 그러나 실존적 억지 개념은 순환론법에 빠질 위험이 있기 때문에 다른 설명 논리가 필요하다는 점도 기억해야 한다.

9 박용수, 2007, 「1990년대 이후 한반도 안보환경의 변화: 푸에블르호 사건과 비교해본 1, 2차 북핵 위기의 특징」, 『국제정치논총』 47집 2호, p. 67.

10 『로동신문』 2002년 6월 28일.

은 또한 북미 간의 외교적 공존이기도 하다. 외교적 대화를 위해 북한은 항시 극단적인 모험주의를 통해 미국을 대화의 장으로 유도하곤 했다. 소위 생존과 체제안정을 위한 벼랑 끝 외교 전략인 셈이다. 북미 간에는 '상호 피해야 하는 파국에 대해서는 동의하면서도 상호 선호하는 결과에 대해서는 합의를 이루지 못하는' 공동회피의 딜레마(dilemma of common aversion)[11]가 작동하기 때문에, 북한은 파국으로 이끌지 않는 수준에서 위협을 가하고 협상하는 즉, 갈등과 협력 사이에서의 줄타기를 한다는 것이다. 북한의 이런 이중적 태도를 현실주의 패러다임으로 설명한다면 갈등적 편승[12] 혹은 반미적 사대주의[13]라고 볼 수 있다.

북한의 벼랑 끝 외교[14]에 대해 부시 행정부는 특히 비판적이었다. 북한이 벼랑 끝 전술을 사용하자, 이에 대한 대안이 없었던 클린턴 행정부가 북한의 위협에 대해 채찍은커녕 보상을 해주었다는 것이 비판의 핵심이었다. 이는 미국 외교가 금기시하고 있는 유화정책(appeasement)이기 때문에 사실상의 패배라는 인식이었다.

부시 행정부는 벼랑 끝 외교 전략을 구사하는 북한과의 관계에 대해 세 가지 명확한 입장을 정리하고 있었다.[15] 하나는 북한과의 협상에서 레드라인을

---

11 Stein, Arthur A., 1990, *Why Nations Cooperate? Circumstance and Choice in International Relations*, NY: Cornell University Press, pp. 36–78.

12 갈등적 편승으로 북한의 대미 행태를 분석한 장노순은 약소국이 직접적인 위협을 받는 상황에서 편승하는 경우와 강대국 간 갈등이 발생한 상황에서 자국의 이익을 확보하려는 의도에서의 편승을 구분해야 한다고 주장한다. 이를 구분하지 않기 때문에 현실주의자들에게 강대국에게 대한 약소국의 편승이 갖는 의미가 모호하다는 것이다. (장노순, 앞의 책, pp. 379–397) 즉 약소국은 강대국의 강압에 의해 강제적으로 편승하기도 하지만, 강대국의 보상을 통한 유인책에 의해 자발적으로 편승할 수도 있다는 것이다. Randall L. Schweller, 1994, "Bandwagoning for profit: Bringing the Revisionist State Back In," *International Security*, Vol. 19, pp. 88–92.

13 김기정, 2005, 「21세기 한국외교의 좌표과 과제」, 『국가전략』 11권 4호, p.154.

14 북한의 벼랑 끝 전술을 이익 획득보다는 손실 회피에 더 큰 의의를 두고 전망이론의 관점에서 분석한 글은 황지환, 2007, 「전망이론의 현실주의적 이해: 현상유지경향과 상대적 손실의 국제정치이론」, 국제정치학회, 『국제정치논총』, Vol. 47, No. 3.

15 이 같은 입장은 2003년 부시 행정부의 대북 협상 라인과의 면담 결과를 토대로 작성한 내용

설정하지 않는다는 것, 다음은 북한과의 양자대화가 아니라 다자대화 틀 내에서 대화를 한다는 것, 끝으로 핵 문제는 평화적 해결 원칙에 입각하나 대화와 압력을 병행한다는 점에서 모든 옵션이 검토 대상(all options on the table)임을 숨기지 않는다는 것이다.

2003년 주일 미 공사로 재직 중이던 크리스텐슨[16]은 클린턴 행정부와 부시 행정부의 대북정책의 가장 큰 차이점을 레드 라인(Red Line) 설정 여부라고 하였다. 플루토늄 추출이나 폐연료봉 재처리 등을 레드 라인으로 설정해 놓고 북핵 문제를 다루는 것은 북한의 위반시 협상(양보)이냐 전쟁이냐의 극단적 선택에 몰리는 단점 때문에 북한의 페이스에 말려드는 것이어서 무의미하며, 오히려 외교적이고 평화적인 해결 노력을 하는 데 상당한 장애가 될 수 있다는 견해였다. 북한의 벼랑 끝 전술에 대한 미국의 학습효과는 '노 레드라인' 정책 즉 무시정책(neglect policy)[17]으로 나타난 것이다.

두 번째로, 부시 행정부와 클린턴 행정부의 차이점은 북한과의 양자 간 협상(negotiation)을 거부하는 것이다. "미국이 북한과 대화에 나서기를 희망하고 있지만, 이것은 성경에 나오는 사막에서 모세의 인도를 원하는 입장이며, 북한 핵문제를 미북 간의 문제로 보는 것은 옳지 않다."라는 마이클 그린 전 NSC 국장의 주장은 다자주의가 북한의 벼랑 끝 전술에 대한 고심 끝에 나온 대응책임을 분명히 보여주는 대목이었다. (2003년 7월 10일) 초강대국인 미국은 자신의 발언권이 1/n이 되는 다자간 대화보다는 힘의 논리가 용이하게 전달되는 양자 간 대화를 선호하는[18] 경향이 있다. 그런데 유독 북한과의 대화에서만은 다자간

이다. 주요 면담 대상자는 제임스 켈리(James Kelly) 동아태 담당 차관보(7월 14일), 마이클 그린(Michael Green) 백악관 NSC 동아시아 국장(7월 10일), 잭 프리처드(Jack Pritchard) 대북협상특별대사(7월 10일), 리처드 롤리스(Richard Lawless) 국방부 부차관보(7월 16일), 리처드 크리스텐슨(Richard Christensen) 주일 미 공사(7월 4일)이다.

16 리처드 크리스텐슨 주일 미 공사와의 인터뷰(2003년 7월 4일).

17 이 같은 미국의 정책을 구갑우는 북한에 대해 협상 자체가 불가능한 분위기를 조성하는 '공격적 방치(hawkish neglect)' 또는 비포용정책이라 평가하였다. 구갑우, 2002, 「비판적 국제이론과 한반도 평화과정: 대안적 연구의제의 설정」, 『통일정책연구』 제11권 1호, 통일연구원, p. 22.

대북 정책의 레드 라인(Red Line)

■ 대북정책에 설정된 정책전환의 한계선

- 클린턴 행정부 시절, 대북 관여정책이 실패할 경우 봉쇄정책으로 전환하는 기준을 마련한 것이 레드 라인임.

■ 한미 양국은 레드라인의 설정기준에 시간 개념은 도입하지 않고 북한의 행위를 기준으로 기준선을 판단하여 북한의 행동에 대한 리스트를 마련하였음.

대화를 고집하는 데는 북한과의 양자 간 대화가 북한의 이중 플레이와 벼랑 끝 외교의 성공 가능성을 높여주기 때문이라는 정치적 판단이 있었다.[19] 동시에 '핵문제'뿐만이 아니라 '북한문제' 일반 즉, 대량살상무기 외에도 인권, 재래식 무기 등을 포함한 북한의 변화 전반을 강제하는 접근법을 취하기 위해서는, 연관국가의 공동의 압력이 필요하고 이를 위해서는 양자 대화보다는 다자간 레짐이 유용하다고 본 것이다. "부시 대통령이 가장 관심을 둔 것은 미국과 북한의 핵문제에 관한 것이라기보다는, 한국, 일본, 미국, 중국 및 경우에 따라서는 러시아까지 참여하는 다자간의 협의를 통하여 북한의 변화를 유도한다는 것"이라는 프리처드(2003년 7월 10일)의 주장은 북핵 문제에서 북한문제로 전환하여 효과적인 대북관리체제를 구축하고자 하는 부시 행정부의 새로운 접근법을 잘 드러내주는 대목이다.[20]

세 번째로, 부시 행정부와 클린턴 행정부 간의 또 다른 차이점은 대화와 압력을 병행한다는 원칙을 강요하는 점이다. 이는 북한이 원하는 방식이 아니라 미국이 원하는 방식으로써, 곧 힘에 대한 굴복을 요구하는 것이었다.[21] 핵

---

18 Weber, Steve, 1993, "Shaping the Post War Balance of Power: Multilateralism in NATO," J. Gerald Ruggie ed. *Multilateralism Matters: The Theory and The Praxis of Institutional Form*, Columbia Univ. Press, pp. 235–236.

19 리처드 크리스텐슨 주일 미 공사와의 인터뷰(2003년 7월 4일).

20 한편, 다자주의적 접근에는 또 다른 해석과 평가가 제기된다. 미국은 북한 문제를 중국과 공동관리한다는, 이른바 미중협조체제 문제이다. 이에 대해서는 뒤에 다시 다루기로 한다.

21 전통적인 현실주의적 편승정책이라 볼 수 있다. 이에 대해서는 Walt, Stephen M., 1987,

문제 해결에서도 리비아 모델과 같은 논의가 선호된 것도 같은 맥락에서였다. 심지어는 모든 가능성을 포함한다(all options on the table)며 대북 군사적 강경책도 선택할 수 있음을 분명히 하여 선제공격론, 핵시설 타격론을 강조하였다. 그러나 2006년 부시 행정부는 중간 선거에서의 참패로 더 이상 힘의 외교를 지속할 수 없었다. 민주당 주도 상하원의 등장, 럼스펠드 국방장관의 낙마, 볼튼 유엔 주재 미 대사의 경질 등 미국 내 강경파의 쇠퇴는 부시 6년 노선수정을 의미하였다. 부시 행정부의 대북 라인은 강경대 온건의 대립이 아니라 초강경(Harder)대 강경(hard)이라던 호기[22]는 사라지고 부시 행정부 역시 비확산이라는 레드라인 설정, 양자 간 대화 수용 그리고 '북한문제'로부터 '북핵 문제'로 재회귀라는 변환을 수용하지 않을 수 없었다. 상황은 진행형이지만, 북미관계가 갈등적 편승관계라는 설명은 조금 더 적실성이 높아지고 있다.

(3) 인식과 접근의 분리: 제네바합의는 시간벌기 전략 vs. 승리에 자만 말고 군대 강화

북미관계는 상호간 주권 부정의 관계이다. 북한의 주장에 따른다면 양자관

The Origins of Alliances, Ithaca: Cornell Univ. Press, pp. 30-31을 참조할 것.

22 대북 라인의 정책 이견의 본질은 <동맹우선주의 vs. 비확산우선주의> 간의 문제로서 당시 이들 이견의 내용으로는 한미일 동맹의 틀 내에서 북핵 문제를 풀어야 한다는 견해와 핵비확산은 기존 동맹과 무관한 반테러전의 대상이라는 견해의 대립과정에서 후자, 즉 비확산우선주의는 한국 등 동맹국의 반대와 무관하게 북한의 에스컬레이션에 대한 군사적 조치가 필요하다는 입장을 견지하고 있었던 것으로 전해진다. 전자가 아시아 지역전문가(specialist) 그룹이라면, 후자는 구소련 해체정책경험자들로 구성된 구공산권정책전문가(generalist) 그룹이다. (리처드 부시, 2003년 7월)

분류	동맹 우선주의 그룹	비확산(nonproliferation) 우선주의 그룹
특성	· 국무부, NSC 중심 · 한미동맹의 틀 내에서 북핵 문제고찰 · 아시아 지역 전문가(specialist)	· 정권 내 각부처 포진, 신보수주의자(네오콘) 그룹 · 비확산문제는 반테러전의 대상, 구 동맹체제와는 무관한 문제 · 구공산권 정책전문가(generalist)

부시 대통령은 이들 간 이견을 시스템으로 해결하기보다는 대통령 개인에게 최종 권한을 집중시키는 방법을 통해 자신의 정책 주도권을 확보할 수 있었다고 평가된다. 이는 2006년 이후 부시 대통령의 정책 변화를 가능하게 하는 요소가 되기도 했다고 하겠다.

계는 국제법상 상호 적대적이고 정전상태에 있는 교전 당사국 관계이다. 다소 과장이긴 하지만, 미국과 북한은 정상적인 국가관계가 아니라는 점에서 북한의 주장은 일리가 있다. 그럼에도 불구하고 미국과 북한은 유엔 회원국으로서 간접적이지만 상호관계를 맺고 있고, 제네바선언이나 북미 공동코뮤니케 등 현재 그 효력을 확인할 길 없긴 하지만 정부간 공동선언을 갖고 있기도 한 관계이다.

이 같은 현상은 북미관계가 인식과 접근의 분리를 특징으로 하고 있기 때문에 나타나는 특성이다. 미국은 북한을 불량국가(rogue state) 혹은 악의 축(axis of evil)으로 규정하며 북한의 위협에 대한 강조를 게을리 하지 않는다. 반면 앞서 보았듯이 북한은 미국이 아직도 자신들에 대한 선제공격 의사와 북침 전략 책동을 포기하지 않고 있다며, 대미 위협 인식을 체제 안정의 사활적 과제로 제기하고 있다. 미국의 입장에서는 북한의 능력은 보잘것없지만 그 위협을 강조함으로써[23] 북한에 대한 인식 변화에 소극적이고, 북한은 미국의 세력과 힘에 의한 능력을 강조하는 것뿐만 아니라 이라크 전쟁과 같은 선제공격 사례를 거론하며 위협인식을 소홀히 하지 않고 있다.

위협인식과 접근법의 분리를 가장 잘 보여주는 합의가 제네바합의이다. 미국의 대북 관여정책이 시작된 것은 1998년 페리프로세스가 가동되기 시작하면서 부터였다. 1994년 제네바합의를 전후해서도 미국의 대북 인식에 변화는 없었다. 미국은 북한이 붕괴할 것이라는 인식론적 전제에 기반해서 북한과의 합의에 동의한 것이지, 북한에 대한 위협인식의 변화 즉, 북한의 변화 가능성에 대한 어떤 환상(appeasement)을 가진 것이 아니었음을 수차에 걸쳐 표명하였다. 이는 1차 북핵 협상을 이끌어낸 갈루치나 의회의 입장을 반영한 아미티지 리포트[24]의 대표적인 변론이었다. 제네바합의는 비확산 레짐을 유

---

23 Walt, *op. cit.*

24 Armitage, Richard, 1999, "A Comprehensive Approach to North Korea," *Strategic Forum 159* (March). 아미티지에 따르면 미 의회와 여론이 초반에 제네바합의를 지지했던 이유는 그것이 북한 핵 프로그램을 종결시킬 것이라는 가정, 북한을 연착륙시킬 수 있다는 가정, 그

지하기 위해 북한 체제를 용인해준 일종의 거래 즉, 비확산과 체제 안정 간의 맞교환[25]이지, 북한에 대한 인식의 변화로 협상이 시작되었던 것이 아니었다는 주장이다.[26]

이는 북한 역시 마찬가지여서, 당시 북한 역시 북미 합의에 이떠한 환상과 미련도 없음을 분명히 하였다. 그 대표적인 주장이 선군정치의 기원에 관한 북한의 주장이다. 북한이 선군정치를 시작한 것은 1995년 1월 1일로 정식화되어 있다. 김정일이 1월 1일 다박솔 초소를 방문한 것이 선군정치의 개시 시점이라는 주장이다. 그러나 실제 선군정치의 시작 시점은 1994년 10월경으로 알려져 있다. "김정일 장군께서는 1994년 10월 군대이자 당이고 국가이고 인민이라는 독창적인 군중시 정치철학을 천명하셨다[27]"라고 밝힌 이 시점은 사실상 제네바합의가 성사된 바로 그 즈음이다. 왜 북한은 제네바합의가 체결되고 모든 전쟁 위기가 평온으로 돌아간 바로 그 시점에 선군정치를 시작한 것이라고 주장할까?

> 정세의 완화에 따라 군사를 완화시키는 것은 적에게 침략과 전쟁의 결정적 순간을 제공해주는 것과 같다. 세계전쟁사는 1941년 12월의 진주만 공격을 앞두고 일제가 여느 때없이 미국을 상대하여 평화공세를 벌리고 1942년 6월 쏘련방 침공을 앞둔 히틀러가 례의 이상의 화친을 호소한 사실이라든가 력대의 전쟁개시일, 전쟁개시시간이 가장 긴장이 풀리고 해이된 순간을 노려 선택되였음을 보여주고 있다.[28]

리고 여기에 이를 때까지 '미국이' 시간을 번다는 가정에 기초해 있었다고 한다. (임수호, 앞의 책, p. 231).

25 김기정, 앞의 책, p. 154.

26 미국의 이런 태도도 현재까지 일관된 것이다. 미국의 가장 큰 역할은 북한의 속임수를 밝혀내고 고립시키는 데 있다는 볼튼의 발언은 북한에 대한 미국의 인식을 적나라하게 보여주는 것이다.『연합통신』2004년 3월 31일.

27 김철우, 2000,『김정일 장군의 선군정치』, 평양출판사, p. 264.

28 위의 책, pp. 92–93.

김일성 사후 100일이 되는 그 시점 김정일은 정상적인 국가체제로 돌아가기보다는 오히려 체제유지를 위해 군사를 앞세우는 비상체제를 유지하기로 결심하고 있었다는 대목이다. 제네바 협정이 체결되는 순간에도 북한은 미국에 대한 위협 인식을 변화시키지 않았음을 적나라하게 드러내준다.[29]

이 때문에 김정일은 김일성의 사망으로 공석이 된 주석 자리에 선출되는 요란한 정치행사보다는 '선군'이라는 정치담론을 통해 기존 체제 하의 국방위원장이라는 직위를 선택했다. 제네바합의가 타결되었음에도 불구하고 경제 압박과 정치 봉쇄를 예상하고 있었기 때문에 이에 대한 대응방법으로 비상시스템 즉 군사체제를 유지하는 방식을 택한 것이다. 그것이 바로 북한이 설명하는 선군령도의 탄생 배경이다.[30]

선군체제는 피포위의식(siege mentality)과 선도의식이 결합된 항구적인 비상체제이다.[31] 북한이 제네바합의를 이행하지 않을 것이라는 국제사회의 불신만큼이나 북한 역시 미국이 제네바합의를 이행하기는커녕 자신들을 상대로 한 봉쇄를 강화할 것이라고 예측한 것이었고, 바로 그만큼 북한은 자신들의 핵전략에서 후퇴할 의사가 없었다. 북한의 이 같은 완강한 태도는 제네바합의가 북한의 자유화와 내적 변동을 이끌어낼 촉매제가 될 것이라는 미국 측

---

29 북한의 우려를 심화시켜준 것은 아마도 제네바합의 직후에 실시된 미국 중간 선거에서 소위 공화당 혁명이 일어나고 하원이 공화당 다수 의회로 전환된 사실이었을 것이다. 깅그리치를 필두로 하는 신 공화당 주자들은 하나같이 대북 강경론자들이었고 북한은 의회 통제력을 상실한 미 행정부에 대해서 신뢰할 수 없다는 우려를 지니고 있었을 것이다.

30 이에 대해서는 북한의 김정일이 미국과의 타협적 노선을 승인한 데 대해 군부의 불만을 무마하기 위해 군부와 타협하지 않을 수 없었던 정치적 역학관계가 있다는 해석도 가능하다. (장달중, 1999, 「김정일 체제와 주체비전」, 고려대 아세아문제연구소, 『아세아문제연구』 통권 101호, pp. 267-272)

31 피포위의식이라 함은 중국과 러시아가 남한을 승인한 데 비해 미국과 일본은 북한을 적대시 함으로써 여전히 북한은 사실상의 고립 상태에 있다는 심리적 상태이고, 선도의식이란 함은 이런 사회주의 붕괴의 시기에 자신들만이 유일하게 반제국주의 사회주의 혁명을 지속하고 있다는 사명감을 의미한다. 이 같은 동원논리에 기반해서 체제 유지를 위한 정당화에 나선 결과가 바로 선군체제인 것이다. 물론 선군체제는 처음에는 비상시국을 이끌어가는 통치 '스타일' 즉 리더십 형태로 등장했다. 그러나 이것이 장기화되면서 '시스템' 즉 조직적으로 국방위원회가 군사와 행정을 동시 관할하는 형태로 제도화된 체제로 등장한 것이다.

의 기대를 여지없이 허무는 것이었고, 결과적으로 실질적인 대북 협상에 착수하기까지는 미국 스스로가 자신들의 기대가 헛된 것이었음을 확인하기까지의 시간이 필요했다.[32]

이 같은 공전기간은 다시 북한이 미국의 대화 의지를 의심하기에 충분한 시간이었고, 북한이 1990년대 내내 강경 핵정책에서 한 번도 물러서지 않은 것도 이 같은 악순환의 귀결이었다. 이는 2002년 부시 대통령의 '악의 축' 발언 이후, 자신들이 선군정치를 채택한 것이 백 번 옳았다는 자기 합리화로까지 연장되고 있다.[33]

> 우리는 미제의 책동으로 조성된 오늘의 정세를 놓고 지난 수십 년간 허리띠를 조이며 강위력한 자위적 국방력을 건설한 것이 백번 옳았으며 우리 당의 선군혁명로선과 선군정치방식이 얼마나 정당한 것인가를 다시금 깊이 느끼게 된다.[34]

이처럼 북미관계는 상호간 인식의 변화가 없이 체계와 환경변수에 따라 접근법에서만 변화가 있어온 관계였다. 뒤에서 보겠지만, 미국의 대북 인식의 변화가 타진된 시점은 클린턴 행정부 말기였던 페리프로세스가 나오던 시기였다. 이때는 남북관계가 급물살을 타면서 북미관계의 변화를 재촉하던 시기였고 한미관계 역시 IMF 이후 최고도에 달하던 시기였다. 미국의 대북 접근법 변화뿐만이 아니라 진정한 인식변화는 3각관계의 상호 상승작용 속에서만 가능할 수 있음을 보여준 짧지만 중요한 시기였다. 동 시기에 북한의 대미인식 역시 변화 가능성을 보였음은 물론이다. 이하에서는 상호간 접근법의 변화를 시기별로 보고자 한다.

---

32 Lee, *op. cit.*, pp. 179–180.

33 "우리는 미제의 책동으로 조성된 오늘의 정세를 놓고 지난 수십 년간 허리띠를 조이며 강위력한 자위적 국방력을 건설한 것이 백번 옳았으며 우리 당의 선군혁명로선과 선군정치방식이 얼마나 정당한 것인가를 다시금 깊이 느끼게 된다."(『로동신문』 2002년 6월 17일)

34 『로동신문』 2002년 6월 17일.

2) 북미 간 접근법 변화에 따른 시기 구분

탈냉전 이후 지금까지 미국과 북한은 상호간 위협 인식에 변함이 없었음은 앞서 보았던 대로다. 반면 서로에 대한 양국의 접근법은 시기별로 차이가 있었다.

탈냉전 이후 북한의 대미 접근법은 미국 주도의 단극 질서를 인정하면서도 이로부터 체제안정을 보장받는 방안으로 일관되어 있었다. 자신의 구 동맹 진영이 힘의 역관계에서 확실한 세력 열위 혹은 해체국면에 놓여 있었고 한미일의 대북 포위구도가 심화되었기 때문에 북한으로서는 다른 선택이 있을 수 없었다. 북한의 대미 접근법이 공세적으로 보이는 시기에도 사실은 그것이 미국의 대북 정책에 대한 반응적 양상으로 나타날 수밖에 없는 이유였다.

이 점에서 북미 간의 접근법 변화는 미국의 대북 접근법의 변화에 따라 구분된다고 보는 것이 솔직한 것이다. 미국의 대북 접근법은 클린턴 행정부 시기와 부시 행정부 시기로 대별되지만, 이를 더욱 구체화하면 다음과 같이 네 가지 시기로 나눌 수 있다.

(1) 1기 체제보장과 비확산의 교환: 제네바합의

먼저 제네바합의를 전후한 시기이다. 주지하다시피 미국의 대북 접근법에 변화가 시작되어, 북한의 체제 보장과 비확산을 교환하는 레짐이 형성된 시기다. 북한의 내파(implosion)를 기대하며 사실상 조건부 체제 인정의 대가로 비확산을 얻어내는 접근법이 수립된 시기였다.[35] 당연히 제네바합의는 기대에

35 1995년 말 스탠리 로스 NSC 아시아담당 특보는 "미국의 대북정책은 북한이 조만간 붕괴할 것이라는 맥락에서 수립되었다"라고 발언한 바 있다. Mann, Jim, "U.S. Watches North Korea for Signs of Collapse," *Los Angeles Times* (February 12, 1996) 재인용. 1996년 3월 게리 럭 주한미군 사령관 역시 "문제는 북한이 붕괴하는가 안하는가가 아니라, 언제, 어떻게 붕괴하는가, 내파(implosion)인가 외파(explosion)인가 여부이다"고 주장한 바 있다. Testimony before the House Armed Service Committee (March 16, 1996). 1997년 3월 고어 부통령 역시 비무장지대를 방문한 자리에서 "북한체제가 붕괴하고 있기 때문에 한반도

비해 그 이행 과정이 지지부진할 수밖에 없었고 북미관계는 제한적 접촉 이상이 불가능했다.

(2) 2기 전면적 관여정책: 페리프로세스

다음은 미국이 본격적으로 자유주의적 대북 정책을 입안했던 시기이다. 소위 페리프로세스가 마련되는 과정에서 나타난 대북 접근법의 변화였다. 페리프로세스는 전면적 대북 관여정책(engagement policy)으로의 변화를 명백히 한 것이었다.[36]

이 시기에 새롭게 제기되기 시작한 북한의 금창리 핵시설 의혹과 1998년 8월의 대포동 미사일(혹은 광명성 1호)발사로부터 초래된 위기 상황에 대해 미국은 이전과는 다른 방법으로 문제해결의 길을 밟아갔다. 즉 IAEA 등과 같은 국제기구나 한국 정부의 개입이 없이 처음부터 북미 직접협상을 통해 문제를 풀어간 것이다. 현안문제 해결과 함께 근본문제 즉, 한반도 냉전구조 해체의 동

냉전은 오래가지 못할 것"이라고 주장한 바 있다. 『조선일보』 1997년 3월 31일 재인용 (임수호, 앞의 책, p. 211).

36 <페리프로세스>는 두 가지 대안적 전략으로 구성되어 있다. 우선, 북한에 대한 '포괄적, 통합적 접근(comprehensive, integrated approach)'으로서, 북한이 핵 및 미사일 프로그램을 완전하고 검증가능하게 포기하는 대가로 미국은 북한의 안보적 우려를 해소해주고 정치, 경제적으로 전면적으로 포용한다는 것이다. 둘째, 반면 북한이 이 접근에 호응하지 않는다면, 북한의 위협을 봉쇄하는 조치를 취함과 동시에 첫 번째 접근으로 유도하기 위해 단호한 조치를 취한다는 것이다. 페리는 이 두 가지 전략 중 전자가 우선시 되어야 한다고 권고했다.
제네바체제에 비한 페리프로세스의 특징은 핵과 미사일 문제를 제외한 나머지 문제들, 예컨대 남북관계 개선이나 북일관계의 이슈들, 북한의 재래식전력문제, 생화학무기 문제, 마약거래 문제, 인권문제 등 이른바 '기타 광범위한 우려들'은 대북관여의 전제조건으로 삼지 않는다는 데 있었다. 즉 제네바합의 이후 다양한 이슈들로 북미협상의 초점이 분산됨에 따라 핵과 미사일이라는 긴급한 문제의 해결이 지연됐다는 인식이었다. 또한 포괄적, 통합적 접근을 위한 북미협상이 진행되는 과정에서 북한이 '복합적 신호' 예컨대 협상력을 높이기 위한 목적이나 북한 내부의 불일치로 인해 도발적 행동을 하더라도 일희일비해서는 안 되며, 포괄적, 통합적 접근을 일관되게 밀고나가야 한다고 권고하고 있다. 이를 위해서 한미일 3국의 긴밀한 대화(TCOG)와 의회의 초당적 지지가 필수적이라고 권고했다. (Perry, William, *Review of United States Policy Toward North Korea: Findings and Recommendations* (October 12, 1999), pp. 8–13; 임수호, 앞의 책, pp. 239–240 재인용)

시병행이라는 '포괄적 접근을 통한 대북 관여정책(Comprehensive Engagement Policy)'이 한미(일) 간 대북 공조의 기본 개념으로 등장함으로써,[37] 과거와는 달리 북미 직접협상이 냉전 해체의 유용한 도구로 부각되기 시작했다.

이제 클린턴 행정부의 관여정책이 북한에 대해서도 본격적으로 적용되기 시작했고 또한 일정한 성과를 낳기 시작했다. 양국은 1999년 3월 금창리에 대한 북한의 추가사찰 허용, 지하시설의 복수현장 사찰 등에 합의하였다. 또한 북한이 장거리 미사일 시험 발사를 유예하겠다는 의사를 1999년 9월 북미 베를린 합의, 2000년 10월 12일 북한의 조명록 차수 방미시 발표된 북미 공동코뮤니케, 2000년 10월 23일 평양 5.1 경기장을 방문한 올브라이트 미 국무장관에 대한 김정일 위원장의 구두 언명 등에서 수차례 확인하였다. 미국 관여정책의 성과라 할 만했고 미국의 대북 접근법은 점차 가속도를 내고 있었다. 1999년을 기점으로 이루어진 미국의 자유주의적 대북 접근법은 그 점에서 1950년 이래 가장 획기적인 것이라 할 만한 내용이었다. 이 같은 관여정책은 부시 행정부 초기 국무부가 마련한 대담한 접근법(bold approach)에도 일부 영향을 미치고 있었다.

(3) 3기 반확산과 매파적 무시: 아미티지 리포트와 부시 행정부

클린턴 행정부의 대북접근법 변화의 이면에는 쌓여가는 의회의 불만이 있었다. 공화당이 주도했던 미 의회의 불만은 차기 행정부 즉 부시 행정부의 등장 이후 등장한 현실주의적 접근법[38]과 밀접히 연관되어 있었다. 사실 이는 전통적 현실주의 패러다임을 넘어 반테러전과 군사혁신, 전 세계적 수준의 미군 재배치(GPR) 등 새로운 군사안보교리와 결합된 것으로서 예방공격, 선제핵공격 등을 전제로 하는 대단히 공격적인 접근법으로 비쳤다. 이는 미사일

---

37 임동원, 2002, 「제1차 남북정상회담의 성사과정과 향후 과제」, 『남북한 관계의 회고와 전망』(2002년 한국정치학회 하계 학술대회 자료집), pp. 39–40.

38 함택영, 2002, 「정상회담 이후 남북한관계 및 평화체제 전망」, 서대숙 외, 『정삼회담 이후의 북한』, 경남대 극동문제연구소, p. 261.

방어망, 선제공격 독트린, 차단조치 등의 반확산 '능력'을 강화함으로써 북한의 벼랑 끝 전술을 무력화하고 능력의 비대칭성을 이용해 위기고조의 부담을 상대방에게 떠넘기는 전략(escalation dominance)이기도 했다.[39]

한편, 미국의 대북 접근법의 또 다른 특징은 북미관계를 미중관계의 하위 변수로 다루는 데서도 나타났다. 소위 북미 양자 간 접촉을 거부하고 중국을 통한 북한 관리를 추구하는 미중협조체제 전략이었다. 이미 아미티지 리포트에 명시된 미국의 다자적 접근법은 사실상 북한 정권을 인정하지 않는다는 의사의 표현이자, 중국의 대북 관할권과 대미 협력 의사를 검증하고자 하는 전략적 사고의 일단이었다.[40] 이는 중국을 수정주의 국가로 보기보다는 현상유지적 국가라고 보고 북한문제 등에 관해서 중국을 파트너로 삼아 중미 간 이익균형을 취한다는 구상이다.[41] 이는 스나이더[42]의 공동통치(condominium) 개념처럼, 현 국제질서의 현상유지라는 묵시적 합의 속에서 국가이익을 상호 부합시키려는 전략적 체제라고 할 수 있다.[43] 북한의 핵실험을 전후해서 중국이 북한에 보인 전례 없는 강경한 태도는 중미협조체제가 존속되고 있음을 뒷받침하는 근거라는 주장이다.

---

39 임수호, 앞의 책, p. 244.

40 Armitage, *op. cit.*

41 사실 부시 행정부 초기에 중국의 대한 미국의 경계심은 매우 높았다. 네오콘들의 논지 중의 하나는 중국 검증과 압박론이었다. 중국에 대한 위화(圍和; con-gagement)정책이 제기된 것이다. 앞서 4장에서 언급한 바와 같이 중국에서 위화 즉 포위적 화해 혹은 포위적 접촉으로 번역되는 본 개념은 Khalizad(2000, 6–11)가 미국의 랜드(RAND) 연구소의 보고서에서 처음으로 제기한 개념이다.

그러나 9.11 이후 미국의 정책 우선순위가 반테러전으로 결정되고 아프간 전쟁과 이라크 전쟁을 시작하면서 미국은 중국의 협조를 구하는 방향으로 정책을 선회한 것이다. 중국이 미국의 반테러전에 적극 협력하면서 중국에 대한 부시 행정부의 초기 의구심은 해소되기 시작했다. 미중협조체제 즉 6자회담의 단초가 된 북중미 3자회담이 개최된 시점은 이라크 전쟁이 개시된 직후인 2003년 4월이었다는 점도 눈여겨 볼 부분이다.

42 Snyder, *op. cit.*, pp. 484–486.

43 박홍서, 앞의 책, pp. 87–88; 신상진, 2007, pp. 70–73.

(4) 4기 정권교체론의 쇠락과 정권변환론의 부상: 젤리코 구상과 동맹전이 이론

끝으로, 2.13 합의에 나타난 부시 행정부의 새로운 접근법이다. 2006년 이후 미국의 대북 접근법을 보는 가장 중요한 키워드는 두 가지다. 하나는 북한의 핵 실험이고 다른 하나는 미국의 젤리코 보고서이다.

사실 부시 행정부가 집권 6년간 북한 정권에 대해 취해온 인식과 접근법은 북한 위협론을 넘어 북한 붕괴론 즉, 정권교체(regime change)론에 가까운 정책 성향을 보여 왔다. "북한의 정치적 붕괴를 두려워해서는 안 된다"거나 "사람들이 (북한의) 안정에 성원을 보낼 때마다 나는 충격을 받곤 했다. 김일성이 사망했을 때, 그의 아들이 권력을 승계해서 안도했다는 상당수의 (미국) 관리들의 발언이 보도되었다. 나는 그 말을 도통 이해할 수가 없었다"는 월포비츠의 증언[44]은 부시 행정부 초기 정책 입안자들의 성향을 잘 보여준다. 이 같은 논지는 북한의 붕괴는 일시적으로 지역에 위험한 상황을 만들어내겠지만, 그 우려에 압도되어서는 안 되며, 오히려 현 상태의 지속보다는 그러한 "변화(정권붕괴)가 더 낫다"는 의미였다.[45]

부시 행정부가 북한 정권의 교체를 어떤 강도로 추진했는가에 대해서는 확증하기 어렵다. 그럼에도 불구하고 부시 대통령의 악의 축 발언에 이은 대북 무시 정책 그리고 북핵 문제를 인권, 마약, 위폐 등을 포괄하는 북한문제로 전환하고자 했던 시도는 북한 정권을 인정하지 않는다는 태도로 받아들여지기에 충분했다.

이런 미국의 대북 접근법에 변화가 감지되기 시작한 것은 2004년 이후부터였다. 미국 내에서 정권교체가 아닌 정권변환 논의가 시작되었기 때문이다.

---

44 Testimony of Paul Wolfowitz before U.S. Senate Committee on Foreign Relations Hearings on The North Korean Nuclear Accord (January 25, 1995).

45 네오콘의 일원인 에버스타트는 북한을 붕괴시키는 것이 체제연명보다 비용이 적게 들며, 붕괴의 시기가 촉진될수록 그 비용은 더욱 줄어든다고 주장하고 있다. Eberstadt, Nicholas, *The End of North Korea* (AEI Press, 1999).

Regime Change와 Regime Transformation의 차이(R. Bush, 2003년 7월)

- Regime Change: 자연인으로서의 김정일 자체의 실각을 포함하여 본격적인 체제 속성의 전환을 요구
- Regime Transformation: 김정일 정권과 북한체제의 존속을 인정하되, 지금과는 근본적으로 다른 정권형태를 띠는 경우. 최소한 소유제 변화를 동반하는 중국식 개혁 개방을 요구
- 햇볕정책은 Regime Acceptance로 볼 수 있음

이 시기 미국 정책 결정권자 내에서는 대북 정책에 대한 이견이 더 심화되고 있었고, 국무부를 중심으로 한 대북 협상론자들의 주장이 조금씩 강화되고 있었다. 6자회담이 진행되어 가면서 미국 내부의 이런 갈등은 더 심각해져 갔는데, 그 대표적인 경우가 9.19 공동성명과 동시에 진행된 미국의 대북 금융제재조치였다.

어쨌든 북한은 이런 상황을 맞이하면서 대화의 전면 중단을 선언했고 6자회담은 교착되었다. 이 시기에 라이스를 중심으로 한 국무부 라인이 마련한 대북 정책 전환 보고서를 흔히들 '젤리코 보고서'라고 부른다. 라이스 장관, 졸릭 부장관, 그리고 젤리코 국무부 고문은 유럽의 경험을 한반도에 적용하는 방안을 고민하였다는 것이다. 유럽의 냉전을 종식시켰던 전략적 지렛대를 분단국가 한반도의 냉전을 해결하는 데 활용하자는 것이다. 젤리코 고문은 2005년경 자신의 구상을 라이스 장관에게 보고한 것으로 알려지는데, 이는 2006년 초 전략 개념 보고서로 구체화되어 부시 대통령에게도 전달되었다고 한다. 유럽에서의 경험과 유사하게 현재의 정전상황을 영속적인 평화조약으로 바꾸고 한국의 통일을 지원하며 동북아의 새로운 평화 안정의 다자틀을 만든다는 것이다. 미국이 강요하는 것이 아니라 한국인 스스로가 국익에 따라 한미동맹 유지를 선택하도록 풀어간다는 구상으로 알려져 있다.[46] 젤리코가 스스로 밝히는 젤리코 구상의 내용과 연원은 다음과 같다.

> 우린 방어적 접근법(defensive approach)에 외교적 접근법을 결합했다. (북한을 상대로) 유례가 없는 단호함을 보이면서 유례없는 대화 노력을 하는 것이다. 우리는 중국과 같은 책임 있는 관계 당사국을 끌어들여 믿을 만한 다자의 틀로 이 두 가지 접근법을 둘러싸는 방식을 택했다. 이게 라이스 장관이 구사해온 대북 전략의 세 가지 기둥이다. 우린 2005년 여름과 가을 부시 대통령과 여러 차례 이 문제를 논의하면서 생각을 가다듬었다. 부시 대통령은 우리의 기본 개념에 지지를 보냈다. 그리고 마침내 다음해 후진타오(胡錦濤) 중국 국가주석에게 그 뜻(북한이 비핵화하면 종전선언을 할 수 있다)을 개인적으로 전달했다. […] 우리에겐 스스로 신뢰할 만한 단호함과 힘, 그리고 믿을 수 있는 6자회담이란 틀이 있었으므로 (북한과) 협상하는 걸 두려워할 이유가 없었다. 그래서 북한도 전략적 선택을 할 기회를 모색했을 것이다. 압박과 외교 병행 전략을 썼던 지난 2년은 요동을 쳤다. 북한은 (미국 압박 때문에) 도전을 느꼈고, (핵실험을 하는 등) 위기를 증폭시키는 방식으로 대응했다. 그러자 유엔은 강한 대북 제재 결의안을 가결했다. 모든 당사자가 각자의 목적을 달성했다고 느꼈을 때 공기는 달라졌고, 새로운 기회가 생겼다.[47]

라이스-젤리코의 구상은 2006년 4월 미중 정상회담을 통해 중국 측에 전달되었으며 중국은 탕자쉬안 국무위원을 북한에 보내 미국의 뜻을 전달하였던 것으로 알려진다. 이에 대해 북한은 양자회담과 힐의 방북을 요구하였지만, 미국이 거부하였음은 알려진 대로이다. 젤리코 구상은 끝내 북한의 미사일 연습과 핵 실험을 막지는 못하였다.

북한의 핵실험은 여러 가지를 변화시켰다. 미국의 대북 정책이 자신들의 정권 교체에 있다고 판단한 북한은 핵실험을 통해 억지력을 과시하였다. 동시에 북한은 '비핵화를 위한 핵실험론'이라며 비핵화의 가능성을 열어두고 과거부터 일관되게 주장해온 직접 대화론을 제기하였다. 미국에게 협상을 '강제'하기 시작한 것이다. 미국은 중국의 동의하에 UN 대북 제재 결의안 1718

---

46 윤덕민, 앞의 책, pp. 75–80.

47 『중앙일보』 인터뷰, 2007년 10월 10일.

호를 채택하는 등 압박을 강화시켰지만, 핵실험 직후 비확산 정책의 실패에 대한 여론이 높아지자 대화를 방기할 수는 없었다.

곧이어 치러진 2006년 11월 중간선거에서 공화당의 패배를 계기로, 젤리코 구상을 반대했던 미국 내 보수파 즉 네오콘들이 물러났다. 젤리코 구상을 반대했던 세력의 한 축이 무너진 것이다. 미 국무부가 주도하는 대북 협상론이 목소리를 높였고 젤리코 선언의 실체와 진가가 드러난 것도 이 시점이었음은 물론이다. 이로서 북미 직접 협상이 개시되었고 그 성과로 2.13 합의가 도출된 것이다. 당시 젤리코 구상의 한 요지가 다자안보를 통한 평화협정체제와 이를 위한 종전선언이었음은 후일 남북 정상회담에서 분명해진다.

어쨌든 부시 행정부 초기의 매파적 무시 정책과 다자적 접근법에 변화가 시작되었고 비로소 북미양자 대화가 재개되기 시작했다. 북미관계는 양자-6자-양자-6자의 경로를 거치며 점진적으로 진전되기 시작했다. 이제 미국 정부의 대북 접근법은 북한의 정권을 교체하는 것이 아니라 김정일 정권의 행태를 순응시키는 데로 이동한 듯하다. 김정일 정권을 협상 대상으로 인정하되 그 전제는 김정일 정권이 국제 사회의 규범과 관례를 받아들이게 하는 것이다. 그것이 바로 젤리코 구상의 요체였다.

한편, 2.13 합의가 체결된 이후 김계관 부상은 미국을 방문하여 키신저 전 국무장관을 만난 자리에서 "미국과의 전략적 관계는 북한에게 도움이 되며 지역을 안정시킨다"며 북미관계와 북중관계에 대한 의미심장한 말을 던진 것으로 전해져 작은 파문이 있었다. 이어 뉴욕에서의 토론회에서 그는 중국이 우리를 이용만 하려고 한다며 중국은 북한에게 큰 영향이 없음을 강조하였다. 미국이 중국에게 너무 기대지 말 것을 주문한 것이다.[48]

듣기에 따라서는 북한이 미국의 대중전략 혹은 대중견제에 협력할 수도 있다는 뜻으로 해석될 여지가 충분했다. 북한의 이런 태도는 사실 미국과 중국이 한반도에서 영향력 확대를 위해 교차동맹정책(cross-alliance politics)을 사용하고

---

48 윤덕민, 앞의 책, pp. 77-78.

있다는 논리로 해석될 여지가 충분했다.[49] 교차동맹이란 상대방이 유지하고 있는 동맹관계를 활용하여 상대방에 대해 압력을 행사하려는 대외정책[50]을 의미한다. 이런 관점을 이론화한 것이 김우상의 동맹전이이론(Alliance Transition theory)이다. 동맹전이이론은 세력전이이론의 기본가정을 수정 조작한 것으로서, 지배국가와 도전국가의 양자관계가 아니라 '지배국가군'과 '도전국가군' 사이의 세력전이 상황을 전제한 것이다. 즉 세력전이 과정에서 동맹변인을 중요하게 간주하여 지배국이나 도전국은 각각 자신들의 기존 동맹관계를 유지 강화하면서도 상대방의 동맹국을 유인할 것이라고 추론하는 것이다.[51]

한반도를 둘러싼 중미 양국이 지배국가와 (잠재적) 도전국가 관계에 있다면 상호전략적 이유에서 자국의 기존동맹 강화, 상대국 동맹관계의 균열 선호, 상대국의 동맹국 유인을 시도할 가능성이 크다는 것이다. 현재 설명되고 있는 북중동맹 및 한미동맹의 변화 발전, 그리고 수교 이후 한중관계의 급속한 발전이나 제네바합의 이후 북미관계의 발전 나아가 2.13 이후 미국의 대북관계 정상화 정책 역시 이 같은 설명틀로 해석가능하다. 곧 중국의 대 한국 매력공세와 북미관계의 반전은 미중 간 동맹전이 논리에 따른 현실주의적 행태라는 것이 동맹전이이론의 핵심 요지다. 다만 중미 간 상호 만족도가 현재 수준을 유지한다면 이런 동맹전이 행태가 노골화하지는 않겠지만, 장기적으로 중미 양자 간 세력격차가 좁혀지고 세력전이가 임박한 상황에서는 남북한을 유인하거나 자국으로의 편승을 강요해 상대에 대한 전략적 우위를 확보하려는 중미 양국의 행태가 보다 가속화될 가능성이 고조될 것이다.[52] 동맹전이 즉 동맹 유인 정책을 위해서도 북한 정권의 속성 변환이 필요한 것이다. 미국의 대북 접근법이 정권변환으로 전환되었을 것이라는 추정은 이 같은 전제하에서 유효하다.[53]

---

49 장노순, 앞의 책, p. 388, Niksch, *op. cit*, pp. 29–39.

50 Scalapino, *op. cit.*, p. 9.

51 박홍서, 2008, 「중국의 부상과 탈냉전기 중미 양국의 대한반도 동맹전략」, 『한국정치학회보』 42집 1호, p. 302.

52 박홍서, 2007, pp. 311–313.

53 사실 미중관계가 협조체제일 수도 있지만 경쟁관계일 수도 있다. 어떤 모델이 타당한 것인

2. 북미관계와 남북관계

남북관계는 앞서 보았듯이 근대 이행의 문제로서 민족 내부 간 특수관계이면서도 국제관계 즉, 일반적인 국가 대 국가의 관계로서의 특성을 동시에 지니고 있다. 미완의 근대민족국가 수립 과제라는 통일 문제를 중심으로 볼 경우 남북관계는 분명 민족 내부 간 문제요 특수 영역이라 하겠다. 그러나 또한 분단 60년이 되면서 남과 북은 각자가 유엔의 성원으로서 개별 국가 행위자로서 국제 사회에서 활동해온지도 오래 되었다. 남북관계가 국가 대 국가 간의 일반론적 속성을 띠고 있는 것도 사실인 것이다.

따라서 남북관계를 바라볼 때는 이 두 가지 속성의 발현 양상을 적절히 구별하여 세심하게 대처하는 것이 필요하다. 규범의식의 영역에서 통일이라는 당위의 문제와 행위자 영역에서 정상국가 관계라는 사실의 문제 어느 한쪽에 편벽되어서는 안 된다는 점이다. 이것이야말로 북미관계와 남북관계를 비교할 때, 국제관계론의 영역에서 보는 것이 편의적이고 손쉬운 방법이긴 하지만 일면적 인식에 그칠 수 있다고 비판받는 이유이다.

현재까지는 남북관계의 특수성을 강조하는 주장은 자유주의적 남북관계론과 친화력이 더 높다. 대체로 남북 간 협력이 절대 이익을 발생시키기 때문에 협력이 용이하고 또한 경제협력이 전면적인 협력을 앞당기는 데 도움이 되어 '통합을 통한 평화'에 기여한다는 식의 자유주의적 접근법이 자신의 설명 논리로 민족 정서를 차용하는 데 주저하지 않기 때문이다.

그러나 남북관계를 현실주의적 관점에서 보는 반론 역시 강력하다. 가장

가에 대해서는 이설이 분분하다. 그것은 미중관계가 군사안보라는 단일 변수하에서만 작동하는 것이 아니라 다양한 층위의 행위자들이 복합적 이해관계를 형성하고 있는 관계이기 때문이다. 이해상관자(stakeholder)라는 개념은 이 같은 상호의존관계를 반영하는 개념이기도 하다. 여하간 미중관계에 대해서는 경쟁모델과 협조모델 양 모델 중 어느 하나는 배제하지 않는 것이 중요하다. 따라서 양 모델 모두를 만족시키는 설명 틀이 필요하다.

큰 반론의 근거는 역설적으로 북한이 '우리민족끼리'라는 담론에도 불구하고 남북관계나 국제관계를 현실주의 전통에 의거해서 바라보고 있다는 판단[54]에 있다. 혁명과 해방을 핵심어로 진보진영과 제국진영 간의 갈등을 대외관의 주요 내용으로 갖고 있다는 것이다. 따라서 북한이 여전히 팽창주의적 야욕 즉 공격적 현실주의의 입장에서 핵개발 등 대량살상무기를 통한 힘의 우위를 확보하고자 하는 상황에서 남북관계에서 민족 논리나 자유주의적 관여정책의 논리를 제기하는 것은 유화정책이라 비판받을 수밖에 없다는 것이다. 북한이 여전히 통일전선 방식의 대남 정책 즉, 남조선 해방론을 버리지 않고 있는 상황에서 현실주의 패러다임 외에는 대안이 없다는 것이다. 민족 논리 역시 북한의 통일전선논리일 따름이고 저들의 민족은 김일성 민족론이라는 특수논리일 따름이라는 것이다.

현재까지는 민족 특수성 논지는 자유주의 접근법과 강한 동맹관계임에는 부인할 길 없다. 그러나 동서독 관계에서와 같은 상황이 전개되면 민족 특수성 논지는 자유주의 접근법과 결별하고 오히려 현실주의 논지와 급속히 결합할 가능성도 있다. 특수성 논자들의 방법론적 기준이 사실상 민족 절대성에 기반하고 있기 때문에 이 같은 현상은 불가피할 것이다. 물론 그 중에서도 남북관계를 기득권 세력의 적대적 상호의존관계로 보는 분단체제론은 나름의 세계사적 인식 틀을 갖고 있어서 현실주의나 자유주의 일방과 쉽게 결별하고 연합하는 등의 경박한 행태는 보이지 않을 것이다. 그러나 정치한 이론적 기반보다는 감성적 직관을 더 강조하는 분단체제론의 목소리가 얼마나 힘을 가질 수 있을지는 알 수 없는 노릇이다.

일단 아래에서는 앞서 나누어 보았던 북미관계의 네 가지 소 시기에 맞춰 남북관계의 변화를 대별시켜 본다. 이를 통해 북미관계와 남북관계 간에 일정한 법칙이 나타나는 지를 관찰하고자 한다.

---

54 우승지, 2007, 「김정일 시대 북한의 국제관계론 이해를 위한 시론」, 『국제정치논총』 제47집 4호, p. 56.

1) 시기별로 본 북미관계와 남북관계

(1) 1기 통미봉남 vs. 흡수통일: 남조선이 조미회담을 훼방

1993년 이후 북미관계가 해결의 실마리를 잡아갔지만 남북관계가 그 발목을 잡기 시작했다. "IAEA의 요구는 남북한이 줄다리기를 하고 있는 남북대화와 관련돼 있다"는 당시 국무부에 있던 허바드 전 주한대사의 주장처럼[55] 한국의 요구에 따라 IAEA는 대북 강경책을 주도했다.[56] 1994년 3월 15일 IAEA는 임무완수에 실패했기 때문에 북한의 핵물질이 핵무기로 전용되지 않았음을 검증할 수 없다는 발표와 함께 사찰단 철수를 명했다. 이어서 북핵 문제를 안보리에 회부하기로 하였다. 3월 19일 교착 상태에 빠진 협상을 풀기 위한 남북한 실무급 회담에서 남북관계는 최악의 상태로 빠져들게 된다. 북한 측 협상 대표였던 박영수 단장이 전쟁이 나면 서울이 불바다가 될 것이라는 협박성 발언을 한 것이다. 그 회담 장면이 TV로 공개되는 순간 남북관계는 그야말로 전쟁 직전의 살얼음판을 걷고 있는 상황이 되고 말았다.

이어 5월 8일 북한은 사용 후 연료봉 제거 작업을 시작했고 이에 대응해 IAEA가 대북 제재 결의안을 채택했다. 급기야 북한은 6월 13일 마침내 IAEA 탈퇴를 선언함에 따라 한반도의 긴장은 최고조 상태로 치달았다. 사태를 진정시킨 것은 6월 15일부터 18일까지 평양을 방북한 카터 전 미 대통령이었다. 평양에서 카터는 김일성과의 면담을 통해 몇 가지 주목할 만한 합의를 이끌어 내었다. 북한이 추방할 예정이던 IAEA 사찰관을 잔류시키고 영변시설을 동결하는 대신 미국은 북한에 대해서 경수로를 제공하기로 한 것이다.

당시 그의 업적 중 빼놓을 수 없는 것은 남북관계를 풀 수 있는 고리를 만든 것이었다. 김일성이 카터의 중재로 남북 정상회담에 동의했기 때문이다. 물론

---

55 Oberdorfer, *op. cit.*, p. 281.

56 이에 대해 미국의 관리들은 IAEA와 한스 블릭스 사무총장을 완고한 세력, '중세적 탈무드적' 이라고 비판했다. (Oberdorfer, *op. cit.*, pp. 287–288)

김일성의 갑작스런 사망으로 남북 정상회담은 무산되었다. 당시 한국 정부는 김일성 사망 이후 북한 체제가 6개월-24개월 안에 붕괴할 것이라고 확신했다. 남은 것은 북한을 효과적으로 붕괴시키고 흡수통일을 대비하는 구체적 방안을 마련하는 것이었다. 따라서 정상회담에 대해서 더 이상 미련을 가질 이유가 없었다. 이 같은 판단을 전제로 김영삼 정권은 김일성에 대한 일체의 조문을 금지하였다. 소위 조문파동이었다.[57]

김일성 조문에 대해서 김영삼 정권이 보인 태도 때문에 북한 측은 격분했다. 북한의 김정일은 더 이상 김영삼과의 대화를 필요로 하지 않음을 분명히 했다. 공식적인 전화 통화마저 거부했다. 남북관계는 또 다시 최악의 상태로 접어들었다. 북한은 한국과의 어떤 대화에 대해서도 인정하지 않으려고 했다.

카터 방북으로 해빙기에 접어든 북미관계는 이 같은 남북한의 상반된 대응으로 다시 난관에 부닥치게 되었다. 북미관계는 한미갈등이라는 숙제를 하나 더 떠 안게 된 것이다. 한반도에 고조된 위기는 단기적으로 해소되었지만, 그것은 문제의 시작이었다.

본격화되기 시작한 북한의 통미봉남(通美封南) 정책과 한국 정부의 대북 흡수통일 정책은 쌍방 간 극단적인 대립을 향해 치달았다. 이 같은 대치는 결국 남북미 간 냉전 구조의 해결에 대한 과제를 부각시켰다. 이제 한반도의 냉전 구도 해체는 피할 수 없는 주제가 되었다. 그 시작은 4자회담이었다.

1996년 4월 16일 한미양국 정상이 '항구적인 평화협정을 이룩하는 과정을 개시하기 위한 것'으로 공동 제안한 4자 회담은 남한 당국이 그간의 수세적인 자세에서 벗어나 능동적인 조치를 취했다는 점에서 의미가 있다. 그동안 북한의 통미봉남 정책에 대해 당사자 해결 원칙, 평화체제 구축 때까지 정전협정 체제 유지, 점진적 접근 등 수세적 자세만을 취해온 한국 정부가 냉전 해체를

57 한국 정부는 김일성을 애도하는 여하한 행위도 단속할 것이라고 발표하고 조문 운운 자체가 역사를 망각한 무모하고 무책임한 행위라고 선언했다. 어떠한 형식의 조문도 국가보안법 위반으로 단호히 대처하겠다고 선언한 것이다.

향한 적극적이고 현실적인 대응책을 마련하기 위해 노력한다는 인상을 주기 시작했기 때문이다. 또한 4자회담 제의는 정전체제 자체는 더 이상 존속해서는 안 된다는 데 대한 합의를 전제로 한다는 점, 남북한 정부가 탈냉전체제의 시각에서 남북문제를 대하기 시작했다는 점, 나아가 그 방식에 있어서도 '다자주의(multilateralism)'의 틀을 도입하고자 시도했다는 점에서 그 의미는 남다른 것이었다.

그러나 6차에 걸친 4자 회담은 결국 의제문제에 대한 남북한의 입장이 평행선을 그으면서 차기 회담 일자도 잡지 못한 채 종료되고 말았다.[58] 북한의 입장에서 한반도 냉전 해소의 선결과제는 미국과 북한 간의 직접 협상을 통해 교전 당사국 간의 휴전협정체제를 평화협정체제로 대체하는 문제였다면, 한국의 입장에서 선결과제는 남한의 당사자 주장을 관철시킴으로써 남북 간 직접 협상을 통해 평화체제를 구축하는 것이었다. 남과 북이 탈냉전의 당사자에 대한 해석을 달리하고 이에 대해 어떤 대안도 제출되지 못하는 상황에서 4자회담은 애초부터 다자주의 즉 다자간 안보대화의 틀로는 한계를 지니고 있었던 것이다.

이 시기 김영삼 정부는 미국이 비확산을 위해 북한 체제를 인정한 사실 자체에 불만을 지니고 있었다. 남한 정부는 미국의 북한 체제 인정이 북한에 대한 독점적 관할권 즉 흡수통일에 대한 한국의 소유권을 인정하지 않는 것이라는 의구심을 지니고 있었고, 따라서 북미관계를 남북관계에 종속시키고자 하는 시도를 하였다. 반면 북한은 북미관계를 독립변수로 하여 남북관계를 종속시키는 정책을 취하였다. 소위 통미봉남 정책을 드러낸 것이다.

한국의 흡수통일정책이나 북한의 통미봉남이나 양자 모두는 '숙적 관계'[59]라는 정체성이 유지되고 있던 시대적 상황과 국내에서의 체제 정당성 확보라

---

58 박영호, 2000, 「4자회담의 전개과정과 평가」, 김학성 외 편, 『한반도 평화전략』(통일연구원 연구 총서 00-33), p. 178.

59 우승지, 앞의 책, p. 175.

는 국내적 통치 기제의 요구가 결합된 데 따른 것이었다. 흡수통일이나 통미봉남이나 정세 인식상의 수세나 공세라는 차이 외에 그 접근법의 근저에는 동일한 문제의식이 놓여 있었던 것으로 보인다.

북한의 통미봉남정책을 일반이론으로 입론을 세워 세력균형론적 정책[60]이나 세력전이론적 시각[61]으로 보는 것은 일연 그를 듯하지만, 1998년 이후 실재했던 남북관계에서의 자유주의적 접근 이를테면 통합론적 정책을 설명하지 못한다는 점에서 무리한 이론화라 하겠다. 다만 이 특정 시기를 숙적관계라는 정체성과 연결지워 본다면 통미봉남론이라는 현실주의적 해석이 유의미할 수는 있을 것이다. 이의 일반 이론화를 위해서는 보다 다양한 해석들이 보충되어야 할 것이다.

(2) 2기 남북미 3각 관계의 선순환: 미북관계 개선 없이 남북관계 개선 어렵다

김대중 정부의 대북 통일 정책이 김영삼 정부를 비롯한 이전 정부와 구별되는 가장 중요한 특징은 남북관계를 극복의 '과정'으로 바라보는 접근법을 시작한 데 있을 것이다. 이에 따라 김대중 정부는 전임 김영삼 정부와는 달리 당사자 문제에 대해서 실용주의적 접근법을 보여주었다. 군사적 대결 구도의 해체 즉 냉전 해체와 관련해서 미국, 일본의 관계 정상화가 이루어진 뒤 남북관계 개선이 추진돼도 좋다고 밝힌 것이다.[62] 이를 통해 김대중 정부는 두 가지 구조적 조건을 해결하고자 했다. 그 첫째는 이념적 대결의 극복이며, 다른 하나는 지정학적 대결의 극복이다. 전자가 남북 긴장 완화와 경제협력을 통한 국가 연합적 '통일 민족주의'의 모색으로 나타났다면, 후자는 4자 회담을 매개로 한 안보 딜레마의 해소와 '공통의 안전 보장' 모색으로 나타났던 것이다.[63]

---

60 장노순, 앞의 책, p. 388.
61 우승지, 앞의 책, p. 170.
62 『동아일보』, 『조선일보』, 『중앙일보』 1999년 2월 14일 참조.
63 장달중, 「북미관계: 북한측 시각」, 경남대 극동문제연구소, 『북미관계의 현황과 전망』

사실상 4자 회담은 북미관계 개선 전에 남북 대화를 보장받기 위한 김영삼 정부의 남북 당사자주의가 만들어낸 일종의 고육책이었다.[64] 이 점에서 4자 회담은 북미대화 자체의 진전을 보장하지 못함으로써, 클린턴 행정부의 대북 협상과 동아시아 전략에도 영향을 미치기 시작하였다. 이런 상황에서 새롭게 들어선 김대중 정부의 정책 전환은 '당사자'에 대한 해석을 둘러싼 이념적 대결에 대해 실용적 접근을 허용함으로써, 북미 직접 대화를 진전시키는 데 일조하였다.

한편 북미관계가 진전되자 남북관계 역시 진전되기 시작했다. 남북 정상은 2000년 6월 평양에서 회담을 가지고 5개항의 공동선언을 채택하였다. 동 선언에서 통일방안에 대한 논의를 포함하는 6개항의 합의문이 발표되고 김정일 위원장의 답방이 합의되는 등 성과는 만족스러웠다.

햇볕정책은 북미관계를 남북관계의 종속변수로 삼고자 하던 입장을 철회하고 북미관계를 독립변수로 인정하는 획기적 조치였다. 북미관계를 독립변수로 허용한다는 한국의 입장은 동시에 북한 고립정책의 폐기를 의미한다는 점에서 북한에게 한국에 대한 입장을 변화시킬 수 있는 계기를 주는 것이었다.

이 시기, 남북 간의 관계 개선은 북미 간의 관계 개선을 추동하면서 또한 그것이 역으로 남북관계를 진전시키는 상호상승과정이 현실화되고 있었다. 남북관계와 북미관계 그리고 한미관계가 동시에 진전된 것은 탈 냉전이후 유일한 시기였다. 한반도의 냉전 해체가 어떤 경로를 거쳐 이루어질 수 있는가를 보여주는 하나의 경로로 볼만한 과정이었다.

(통일전략포럼 보고서 2001-2), p. 14.

64 김재홍, 「한국의 대북정책」, 경남대 극동문제 연구소, 『한미일의 대북정책』(통일전략 포럼 보고서 99-2), p. 12.

(3) 3기 중재자론의 파산과 남북관계의 속도조절: 6자회담보다 반 발짝 뒤처진 남북관계

2000년대 초반 남북관계는 오히려 매우 활발하게 진전되었다. 2002년 4월 임동원 대북 특사의 방북으로 재개된 남북관계는 다시금 활성화되기 시작했다. 동쪽으로는 동해선, 서쪽으로는 경의선을 연결하는 데 합의하였다. 그리고 북한은 7월 1일을 기해 경제 개혁 조치를 시작하고 연이어 개성공업지구, 금강산 관광지구, 신의주 특별 행정구를 개방하는 조치를 단행하였다. 그리고 일반의 예상을 뒤엎고 북일 정상회담에서 납치자 문제를 시인하는 등 매우 적극적인 개방정책에 임하였다. 2002년 이산가족교류, 아시안 게임 북한의 참가 등 분단 이후 이처럼 적극적으로 북한이 남북관계에 임한 적은 없었다. 비무장지대 군사분계선(MDL) 통과 문제에 대한 북한의 양보로 금강산 육로 관광도 실현되었다. 하지만 이 같은 폭발적인 남북관계의 진전에도 불구하고 정작 그 성과는 2차 핵 위기에 가려 미미하게 나타나고 있었다.

실제 미국 정부는 새로운 남북관계를 시작하지 말 것을 요구하고 북한에 대한 압박의 강도를 조금씩 높여가기 시작했다. 이런 분위기 탓인지 2003년 1월 새 정부의 대북 특사는 아무런 성과를 갖지 못하고 돌아왔다. 곧 이은 참여정부의 대북송금특검은 상황을 더욱 악화시켰고 이후 내내 남북관계는 그리 원활하지 못했다. 참여정부 5년간 1년 반 정도는 사실상 남북관계가 단절된 기간이었기 때문이다. 특히 2004년 6월부터 10개월간은 모든 종류의 남북대화가 중단되기도 했다. 당시 2004년 6월 4일 남북장성급 회담에서 양측은 '군사분계선 선전활동을 중단하기로' 하는 등 일정한 성과를 이루어내었고, 한국정부는 3차 6자회담을 준비하며 개념 문건(concept paper)을 만들어 미국의 대북 제안을 구체화시키는 데 일조하는 등 나름의 역할을 하는 듯했다. 그러나 2004년 7월 1일 통일부 장관으로 부임한 정동영 장관이 김일성 10주기 남측 조문단의 조문을 불허하자 조평통이 비난 성명을 내고 15차 남북해운협력실무접촉을 일방적으로 연기하였다. 예정되어 있던 3차 장성급 남북군사회담도 중단시켰음은 물론이다. 문제를 더욱 악화시킨 것은 7월 27-28일 양일에 걸쳐 한국 정부가 베트남에서 468명의 탈북자를 항공기를 통해 입국시키는 사건이 발생했다. 이에 조평통은 또 다시 비난 성명을 내고 남북대화의 문을 닫았다. 심지어는 9월 5일 민주노동당의 평양 방문마저도 거부하고 나설 정도였다.

핵문제에서는 3차 6자회담에서 일정한 성과가 있다고 보았던 북한은 이후 미국의 접근법에 실질적인 변화가 없었음[65]을 뒤늦게 확인하자 8월에 예정되어 있던 4차 6자회담마저 무기 연기하였다. 마침내 북미관계와 남북관계가 동시에 냉각기에 접어들었다. 특히 2005년 1월 라이스 신임 국무장관이 북한을 '폭정의 전초기지'로 부르고 북한이 이에 맞서 핵 보유 선언을 하게 되자 남북관계는 그야말로 살얼음판을 걷는 듯한 상황으로 치달았다.

이 같은 상황에 돌파구를 연 것은 통일부가 아니라 총리였다. 자카르타 '아시아-아프리카 정상회의'에 참석한 총리가 김영남 최고인민회의 상임위원장을 만난 자리에서 남북 당국자 회담을 제의한 것이다. 동 회의에서 이해찬 총리는 총리 역할론을 강조하며 남북대화의 재개를 요구하였다고 전해진다. 동시에 5월 12일 유홍준 문화재청장은 북관대첩비 반환 협의를 위한 문화재 당국간 회담을 제의했고, 이에 북한은 5월 14일 남북당국 간 실무회담(5월 16일 –17일, 개성)을 제의함으로써 거의 10개월에 가까운 냉각기를 종식시키는 방향으로 선회하였다. 5월 16–17일 남북 차관급 회담(개성)에 이어 6.15를 기념하기 위해 방북한 정동영 통일부 장관이 이른바 6.17 면담인 김정일 국방위원장과의 면담에서 소위 '중대제안'으로 알려진 대북 송전안을 제안하였다. 이를 계기로 남북관계가 다시 재개되기 시작하였다. 곧 서울에서 제15차 장관급 회담이 개최되고 드디어 남북관계는 냉각기를 벗어나기 시작했다.

---

65 미국은 3차 6자회담에서 자신들의 대북 접근법은 논조는 바뀌었으나 실체는 변화가 없음(change in tones not in substance)을 분명히 하였다. (미 국무부 관료 Mitchell Reiss & Joseph DeTrani와의 인터뷰, 2004년 7월 12일) 반면, 북한은 3차 6자회담에서 미국의 태도 변화에 대해서 일말의 기대를 보여 묘한 대조를 보이고 있었다. 물론 북한은 이후에 미국의 태도에 변화가 없음을 확인하고 8월에 예정되어 있던 4차 6자회담을 무기 연기하는 태도를 보였다.

이 시기는 라이스 국무장관과 부시 행정부의 대북 접근법이 다시 한번 변화를 모색하기 시작한 시기이다. '폭정의 전초기지'와 '핵 보유 선언'을 주고받은 북미가 소모적인 논란을 중단하고 상호 회담 재개의 필요성을 느꼈기 때문이다. 부시 대통령이 미스터 김정일 즉 김정일 선생이라는 호칭을 사용하고 북한은 이를 사과의 의미로 해석하며 4차 6자회담의 재개를 위한 조건을 마련하였다. 이 과정에서 한국의 중재가 중요한 역할을 했다는 것이 참여정부의 주장이다. 그러나 4차 6자회담 즉 9.19 공동성명이 성명 발표와 동시에 사문화되어버리고 북미관계가 다시 얼어붙기 시작하자 한국의 중재자 역할은 역시 한계가 있다는 자조 섞인 주장들이 나오기 시작했다. 특히 BDA 문제로 북한이 결국은 핵실험을 선택하자 남북관계 역시 독자적인 진로를 모색할 수가 없었다. 2006년 이후 남북관계에 대한 한국 정부의 입장은 '6자회담보다 반 발짝 뒤처진 남북관계'라는 논리[66]였다. 남북관계가 북미관계를 넘어 진전될 수 없고 항상 그 뒤를 따라갈 수밖에 없음을 공식적으로 시인한 것이었다.

한편, 이 시기는 미국의 전통적 대북 인식이 부활한 시기였다. 어쩌면 전통적 인식이 아니라 반테러전이라는 새로운 시대의 주적으로 북한을 인식하기 시작한 것일 수도 있다. 미국의 이런 대북 인식전환은 '북핵 문제'라는 형식 속에 인권, 마약 등 제반의 문제를 포함시켜 사실상 '북한문제'를 부각시키는 것이었다. 동시에 북한의 당사자성을 인정하지 않는 미국은 중국과의 협조를 통해 북한을 관리하는 접근법을 취하였다. 북한관리체제로서의 미중협조체제를 추구한 것이다. 이 같은 미국의 대북 접근법은 정권교체를 목표로 하고 있는 것은 아닌가 하는 의구심의 대상이었다.

이런 상황 앞에서 북핵 문제에 대한 한국의 주도적 역할이라는 참여정부의 목소리는 공허한 메아리일 따름이었다. 특히 미국이 북한에 대해서 '도덕주

---

66 정동영 전 통일부 장관은 중앙일보와의 인터뷰를 통해 정부의 이 같은 방침을 비판하였다. http://kr.ks. yahoo.com/service/ques_reply/ques_view.html?dnum=HAI&qnum=5406873, 검색일 2008년 6월 18일.

의적 접근법'을 취하는 한, 그리고 반테러전과 같이 남북관계나 지역질서와 무관하게 정립된 미국의 요구를 기준으로 대한반도 정책을 수립하는 한, 남북관계의 독자성은 실체가 없는 것이라는 주장이 훨씬 설득력이 있었다.

한국 내에서는 남북관계는 북미관계를 넘어서 진전될 수 없다는 공론이 퍼져나갔다. 비대칭동맹 하의 한국은[67] 의식적으로는 남북관계를 한미동맹의 하위변수로 놓고 있었기 때문에, 한미관계를 희생시키면서까지 남북관계를 진전시킬 수는 없었다.

결국 한국정부는 6자회담 레짐 내에서의 남북관계, 즉 '6자회담보다 반 발짝 뒤쳐진 남북관계'라는 입장을 견지하였다.

한국 정부의 이 같은 소극적 입장에도 불구하고 비정치적 협력이 증대되고 당국 외의 민간 행위자의 대북 협력 역시 폭발적으로 증대하면서 남북관계는 구조적 변화와 이에 따른 정체성 전환을 경험하기 시작했다.

당국이 남북관계를 6자회담 틀 내에서 진행시키고자 했지만, 민간 차원에서 남북관계는 여전히 독자적 정체성을 강화하고 있었던 것이다.

(4) 4기 앞서거니 뒤서거니 하는 북미관계와 남북관계: BDA에서 10.4 공동선언으로

2.13 합의 이후 남북관계에서도 변화의 조짐이 감지되었다. 그러나 참여정부는 여전히 남북관계보다도 '반 발짝' 뒤쳐진 남북관계를 고집하였다. 2.13 합의의 1단계 조치인 핵 폐쇄에 맞추어 대북 지원을 한다는 6자회담의 합의를 명목으로 한국 정부는 인도적 지원의 합의 사항을 이행을 거부했다.

4월 22일 13차 경추위에서 쌀 40만 톤을 5월 말에 제공한다고 합의했지만 제공시기에 관해서 "북측의 2.13 합의 이행 여부에 따라 쌀 차관의 제공시기와 속도를 조정할 수 있다"고 '구두조건'을 걸었다. 실제로 방코델타아시아

---

67 김태현, 2004, 「한미관계와 남북관계」, 경남대학교 통일관 개관기념 학술회의, 『남남갈등 해소 및 진단 방안』.

(BDA) 자금 송금이 지연되어 2.13 합의 이행이 이뤄지지 않자[68] 경추위 합의의 구두 조건을 명분으로 한국 정부는 쌀 제공을 유보한다고 밝혔다. 결국 이 문제로 실갱이를 한 끝에 장관급회담은 소기의 성과를 거두지 못하고 "회담에서 쌍방은 남북관계 발전과 관련해 제기되는 원칙적이며 실천적인 문제들에 대하여 서로의 입장을 충분히 제기하고 진지하게 협의하였다. 쌍방은 6.15 공동선언의 기본정신에 따라 한반도 평화와 남북 사이의 화해와 협력을 증진시키기 위한 문제들을 더 연구해 나가기로 하였다"는 짧은 합의문에 만족하고 폐막할 수밖에 없었다. 당시 회담에서 북한은 회담 결렬도 불사한다는 입장을 견지하였고 이재정 통일부 장관은 회담 도중 청와대 면담을 자청하여 쌀 지원의 필요성을 제안하였으나 끝내 지원은 거절되었다.

2.13 합의에도 불구하고 BDA의 송금문제가 풀리지 않고 북미관계에 남북관계 역시 해결의 실마리를 찾지 못하자, 2007년 6월은 불안한 정국으로 이어질 조짐을 보였다. 북한의 서해함대사령부는 여섯 차례에 걸쳐 성명을 발표하며 서해에서의 긴장감을 조성하였다. 북한 군부는 미사일 실험 준비에 나서기도 하였다.[69] 러시아 은행이 중재에 나서 동결된 자금을 송금하고 6월 21일 힐 대표가 평양을 전격 방문함에 따라 해결의 실마리를 찾게 되었다. 2차 남북 정상회담 논의가 재검토되게 된 데는 이 같은 상황의 변화가 뒷받침되어 있었다.

6자회담은 폐쇄 단계를 넘어 불능화 단계로 진행하였고 미국은 북한의 빠른 불능화를 유도하는 정책을 총동원하지 않을 수 없었다. 미국이 남북 정상

---

68 미국은 올 3월14일 BDA를 돈세탁 은행으로 최종지정하고 같은 달 19일 약 2,500만 달러에 이르는 BDA 내 북한 자금 전액의 동결을 해제했지만 이 돈을 중계할 금융기관으로 북이 지목한 중국은행은 돈세탁은행으로 낙인찍힌 BDA의 북측 자금을 송금받을 수 없다고 버텼다. 이때부터 생겨난 송금문제는 6월 미국 뉴욕 연방준비은행이 송금에 직접 나서고 러시아 은행까지 개입하면서 약 3개월 만에 해결됐다. 그 뒤 6월21일 힐 차관보의 전격적인 방북이 있었고 북한은 7월 핵시설 가동중단에 착수하는 한편 국제원자력기구(IAEA) 감시단을 맞았다. 한국이 그 상응조치로 중유 5만 톤을 8월 초까지 공급하면서 6자는 힘겹게 비핵화 이행의 첫 발걸음을 뗄 수 있었다.

69 6월 26일에는 세 번째 미사일 발사 실험을 하였다. 미국은 이에 대해 강한 유감을 표명하는 것으로 그쳤다.

회담을 반대할 이유가 없는 상황이 조성된 것이다. 이는 한국 정부가 이제야 적극적인 남북 정상회담을 검토하기 시작할 조건이 되었음을 의미하기도 했다.

단연 관심의 대상은 북한의 선택이었다. 북미관계가 진전될 때 남북관계에 소극적이라는 통미봉남 정책을 들고 나올 것인가 아니면 남북관계를 농시에 진전시키는 정책을 취할 것인가에 논의가 집중되었다. 특히 6월 21차 장관급 회담이 사실상 결렬된 데 이어 서해 지역에 위기 경보가 올라가고 있었고 따라서 북한의 통미봉남에 대한 우려가 높아지고 있었기 때문이다. 그러나 결국 북한의 반응은 7월 29일 김만복 원장의 평양초청을 통해 나타났다. 통미봉남식 대응이 아니라 오히려 남북 정상회담을 갖기로 결정한 것이었다. 이 같은 사실은 8월 8일 남북한 정부가 정상회담 합의 사실을 동시 발표함으로써 드러났다.

이 시기 한국 정부가 남북관계를 여전히 6자회담 즉 북미관계의 종속변수로 보고 있었다면, 북한은 한국 정부와의 합의를 통해 북미관계를 진전시키고자 하는 입장을 취하는 듯하였다. 북한이 통미봉남이 아닌 다른 선택을 한 것은 남북관계를 통한 북미관계의 진전 즉, 남북관계의 진전을 통해 미국의 대북정책을 관여정책으로 전환시키고자 하는 것일 수도 있고, 다른 한편으로는 남북관계의 자율성을 높여 남북협력의 제도화 자체를 꾀한 것일 수도 있을 것이다. 어쨌든 그것은 지난 10년간 남북관계에서 형성된 민족적 정체성이 북미관계를 강제할 수 있다는 판단에 기반한 것으로 보인다.

사실 북미 양자접촉이 시작되자 6자 틀로 남북관계를 집중시키고자 한 미국의 요구는 강제력이 약해지기 시작했다. 남북관계의 독자성이 강화될 여지가 생겨나자 민간 차원에서 유지되어온 남북협력이 당국간 협력을 압박하기 시작했다. 이 점에서 2차 남북 정상회담은 그 같은 틈새시장을 노린 북한의 전략이 한국 정부를 견인하는 데 성공한 사례라고 볼 수 있을 것이다.[70]

---

70 물론 느닷없는 남북 정상회담 제안은 한미갈등 유도에 맥이 닿고 있다는 해석도 가능했다.

2) 북미관계와 남북관계의 탈동조화와 동조화

(1) 북미관계 진전 시기 탈동조화 경로: 통미봉남론

북미관계 진전 시기 남북관계는 전체 또는 약화된다 주장 즉, 북미관계와 남북관계를 탈동조화의 관계로 보는 견해 중 대표적인 것이 통미봉남론이다.[71] 통미봉남이라는 것은 북미관계 진전과 남북관계 진전 간의 동조화를 거부하는 정책을 의미하기 때문이다. 앞서 보았듯이 통미봉남론에 대해서는 여러 가지 해석이 가능하지만, 북한의 통미봉남론은 남북 간의 정당성 갈등이나 숙적 관계라는 정체성 변화 과정에서 그 시차에 적응해가는 경과적 현상으로 해석할 수 있다.

한국은 탈냉전 직후 북미관계를 남북관계의 종속변수로 두고자 했지만 그것은 비대칭 한미동맹의 성격상 불가능한 것이었다. 그럼에도 불구하고 북한에 대한 독점적 관할권을 고집하는 한국 정부가 북미관계를 남북관계의 상위변수라고 인식하는 데는 시간이 필요했다.

북한 역시 한미동맹의 비대칭성에 따른 한국 정부의 자율성 딜레마를 잘 알고 있기 때문에 남북관계는 북미관계의 종속변수라는 인식을 갖고 있었고 또한 이를 강조해왔다. 따라서 남북관계가 미국의 대북정책을 결정하는 독립변수가 되지 않는 한, 북한에게 남북관계는 큰 의미가 없을 것이다.

이런 인식의 엇박자, 곧 한국의 대북정책이 미국의 대북 접근법과 분리되어 한국의 대북 적대시 정책과 미국의 대북 관여정책 간에 간극이 존재하던 시기에 나타난 북한의 냉전적 대응현상이 바로 통미봉남이라고 볼 수 있다. 이는 기존의 적대적 관계를 청산하고 대북 관여정책으로 전환하는 과정에서 나타난 한미 간의 시차에 대해서, 북한이 기계적으로 반응한 것이라는 설명이

---

71 통미봉남(通美封南: 미국과 통하고 남한은 봉쇄한다)이라는 용어는 1994년 제네바합의 직후 노재봉 전 민자당 의원이 김영삼 정부 내 온건파들을 공격하기 위해 만들어낸 신조어였지만, 이후 북한의 대남 강경론을 칭하는 수식어가 되었다.

다. 이 같은 주장은 통미봉남이 단위 국가 수준의 정책 선택의 문제 즉, 북한 당국이라는 행위자의 의도뿐만 아니라, 탈냉전의 비대칭적 확실이라는 국제 관계의 맥락은 강조하는 해석이다.

(2) 북미관계 진전 시기 동조화 경로: 안보 딜레마 약화와 남북관계 진전

미국이 대북 관여정책을 사용한다면 시차는 있겠지만 결국 남북관계가 이에 '동조화' 현상은 보일 것이다. 대북 관여정책은 미국이 북한의 주권성을 인정한다는 뜻이고, 그 결과 상호간 위협 인식이 약화되고 안보 딜레마 역시 저하될 것이다. 이때 북미관계가 진전된다면, 이는 미국이 북한의 주권성을 인정한다는 뜻이고 곧, (남북) 상호간 위협 인식의 약화와 안보 딜레마의 저하를 유도한다. 남북 간 안보 딜레마가 약화되면 남북은 각자의 동맹관계의 진전 여부와 무관하게 남북관계를 진전시킬 수 있는 계기를 가질 수 있게 된다. 반면 미국은 전통적 우려 사항인 남북분쟁에로의 연루(entrapment) 문제[72]를 해결하기 쉬워진다는 점에서 남북관계의 진전을 반대할 이유가 없다. 당연히 북미관계와 남북관계는 동조화(coupling) 진전 현상이 발생할 수 있다.

(3) 북미관계 후퇴 시기 탈동조화 경로: 접근법 변화보다 급속한 정체성 변화

인식과 접근이 분리된 북미관계와는 달리 남북관계는 접근법의 변화뿐만 아니라 인식의 변화를 동반한다. 남북관계는 단순히 위협 인식의 약화나 안보 딜레마 저하 차원을 넘어 곧 바로 공동체 의식 증대라는 정체성 변화[73]로 나타나기 시작한다는 것이다. 정체성 변화를 경험하는 남북관계에 비해 미국은 접근법 변화에 머무르고 있기 때문에,[74] 한미 간에 북한에 위협인식에 차이가

---

72 신욱희, 2005, 「기회에서 교착상태로: 데탕트 시기 한미관계와 한반도의 군제정치」, 『한국정치외교사논총』 26집 2호, pp. 271-272.

73 남북 교류가 북한의 자기 정체성 및 대외관계의 규범과 행위에 영향을 미칠 수 있다고 보는 점에서 이는 구성주의적 사고를 반영한다고 볼 수 있다. (전재성, 앞의 책, p. 240)

74 국내에서는 시차를 두고 '인지적 일관성'(Robert Jervis, 1976, *Perception and Misperception in International Politics*, Princeton: Princeton Univ. Press, p. 117)의 혼란이 발생하기도 한다.

나타나고 한국인의 대북 인식 변화에 미국은 당황하게 된다.[75] 한국인의 대북 인식 변화에 미국은 당황하게 되고 이에 따라 한미 간에 북한에 대한 '인지적 부조화' 현상과 '인지적 일관성'의 혼란이 발생하게 마련이다. 이런 상황에서 추가적인 남북관계의 진전은 한편으로는 한국의 한미동맹 의지를 약화시키는 모습으로 나타나고, 다른 한편으로는 남북관계의 자율성 증대가 북미관계의 틀을 벗어나는 현상이 나타날 것이다. 이에 대해 미국은 기존과는 달리 방기(abandonment)의 우려를 가지기 시작한다. 특히 중국의 대한국 교차동맹정책이나 중국의 동맹전이론이 한국에 적용될 경우 미국이 동아시아 지역 형성과 지역동맹으로부터 방기될 것에 대한 우려는 결코 무시할 수 없는 수준으로 나타나게 마련이다. 당연히 미국은 북미관계와 남북관계의 동조화에 대해 완급 조절을 시도하고자 할 것이고, 따라서 북미관계의 조정을 시도할 것이다. 결과적으로 한미갈등은 북한의 유도나 중국의 교차동맹정책 등과 같은 외생변수에 의해서만이 아니라, 북미관계와 남북관계 간의 엇박자에서도 발생할 수 있는 남북미 관계 속성의 내생적 요소이기도 하다.

실제로 미국이 재조정을 시도하여[76] 북한의 당사자성을 부정하거나 북한에 대한 위협 인식을 강조하는 등의 이유로 북미관계가 재악화될 경우, 논리적으로는 당연히 남북관계는 약화되고 남북 간 안보 딜레마도 심화되어야 할 것이다. 그러나 이미 남북 간 '정체성' 변화가 시작된 이후인 만큼 북미관계 악화가 남북 간 군비 경쟁과 남북관계 악화로 바로 이어지기란 쉽지 않다. 이때 발생한 시간 차 동안에 북미관계와 남북관계에 탈동조화(decoupling)가 나타나는 것이다. 심지어 한국에서는 자율성과 안보의 교환을 특징으로 하는 비대칭 (한

---

75 이는 한국 내에서도 발생할 수 있다. 대북 인식의 변화가 빠른 세대와 늦은 세대 간에 발생하는 남남갈등이 대표적인 것이다. 한미동맹문제와 더불어 소위 남남갈등 현상이 증폭되는 것이다.

76 미국의 완급조절은 두 가지 방식으로 가능할 것이다. 하나는 북미관계의 재조정을 도모하는 것일 것이다. 다른 하나는 직접적으로 한미동맹의 재조정을 시도하는 것이다. 문제는 이 같은 상황에서 남북관계가 독자적 정체성과 자율성을 가지고 북미관계를 진전시켜나갈 힘이 있는가 하는 점에 있다.

미)동맹을 수정하자는 목소리가 높아질 수 있다. 북한에 대한 위협 인식이 낮고 남북 간 안보 딜레마가 약화되어 있기 때문에, 한국 내에서는 안보보다는 자율성을 중시하는 경향이 강조될 것이다. 동맹으로부터 방기의 두려운 역시 낮은 상태이기 때문에 국내에서 자율성 증대를 요구하는 목소리가 자연스럽게 증가할 수밖에 없다. 결국 인식과 접근이 분리되어 접근법을 위주로 하는 북미관계의 경우 역진이 쉬워도 남북관계는 인식과 접근이 결합되어 있기 때문에 관계 진전이 정체성 진전을 동반하게 되므로 관계약화가 쉽지 않고, 결과적으로 북미관계와 남북관계가 탈동조화되는 현상이 나타나게 되는 것이다.[77] 오히려 이 과정에서 남북관계의 후퇴보다는 한미동맹의 조정론이 제기될 가능성도 배제할 수 없다.

실제 2002년 하반기 2차 북핵 위기에도 불구하고 여중생 사망사건으로 한미동맹 재조정 요구가 높았던 사례는 이 같은 사태 전개 가능성을 잘 보여준다.

요컨대, 북미관계가 악화될 때 남북관계가 탈동조화 현상을 띠는 것은 북미관계와 남북관계에 차원이 다른 두 가지 속성이 있기 때문이다. 하나는 북미관계의 진전은 접근법의 변화일 따름이지만, 남북관계는 인식과 접근법의 동시 변화로 정체성의 변화를 동반하기 쉽다는 속성이다. 일단 정체성 변화가 시작된 남북관계는 그것의 역진이 어렵고 설사 악화되더라도 일정한 시차를 가질 수밖에 없다. 물론 그 반대 즉, 숙적관계였던 남북관계의 정체성이 협력관계로의 변화를 시작하는 데에도 북미관계보다 더 많은 기간을 필요로 했음은 앞서 다룬 바 있다.

다른 하나는 남북관계는 정부 간 관계뿐만 아니라 민관의 다양한 레벨에서 연계가 이루어지고 있다는 점이다. 당국 간 협력에 비해 민간 협력은 그 폭이 매우 넓다. 정부 간 레벨만 있는 북미관계에 비해 민관 협력이 동시 병행되는

77 실제로 노무현 대통령은 L.A.에서 북한의 "핵보유가 외부 위협에 대한 억제수단이라는 북한의 주장에도 일리가 있다(2004년 11월 20일)"라고 발언하여 미국 측으로부터 탈동조화 즉 한미 간 대북인식 격차의 증거로 지적되기도 했다.

남북관계가 인식과 접근의 변화를 동반하는 것은 오히려 당연한 일이다.[78]

(4) 북미관계 후퇴기, 탈동조화론의 변형: 동북아 지역주의와 그 한계

북미관계와 남북관계가 탈동조화 현상을 띨 때, 한국이 눈을 돌린 것은 지역(region)적 접근법이었다. 지역이라는 것은 어떤 의미에서는 한국이 처한 딜레마를 해결할 수 있는 탈출구가 될 수 있었기 때문이었을 것이다. 한국에게 지역이라는 것은 북한과 중국 그리고 미국을 모두 포함하는 구성적 영역이자 한반도 문제의 당사자 문제를 해결할 수 있는 연계 고리이기 때문이다. 사실 한국의 입장에서는 동맹의 안보 딜레마(alliance's security dilemma)[79]가 작동하기 때문에 한미동맹의 변화는 남북관계뿐만 아니라 한중관계에도 중요한 영향을 미치는 대상이 되기 시작했다. 실제 2002년 대선기를 전후해 시작된 2차 북핵 위기는 참여정부로 하여금 햇볕정책의 온전한 계승을 주장하기 어렵게 만들었다. 햇볕정책이 평화를 제도화하기보다는 '퍼주기'로 귀결되어 북한의 핵 개발에 근거가 되었다는 경협무용론 혹은 경협위해론[80]이 강력하게 제기되고 있었고, 국제 사회에서는 악의 축이 된 북한의 정치 체제 자체에 대한 비난이 심화되어 민족 공동체 논리 역시 설 자리를 잃게 되었다.

이에 참여정부는 동북아 중심과 같은 지역담론과의 결합을 통해 직접적으로 남북관계 정체성을 표현하는 민족담론의 희석화를 시도하였다. 참여정부의 지역담론 전략은 글로벌주의로부터의 퇴행이라는 평가를 받을 여지가 있는 민족담론을 우회함으로써 남한 내부적으로나 동맹국에게서 지지층을 확

78 논리적으로는 북미관계 악화기에 남북관계가 동조화되는 현상 즉, 남북관계가 추가 악화되는 상황도 있을 수 있다. 그러나 1990년대 이후 이 같은 상황은 발생하지 않고 있다. 북미관계가 장기적으로 악화된다면 남북관계 역시 불가피하게 악화되겠지만, 2-3년간의 단기간 동안에 남북관계가 북미관계를 추종하여 위기 상황으로 치닫는 상황이 발생하는 가능성은 높지 않다. 따라서 본 장에서는 논리적 가능성만 언급하는 것으로 한다.

79 동맹의 안보 딜레마는 동맹국가들 간에 위협에 대한 상이한 인식이나 또는 위협에 대한 인식이 동일하다 하더라도 각각의 입장에 유리한 대응 방식을 추구할 때 발생하는 동맹국가들 간의 갈등적 측면이다. 이에 대해서는 다음 글을 참조. Snyder, 1997, pp. 180-199.

80 이석, 2006, 『북한경제의 대외의존성과 한국경제의 영향력』, 통일연구원, p. 72.

보하는 데 손쉬운 경로였다. 나아가 평화번영정책과 같이 경제평화론의 설명틀[81]을 가져옴으로써 남북관계의 지향점을 평화공존과 지역의 공동번영에 두겠다는 의지를 드러내어 또한 남북관계 정체성의 전환을 도모하였다. 즉 남북협력의 무게 중심이 (민족)통합의 정체성보다는 평화공존의 정체성에 있음을 대내외적으로 분명히 드러내었다. 당연히 평화담론이 활성화되었음은 물론이다. 특히 공동번영을 강조한 것은 분명한 공동이익(common interest)을 창출할 때에만 남북 통합과 협력이 유의미하다는 일종의 정책 전환 의지의 표현이었다. 특히 남한 경제의 상대수익(relative gain)[82]에 관심을 표명하는 것이어서 햇볕정책에 비해 보다 현실주의적인, 따라서 우회적이긴 하지만 상호주의 교리를 강화하는 결과를 낳았다.

사실 참여정부 기간 남북관계가 기대만큼 원활하지 못했던 것은 북미관계 악화라는 상황적 변수도 있었지만, 참여정부가 국제정세의 맥락에 적응하는 과정에서 남북관계에 대해 이처럼 미묘한 정책 변화와 정체성 변화를 추구했기 때문이기도 했다.

문제는 참여정부의 새로운 접근법이 북한이나 미국 양자 모두로부터 환영을 받지 못하였다는 데 있었다. 통합을 위한 적극적 접근이 아니라, '전쟁 고조도 안 되고 대북 추종도 안 된다'는 식의 소극적 대북 접근법에 대해서 북한이 불만을 표했고, 악의 축에 온정적이라는 점 때문에 미국 역시 불만을 표했다. 양쪽을 절충할 수 있는 방법론이었지만 양측 모두로부터 불만의 대상이 되기도 한 것이다.[83] 왜냐하면 북한의 입장에서는 지역과 평화번영이라는 접

81 햇볕정책 역시 경제평화론적 설명 논리를 내포하고 있었지만, 6.15 공동선언에서 드러나듯이 정치통합이라는 상위 목표를 분명히 함에 따라 상대적으로 민족담론을 강조하고 있었다.

82 절대수익을 강조하는 것은 신자유주의적 접근이고, 신현실주의적 입장에서는 상대수익에 주목한다.

83 참여정부 후반기에는 남북경제협력의 방향을 모색하는 데서 통합과 평화공존이라는 지향점 외에도 지역협력이라는 목표지를 조합하는 과정에서 2-3개 정도의 이론화가 이루어졌다. 평화경제론과 한반도경제론 그리고 북방경제론이 그것이다. 평화경제론이 경제평화론의 발전적 버전이라면, 한반도경제론은 동북아론의 남북관계 버전이었다. 주로 통일부-통일연구원, 동북아시대위, 청와대 등 관 주도 이론화 과정을 거쳤다. 평화경제론은 정동영 전

근법은 아무래도 북미 당사자성이나 남북 자율성에 이러저러한 유보를 다는 것이기 때문에 쉽게 수용하기 힘든 것이기 때문이었다. 더욱 심각한 것은 활발히 진행 중인 남북 민간 차원의 정체성 변화를 제대로 반영하지도 못하는 것이어서 시간이 지날수록 국내 지지층을 확보하지 못하는 이종의 노선이었던 것이다.

미국 역시 다자주의나 중국이라는 변수를 통해 지역적 접근법을 수용하는 듯 했으나 그것은 기실 북한 관리를 위한 미중협조체제 구상의 틀 내에서의 한정적 지지였을 뿐이었다. 미국은 실질적인 지역주의적 질서 틀 내에서 북미관계, 한미관계를 다룰 생각은 전혀 없었다. 미국이 구상하는 다자틀 아래에서 참여정부의 역할이란 중재자(honest broker) 수준도 아니었던 것이다. 이처럼 동상이몽의 지역협력 틀 내에서 주도성을 가질 수가 없었던 상황에서 참여정부가 내건 지역적 접근법은 중국 변수를 과장하고 이에 의존하는 그 이상도 이하도 아니었다. 이 같은 상황을 타개하기 위해 지역내 참여정부의 주도성 강화를 의미하는 '동북아 균형자론'이라는 정책 입론도 해보았지만, 한미동맹과의 관계를 해명할 길 없는 균형자론으로서는 참여정부의 입지를 세울 수가 없었다. 결국 한국 정부가 지역질서에서 주도성을 발휘할 수 있는 방법은 남북관계를 우회하는 것이 아니라 남북관계를 통하는 것이라는 지적은 눈여겨볼 부분이다.[84]

통일부 장관 재임시 이론화가 시도되었고 한반도경제론은 동북아중심위에서, 청와대에서는 북방경제론을 각각 강조한 것으로 보인다. (노무현 전 대통령, 2007 남북정상회담 보고 연설)

84 분단상태를 우회하는 지역론적 접근과 평화론적 접근법에는 긍정성과 한계가 공존한다. 사실 남북한의 경우 제대로 된 평화체제를 위해서도 통합과 공동체 문제를 우회할 수는 없다. 국민의 정부 말기 제기되기 시작한 지역적 접근과 평화주의의 한계를 선구적으로 지적한 다음의 글을 참조. "분단체제의 극복은 '분단체제의 안정화'와 '남북한 통합을 통한 공동체 수립'을 요구한다. 그러나 현실적으로는 소극적 평화개념, 즉 분단 체제의 안정화에서 시작하지 않을 수 없을 것이다. […] 그러나 소극적 평화 개념에 기반을 둔 분단체제의 안정화 특히 분단의 관리에 집착하는 방안은 지양되어야 한다. […] 단, 유념해야 할 것은 공동체 건설을 향한 통합 과정이 과정으로서의 통일임에는 이의가 없으나 통일과는 다르다는 점이다. […] 통일 이외의 대안적 공동체를 추구하는 것이 우회적이기는 하나 보다 평화적이고 가능성 높

3. 북미관계와 한미관계

현실주의의 교리에 따르면 국가간 관계는 안보 딜레마가 일상적으로 발생되는 갈등적 관계이다. 따라서 상호 대결하는 관계보다는 오래 지속되는 동맹이 설명대상이다. 50년 이상 지속되어온 한미동맹은 현실주의 교리의 중요한 설명대상임은 물론이다. 특히 노무현-부시 정부 이래 동맹의 성격 변화에 관한 논의가 활발하고 심지어는 한미 간 갈등설이 심심찮게 회자되는 실정이어서 한미동맹의 변화론에 대한 입론이 필요한 듯하다.

본 연구가 한미동맹 일반론을 다룰 수 있으면 좋겠지만, 연구의 취지상 한미동맹에 영향을 주는 모든 변수들을 다 다룰 수는 없기 때문에 이하에서는 북미관계 변화가 한미동맹에 어떤 영향을 주는가에 국한해 한미동맹의 변화를 다루고자 한다.

1) 시기별로 본 북미관계와 한미관계

(1) 1기. 관여정책의 시차와 동맹 딜레마: 타협은 북한의 생명을 연장

제네바합의 당시 북미 간 거래(trade-off)의 내용은 김영삼 정부가 도저히 수용할 수 없는 것이었다. '숙적관계'로서의 남북관계의 현실이나 대북 억지라는 한미동맹의 전통적 목적에 비추어볼 때, 북미 간 거래는 대한민국의 존재론적 당위를 부정할 수 있는 것이라는 인식이 정부 관계자 내에 있었기 때문이었다. 급작스러운 김일성 사망으로 남북 정상회담이라는 이벤트도 수포

은 평화통일의 길이다. 국가 특히 근대 국가 이외의 대안적인 정치공동체가 보다 바람직할 뿐만 아니라 실현가능하다는 명제는 해방공동체를 지향하는 반자본주의적 급진사상의 주관심사였다. […] 남북한의 기능주의적 통합의 가능성은 증가하고 있다. […] 이러한 공동체는 결속가능성이 약한 경제공동체에 머물기 때문에 공동체의 충분조건이 되지는 못한다. 시장을 공동체로 승화시키는 데에는 민족과 같은 '규범공동체'의 상징이 절실히 요구되는 것이다."(함택영, 앞의 책, pp. 267-269)

로 돌아가 버려 제네바합의가 남겨놓은 상실감을 메울 만한 대체재로 충분치 못하다는 인식이 만연하였다.

오히려 김일성 사망은 한국 정부의 정당성을 확장하는 기회로 인식되고 있었다. 한국 정부 내에서는 남측이 주도하는 통일, 즉, 북한 붕괴에 따른 흡수통일이 가능하다는 인식이 확산되었다. 사실 이 같은 인식이 한미동맹의 전통적인 목표[85]였다는 점에서, 전통적인 동맹의 목적에 충실하지 않는 미국에 대해 한국정부의 불만은 증폭되었다. 한미갈등이 공공연해지기 시작한 것이다.

그러나 이 시기 한미갈등은 어떤 의미에서는 전형적인 동맹 딜레마의 한 형태에 다름 아니었다. 미국은 한반도 분쟁에 연루되는 것을 두려워했기 때문에 한국 정부의 흡수통일정책을 지지하지 않으려고 했고, 한국은 방기의 두려움 때문에 미국의 대북 협상을 수용하지 않을 수 없었다. 특히 한미동맹은 국력결집형 동맹이라기보다는 안보 자주 교환형 비대칭 동맹[86]이라는 점에서 한국 정부는 미국 정부의 입장을 수용하지 않을 수 없었다.

(2) 2기. 북미관계와 한미관계의 선순환: 먼저 김 대통령에게 고하고 조언을 구하라

1998년 50년 만의 정권 교체에 이어 한국 정부는 뒤늦게 대북 관여정책을 시작하였고 이는 미국의 대북 관여정책에 탄력을 부여하였다. 미국이 페리프로세스를 정립함에 따라 북미관계와 남북관계 그리고 한미관계 모두가 상호 선순환 관계를 형성하고 발전하지 시작했다.[87] 미국이 보기에는 오히려 남북

---

85 1965년, 1968년 미 국무부 NPP(National Policy Paper)에 적시된 세 가지 사항은 다음과 같다. 일본과 공산 아시아 사이의 완충지로서 자유세계의 전진 기지, 자본주의 선전 사례, 미국 동맹의 발전 사례로서 한국을 유지하는 세 가지다. (신욱희, 2005, 「기회에서 교착상태로: 데탕트 시기 한미관계와 한반도의 국제정치」, 『한국정치외교사논총』 26집 2호, pp. 254–255)

86 한미동맹은 비대칭적인 국력을 가진 두 나라가 한 나라는 안보를 공여하고 다른 하나는 그 대가로 자율성의 일부를 포기하는 안보-자주 교환형 동맹이다. (김태현, 2004, 「한미관계와 남북관계」, 『남남갈등 해소 및 진단 방안』(경남대학교 통일관 개관기념 학술회의), p. 151)

87 이 시기에 새롭게 제기되기 시작한 북한의 금창리 핵시설 의혹과 1998년 8월의 대포동 미사

관계가 북미관계를 앞서 나가는 것이 우려될 상황이었다. 남북 정상회담 당시 미국 관료들은 한국정부가 남북 합의 사실을 뒤늦게 통보했다고 불만을 토로했을 정도였다.[88] 미국발 속도조절론이 제기되기 시작했다.

한편, 이에 대한 중국의 반발이 오히려 북한의 대미접근을 견제하는 동력으로 부상하기 시작하였다. 중국이 보기에 남북관계 진전과 한미동맹 강화 그리고 북미관계 진전이라는 3각관계의 선순환은 대중국 포위구도와도 무관하지 않았다. 이미 일본 등지에서 중국 위협론을 공공연히 제기하고 있는 상황에서[89] 이 같은 3각 선순환을 방치하고만 있을 중국이 아니라는 평가가 확산되기 시작했다. 북한이 미국의 교차동맹(cross-alliance) 구도에 협조하여, 중국을 방기하고 미국에 편승하는 것[90]은 중국에게는 최악의 시나리오였기 때문이다. 이는 동아시아에서 중국변수가 독립변수로서 본격화됨으로써 동맹의 안보 딜레마(Alliance's security dilemma)[91] 외에도 교차동맹 등 다양한 현실주의 교리

일(혹은 광명성 1호) 발사로부터 초래된 위기 상황에 대한 미국의 대응은 이전과는 다른 방법으로 문제해결의 길을 밟아갔다. 즉 IAEA 등과 같은 국제기구나 남한 정부의 개입이 없이 처음부터 북미 직접협상을 통해 문제를 풀어간 것이다. 현안문제 해결과 함께 근본문제 즉 한반도 냉전구조 해체의 동시병행이라는 "포괄적 접근을 통해 대북 관여정책(comprehensive Engagement Policy)"이 한미(일) 간 대북 공조의 기본 개념으로 등장함으로써(임동원, 2002, pp. 39–40) 과거와는 달리 북미 직접협상이 냉전 해체의 유용한 도구로 부각되기 시작했다. 이제 클린턴 행정부의 관여정책이 북한에 대해서도 본격적으로 적용되기 시작했고 또한 일정한 성과를 낳기 시작했다. 양국은 1999년 3월 금창리에 대한 북한의 추가사찰 허용, 지하시설의 복수현장 사찰 등에 합의하였다. 또한 북한이 장거리 미사일 시험 발사를 유예하겠다는 의사를 1999년 9월 북미 베를린 합의, 2002년 10월 12일 북한의 조명록 차수 방미시 발표된 북미 공동 코뮤니케, 2000년 10월 23일 평양 5.1 경기장을 방문한 올브라이트 미 국무장관에 대한 김정일 위원장의 구두 언명 등에서 수차례 확인하였다. 이는 미국 관여정책의 성과라 할 만했고 미국의 대북 접근법은 점차 가속도를 내고 있었다. 1999년 기점으로 이루어진 미국의 자유주의적 대북 접근법도 그 점에서 1950년 이래 가장 획기적인 것이라 할 만한 내용이었다.

88 특히 당시 대북정책조정관이었던 웬디 셔먼은 한국정부가 베를린 선언을 뒤늦게 알려줬다고 불만을 토로하였다. (Sherman, 2007년 7월 11일)

89 박건영·남창희·이수형, 2002, 「미국의 동북아 동맹전략과 동맹의 안보 딜레마, 그리고 한국의 국가안보전략 에 대한 함의」, 『한국과 국제정치』 18권 4호, p. 61.

90 박홍서, 앞의 책, p. 302. 교차동맹이랑 상대방이 유지하고 있는 동맹관계를 활용하여 상대방에 대해 압력을 행사하려는 대외정책(Scalapino, 1997, p. 9; Niksch, 1995, pp. 29–35)을 의미한다. 이런 관점을 이론화한 것이 김우상의 동맹전이 이론(Alliance Transition theory)이다.

들이 작동하기 시작하였음을 보여주는 것이다. 동북아시아의 동맹구도가 얼마나 복잡한 변수들로 얽혀 있는지를 잘 보여주고 있는 장면이었다.[92]

(3) 3기. 미국의 새로운 동맹전략과 동맹 딜레마의 역전: 억제수단이라는 북한의 주장에도 일리가 있다

이 시기는 연루와 방기라는 동맹 딜레마가 한미 간에 역전되는 듯한 상황이 조성되었다. 즉 전통적인 동맹 딜레마 관계와는 달리 한국은 한미동맹에서 방기보다는 연루의 두려움이 상대적으로 커졌고, 미국은 연루보다는 방기의 두려움이 상대적으로 커진 것이다.

9.11 이후 전쟁 대통령(combat president)을 자처한 부시 행정부는 반테러전에 기초한 부시 독트린을 입안하고 대북정책을 포함한 모든 동맹정책을 이에 입각해 전개하기 시작했다. 이론으로만 회자되던 유지동맹론(coalition of the willing)은 이러한 분위기에서 현실화되었다. 아프가니스탄 전쟁을 유엔의 이름하에서 진행한 것과는 달리 부시행정부는 대이라크 전쟁의 경우 유엔과 별개로 조직된 미국의 동맹국들을 중심으로 개전하였다. 소위 미국과 뜻을 같이하는 국가들을 중심으로 반테러전을 진행한다는 원칙이었다. 이 과정에서 한국 정부는 부시행정부가 전개한 모든 전쟁에 직접 참전할 것을 요구받았다.

한국의 입장에서 볼 때, 한미동맹에서 연루의 두려움이 부각되기 시작한 것이다. 이전 시기 북미관계 개선과 이에 따른 남북관계 진전으로 대북 억지에 문제가 없자 방기에 대한 두려움이 현저히 줄어들게 된 한국은 아프가니스탄 전쟁에 대한 전투병 파병에 소극적이었다. 2001년 9월 한국 정부는 공병

---

91 동맹의 안보 딜레마는 동맹국가들 간에 위협에 대한 상이한 인식이나 또는 위협에 대한 인식이 동일하다 하더라도 각각의 입장에 유리한 대응방식을 추구할 때 발생하는 동맹 국가들 간의 갈등적 측면이다. 이에 대해서는 스나이더(Snyder, 1997, pp. 180-199)의 글 참조

92 박홍서, 2008, p. 304. 이 시기 김정일의 통일 후 주한미군잔류발언에 대해 중국이 매우 민감하게 반영하였다는 주장은 참고할 만하다. 중국은 북한에 의한 분쟁 연루를 피하고 북한의 대미 편승도 저지하는 것이 중요한 목표이다. 즉 북한의 벼랑 끝 외교도 미국의 대북 영향력 확대도 저지한다는 것이다. (박홍서, 2008, p. 305)

유지동맹론(有志同盟, Coalition of the Willing)
■ 부시 행정부의 동맹정책의 핵심 논리 - 클린턴 행정부 말기부터 각자의 선택에 따른 결정을 전제로 하고 있는 유지동맹의 개념이 거론 ■ 9/11 이후 反테러전 전개 과정에서 부시 행정부가 취한 일방주의(unilateralism)는 유지동맹의 개념을 이분법으로 단순화 - 미국이 주도하는 反테러전에 직접 동참하느냐의 여부에 따라 친구 아니면 적으로 구분 - 이라크 전에 비협조적인 프랑스, 독일을 올드 유럽(old Europe)으로 간주하고 배타시한 것도 같은 맥락

부대 중심의 파병을 결정했지만 미국이 요청한 전투병 파병에는 끝내 반대하였다. 그나마 유엔의 이름하에 참전한다는 명분이었다. 미국이 보기에 한국의 이 같은 소극적 태도는 한국으로부터 미국이 방기(?)당하는 상황으로 인식되기에 충분했다. 특히 2002년 11월에 광범위하게 조직화된 여중생 범대위의 대규모 반미촛불시위는 미국 내에서 한미동맹을 재검토해야 한다는 목소리를 높일 정도로 미국에게는 실망스러운 상황전개였다. 2002년 10월 북한이 핵개발을 실토하였다고 알려진 이후의 시점이었던 만큼, 그에도 불구하고 한국에서 반미 촛불시위가 대중화되었다는 사실은 미국 조야에 큰 충격을 안겨줄 만한 것이었다.[93] 미국 정부는 한국의 노무현 후보가 2002년 9월 독일 슈뢰더 총리처럼 반미감정이라는 포퓰리즘을 이용해 당선되고자 하는 정치인이라는 인식을 갖기 시작했다.[94]

2003년 유엔 결의를 뒤로한 채 독자적으로 이라크 전쟁을 개시한 미국은

---

93 일부 오피니언 리더들은 한미동맹이 위태로운 자체가 아니라 동맹의 존속 자체가 의문스러운 상황이라고 평가하기까지 했지만(Derek Mitchell, CSIS 수석연구원 인터뷰, 2004년 7월 16일) 전반적으로는 한국의 신세대 성장에 따라 한미관계에 본질적 변화가 시작된 것이라고 해석하는 견해가 다수였다. (Michel Reiss, 국무부 정책담당관, 2004년 7월 12일)

94 백악관 NSC 마이클 그린(Michael Green) 아시아 담당 선임보좌관 인터뷰 2004년 7월 16일.

한국에 대해 재차 파병을 요청했다. 당시 윤영관 외교부 장관은 한국은 북핵과 파병을 연계시킨다는 입장을 타진하였고 이에 대해 파월 국무장관은 노골적으로 분노를 표명하였다.[95] 조건부 파병 운운은 동맹이 취할 자세가 아니라는 것이다. 한미동맹에 대한 미국의 불만이 터져 나온 것이었다. 사실 윤영관 전 장관의 입장 표명은 불필요한 연루를 피하고자하는 자연스런 요구이기도 했고, 또한 한국군의 파병에 따른 억지력 결손의 보충, 뒤집어본다면 북핵 위협 감소를 위한 미국의 추가 노력이 필요하다는 전통적 한미동맹론의 틀에 따른 단순 계산이기도 했다. 그러나 미국의 동맹이론은 한미동맹의 틀 내에서만 작동하는 것이 아니었고 이미 유지동맹론에 입각해 동맹조정을 꾀하고 있던 미국 정부에게 한국의 이 같은 주장은 구태로 비쳐질 따름이었다. 특히 부시 행정부의 미국은 반테러전이라는 글로벌 맥락에서 동맹관계를 보고 있었던 반면, 한국은 미국의 이 같은 시각을 이해하지 못하고 북한과의 대치관계 혹은 동아시아라는 지역 내에서의 균형(regional balancing)이라는 전통적 시각으로 동맹관계를 보려고 하고 있었다. 한미동맹을 보는 시각차, 특히 이에 대해 근본적인 재검토가 미국 내에서 진행되고 있음을 한국 정부가 뒤늦게 깨달았고, 이후 한국은 미국이 요구하는 것들을 대부분 들어주지 않을 수 없었다. 미국이 주도하는 동맹 재조정론을 수용하지 않을 수 없었던 것이다.

위협에 기반한 전략이 아니라 능력에 기반한 전략 투사 방침[96]으로의 전환에 따라, 전방위 우위(full spectrum dominance)에 입각한 압도적 군사력의 배치를 추구한 미국은 해외주둔미군재배치(GPR, global posture review)와 군사혁신(RMA, Revolution in the Military Affairs), 그리고 그 하위 프로젝트로 한미동맹의 재조정을 요구하기 시작했다. 이는 두 가지 형태로 나타났다. 하나는 주한미군재배치 과정에서 2사단의 후방배치 즉, 인계철선(trip wire) 개념

95 『한겨레』 2003년 10월 15일.

96 박건영 외, 앞의 책, p. 44. 이 같은 내용을 잘 드러내고 있는 것은 미 국방부의 '2001년 국방태세점검보고서(QDR)'이다.

의 해체였고, 다른 하나는 주한미군의 전략적 유연성 문제였다. 전자의 경우 한국 정부가 용산 기지 평택 이전을 추진하며 미국 측 요구를 수용하였고, 후자는 사실상 전작권 반환 문제와 연결되어 있는 것이어서 참여정부가 거절할 수만은 없는 것이었다. 그러나 지지기반이나 국제적 역관계를 고려할 때, 참여정부가 후자에 대한 명시적 합의를 남기는 것은 거의 불가능한 것이었다.

한편, 클린턴 행정부 시절 북미관계 진전과 이에 뒤이은 남북관계 진전으로 한국의 대북 위협 인식이 현저하게 저하되기 시작했다. 심지어 두 차례의 서해교전에도 불구하고 남북관계가 건재했음은 이를 잘 보여준다. 한국인들 사이에서는 한미동맹의 원초적 목적인 대북 억지에 큰 문제가 없다는 인식이 퍼져나갔다. 이미 2002년 한국에서는 소위 여중생 사망 사건으로 대규모 촛불시위가 전개되었고 한미동맹의 재조정과 자율성 강화 움직임이 시작된 바 있었다. 대선 후보였던 노무현 역시 이 같은 움직임에 맞춰 자주국방의 의지를 밝혔고 전시 작전통제권 반환이 중요한 목표라고 공약하기 시작했다. 비대칭동맹을 시정하고자 하는 움직임이었다. 이에는 미국으로부터의 동맹 방기에 대한 두려움이 약해졌기 때문에, 자주-안보의 비대칭적 교환관계인 전통적 한미동맹에서의 변화를 통해 미국에 대해 더 많은 자주권을 요구하겠다는 의도였다.

북미관계 진전이 남북관계를 강화시키고 한국은 미국으로부터 동맹 방기의 두려움이 약화된 데 따라 한미관계의 비대칭성을 시정하자고 요구하기 시작하는 상황에서,[97] 미국에게 북핵 문제는 아이러니하지만 한국을 관리하는 호기일 수 있었다. 북미관계가 악화되고 북한의 핵 위협이 증대되는 상황은 이미 시작된 한미동맹의 재조정 과정에서 비대칭성을 최대한 활용해 미국의

---

97 2002년 당시 대선 후보였던 노무현은 이 같은 움직임에 맞춰 자주국방의 의지를 밝혔고, 전시 작전통제권 반환이 중요한 목표라고 공약하기 시작했다. 한미 간 비대칭동맹을 시정하고자 하는 움직임이었다. 이에는 미국으로부터의 동맹 방기에 대한 두려움이 약해졌기 때문에 자주-안보의 비대칭적 교환관계인 전통적 한미동맹에서의 변화를 통해 미국에 대해 더 많은 자주권을 요구하겠다는 의도였다.

입장을 한국 정부에 관철시킬 수 있는 조건으로 되었기 때문이었다. 참여정부 내내 한미정상회담을 앞 둔 상황에서는 번번이 미국의 대북정책이 악화일로를 걷다가 정상회담 이후 진정되는 듯한 상황이 반복되었다.[98] 미국에게 북미관계는 한미관계의 비대칭성을 유지하고 조정하는 지렛대라는 해석도 가능한 상황이었다. 물론 이렇게 보는 것은 노무현 정부가 이라크 파병이나 주한미군 재배치, 전략적 유연성 협상에서의 양보를 통해 북핵 문제에 대한 미국의 태도를 완화시켰다고 주장하는 것과 선후가 뒤바뀐 해석이다. 어떤 해석이 더 타당한지는 더 많은 시간이 지나야 판단 가능할 것이지만, 북핵문제가 한

---

98 2003년 상반기 미국이 북한에 대해 모든 옵션을 검토한다고 발표하고 있던 시점에 진행된 2003년 5월 한미정상회담에서 한국 정부는 2사단 재배치 유보 합의를 큰 성과로 꼽았다. (그러나 2사단 재배치는 결국 뒤에 이루어진다.)

2003년 10월 정상회담을 앞두고는 1차 6자회담이 결렬되고 주한미군 1만 2,000명 감축 논의가 흘러나오는 등 안보 위기 논의가 끊이지 않더니, 부시 대통령이 10월 18일 주한미군 감축 논의는 하급관리들의 뜻일 따름이라는 발표를 하고 20일 정상회담에서는 대북 안전보장을 문서로 할 수 있다는 뜻을 밝혀 상황을 안정시켰다. 당시는 이라크 파병 논의가 한참인 때였고 이 정상회담 직후 노무현 대통령은 사실상 3,000명 수준의 파병을 결정하였다.

2004년 11월 정상회담을 앞둔 13일 노 대통령은 LA 교민 연설에서 대북 강경책을 반대한다는 성명을 발표하였다. 20일 한미정상회담에서 북핵 문제의 평화적 해결원칙이 확인되었음은 물론이다. 이 시기는 김선일 사건에도 불구하고 부시 대통령의 공화당 뉴욕 전당대회에서 이라크 파병 8개국 거론 과정에서 한국을 제외하는 등 한미 간에 전략적 유연성 문제로 논란을 빚고 있던 시점이었다.

2005년 6월 10일의 한미정상회담을 앞둔 상황에서는 스티븐 헤들리 NSC 안보보좌관이 "북한 핵 시험하면 행동할 것"이라며 북한의 핵실험을 경고하는 상황이 벌어졌다. 작계 5029를 두고 한미 간 논란이 진행되고 있었고 동년 3월 노 대통령이 동북아 균형자론을 제기하고 있었던 복잡한 상황이었다. 10일 한미정상회담을 앞두고 부시 대통령은 Mr. 김정일이라는 호칭을 쓰고 이는 후일 4차 6자회담을 재개하는 동력이 되었다. 정상회담에서는 물론 북핵 문제 평화적 해결 원칙이 합의되었고 전략적 유연성과 5029는 숙제로 남겨놓기로 했다. 대신 한미는 5029를 개념 계획을 발전시켜 나가기로 합의하였다. 노 대통령이 이후 더 이상 동북아균형자론은 사용하지 않았음은 물론이다.

2005년 11월 경주 정상회담에서는 '항구적 평화체제' 안을 합의하고자 했으나 미국 측 반대로 무산되었다. 이때는 대북 금융제재가 진행 중인 때였고 한미 간에는 전작권 반환 문제가 공식적으로 논의되기 시작한 시점이었다. APEC 회담을 앞두고 만난 회의였다.

2006년 9월 정상회담에서는 "전작권은 한국에 전환되고 정치적인 문제가 아닌 군사적인 문제"라고 합의되었다. 사실상 전작권 문제에 대한 합의가 이루어진 것이다. 이때는 이미 북한이 7발의 미사일을 발사하고 유엔의 제재를 받고 있던 시점이었다.

미동맹의 조정 과정과 연관되어 있었음은 사실이었다고 보아야 하겠다.

(4) 4기. 균형자 논란과 한미동맹의 새로운 정체성: 동북아 평화와 번영을 수호

2005년 3월 1일 노무현 대통령은 3.1절 기념사에서 '동북아 균형자'라는 용어를 처음 사용하였다. 이후 동년 3월 육군사관학교 졸업식, 공군사관학교 졸업식, 육군 3사관학교 졸업식 등에서 연이어 동북아 세력균형자, 균형자 등의 용어를 사용하였다. 이로서 시작된 노대통령의 균형자론은 여러 가지 논란을 빚으며 다양한 형태로 전개되었으나 동년 6월 10일 한미정상회담 이후 완전히 사라져 버렸다. 미국 측의 강한 문제 제기 앞에 동 개념이 한미동맹의 대체재가 아니라는 것을 해명하기 위해서는 개념 자체를 폐기하는 외에 다른 방도가 없었기 때문이었다. 이후 한미 양국은 전작권 반환과 전략적 유연성 문제를 집중 논의하였고, 전자 즉 전작권은 2010년까지 반환받기로 합의하였다. 반면 후자, 즉 전략적 유연성 문제에 대한 합의는 끝내 이루어지지 않았다. 한미 양국의 정권 교체기라는 상황 때문에 어느 일방이 책임성 있게 합의를 밀고 나갈 수 있는 상황이 아니었기 때문이다.

북미관계의 경우, 북한의 핵확산에 대한 미국 보수파의 의구심으로 내부 논란은 있지만 북핵 합의는 더디지만 조금씩 진전되고 있다. 따라서 이 시기 이후는 북미관계와 한미관계가 동시에 호전되고 있는 시기임에는 분명하다. 어떤 의미에서는 신(新)정부의 주장처럼 한미갈등의 부재가 북핵 문제를 순조롭게 끌어가고 있는지도 모를 일이다. 이 같은 현실은 한미동맹이 북핵 문제의 해결고리라는 논지를 강화시킬 수도 있지만, 이에 대한 일반화는 양국 모두가 새로운 리더십을 맞이한 이후에 분명히 정립될 수 있을 것으로 보인다.

2) 길항관계로서의 북미관계와 한미관계, 변화의 시작과 끝?

전통적 관점에서 볼 때, 북미관계와 한미관계는 길항관계 즉, 경쟁적 관계이다.

세계적 차원에서의 냉전과 지역 차원에서의 북한의 위협을 전제로 한 한미동맹의 전통적 개념은 북미관계라는 것을 부정하는 것임에 틀림없다. 한미동맹은 북한 및 공산 진영과의 전쟁을 통해 맺어진 동맹이었고, 전쟁 억지를 위해 한국의 안보와 자율성 모두를 미국에 위탁하는 개념이었기 때문이다. 따라서 대북 억지 문제와 정통성 문제를 동시에 내재하고 있는 한미동맹은 태생적으로 북미관계를 수용할 수 없는 것이었다.

그러나 탈냉전이 시작되면서 한미관계 역시 전통적 대북 전쟁억지동맹으로부터 변화의 조짐을 보이기 시작했다. 그것은 제네바합의를 기점으로 북미 간 새로운 접근법이 시작되고 북미 간 정상국가 관계의 모색이라는 시도로부터 감지되었다.[99] 물론 대북 억지동맹으로서의 한미동맹은 남북미 관계의 근본적인 심급을 규정하는 것이기 때문에 그 변화의 속도는 매우 느렸고 때로는 북미관계와 남북관계 변화의 방향타가 되거가 이를 가로막는 기제가 되기도 했다. 특히 부시 행정부에 들어와 미국 정부가 테러와의 전쟁을 선포하면서 위협 인식에 질적인 변화를 보이고 본격적인 군사혁신을 도모하면서 소위 탈근대적[100] 정체성을 모색하기 시작함에 따라 한미동맹은 더욱 복잡한 양상을 띠고 있기도 했다.

이런 새로운 상황 앞에서 북미관계와 한미관계의 상관성을 어떻게 보아야 할 것인가?

(1) 한미갈등의 내생변수와 외생변수

우선 한미갈등의 발생 이유에 대해서 알아보자.

사실, 한미와 같은 후견-피후견 동맹[101]이자 비대칭동맹관계에서는 미국은

---

99 북미관계에 새로운 관계 속성이 정착되기 시작함에 따라 남북관계 역시 적대적 상호의존관계라는 특수성을 유지하면서도 협력에 의한 변화를 통해 새로운 정체성을 형성하기 시작했음은 물론이다.

100 전재성, 앞의 책, p. 238.

101 김기정, 앞의 책, p. 164.

상위 수준에서 전략을 구상하고 한국은 하위 수준에 집중하게 마련이다. 미국은 이 같은 비대칭적 동맹의 하부 단위인 한국에 대해 정책적 배려가 부족하기 마련이고, 한국은 상부 단위인 미국에 대해 포괄적인 이해가 부족하게 된다.[102] 결과적으로 한미관계에서 갈등은 미국이 한반도 문제를 글로벌 맥락에서 보려고 하고, 한국은 북한과의 대치관계에서 보려고 하는 시각차에 기인하곤 했다. 특히 미국은 한반도 전쟁에 연루(entrapment)되는 것을 꺼려할 수밖에 없었고, 한국 정부는 미국의 일방적 태도에 불만을 가지면서도[103] 방기의 두려움 때문에 미국의 결정을 수용할 수밖에 없었다.

그러나 한미관계에서도 이 같은 전통적 관계에 변화가 발생하게 된 것이다. 한중관계와 지역(region)이라는 변수가 등장함에 따라 연루만 걱정해온 미국은 동 지역 이해로부터 방기되는 두려움을 고려하지 않을 수 없게 되었다. 한국 내 반미감정이 변환외교(transformative diplomacy)[104]와 공공외교(public diplomacy)의 대상이 된다는 것은 과거에는 생각해본 적이 없었다.

동시에, 방기의 두려움이 가장 중요했던 한국 역시 대북 위협 인식의 저하에 따라 방기보다는 연루 문제에 민감해졌다.[105] 전통적으로 미국은 한국이 방어적 현실주의보다는 공격적 현실주의를 취할 것을 우려해왔다.[106] 그러나 부시 행정부가 들어선 이후 상황은 역전되었다. 한국은 미국이 사실상 공격적

---

102 신욱희, 앞의 책, p. 270.

103 그러나 한국은 미국으로부터 방기 혹은 유기되는 것을 두려워했기 때문에 미국의 결정을 수용하고 따르는 길을 택해왔다. 때로는 베트남전과 같이 적극적인 연루를 마다하지 않으면서도 동맹유지의 길을 택하였다. 비대칭적 동맹이 유지되는 이유였다. (*ibid*., pp. 271-272)

104 미국의 변환외교와 공공외교에 대해서는 다음의 글 참조. 전재성, 2006, 「미국 부시행정부의 변환외교」, 『국가전략』제12권 4호; 민병원, 2006, 「세계화 시대의 국가변환」, 『국가전략』 제12권 3호; Nakamura, Kennon H. and Susan B. Epstein, *Diplomacy for 21st century-Transformational Diplomacy, CRS Report* (August 23, 2007).

105 클린턴 행정부 시절 북미관계 진전과 이에 뒤이은 남북관계 진전으로 한국의 대북 위협 인식이 저하되기 시작했다. 한국인들 사이에서는 한미동맹의 원초적 목적인 대북 억지에 큰 문제가 없다는 인식이 퍼져나갔다. 심지어 두 차례에 걸친 서해교전에도 불구하고 한국 국민의 대북 위기 의식은 고조되지 않았다.

106 신욱희, 앞의 책, p. 277.

현실주의로 해석될 수 있는 새로운 교리에 입각해서 동북아 힘의 균형 즉 현상 유지에 변화를 꾀하고자 하는 것이 아닌가 하는 의구심을 감출 수 없었다. 한미동맹이 표방해온 공동의 목표를 넘어서 미국이 새로운 변화를 꾀하고 미국이 관여한 분쟁에 한국이 연루되는 상황이 발생할 수 있다면 한국은 과거처럼 쉽게 미국의 입장에 동의하고 있을 수만은 없기 때문이다. 한국에서 이라크 파병 반대 여론이나 주한미군의 전략적 유연성 문제가 논란이 된 것은 이 같은 상황 인식에 따른 것이다. 한국 내에서 한미동맹 그 자체가 목적이자 정체성이었던 세대가 점차 사라지고 자주와 동맹의 이항구획적 구분보다는 국가 목표로써의 자주와 수단으로서의 동맹이 병행가능하다는 인식[107]이 확산된 결과였다. 이에 따라 안보-자주 교환동맹이자 후견-비후견 동맹인 한미동맹에 변화를 요구하기 시작했다.[108] 이런 상황의 변화는 대북 위협 인식의 저하와 더불어 한국의 국력 성장에 따른 불가피한 조정이기도 했다.

앞서 보았듯이 전통적인 한미갈등은 동맹 자체의 비대칭성에 내재하는 것이었다. 따라서 그 갈등은 동맹의 틀 내에서 충분히 해소될 수 있는 성격의 것이었다. 문제는 이 비대칭성의 유지를 위협할 정도로 양국이 중시하는 가치와 처한 맥락이 새로운 상황을 맞아 급속하게 변하고 있다는 점이다. 아이러니하게도 그 한 외생 변수가 북미관계의 새로운 접근법에 기인하고 있다는 점은 주목할 만하다.

(2) 안보 주권과 자율성 주권의 분리 모델: 동북아 균형자론의 등락과 한계

김기정[109]은 주권 개념을 안보 영역의 주권과 자율성 영역의 주권이라는 두 가지로 나눈다. 그에 따르면 어느 일국이 선택할 수 있는 안보 영역에서의 주권 옵션은 자강론(自彊論)에 의한 자주화 옵션[110]이나 강대국에 대한 편승동

---

107 김기정, 앞의 책, p. 151.
108 *Ibid.*, p. 164.
109 *Ibid.*, pp. 163–167.
110 자강론(自彊論)은 약소국에게는 이상적인 안으로 한국이 선택할 수 있는 성격의 것이 아

맹이 있고, 이 두 가지 외에는 국제안보(공동안보, 집단안보, 협력안보)[111] 옵션이 있다.

한편, 김기정은 자율성 확보 영역에서의 주권 옵션으로 균형동맹이나 균형외교 그리고 그 외에는 비동맹인 개입 회피 전략을 제시하고 있다. 이때 균형동맹전략이 권력구조적 조건하에서 사실상 스스로 적극적인 세력균형을 모색하는 선동적 의미의 균형자(balancer)로서의 동맹형성전략이라면, 균형외교전략은 세력균형을 염두에 두기보다는 일국 중심의 외교구도를 탈피하여 외교적 유연성을 구가하려는 전략이다. 이는 평형상태[112]를 유지시켜 나가려는 외교적 행위라는 것이다. 김기정은 비동맹노선인 개입회피전략은 지정학적 입지 때문에 한국이 선택할 수 있는 옵션이 아니라고 보고 있고, 균형동맹 전략 역시 안보 주권과의 관계에서 문제가 발생할 여지가 많다며 적절한 옵션이 아니라고 보고 있다.

안보상의 주권 전략과 자율성상의 주권 전략이 각기 어떻게 명확하게 구분되어 동시에 선택될 수 있는지에 대해서는 불분명하다. 특히 안보-자주 교환을 전제로 형성된 한미동맹에서 한국이 안보와 자주의 양자를 동시에 추구하는 것이 가능한가라는 의문에 대해서는 뾰족한 답이 없는 것이 사실이다. 김기정 역시 이 점을 의식한 듯 구성주의의 논지를 동원하여 자문자답하고 있지만, 그의 답이 명확하고 개운하지는 않다. 그럼에도 불구하고 그의 논지는 노무현 정부 시기의 동북아 균형자론을 설명하는 데는 매우 적절한 분석틀이라고 볼 수 있다.

이 같은 분석을 전제로 김기정은 노무현 정부가 안보 영역의 주권에서는 '협력적 자주국방론'을 통해 자강론을 편승동맹과 결합시키는 전략을 구사했다고 보고 있고, 자율성 영역의 주권에서는 '동북아 균형자론'을 통해 균형외

님은 역사적으로 확인되어 왔다.

111 이때 국제안보는 단위 수준이 아니라 관계에서 파악되는 개념이다.

112 김기정은 균형(balance)과 평형(equilibrium)을 구분하고 있다.

교 전략을 구사했다고 설명한다. 안보 영역의 주권 전략과 자율성 영역의 주권 전략을 분리시켜, 전자의 영역에서는 소위 약소국형 생존전략인 편승우위 전략을, 후자의 영역에서는 중진국형 외교전략인 평형전략을 각각 구사하고 있다는 해석이다. 이렇게 보면 동북아 균형자론은 안보 영역에서는 전통적인 주권 전략을 유지한 채, 자율성 영역의 주권을 안보 영역과 분리시켜 균형외교 즉 평형외교전략을 새롭게 결합, 발전시켜 나간 중약국(中弱國) 외교정책이 된다.

동북아 균형자론에 대한 이 같은 주장은 균형자를 세력균형자(balancer)로서의 균형동맹이 아니라 평형(equilibrium)외교노선 정도로 설명하고, 이 경우에도 안보 영역에서는 한미 동맹 즉 편승동맹을 유지하며 이에 자강론을 부가하는 '협력적 자주국방론'에 입각하고 있다고 설명하는 것이다.

그러나 한미동맹에서 한국의 자주화 노선은 안보 영역이 아닌 자율성 영역에 국한되는 것이라고 설명하더라도 그 상대방인 미국과의 관계가 비대칭인 한, 한국의 일방적 선언만으로는 본질적으로 해결될 수 없는 것이었다. 안보상의 주권 전략과 자율성상의 주권 전략이 각기 어떻게 명확하게 구분되어 동시에 선택될 수 있는지에 대해서는 불분명하기 때문이다.

노무현 대통령은 균형은 균형자 개념이 강력한 한미동맹의 기반 아래 일본과 중국 사이에서 한국의 역할론을 설명한 것이라고 주장하였지만, 균형자(balancer) 개념을 유지한 채 국제정치학자인 라이스 장관을 설명할 수는 없었다. 특히 미국 내에서는 노무현 태동령이 반미 감정을 이용해 대통령에 당선된 좌파 정치인이라는 선입견이 있었기 때문에 균형자론은 더욱 설 자리가 없었다.

오히려 참여정부 후기에는 한국의 자율성 추구에 대한 미국의 의구심을 해소시키는 데 모든 외교력을 집중시켰다. 결과적으로 자주성을 높이기보다는 오히려 대미 의존성을 증대시켰다는 비판이 비등할 정도였다.

소위 '좌깜박이 우회전론'이었다. 참여 정부가 한미 FTA 체결을 선언하며 한미경제동맹을 강화하겠다고 나선 것도 동일한 맥락에서 해석될 수 있는 상황 전개였다. 민간 레벨에서 한국이 중간국가(middle power)[113]로서 제 역할을 해야 한다는 목소리가 높았지만, 결국 참여 정부는 이 같은 사태 전개과정에서 한미 경제동맹 강화론을 선택하여 자율성 강화론자들과 단절하였다.

(3) 한미관계와 남북관계: 자주의 역설과 악순환

한반도에서 자주의 역설이라는 것은 한미관계와 남북관계 간에 발생하는 안보 딜레마 현상을 의미한다. 즉 한미관계에서 어떤 형태로의 변화가 발생할 경우 이것이 남북관계를 더욱 악화시키는 상황이 발생하는 경우를 지칭하는 것이다. 좀 더 구체적으로 얘기한다면, 남북관계의 진전 없이 한미관계에서 자율성을 높이고자 하는 시도는 항상 남북관계의 안보 딜레마를 자극하여 의도하지 않은 결과를 낳고 만다는 것이다. 미국으로부터 자주를 추구하는 자주국방 정책이 사실상 북의 위협 인식을 자극하여 의도하지 않은 남북 간 군비경쟁을 촉발하는 식이 그것이다. 박정희 정부의 자주국방이 군비 경쟁을 낳고 노태우 정부의 북방정책이 북한의 핵 무장을 낳았다고 보는 해석 역시 동일한 접근 방법이다.

한국의 자주국방이 결국은 북한을 자극하여 한국은 더 큰 위협에 놓이고,[114] 이 경우 한국은 다시 한미동맹에 더 많이 의존하게 되어야 하는 악순환

---

113 중간국가는 독자적으로서는 효과적으로 행위할 수 없지만, 소그룹이나 국제기구를 통해서 시스템적인 영향력을 가질 수 있다고 생각하는 국가지도자들이 있는 국가(R. Keohane)로서, 가교역할, 제도창출, 동반자와 같은 중재자(mediator) 역할을 그 핵심기능으로 하는 국가군을 의미한다.

중간국가는 도덕주의적 책임감과 집단적 능력에 활동의 기원을 두고, 강대국과의 직접적 대결은 피하지만 도덕적 행위자로서 인권, 환경, 군비통제 등 특정 영역에서 자신의 역할을 추구하는 국가들이다. 그러다보니 국제 문제에 대해서 양자적 접근보다는 다자적 접근을 선호하고, 분쟁에 대해서는 타협적 지위를 유지한다.

중간국가는 규모나 군사력, 경제력만으로 측정되는 것은 아니라 그들이 담당하고 있는 이슈 영역에 따라 구성되며, 국가가 자신의 자원과 지식을 어디에 배분하고자 하는 이슈 영역이 이를 결정한다. 캐나다, 호주, 이태리, 스페인, 스웨덴, 네덜란드, 스위스, 터키, 멕시코, 브라질, 남아공 등을 중간국가로 분류 가능하다. (조성렬, 2007, 『한반도 평화 체제: 한반도 비핵화와 북한체제의 전망』, 푸른나무)

114 조동준, 2004, 「자주의 자가당착: 한반도 국제관계에서 나타난 안보모순과 동맹모순」, 『국

이 발생한다. 한미 간 자율성 증대가 남북 간 안보 딜레마 강화로 한국의 대미 종속을 더 강제하는 결과를 낳는다면 이는 그야말로 역설이 아닐 수 없다. 바로 자주의 역설인 것이다.

한편 남북관계와 한미관계 사이에서는 다른 경우에도 악순환이 발생한다. 한미관계가 우호적으로 발전하여 한미 간 군사 협력이 증대될 경우에도 북한의 위협 인식이 자극되어 또 다른 군비경쟁이 시작되기 때문이다. 자주의 역설 상황에서, 북미관계의 악화 여부는 남북관계의 악화 여부에 직접적인 영향이 없지만, 이 경우에는 특히 북미관계 악화 시 혹은 북미관계 진전 없는 한미관계 강화는 남북관계에 미치는 영향이 매우 심각할 수 있다.

(4) 남북미 3각 관계에서 한미동맹 최우선론의 허실

튼튼한 한미동맹이 남북관계와 북미관계를 증진시킨다는 주장이 있다. 이명박 정부 들어와서 급속히 강화되고 있는 논리이다.

이는 한미동맹의 비대칭성을 상수로 두고 북미관계 역시 미국이 주도하는 강압 혹은 관여정책의 결과에 따라 결정된다는 판단을 전제로 하고 있다. 한미동맹에서 한국에 대한 미국의 신뢰가 커질 때 한국의 안전보장을 확보할 수 있을 뿐만이 아니라, 미국의 대북정책에 대한 한국의 개입 능력을 증대시켜 미국의 한반도 정책에서 한국이 정책적 주도권을 보장받을 수 있기 때문이라는 논리이다. 당연히 이 경우 남북관계는 한국의 자율적 정책 결정 영역이라기보다는 미국과의 공조하에서 진행되는 동맹정책의 하나로 편입된다.

그러나 이 같은 가설은 두 가지 경우에서 적실성을 상실한다.

하나는 북미관계의 개선이 미국의 시혜성 관여정책에 따라 미국이 주도하는 것이 아니라, 북한의 갈등적 편승 전략에 따라 이루어진다면 북미관계는 한국의 의사와 심지어는 미국의 의사와도 무관하게 이루어질 수 있다. 이 경우 한미관계의 우선성 논리는 설 자리가 없다.

제정치논총』 44집 3호, p. 43.

다른 하나는 미국이 지역동맹 전략과 별개의 차원에서 다른 전략적 혹은 지구적 이해관계에 따라 대북정책을 수립할 경우이다. 한국은 미국의 세계전략에 내한 포괄직 이해기 부족한 상태에서 이를 아전인수격으로 해석할 수 있겠지만, 미국은 지구적 전략하에서 북미관계를 진행할 수 있다. 이를테면 동맹전이전략에 따른 대중국 포위 전략과 같은 경우가 한 예가 될 수 있을 것이다.

상황이 이렇게 전개되는 경우 한미동맹 최우선론을 고집하는 것은 지역에서 한국의 입지를 높이기보다는 오히려 한국의 존재감 약화만 초래할 따름이다. 변화의 시기에 절대 안보에 안주하겠다는 사고가 오히려 새로운 형태의 안보 위기를 증대시키는 역설이 발생할 수 있다는 것이다.

한미관계나 남북관계 심지어 북미관계의 3각관계에서 다양한 옵션이 검토되기 시작한 것은 불과 20년도 안 된 현실이지만, 이미 많은 실험들이 이루어져온 것으로 보인다. 예를 들면 김대중 정부 시기에는 초반에는 북미관계를 한미동맹보다 우선 고리로 삼았고 후반기에는 남북관계를 한미동맹보다도 우선 고리로 삼았다. 3각관계의 선순환을 위해서 어디에 외교역량을 집중할 것인가에 대한 유연한 사고가 뒷받침되어 있었던 것이다. 반면 참여정부 시기에는 한미동맹을 우선시하면서 북미관계의 진행 상황에 따른 남북관계를 모색하였다. 때로는 남북관계가 반 발짝 앞설 수도 있다는 논리가 제기되었지만, 그래도 북미관계 즉 북핵 문제의 향배를 남북관계보다 앞세우는 경향이 있었다. 현 정부에 들어와서는 한미동맹 최우선론에 가까운 정책 흐름이 나타나고 있다. 한미동맹이 잘되면 남북관계도 잘되고 북미관계도 잘 된다는 전형적인 한미동맹 최우선론이다.

현재까지의 경험에 미루어 본다면 남북미 관계에서는 역시 한미관계가 가장 우선적인 역할을 차지하고 있다고 할 수 있다. 그럼에도 불구하고 한미관계는 과거처럼 독자적이고 주도적인 영향력을 행사할 수 있는 것이 아니라 남북관계 전반과의 조정 속에서 위치지어지고 있다. 한미관계가 남북관계와 북미관계 3자 간 선순환 관계에 있을 때에만 한미동맹 강화가 한국의 안보에 안정적으로 기능하는 시기가 된 것이다. 냉전시기처럼 한미동맹 내에 한국의 안보가 있는 것이 아니라 한국의 안보를 위해서 한미동맹이 있다는 평범한 진리를 명심한다면, 한미동맹 우선성의 가치는 매우 정교하면서도 조심스럽게 들어야 할 가치다. 자칫 국제 정세의 변화를 면밀히 읽지 못하고, 한미동맹에 대해 과도한 기대나 무조건적인 신뢰만을 강조한다면 이는 국제사회에서 한국의 존재감만을 약화시키는(Korea Passing) 역풍을 초래할 수 있음을 명심해야 하겠다.

제7장*

한반도 평화체제 : 남북 평화협정 vs. 북미 평화협정

1. 한반도문제의 유엔화: 유엔 당사자주의 對 남북 당사자주의

1) 제네바 정치회담과 한반도문제의 유엔회부

(1) 제네바정치회담과 동상이몽: 모든 외국군대의 철수와 한국문제의 평화적 해결을 논의

1953년 7월 27일 체결된 정전협정(armistice agreement)은 한국전쟁의 최종적인 평화적 해결(final peaceful settlement)이 이루어질 때까지 전쟁 당사자 간의 무력행사를 일시적으로 중단시킨 과도적 군사협정에 불과하였다. 따라서 정전협정 제4조 60항은 관련 국가들이 '한 급 높은 정치회담을 소집하여 한반도에서 모든 외국군대의 철수와 한국문제(Korean Question)의 평화적 해결을 논의할 것'을 제안하였다.[1] 이에 따라 1954년 4월 26일부터 6월 15일까지 남과 북을 포함해 미국, 소련, 중국 등 19개국이 참여한 가운데 제네바에서

* 본 장의 내용은 임수호, 2009, 「한반도 평화체제 논의의 역사적 경험과 쟁점」, 『한국정치연구』 제18집 2호에 실린 내용을 수정보완한 것이다.

1 <제연합군 총사령관을 일방으로 하고 조선인민군 최고사령관 및 중국인민지원군 사령원을 다른 일방으로 하는 한국 군사정전에 관한 협정> (1953년 7월 27일).

고위급 정치회담이 개최되었다.[2]

제네바 정치회담에 임하는 입장은 유엔 연합군 측과 공산 측이 상반되었고, 각 진영 내부에서도 이해관계가 일치하지 않았다. 단 하나의 공통점이 있다면 누구도 회담에서 해법이 마련되리라는 기대를 하지 않았다는 점이다. 미국과 소련은 상대방의 부도덕성을 부각시켜 자신의 정치적 입지를 강화한다는 전략하에서 회담에 임했다. 한국전쟁으로 이미 냉전은 되돌릴 수 없는 상황으로 가고 있었고, 제네바 정치회담은 총성 없는 전쟁, 냉전의 또 다른 무대에 불과하였다. 한국은 회담을 대미 협상카드로 활용하였다. 이승만 대통령은 공산주의자들과의 협상은 무용하다는 확신을 갖고 있었지만, 회담을 공개적으로 반대할 경우 국제적으로 반 평화세력으로 고립될 우려가 있었다. 따라서 회담에는 참여하되 미국에게 회담 비토를 위협하여 대량의 군사원조를 확보한다는 전략이었다. 한국은 연합군 측 참가국들로부터도 배척당하는 초강경의 비현실적 제안들을 내놓았는데, 그것은 공산 측과의 협상용이 아니라 대미 협상용이었다.

북한과 중국 역시 회담을 정치선전의 장으로 활용하고자 하였다. 김일성에 따르면, 유엔군(미군과 그 추종국가 군대)을 철수시켜 한반도문제 해결에서 외세의 간섭을 배격하는 것이 북한이 제네바 정치회담에 참여하는 목적이었다.[3] 중국의 경우에는 한반도에 대한 영향력을 인정받는 계기로 회담을 활용하고자 하였다. 예컨대 주은래는 북한에 대한 '주요 외부세력'은 중국이라며 전쟁 당사자도 아닌 소련이 왜 중립국이 아니라 공산 측으로 회담에 참여하는

---

2 연합군 측에서는 한국, 미국, 영국, 호주, 뉴질랜드 등 남아공을 제외한 한국전쟁 참가국 16개국이 모두 참석했다. 공산 측에서도 교전 당사자인 북한과 중국이 참석했으며, 유엔 제7차 총회 결의안(1953년 8월 28일)의 권고에 따라 소련 역시 참석했다. 당시 소련이 전쟁 당사자로 참여할지, 중립국으로 참여할지 논란이 있었으나 결국 공산 측 자격으로 참석하게 되었다. 한국, 북한, 미국, 중국, 소련의 대표로는 각각 변영태 외무장관, 남일 외무상, 덜레스 국무장관, 주은래 외교부장, 몰로토프 외무상이 파견되었다.

3 김일성, 1980, 「모든 것을 전후 인민경제 복구발전을 위하여: 조선노동당 중앙위원회 제6차 전원회의에서 한 보고(1953년 8월 5일)」, 『김일성저작집』 8.

지를 이해할 수 없다는 태도를 보였다. 그러나 북한과 중국은 유엔에 의해 침략군으로 규정되어 극도로 고립되어 있었기 때문에 제네바 정치회담은 국제사회에 자신의 입장을 설명할 수 있는 유일한 공간이었다. 따라서 그들은 준비과정에서부터 서로 긴밀히 협력하여 세부적인 공동안을 마련하고 회담기간 내내 공동전술을 조율해나갔다. 연합군 측 내부에서는 회담과정 내내 잡음이 끊이지 않았지만, 공산 측은 일사분란하게 움직일 수 있었던 이유도 이 때문이었다.[4]

(2) 외국군 철수의 시기와 유엔권한의 정당성 문제: UN 감시 인구비례 총선거 vs. 중립국 감시 지역비례 총선거

정전협정에서 규정한대로 회담의 주요의제는 외국군 철수와 한반도문제의 평화적 해결방식을 마련하는 것이었다. 우선 외국군 철수와 관련해서는 연합군 측은 침략군인 중공군의 우선 철수를 주장한 반면, 공산 측은 모든 외국군대, 즉 중공군과 유엔군의 즉각적 동시철수를 주장했다. 이에 대해 연합군 측은 통일이 이루어지기 전까지는 유엔군 철수는 불가하다는 입장이었다. 다음으로 한반도문제의 평화적 해결과 관련해서는 양측 모두 선거에 의한 평화통일을 주장했다. 그러나 연합군 측은 중공군이 먼저 철수한 조건에서 유엔 감시하에 남북이 인구비례에 의거해 총선거를 실시, 통일국회를 구성하자는 입장이었던 반면(이하 '유엔감시 인구비례 총선거론'), 공산 측은 모든 외국군이 철수한 조건에서 남북의 대표들이 동수로 참여하는 '전조선위원회'를 구성해 선거법을 마련하고, 공산 측과 비공산 측이 동수로 참여하는 중립국감시단의 감시하에 총선거를 치르자고 제안했다. (이하 '중립국감시 지역비례 총선거론')[5]

---

4 홍용표, 2006, 「1954년 제네바회의와 한국전쟁의 정치적 종결 모색」, 『한국정치외교사논총』 28, 1, pp. 38-41.

5 원래 한국 측 안은 유엔 감시하에 북한지역에서만 선거를 치르자는 것이었다. 그러나 이는 영국, 호주, 뉴질랜드 등 연합군 측으로부터도 배척받았고, 결국 미국이 중재하여 남북 총선

양측의 의견은 다음 두 가지 점에서 화해가 불가능했다. 첫째, 공산 측은 인구비례 방식으로 통일국회 의석을 배정할 경우, 인구수에서 압도적으로 불리한 북한(전체인구의 1/4)이 남한(전체인구의 3/4)에 흡수통일 될 수밖에 없다고 보았다. 북한 측 대표로 참석한 남일 외무상의 표현에 따르면, 연합군 측 안은 '남조선의 제도를 북조선에 확장시키려는 시도'에 다름 아니라는 것이다.[6] 반면 연합군 측은 전조선위원회에서 남과 북이 동일의석을 차지할 경우 북측에 유리한 선거법이 제정되지 않을까 우려하였다. 한국 측 대표로 참석한 변영태 외무장관의 표현에 따르면, "소위 전조선위원회라는 것이 수락되면 즉시로 압도적 세력을 가진 세뇌부대가 되어버릴 것"이라는 우려였다.[7] 더욱이 한국은 유엔이 승인한 '유일 합법정부'였기 때문에 동일한 대표성을 인정하라는 공산 측 요구는 수용할 수가 없었다.

둘째, 공산 측은 교전 당사자인 유엔군이 한반도 통일과정에 개입하는 것은 공정하지 못할 뿐 아니라 결국 북한체제를 흡수통일하려는 의도로 받아들였다. 따라서 선거전에 유엔군 철수가 불가피하며 유엔은 한반도문제에 개입할 권한이 없다고 보았다. 이것이 북한이 오랫동안 견지해온 '통일의 전제조건으로서의 주한미군 철수론'의 기원이었다. 반면 연합군 측은 1947년 11월 14일 유엔 제2차 총회에서 유엔한국임시위원단(한국통일부흥단(UNCURK, 1950–1973)의 전신)을 설치하여 전체 한반도에서 총선거를 치르기로 한 결의가 있었고, 북쪽에서 선거를 치르지 못한 것은 소련이 부당하게 임시위원단의 방북

거를 치르자는 것으로 수정되었다. 그러나 수정안에서도 북한지역에서는 유엔감시하에 선거를 치르고, 남한지역에서는 '대한민국 헌법에 따라' 선거를 치른다고 규정하여 형평성 문제가 제기되었다. 그러나 미국은 이를 무시하고 한국 측 수정안으로 연합군 측을 설득하고자 하였다. 결국 연합군 측은 제네바 정치회담이 종결될 때까지 최종적인 통일안을 마련하지 못하였다. 제네바 정치회담 기간 중 양측의 입장과 논쟁에 대해서는 홍용표, 앞의 글; 이신철, 2006, 「1954년 제네바 정치회담 시기 남북의 통일론」, 『史林』 25.

6 제네바 정치회담에서 남일 외무상의 연설(1954년 6월 15일). 원문은 이한 편, 1989, 『북한의 통일정책 변천사: 1948년-1985년』 上, 온누리, pp. 70–74.

7 제네바 정치회담에서 변영태 외무장관의 연설(1954년 5월 22일), 원문은 심지연, 2001, 『남북한 통일방안의 전개와 수렴』, 돌베개, pp. 178–184.

을 가로막았기 때문이므로 선거를 통한 통일문제는 여전히 유엔의 관할하에 있다는 입장이었다.[8] 이는 결국 한반도문제 해결과정에서 유엔의 권위와 권한을 인정하는가의 문제였다.

(3) 종전의 제도화가 아닌 정전의 공고화를 위한 남북 평화협정

결국 제네바 정치회담은 이 두 가지 시각차를 좁히지 못한 채 아무런 성과 없이 종결되고 말았다. 따라서 남는 문제는 향후 한반도문제를 어디서, 어떻게 처리할 것인가 하는 점이었다. 여기서도 공산 측과 연합군 측의 견해는 극명하게 엇갈렸다. 회담 마지막 날인 1954년 6월 15일 남일은 당장 선거를 통한 통일의 방식에 대해 합의할 수 없다면, 우선 평화유지에 관한 합의라도 봐야 한다며, '정전의 공고화와 정전상태로부터 공고한 평화에로의 점진적 이행'을 보장하기 위한 6개항을 제안하였다.

① '가능한 짧은 기간 내에' 모든 외국군대의 철수
② 1년 내에 '조선민주주의인민공화국과 대한민국의' 군대수를 각기 10만 명 이하로 감축
③ 남과 북의 대표로 위원회를 구성하여, '정전상태를 점차적으로 퇴치하기 위한 조건들을 조성하며 쌍방의 군대를 평화상태로 전환시킬 데 대한 문제를 심의하여 조선민주주의 인민공화국 정부와 대한민국 정부에 해당한 협정을 체결할 것을 제의'할 것. 또한 이 위원회에서는 '외국군대의 철거와 북남조선의 군대를 축소함에 관한 제대책의 실천을 감독'할 수 있음.
④ ('남조선에 미군무력을 무기한 주둔시킬 권리를 부여한 상호방위조약'과 관련하여), 남과 북이 다른 국가들과 맺은 군사조약은 한반도의 평화적 통일과 양립이 불가능함을 인정할 것.
⑤ 남북의 접근에 유리한 조건을 마련하기 위해, 전조선위원회를 구성하여 남

8 최종기, 1983, 「국제연합과 한국문제」, 『행정논총』 21, 2, pp. 35-37.

과 북의 경제 및 문화교류를 발전시키는 문제를 협의할 것.

⑥ 조선의 평화적 발전을 제네바 정치회담 참가국들이 보장할 것.[9]

①항과 ②항은 북한이 이후 수 십 년간 반복해서 제안할 주한미군 철수와 남북군축에 관한 제안이며, ④항은 한미상호방위조약, 즉 한미군사동맹의 폐기를 요구한 것이다. 보다 흥미로운 것은 ③, ⑤, ⑥ 조항이다. ③항은 통상 남북 평화협정에 대한 최초의 제안이라고 해석되고 있으나 이는 사실이 아니다. 당시 북한의 제안은 한국전쟁을 공식적으로 종결하자, 즉 '정전협정을 대체할 평화협정을 체결하자'는 제안이 아니라 '정전의 공고화'라는 대전제하에서 평화의 실질적 조건들을 마련하는 문제에 대해 남북 간에 협정을 체결하자는 제안이었다. 나아가 1962년 10월 23일 김일성의 남북 평화협정 제안도 비록 평화협정이라는 용어를 사용하기는 했지만 정전협정을 대체하는 평화협정을 체결하자는 의미가 아니라 남북 간에 불가침, 군축, 미군철수 등에 관한 협정을 맺자는 것으로 "평화의 실질적 조건을 마련하자"는 취지였다.[10] 1973년 3월 15일 남북조절위원회 제2차 회의에서 박성철 부총리는 남북군축 및 미군철수와 함께 "북남 평화협정을 체결하여 이 모든 것을 확고히 담보하며 상대방에 대해 무력을 행사하지 않을 것을 내외에 선포하자"고 제안했는데,[11] 이로부터 유추해보면 당시 북한의 남북 평화협정 구상은 사실상 남북 불가침협정을 의미하는 것이고, 그 구성요소로 미군철수, 남북군축, 불가침선언을 포함하는 구도였던 것으로 보인다. 그리고 미군철수와 남북군축이 먼저 이루어지고 그 후 혹은 거의 동시에 불가침선언이 채택됨으로써 남북 평화협정이 완성되는 구도였다.

---

9 원문은 이한 편, 앞의 책, pp. 70–73.

10 김일성, 1982, 「조선민주주의인민공화국 정부의 당면과업에 대하여: 최고인민회의 제3기 제1차 회의에서 한 연설(1962년 10월 23일)」, 『김일성저작집』 16.

11 남북조절위원회 제2차 회의에서 박성철 부총리의 기조연설(1973년 3월 15일). 원문은 심지연, 앞의 책, pp. 327–331.

"정전협정을 대체할 남북 평화협정을 체결하자"는 주장은 1972년 1월 10일 김일성이 요미우리신문 기자들과 대담하는 과정에서 처음 나온 것이다.[12] 그리고 이에 따라 미군철수와 평화협정의 선후문제에서도 입장의 변화가 생기게 된다.『김일성저작집』을 살펴보면, 1962년 10월 23일 이후 김일성이 남북 평화협정을 제안형식으로 다시 언급하는 것은 모두 6차례 정도이다. 1965년 1월 8일 워싱턴 조선문제연구소에 보낸 서한, 1969년 9월 2일 핀란드 민주청년동맹대표단과의 회담, 그리고 1970년 조선노동당 제5차 대회 사업총화보고에서는 先미군철수, 後남북 평화협정 체결을 주장하고 있다. 즉 한국이 미군을 내보낸 후 재주둔을 반대하는 등 미군철수를 공식적으로 담보하는 형태로 남북 평화협정을 체결한다는 구상이었다. 반면 1972년 1월 10일 요미우리신문과의 대담부터, 같은 해 5월 26일 뉴욕타임즈와의 대담, 그리고 같은 해 6월 21일 워싱턴포스트와의 대담에서는 先남북 평화협정 체결, 後미군철수를 주장하고 있다.[13] 이는 평화협정을 체결하여 한국전쟁을 공식적으로 종결시키고 나면 주한미군 주둔의 명분이 사라진다는 판단에 근거한 것이다. 그러나 1974년 3월 25일 불과 2년도 안 돼서 북한은 이를 폐기하고 북미 평화협정 제안으로 입장을 바꾸었다. 물론 여기서 평화협정은 '정전협정을 대체하는' 평화협정이었다.[14]

요컨대 1972년 1월 이전까지 북한의 '평화체제' 개념에는 고유한 의미의 '평화협정' 개념이 포함되어 있지 않았다. 당시 북한은 '평화와 관련된 협정 일반'이라는 의미로 평화협정이라는 용어를 사용하고 있었을 따름이다. 따라서 현재 통

---

12 김일성, 「조선민주주의인민공화국의 당면한 정치, 경제 정책들과 몇 가지 국제문제에 대하여: 일본 ≪요미우리신봉≫ 기자들이 제기한 질문에 대한 대답 (1972년 1월 10일)」, 『김일성저작집』 27.

13 『김일성저작집』 각 권 참조.

14 최고인민회의 제5기 제3차 회의에서 허담 부총리 겸 외교부장의 보고(1974년 3월 25일). 원문은 이한 편, 1989, 『북한의 통일정책 변천사: 1948년-1985년』下, 온누리, pp. 455-464. 이 연설에서 허담은 과거 북한의 평화제안을 나열하며 '정전협정을 대체할 남북 평화협정' 제안이 1972년 1월 김일성에 의해 처음 제기되었다고 밝히고 있다. 김일성의 요미우리신문과의 대담을 의미하는 것이다.

설처럼 되어 있는 "북한은 1954년 6월이나 늦어도 1962년 10월부터 1974년 3월까지는 남북 평화협정을 주장했다"는 해석은 재해석될 필요가 있다.

(4) 한반도문제 해결의 주체: 남북 당사자주의 vs. 유엔 당사자주의

③항에서 오히려 주목해야 할 부분은 남북 공동위원회에서 외국군 철수와 남북군축 문제 등을 관리하자는 부분이다. 이는 제네바 정치회담의 결렬로 한반도문제가 유엔으로 이관되어 국제화되는 상황에서, 평화의 실질적 조건 혹은 평화체제를 구축하는 데서 남과 북이 중심이 되자는 남북 당사자주의, 이른바 '자주적 해결'의 원칙을 표현한 것이기 때문이다. 이를 ⑥항과 연결시키면, 한반도 평화를 남북이 주도하고 그에 대한 국제보장은 나머지 제네바 정치회담 참여국이 하는 2+17의 구상으로 볼 수 있다. 남북을 제외한 나머지 17개국 중 실제 한반도 평화보장의 주체가 될 수 있는 국가는 미국, 소련, 중국 등이기 때문에 남일의 이 제안은 한반도문제의 지역화 구상으로 해석될 수 있다. 반면 연합군 측의 안은 유엔이 한반도문제 해결을 주도하고 보장도 하는 일원적 방식이었다.

남일의 제안에서 가장 주목되는 부분은 통일문제와 평화문제가 일시적이나마 분리돼서 접근되고 있다는 사실이다. 분단 이후 남과 북의 정책제안을 통틀어 통일과 평화가 분리된 경우는 이것이 처음이었다. 이런 점에서 남일의 제안은 '통일을 통한 평화', 이른바 적극적 평화관에서 '평화를 통한 통일', 이른바 소극적 평화관으로 나가는 단초를 연 것으로 평가될 수 있다.[15] 이와 관련하여 ⑤항은 기능주의적 평화관을 반영한 것인데, 이는 1960년 남북연방제안에서도 그대로 계승되었다.

요컨대, 북한의 제안은 선거를 통한 통일문제는 향후 정치회담을 열어 다시 논의하기로 하고, 우선 시급한 평화문제는 남과 북이 주도하여 논의하자는

---

15 적극적 평화와 소극적 평화에 대해서는 함택영, 2002, 「21세기 한반도 평화전략」, 『동북아연구』 7, pp. 5-13.

평화체제 문제에서의 남북 당사자주의를 표현한 것이었다. 반면 같은 날 채택된 연합군 측 16개국 공동성명은 한반도문제를 유엔으로 회부하며, 연합군 측이 제안한 방식으로 선거에 의한 통일이 이루어져야 한다는 내용이었다. 여기서는 평화와 통일의 문제가 여전히 분리되지 않았다.

> ① 유엔은 […] 한국문제의 평화적 해결을 위하여 조정역할을 수행할 충분하고 정당한 모든 권한을 갖고 있다.
> ② 통일, 독립된 민주한국을 수립하기 위하여 토착인구에 정비례하여 국회의원을 선출할 '진정한 자유선거'가 유엔의 감시하에 실시되어야 한다.[16]

2) 한반도문제의 분화: 통일과 평화의 분리

(1) 유엔무대의 역관계 변화와 유엔권한의 약화: 평화의 복원자에서 유지자로

1954년 12월 11일 유엔 제9차 총회는 제네바 정치회담의 실패를 인정하고 연합군 측 보고를 승인하였다.[17] 이에 따라 한반도문제는 유엔으로 회부되었으며, 16개국 공동성명에서 채택된 2개의 원칙, 즉 유엔감시 인구비례 총선거에 의한 한반도문제 해결(통일)의 원칙과 한반도문제에 관한 유엔 조정권한 인정의 원칙은 국제사회에서 공식적으로 승인되었다.

당시 유엔무대는 미국을 비롯한 서방 측의 통제하에 있었으며, 회원국 중 소련 등 공산진영은 소수였다. 따라서 1957년 제11차 유엔총회 때부터 매번 2개의 원칙이 서방 측 안으로 제안되어 승인을 받았으며, 유엔군 철수문제도 "한반도문제가 항구적으로 해결되면 철수가 가능하다"는 식으로 결의되었다.[18] 특히 유엔군 철수문제는 한국의 강력한 요구에 의해 뒷받침되었다. 예

16 정봉화, 2005, 『북한의 대남정책: 지속성과 변화, 1948-2004』, 한울, p. 109 재인용.

17 UN General Assembly Resolution 811(Ⅸ) (1954년 12월 11일). 이하 유엔총회 결의안 원문은 유엔 웹 데이터베이스에서 얻을 수 있음. <http://www.un.org/documents/resga.htm>

18 UN General Assembly Resolution 1180(Ⅻ)(1957.11.29), 1264(ⅩⅢ)(1958.11.14), 1455(Ⅹ

표 7-1 유엔총회 한국문제 결의안의 주요내용(1957-1965)

<table>
<tr><th></th><th>통일원칙</th><th>유엔권한</th><th>유엔군 · 유엔사 · 평화협정</th><th>남북당사자주의</th></tr>
<tr><td>11차
(57.1.11)</td><td rowspan="2">제네바회담에서 유엔 측이 제시한 통일원칙[1]에 따라 한반도문제 해결</td><td rowspan="4">–</td><td rowspan="2">–</td><td rowspan="8">–</td></tr>
<tr><td>12차
(57.11.29)</td></tr>
<tr><td>13차
(58.11.14)</td><td rowspan="2">① 제네바회담에서 유엔 측이 제시한 통일원칙[1]에 따라 한반도 문제 해결
② 조기에 자유선거 실시</td><td>한반도문제가 항구적으로 해결되면, 유엔군 철수</td></tr>
<tr><td>14차
(59.12.9)</td><td rowspan="5">① 유엔군의 대부분은 이미 철수한 상황
② 한반도문제가 항구적으로 해결되면 나머지도 철수</td></tr>
<tr><td>16차
(61.12.20)</td><td rowspan="4">–
(한국의 군사쿠데타를 고려한 듯)</td><td rowspan="4">유엔은 한반도에서 침략을 격퇴하고, 평화와 안보를 복원하며, 문제의 평화적 해결을 중재할 충분하고 정당한 권한을 보유</td></tr>
<tr><td>17차
(62.12.19)</td></tr>
<tr><td>18차
(63.12.13)</td></tr>
<tr><td>20차
(65.12.21)</td></tr>
</table>

1) 유엔감시 인구비례 총선거에 의한 통일
※ 1960년 15차 총회, 1964년 19차 총회에서는 한반도문제 토의가 이루어지지 않았음.

컨대 1962년 제17차 유엔총회 때 한국은 유엔 사무총장에게 서한을 보내 "독립과 통일을 성취할 때까지 유엔군은 한국에 주둔해야" 한다고 주문했고, 이는 그대로 총회 결의안에 반영되었다. 반면 같은 해 북한도 유엔 사무총장에게 서한을 보내 "미군에 의한 남조선 강점이 계속되는 한 평화적 통일은 불가능하다"고 주장했으나 무시되었다. 북한은 소련을 통해 유엔군 철수와 한반도문제 해결에서 외세개입 배제를 매번 유엔총회 의제로 상정하였으나, 매번 표결에서 부결되었고 어떤 경우에는 동서관계와 자국의 체면을 고려한 소련이 표결 상정 자체를 포기하는 경우도 있었다.[19]

그러나 시간이 지남에 따라 공산진영 회원국의 숫자도 늘어났고, 특히 1960년대 중반 이후에는 제3세계 신생독립국들과 비동맹국가들이 대거 유입되었

IV)(1959.12.9), 1740(XVI)(1961.12.20), 1740(XVII)(1962.12.19), 1964(XVIII)(1963.12.13), 2132(XX)(1965.12.21).

19 최종기, 앞의 글, pp. 45-46.

다. 그리고 이들의 상당수는 공산진영에 동조하고 있었기 때문에 이때부터 유엔무대의 역관계가 변화하기 시작했다. 한때 70%를 넘었던 서방 측 제안에 대한 지지율은 점차 하락하여 1960년대 후반부터는 간신히 50%를 턱걸이하는 상황이었다.[20] 이에 따라 한반도문제에 관한 유엔의 결정내용도 조금씩 변화하기 시작했다. 1966년 제21차 총회부터 1970년 제25차 총회까지의 유엔 결의안을 이전과 비교해보면, 우선 한반도문제 해결에 관한 권한은 그대로 인정되었으나 한반도에서 침략을 격퇴하고 평화와 안보를 '복원'하는 것과 관련된 권한은 평화와 안보의 '유지'에 관한 권한으로 축소되었다. 이에 따라 유엔군의 주둔 이유가 평화와 안보의 '유지'로 명문화되었다. 다음으로 유엔군 철수의 조건으로 한반도문제의 항구적 해결에 더해 한국의 철수요구를 첨가하였다. 통일 이전이라도 한국의 요구가 있으면 철수할 수 있다는 의미였다.

마지막으로 가장 중요한 변화는 '제네바회담에서 유엔 측이 제시한 통일원칙'(유엔감시 인구비례 총선거에 의한 통일)이라는 표현이 '한국인의 자유로운 의사표현에 기초한 통일'로 변경되었다는 점이다. 물론 '진정한 자유선거에 의한 통일'이라는 조건을 첨가하여 제네바 정치회담 16개국 공동성명의 제2원칙을 상기하고자 하였으나, 공동성명에서는 진정한 자유선거가 유엔감시 인구비례에 의한 총선거로 명문화되던 반면, 이제는 다양하게 해석될 수 있게 되었다. 특히 과거와 달리 이제는 선거에 의한 통일 자체를 촉구하고 있는 것이 아니라 그것이 가능해질 수 있는 '조건'을 조속히 창출할 것을 촉구하고 있으며, 나아가 1968년 제23차 총회부터는 '조속히'라는 문구도 삭제되었다.[21] 이는 분단이 장기화됨에 따라 조기통일의 가능성이 점점 낮아지면서 '통일을 통한 평화'의 이상론보다 '평화를 통한 통일'의 현실론이 설득력을 얻어가고 있는 현실을 반영한 것이다.

---

20 1947년 제2차 유엔총회에서 1975년 제30차 유엔총회까지 한반도문제에 대한 표결 통계는 최종기, 앞의 글, pp. 59–60.

21 UN General Assembly Resolution 2224(XXI)(1966.12.19), 2269(XXII)(1967.11.16), 2466(XXIII)(1968.12.20), 2516(XXIV)(1969.11.25), 2668(XXV)(1970.12.7).

표 7-2 유엔총회 한국문제 결의안의 주요내용(1966-1970)

<table>
<tr><th></th><th>통일원칙</th><th>유엔권한</th><th>유엔군 · 유엔사 · 평화협정</th><th>남북당사자주의</th></tr>
<tr><td>21차
(66.12.19)</td><td rowspan="2">① 모든 한국인의 자유로운 의사표현에 기초한 통일의 조건을 조속히 창출
② 진정한 자유선거를 통해 통일이 될 수 있도록 관련 장치 마련</td><td rowspan="5">유엔은 한반도에서 평화와 안보를 유지하고, 문제의 평화적 해결을 중재할 충분하고 정당한 권한을 보유</td><td rowspan="5">① 유엔군의 대부분은 이미 철수한 상황
② 나머지는 평화와 안보를 유지하기 위해 주둔 中
③ 대한민국이 요청하거나 한반도문제가 항구적으로 해결되면 나머지도 철수</td><td rowspan="5">–</td></tr>
<tr><td>22차
(67.11.16)</td></tr>
<tr><td>23차
(68.12.20)</td><td rowspan="3">① 모든 한국인의 자유로운 의사표현에 기초한 통일의 조건을 창출
② 진정한 자유선거를 통해 통일이 될 수 있도록 관련 장치마련</td></tr>
<tr><td>24차
(69.11.25)</td></tr>
<tr><td>25차
(70.12.7)</td></tr>
</table>

(2) 선거통일론의 종언: 先건설, 後통일 vs. 先혁명, 後통일

1960년대 들면서부터 남과 북은 그간의 조기통일에 대한 기대를 포기하고 점차 장기적 관점에서 통일문제에 접근하기 시작했으며, 이에 따라 통일의 문제와 평화의 문제는 분리되어 다루어지기 시작했다. 제네바 정치회담 이후 한국의 공식 통일방안은 유엔감시 인구비례 총선거에 의한 통일이었다. 물론 이승만 대통령의 본심이 북진통일에 있었을 수도 있으나 이는 공식 통일방안은 아니었다. 이는 북한이 공식적으로는 연방제와 총선거에 의한 통일을 주장하면서도 이면에서는 '남조선혁명'을 꿈꾸었던 것과 다르지 않은 것이다. 박정희 정부 역시 유엔감시 인구비례 총선거를 공식 통일방안으로 내세웠다. 그러다 1974년부터는 유엔감시를 '공정한 관리와 감시'로 대체하기는 했지만, 인구비례 총선거에 의한 통일의 원칙은 변경되지 않았다.[22] 그러나 통일의 시기

22 한국의 통일방안에서 인구비례라는 문구가 삭제된 것은 전두환 정부 때부터이다. 전두환 정부의 <민족화합 민주통일방안>과 노태우 정부의 <한민족공동체 통일방안>에서는 인구비례 총선거가 아니라 '통일헌법에 의한 총선거'가 제시되었고, 나아가 김영삼 정부의 <민족공동체 통일방안>(한민족공동체 건설을 위한 3단계 통일방안)에서는 총선거에 의한 통일 규정 자체도 삭제되었다. 허문영, 2000, 「남북한의 평화전략」, 김학성 외, 『한반도 평화전략』, 통일연구원, pp. 49-57.

에 대해서는 장기적 관점을 채택하였다.

박정희 대통령은 집권 초반부터 먼저 실력을 배양한 후 통일을 추구하겠다는 입장을 표명했다.[23] 1967년 1월 17일자 박 대통령의 연두교서에 따르면, 실력배양이란 '경제건설과 민주역량의 배양'이었다. '우리의 경제, 우리의 자유, 우리의 민주주의가 북한으로 넘쳐흐를 때 그것이 곧 통일의 길'이라는 것이다.[24] 이는 당시 남북 간 역량비교에서 한국이 뒤지는 상황을 반영한 것으로 힘을 길러 남북 간 역관계에서 우위를 차지한 후 한국 주도의 통일을 추구하겠다는 입장이었다. 근대화를 통일의 중간목표로 설정한 이른바 '先건설, 後통일'론이었다. 박 대통령은 1970년 1월 9일자 연두교서에서 "통일로 가는 가장 가까운 길이 무엇이냐? 그것은 건설을 서둘러서 국력을 강화해나가고, 북괴보다 모든 면에서 우월한 지위를 빨리 확보하는 길밖에 아무것도 없다"고 주장했다.[25] 그리고 1974년 8월 15일 광복절 기념사에서는 한반도 평화정착을 위해 남북한 상호불가침협정을 체결하고, 남북대화와 다각적 교류협력을 실시하며, '이를 바탕으로' 인구비례 총선거로 통일을 이룩한다는 평화통일 3대원칙을 제시하였다.[26] 통일은 장기적 과제이며, 당장은 평화가 시급하다는 '先평화, 後통일'론이었다.

북한 역시 마찬가지였다. 북한은 무력통일 시도가 실패한 다음부터는 미군철수 이후 선거에 의한 조기통일을 일관되게 주장하고 있었다.[27] 그러나 1960년대 들면서부터 조기통일의 기대는 점차 약화되기 시작했다. 예컨대 김일성은 1960년 8월 14일 광복절 15주년 경축사에서 총선거에 의한 통일이 이루어

---

23 허문영, 앞의 글, p. 51.

24 『박정희 대통령 연설문집』 2 (대통령비서실, 1966), pp. 925–926.

25 『박정희 대통령 연설문집』 7 (대통령비서실, 1971), pp. 25–31.

26 허문영, 앞의 글, p. 51.

27 예컨대 1955년 8월 14일 광복절 10주년 기념대회에서 한 김일성의 연설, 1957년 9월 20일 최고인민회의 제2기 제1차 회의에서 한 김일성의 연설, 1958년 2월 5일 정부성명, 1959년 10월 25일 최고인민회의 제2기 제6차 회의에서 한 남일 부수상의 연설 등에서 동일한 제안이 반복되었다. 각각의 원문은 이한 편, 1989, 『북한의 통일정책 변천사』 上, pp. 80–85, 89–93, 99–108.

지기 전까지 '과도적으로' 남북연방제를 실시하여 교류협력을 강화할 것을 제안하면서, 외세간섭 배제(미군철수)와 함께 "북과 남 주민의 자유로운 내왕이 전조선 자유선거의 선결조건"이라고 주장했다.[28] 나아가 한국에 군사정권이 들어선 이후, 특히 북한 내에서 '호전적 통일론'[29]이 재등장한 1968년부터는 '先혁명, 後통일'을 주장하며 선거에 의한 통일은 형식적으로만 언급하거나 아예 언급조차 되지 않았다. 예컨대 1968년 9월 7일 김일성은 공개연설을 통해 "조국통일은 미제침략자들을 우리 강토에서 몰아내고 남조선 괴뢰정권을 때려 부순 다음에야 비로소 이룩될 수 있다"고 주장하면서, '통일의 구체적 방도야 어떻든지 간에' 상관없다며 사실상 선거통일론을 포기하는 듯한 태도를 보였다.[30]

1970년대 들어 동서 데탕트가 이루어지면서 북한은 다시 선거통일론을 주장했으나 그것은 이미 조기통일에 대한 기대와는 멀어져 있었다. 예컨대 1971년 4월 12일 허담 외무상은 8개항의 평화통일방안을 발표하면서, 미군철수 이후 남북 총선거가 완전한 통일의 방안이지만, 당장 이것이 불가능하다면 남북연방제를 실시하여 점차 완전한 통일로 나가자고 제안했다.[31] 이는

---

28 김일성, 1981, 「조선인민의 민족적 명절 8.15해방 15돐 경축대회에서 한 보고(1960년 8월 14일)」, 『김일성저작집』 14.

29 당시 평양주재 동독대사관의 평가에 따르면, 북한 내에서 호전적 통일론이 재등장하기 시작한 것은 1966년 10월 제2차 당대표자대회 직후부터였고, 특히 1967년 6월 당 중앙위원회 제4기 제16차 전원회의의 준비과정에서 두드러졌다고 한다. 이는 한 달 전에 열린 제4기 제15차 전원회의를 의미하는 것으로 보인다. 주지하듯이 여기서 박금철, 이효순 등 갑산파들이 숙청됐다. 이효순은 대남담당 비서였는데, 숙청되기 얼마 전에 소련대사에게 "언제 통일이 달성될지는 아무도 모른다"고 언급했다고 한다. 그러나 그가 숙청된 이후에는 "남조선에서 이미 혁명적 봉기가 시작되었다"는 등 무장해방론에 대한 선전들이 급증했다. "Document 1: Information on some new aspects of the KWP's attitude on internal and external matters 1967.8.18," Bernd Schaefer ed., North Korean "Adventurism" and China's Long Shadow: 1966–1972 (CWIHP, 2004), pp. 41–42. 이는 갑산파 숙청이 비단 혁명전통 문제나 경제노선에 대한 갈등만이 아니라 대남노선을 둘러싼 갈등이기도 했다는 점을 암시하는 것이다.

30 김일성, 1989, 「조선민주주의인민공화국 창건 스무돐 기념 경축대회에서 한 보고 (1968년 9월 7일)」, 이한 편, 『북한의 통일정책 변천사』 下, pp. 278–319.

31 최고인민회의 제4기 제5차 회의에서 허담 외무상의 보고 (1971년 4월 12일). 원문은 심지

1960년 김일성의 남북연방제 제안과 유사하지만, 무게중심은 선거통일에서 연방제로 좀 더 옮겨가 있었다. 이와 관련하여 1972년 6월 김일성은 통일은 "총선거에 의한 방법도 있고, 연방제를 거쳐 점차적으로 하는 방법도 있다"고 언급했다.[32] 1960년의 제안에서는 연방제가 총선거의 선결조건이었다면, 이제는 두 개의 서로 다른 통일방법으로 언급되고 있는 것이다. 1974년 9월에는 총선거에 의한 통일을 바라고 있지만, 현재 남한에서 독재정치가 이루어지고 있는 조건에 "어떻게 민주주의적인 총선거가 가능하겠냐"라며 회의적 입장을 피력했다.[33] 1975년 9월 28일에는 "나라와 민족이 30년 동안이나 갈라져 있었기 때문에 (미군이 철수하여도) 당장 총선거를 실시하기 어려울 수 있다"며 남북연방제를 거쳐 '모든 분야에서 민족적 단합이 이루어진 이후' 총선거를 실시하여 통일정부를 세울 수 있다는 기대를 밝혔다.[34] 그러나 이 대담 이후 김일성은 죽을 때까지 단 한번도 남북 총선거를 언급하지 않았다. 이로써 북한에서는 선거통일론이 완전히 사라졌고, 1980년 10월 고려민주연방공화국 방안에 의해 남북연방제가 과도적 조치가 아니라 완전한 통일방안으로 정식 승격되었다.

이처럼 남과 북 모두 통일을 장기적 목표로 인식함에 따라, 혁명을 위해서건 평화적 건설을 위해서건 통일에 이르기까지 분단체제를 평화적으로 관리하며 나아가 평화통일의 기반을 조성하는 문제가 부각될 수밖에 없었다. 평화체제가 통일문제와 분리되어 상대적 독자성을 띠기 시작한 것이다.

연, 앞의 책, pp. 284-297.

32 김일성, 1984b, 「미국 『워싱톤포스트』지 기자와 한 담화(1972년 6월 21일)」, 『김일성저작집』 27.

33 김일성, 1985a, 「다오메정부기관지 ≪다오엑스 프레스≫ 사장과 한 담화(1974년 9월 19일)」, 『김일성저작집』 29.

34 김일성, 1985b, 「일본 『요미우리신붕』 편집국장이 제기한 질문에 대한 대답(1975년 9월 28일)」, 『김일성저작집』 30.

2. 한반도문제의 동북아화: 직접 관련 당사자 對 실질적 당사자

1) 한반도문제의 탈유엔화와 북미 평화협정 제안

(1) 유엔권한의 축소와 통일문제에서의 남북당사자주의 확립: 평화유지의 주체에서 보증자로

유엔감시하 선거통일론이 자취를 감춤에 따라 한반도문제의 탈유엔화 역시 탄력을 받게 되었다. 여기서 1971년과 1973년은 중요한 분기점이었다. 1971년 제26차 유엔총회에서는 중국의 유엔가입이 승인되었으며, 1973년 제28차 총회부터는 북한에 옵저버 자격 참석이 허용되었기 때문이다.[35] 중국은 한국전쟁의 직접 당사자로서 한반도문제에 관한한 소련보다 훨씬 적극적으로 북한의 입장을 지지했다. 더욱이 중국과 북한은 오랫동안 비동맹외교를 중요시하고 추진해왔기 때문에 대거 유엔회원국이 된 신생독립국과 비동맹세력국가의 표결에 상당한 영향을 미칠 수 있었다. 따라서 서방 측은 가급적 유엔총회에 한반도문제를 상정하지 않음으로써 기존 결의안의 효력을 유지하려는 전략을 추구했는데, 제26차(1971년)와 제27차(1972년) 총회에서는 그것이 성공했지만, 북한이 옵저버로 참여한 제28차 총회(1973년)에서는 대결이 불가피하였다.

제28차 총회 개최를 앞두고 1973년 6월 23일 박정희와 김일성은 같은 날

---

35 한국은 이미 1961년 제16차 총회 때부터 옵저버 자격으로 참석하였다. 남과 북의 유엔총회 참석문제는 1950년대 내내 논란거리였다. 한반도문제를 논의하는 자리에 당사자인 남과 북이 배제됨으로써 실효성에 의문이 제기되었기 때문이다. 특히 공산 측은 북한이 배제된 상태에서 채택된 한반도문제 결의안은 원천무효라는 입장이었다. 이에 따라 미국은 1960년 제15차 총회에서 한반도문제 해결에서 유엔의 권한을 인정한다면 남과 북의 옵저버 자격 참석을 허용한다는 제안을 통과시켰다. 이에 따라 한국은 1961년부터 유엔총회에 참석했지만, 유엔의 권한을 인정하지 않은 북한은 참석이 계속 금지되었다. 이후 1965년 제20차 총회에서 사우디아라비아가 남북대표의 무조건 초청을 제안하기도 했지만, 실제 북한에 옵저버 자격이 부여된 것은 1973년 제28차 총회부터였다. 대한지방행정공제회, 「제21회 유엔총회와 한국문제: 주목되는 바루디씨의 對북괴 태도」, 『지방행정』 15, 156, pp. 95-98.

각기 '평화통일 외교정책'(6.23 특별선언)과 '새로운 평화통일 방침'(조국통일 5대강령)을 발표했다. 제목과 달리 그 내용은 통일의 방침이 아니라 단기간 내 통일이 불가능한 상황에서 '통일의 여건'을 조성하기 위한 방침이었다. 다시 말해서 제안의 초점은 통일이 아니라 평화에 있었다. 박정희는 평화공존이 세계사적 조류라며 단기간 내에 통일이 어려운 상황에서 '조국통일이라는 민족 지상의 염원을 국제정세의 현실 속에서 추구할' 방법론으로 남북대화와 함께 남과 북의 유엔 동시가입을 제안했다. 물론 이는 잠정적 조치로 "북한을 국가로 인정하는 것이 아니다," 즉 통일의 목표를 포기하는 것은 아니라는 단서를 붙였다.[36] 이에 대해 김일성은 2개 의석 동시가입론은 분단영구화론이라며, 만일 통일 전에 남과 북이 유엔에 가입하려면 연방제가 실현된 다음 단일 국호(고려연방공화국)로 가입하자고 제안했다.[37]

총회에서 북한대표 리종목은 한반도문제를 유엔에 회부한 것은 내정간섭을 금지한 유엔헌장 위반이라며 한반도문제의 탈유엔화를 주장했다. 또한 외세의 내정간섭 도구인 한국통일부흥위원단(UNCURK)과 유엔사의 해체, 그리고 주한미군을 비롯하여 유엔사 깃발 아래 있는 모든 외국군대의 철수를 요구하였다. 그리고 한반도 통일의 현실적 조치로 연방제를 강조하였다. 이에 중국대표 황화와 소련대표 말리크를 비롯하여 무려 11개국이 토론에 나서 리종목의 주장을 적극 지지하였다. 유엔무대의 세력관계가 급변함에 따라 서방측은 기존의 입장을 변화시킬 수밖에 없었다. 우선 한국통일부흥단의 자진해체를 권고하고(권고에 따라 1974년 해체되었음), 유엔사 해체문제는 안보리에서 관련 당사국들과 협의할 것을 권고했으며, 남과 북의 유엔 동시가입을 환영한다는 내용의 제안을 내놓았다. 한국은 정전협정을 유지할 수 있는 다른 대안이 마련된다면 유엔사 해체문제를 논의할 수도 있으나, 주한미군은 한미

---

36 『박정희 대통령 연설문집』 10 (대통령비서실, 1974), p. 165.

37 김일성, 1984c, 「민족의 분렬을 방지하고 조국을 통일하자: 체스꼬슬로벤스꼬 사회주의공화국 당 및 정부 대표단을 환영하는 평양시 군중대회에서 한 연설(1973년 6월 23일)」, 『김일성저작집』 28.

상호방위조약에 따라 주둔하는 것으로 유엔에서 논의할 대상이 아니라고 못을 박았다. 상호 간에 접점을 찾지 못함에 따라 표 대결이 임박했으나 마침 키신저-주은래의 북경회담에서 통일부흥단을 자진해체하는 조건으로 표 대결을 하지 않기로 결정이 되었다. 이에 따라 제28차 총회는 결의안을 산출하지 않았다. 그러나 이는 표 대결을 1년 연장한 것일 뿐 다음 해인 1974년 제29차 총회에서는 표 대결이 불가피하였다. 결과적으로 서방 측 안이 찬성 61, 반대 42, 기권 32로 가까스로 통과되었으나, 그 내용은 이전과는 판이하였다. 기권표가 32표나 나왔다는 사실에서 알 수 있듯이, 만일 서방 측이 과거의 결의안들을 답습했다면 표 대결에서 승리를 장담할 수 없는 상황이었던 것이다.[38] 그렇다면 제29차 총회결의안과 그 이전 결의안들과의 차이점은 무엇인가?

첫째, 선거통일론이 완전히 사라지게 되었다. 앞서 살펴보았듯이, 1966년 제21차 총회 때부터 "제네바 정치회담에서 유엔 측이 제시한 통일원칙"이라는 표현은 "한국인의 자유로운 의사표현에 기초한 통일"로 변경된 바 있다. 그러나 이와 함께 "진정한 자유선거를 통해 통일이 달성될 수 있도록 관련 장치(arrangement)를 마련한다"는 조항이 추가되어 선거통일론의 여지를 남겨두었다. 그런데 제29차 총회 결의안에서는 이 추가조항마저 삭제되었다.

둘째, 한반도문제에 관한 유엔의 중재권한이 크게 위축되었다. 1961년 제16차 총회 때부터 모든 결의안에는 "유엔은 한반도문제에서 평화와 안보를 유지하고, 문제의 평화적 해결을 중재할 충분하고 정당한 권한(rights)을 갖는다"는 조항이 포함되었으나 제29차 총회 결의안에는 "한반도의 평화와 안보의 유지를 보장하는 것이 유엔의 지속적인 책임(responsibility)이다"라는 조항으로 대체되었다. 다시 말해서 유엔은 한반도문제 중에서 평화와 안보에 대해서만 관여할 수 있고, 한반도문제의 해결, 즉 통일에 대해서는 관여할 수 없게 되었으며 평화와 안보에 대한 관여의 폭도 권한에서 책임으로 축소된 것이다. 나아가 '남북대화를 통한 한반도 통일 촉진' 조항이 추가되어 통일문제에 관

38 최종기, 1983, 「국제연합과 한국문제」, 『행정논총』 21, 2, pp. 48-52.

한 남북 당사자주의 원칙이 처음으로 확립되었다.

마지막으로 셋째, 유엔사 해체의 가능성이 처음으로 시사되었다. 그러나 유엔사 해체를 위해서는 그것을 대신하여 정전협정을 유지할 대안장치가 마련되어야 한다는 전제조건이 붙어 있었다. 또한 해당 문제를 유엔 안보리에서, 직접 관련 당사국들과 협의하여 처리하도록 권고했는데, 안보리는 만장일치제로 운영되기 때문에 어느 누구의 반대만 있어도 유엔사 해체는 불가능했다. 나아가 북한의 입장에서는 유엔사 해체를 통해 주한미군을 철수시키는 것이 목적이었는데, 이에 대해서는 일체의 언급이 포함되지 않았다.[39]

(2) 평화문제에서의 남북 당사자주의에서 북미 당사자주의로의 변화: 종전의 제도화로서의 북미 평화협정

따라서 1975년 제30차 유엔총회에서 북한을 포함한 공산 측은 한반도문제에 관한 유엔의 모든 권한을 박탈하는 것과 함께 유엔사 해체, 그리고 무엇보다 주한미군 철수를 관철시키고자 하였다. 여기서 주한미군 철수의 여건을 조성하기 위해 북한을 비롯한 공산 측이 내놓은 제안이 '정전협정을 대체하는' '북미' 평화협정 체결이었다. 유엔무대에서 평화협정 체결문제가 제기된 것은 제30차 유엔총회가 처음이었으며, 또 가장 뜨거운 쟁점이었다.

앞서 살펴본 대로, 북한에서 '정전협정을 대체하는 평화협정'의 개념은 1972년 1월 10일 요미우리신문 기자와의 대담과정에서 김일성에 의해 처음 제기된 것이었다. 그러나 당시 제안은 북미 평화협정이 아니라 남북 평화협정이고, 그 주된 취지는 남북 간에 평화협정을 맺어 한국전쟁을 공식적으로 종결시킴으로써 주한미군을 철수시킬 여건을 조성하자는 것이었다. 이로써 그간의 先미군철수, 後'평화협정'(실제로는 불가침협정)의 입장은 先평화협정, 後미군철수의 입장으로 변화되었다. 그러나 크게 보면 양자는 모두 미군철수 문제에 관한 '남북 당사자주의'의 시각을 반영하는 것으로 제네바 정치회담

---

39 UN General Assembly Resolution 3333(ⅩⅩⅨ)(1974.12.17).

에서 남일의 제안 이후 북한이 일관되게 견지해온 입장이었다. 예컨대 김일성은 1955년 8월 14일 광복절 10주년 경축사에서 남북군축, 불가침선언과 함께 외국군철수를 '한국'에 제안했다.[40] 또한 1962년 10월 23일에는 남북군축과 미군철수를 담보할 '평화협정'(불가침협정) 체결을 역시 '한국'에 제안했다.[41] 1973년 4월 5일 북한 정무원 총리인 김일 역시 "우리나라에서 미군을 포함한 일체 외국군대를 철거시키자"는 제안을 '한국'에게 내놓았다. 그에 따르면, 당시까지 북한은 무려 130여 차례나 동일한 제안을 한국에 내놓고 있는 상황이었다.[42]

그런데 이처럼 20년 가까이 지속되어온 미군철수 문제에서의 남북 당사자주의는 불과 두 달 후에 북미 당사자주의로 반전되었다. 1973년 6월 23일 김일성은 '새로운 평화통일 방침', 이른바 <조국통일 5대강령>을 발표했는데, 여기서 군사적 긴장완화 조치는 과거와 마찬가지로 한국에 제안하면서 주한미군 철수는 미국에 제안했던 것이다. 이것이 과거의 방침들과 구분되는 <조국통일 5대강령>의 '새로운' 부분이었다.[43] 그리고 이제 미군철수 문제에서 북미 당사자주의가 확립된 이상 남북 평화협정이 북미 평화협정으로 대체되는 것은 당연한 수순이었다. 왜냐하면 북한에게 평화협정이 필요한 가장

---

40 원문은 이한 편, 『북한의 통일정책 변천사』 上, pp. 84-85.

41 김일성, 「조선민주주의인민공화국 정부의 당면과업에 대하여: 최고인민회의 제3기 제1차 회의에서 한 연설(1962년 10월 23일)」, 『김일성저작집』 16.

42 최고인민회의 제5기 제2차 회의에서 정무원총리 김일의 보고(1973년 4월 5일). 원문은 이한 편, 『북한의 통일정책 변천사』 下, pp. 379-396.

43 <조국통일 5대강령>은 ① 남북 간 군사적 대치 및 긴장상태 해소, ② 남북 간 다방면적인 교류협력, ③ 남북의 각계각층이 참여하는 '대민족회의' 소집, ④ 단일국호(고려연방공화국)에 의한 남북연방제 실시, ⑤ 단일국호에 의한 유엔가입 등이다. 이 중에서 과거에 전례가 없었던 새로운 주장은 ⑤뿐인데, 이는 당시 한국이 2개 의석에 의한 유엔가입을 추진하고 있던 정세상의 변화를 반영한 것일 따름이다. 김일성은 이 다섯 가지를 열거한 후, 그것이 '남조선 당국자들'에 대한 제안임을 분명히 했다. 그리고 곧이어 "이와 함께 우리는 미국이 오늘의 급변하는 정세를 똑바로 보고 남조선에서 하루빨리 자기의 군대를 철거시키며 우리나라에 대한 침략과 간섭책동을 그만두어야 한다"고 주장했다. 김일성, 「민족의 분렬을 방지하고 조국을 통일하자: 체스꼬슬로벤스꼬 사회주의공화국 당 및 정부 대표단을 환영하는 평양시 군중대회에서 한 연설(1973년 6월 23일)」, 『김일성저작집』 28.

중요한 이유가 미군철수이기 때문이다. 1973년 12월 31일 김일성은 당 중앙위원회 정치위원회에서 북미 평화협정 체결방침을 내놓았고,[44] 이에 따라 허담 외교부장은 1974년 3월 20일 최고인민회의 제5기 제3차 회의에서 북미 간 '직접' 평화협정 체결을 제안했으며,[45] 3월 25일 최고인민회의는 이를 공식화하는 대미 서한을 채택하였다.

허담은 제안에서 북미 평화협정이 정전협정을 대체하는 것임을 분명히 밝힌 후, 평화협정에 포함될 내용으로 ① 북미 간 상호 불가침서약 및 군비경쟁 중단, ② 한반도 경내로의 군수물자 반입 중단, ③ 한국의 대북 전쟁도발 방지 보증, ④ 한반도문제에 관한 내정간섭 중단, ⑤ 유엔사 해체 및 모든 외국군 철수, ⑥ 한반도에 외국의 군사기지나 작전기지 설치 금지 등을 열거하였다. 그리고 평화협정 체결문제를 논의하기 위하여 북미 간에 '군사정전위원회보다 한 급 높은' 회담을 제안하였다.

그렇다면 북한은 왜 갑자기 남북 평화협정에서 북미 평화협정으로 입장을 변경했던 것일까? 허담은 평화협정에 대한 한국당국의 무성의,[46] 한국의 군사통수권은 실질적으로 미군이 쥐고 있다는 점, 그리고 정전협정의 서명당사자 중 현재 한반도에 군대를 보유하고 있고 당사자는 북한과 유엔군이며, 유엔군의 실체는 미군이라는 점 등을 들었다. 그러나 보다 중요한 이유는 당시 국제정세의 변화와 관련이 있었다.

1969년 7월 25일 닉슨 대통령은 괌에서 가진 기자회견을 통해 '아시아 국

---

44 김일성, 「올해사업총화와 다음해 사업방향에 대하여: 조선로동당 중앙위원회 정치위원회에서 한 연설(1973년 12월 31일)」, 『김일성저작집』 25.

45 최고인민회의 제5기 제3차 회의에서 허담 부총리겸 외교부장의 보고(1974년 3월 25일). 원문은 이한 편, 『북한의 통일정책 변천사』 下, pp. 455-464.

46 박정희 대통령은 1974년 1월 18일 연두 기자회견을 통해 북한의 남북 평화협정 제안을 공식적으로 거부하였다. 제안의 골자는 미군철수 및 남북군축이며, 이는 한국의 국방력을 무력화시키기 위한 평화 제스처에 불과하다는 것이다. 이러한 인식에 따라 박 대통령은 평화협정을 운운할 것이 아니라 휴전협정(정전협정)의 효력을 그대로 존속시키는 전제하에서 "남북간 상호 불가침협정을 체결하자"고 제안하였다. 『박정희 대통령 연설문집』 11 (대통령비서실, 1975), pp. 38-49.

가에 의한 아시아 안보(Asia for Asians)'를 선언했으며, 이에 따라 주한미군의 단계적 철수를 추진하기 시작했다. 이는 베트남전쟁으로 국력과 위신이 크게 실추된 상황에서 나온 것으로 "베트남전쟁과 같은 지역분쟁에 더 이상 끌려 들어가기 싫다"는 의미였다.[47] 이후 주한미군 철수문제는 여러 차례 굴곡이 있었지만, 1980년 레이건 대통령이 당선될 때까지 10여 년간 한미양국의 가장 첨예한 이슈로 남아 있었다. 주한미군 철수를 골자로 하는 북미 평화협정 제안은 이러한 분위기에 편승한 것이다. 특히 북한은 1973년 1월 27일 베트남전쟁을 종식시킨 파리 평화협정(Paris Peace Accord)에 크게 고무된 것으로 보인다. 당시 협정에는 미국, 북베트남(월맹), 남베트남(월남), 그리고 남베트남 해방전선(베트콩)이 참여했지만, 실질적 주체는 미국과 북베트남으로 인정되고 있었고,[48] 특히 "협정 조인 후 60일 이내에 미군을 철수한다"는 조항이 포함되어 있었다. 미국은 파리 평화협정을 통해 남베트남에 대한 안보공약을 사실상 포기했으며, 이에 따라 북베트남은 2년 후인 1975년 4월 30일 남베트남을 함락시킬 수 있었다.[49]

한편 북한이 남북 당사자주의에서 북미 당사자주의로 입장을 변경한 것은 1973년 제28차 유엔총회부터 옵저버 자격으로 참석이 가능해졌다는 점과도 무관하지 않다. 그간 북한이 남북 당사자주의를 주장한 것은 한반도문제가 서방 측의 지배하에 있는 유엔으로 회부되는 것을 막기 위한 방편이면서, 다른 한편으로는 제네바 정치회담이 실패한 이후 북한이 접근할 수 있는 유일한 서방 측 대화상대가 한국뿐이었다는 현실을 반영한 것이었다. 따라서 이제 유엔총회에서 직접 자신의 목소리를 낼 수 있게 되었고 더구나 유엔의 세력관계가 변화되어 자신에게 유리한 결의안을 도출할 수도 있는 상황이 조성되었기 때

---

47 Lee, Chae-Jin, 2006, *A Troubled Peace: U.S. Policy and the Two Koreas*, John's Hopkins U.P, pp. 67–70.

48 파리 평화협정은 4자에 의해 정식조인되기 전에 1월 23일 미국과 북베트남 간에 이미 가조인된 상태였다.

49 <http://en.wikipedia.org/wiki/Paris_Peace_Accord>.

문에 북한 입장에서 남북 당사주의는 그만큼 덜 절실해졌던 것이다.

2) 유엔 제30차 총회: 직접 관련 당사자 對 실질적 당사자

(1) 남과 북의 입장 전도: 남북 당사자주의(남한) vs. 북미 당사자주의(북한)

앞서 살펴보았듯이, 1975년 유엔 제30차 총회에서는 한반도 평화협정 체결문제가 최대의 화두로 부각되었다. 북한은 북미 평화협정 체결과 주한미군 철수, 유엔사 해체를 강력하게 주장했고, 공산진영과 상당수의 비동맹국가들로부터 지지를 받았다. 따라서 한국과 미국 역시 어떻게든 이 문제에 대한 자신의 입장을 마련하지 않을 수 없게 되었다. 1975년 9월 키신저 국무장관은 남북한과 미국, 중국이 참여하는 4자회담을 최초로 제안하고 남과 북에 대한 주변국가들의 교차승인을 제안하였다.[50] 10월 21일 한국의 김동조 외무장관 역시 정전협정의 효력을 유지하고 주한미군 철수를 반대하는 전제하에서 유엔사 해체와 유엔군 철수에 동의할 수 있으며, 나아가 이 문제를 포함하여 정전협정을 항구적 평화조치로 대체하는 문제를 논의하기 위한 '직접 관련 당사국들'의 협상을 제안하였다. 특히 그는 북한의 북미 평화협정 주장과 관련하여 "민족자결을 지지한다는 북한이 어떻게 한반도 평화에 관한 제반문제를 북한과 미국 사이의 문제라고 주장할 수 있는가?"라며 한국은 "휴전의 불가결한 당사자이며, 평화유지의 주된 당사자"라고 주장하였다.[51] 평화협정 체결을 위한 직접 관련 당사국들 간의 협상이 열리더라도 그것은 남과 북이 주도해야 한다는 원칙을 밝힌 것이다.

이에 대해 10월 24일 북측 대표 리종목은 한반도의 공고한 평화를 달성하는 데서 "미국과 해결할 문제가 따로 있고, 남조선과 해결할 문제가 따로 있

---

50 윤덕민, 2006, 「한반도 평화협정에 관한 연구: 평화협정의 쟁점사항을 중심으로」, 『주요국제문제분석』, 외교안보연구원, 6월.

51 제30차 유엔총회에서 김동조 외무장관의 연설(1975년 10월 21일). 원문은 통일연구원, 『한반도 평화체제: 자료와 해제』, pp. 163-167.

다"고 반박했다. 평화협정은 정전협정의 '실질적 당사자'인 북한과 미국이 체결하는 것이 타당하며, "평화협정이 체결되어 미군이 철수한 다음 조선에서 공고한 평화를 달성하는 문제는 미국이 간섭할 문제가 아니라 우리와 남조선 사이에 해결할 문제"라고 주장했다. 한반도 평화체제 구축에서 북미 평화협정 체결 → 미군철수 → 남북 간 긴장완화와 군축의 구도를 제시한 것이다. 또한 <7.4 공동성명>에서 합의한 '자주적 해결'의 원칙은 미군철수 이후의 문제, 즉 남북 간 긴장완화와 군축, 그리고 장기적으로 통일의 과정에 적용되는 원칙이지 평화협정 체결과 주한미군 철수문제에서 남북 당사자주의를 의미하는 것은 아니라고 주장했다.[52]

(2) 유엔 제30차 총회: 2개의 모순된 결의안과 한반도문제의 동북아화

한국과 북한의 입장, 그리고 각각을 지원하는 미국과 중국의 입장이 부딪히는 가운데, 유엔 제30차 총회는 1975년 11월 17일 서로 모순되는 2개의 결의안을 동시에 통과시켰다. 우선 평화협정과 유엔사 해체 및 유엔군 철군 문제를 살펴보면, 친서울적 결의안(3390A)[53]은 정전협정의 유지라는 전제하에서, 그리고 정전협정을 유지하기 위한 다른 대안장치가 마련된다는 전제하에서 유엔사 해체 및 유엔군 철수를 지지하며, 이 문제와 관련하여, 그리고 장차 정전협정을 대체하여 항구적 평화를 보장할 새로운 협정을 체결하는 문제와 관련하여 먼저 '직접 관련 당사국들(directly concerned parties)'의 협상을 촉구하였다.

반면 친평양적 결의안(3390B)[54]은 무조건 유엔사를 해체하고 유엔의 깃발 아래 주둔하고 있는 모든 외국군대를 철수한다는 맥락하에서 정전협정의 '실질적 당사자들(real parties)'이 평화협정을 체결하도록 촉구하였다. 여기서 '실

---

52 제30차 유엔총회 리종목 연설(1975년 10월 24일), 『북한대외정책기본자료집』 Ⅱ(동아일보사, 1976), pp. 770-781.

53 UN Assembly Resolution 3390(ⅩⅩⅩ)(A)(1975.11.18).

54 UN Assembly Resolution 3390(ⅩⅩⅩ)(B)(1975.11.18).

표 7-3 유엔총회 한국문제 결의안의 주요내용(1974-1975)

	통일원칙	유엔권한	유엔군 · 유엔사 · 평화협정	남북당사자주의
29차 (74.12.17)	한국인의 자유로운 의사표현에 기초한 평화적 통일	유엔헌장의 목적과 원칙에 부응하여, 한반도에서 평화와 안보의 유지를 보장하는 것은 유엔의 지속적인 책임	안보리는 직접 관련 당사국들과의 협의를 통해 유엔사의 해체 및 그것을 대체하여 정전협정을 유지하기 위한 장치를 마련하는 문제를 고려할 것	한반도통일을 촉진하기 위하여 남북대화를 지속
30차 친서울 (75.11.18)	한국인의 자유로운 의사표현에 기초한 평화적 통일	유엔헌장의 목적과 원칙에 부응하여, 한반도에서 평화와 안보의 유지를 보장하는 것은 유엔의 지속적인 책임	① 모든 직접 관련 당사국들은 정전협정을 대체하고, 한반도에서 긴장을 완화하며 항구적 평화를 보장하기 위한 새로운 장치에 관한 협상에 돌입 ② 그 첫 단계 조치로서, 모든 직접 관련 당사국들은 가능한 이른 시일에 회담을 시작하여 정전협정을 유지하기 위한 장치들이 마련됨과 함께 유엔사를 해체 ③ 1976년 1월 1일자로 유엔사가 해체되어 그날부터는 남한에 유엔 깃발아래 어떠한 군대도 남아 있지 않도록 하기 위해, (그 때까지는) 위 토론들이 완료되고 정전협정을 유지하기 위한 대안적 장치들을 마련	한반도의 평화적 통일을 촉진하기 위하여 남북대화를 지속
30차 친평양 (75.11.18)	한국인들은 가능한 이른 시일 내에 자주, 평화, 민족대단결의 3대원칙에 기초하여 자주적이고 평화적인 통일을 달성	한반도에서 영속성 있는 평화를 보장하고 자주적이고 평화적인 통일을 촉진하기 위하여, 한국 내부문제에 대한 외국의 간섭을 종식시키고 긴장을 제거하며 무장충돌을 방지하기 위한 새로운 결정적 조치가 시급	① 유엔사를 해체하고 유엔 깃발아래 남한에 주둔하고 있는 모든 외국군대를 철수하는 것이 필수적 ② 정전협정의 실질적 당사자들은 한반도에서 긴장을 완화하고 평화를 유지·강화하기 위한 조치로서, 유엔사를 해체하고 유엔의 깃발아래 남한에 주둔하고 있는 모든 외국군대를 철수한다는 맥락하에서, 정전협정을 평화협정으로 대체	① 한반도 통일을 가속화하기 위하여 남북대화를 촉진 ② 남북은 군비경쟁 중단, 군축, 무장충돌 방지, 상대방에 대한 무력불사용 보증 등의 조치를 통해, 군사적 대치를 제거하고 한반도에서 영속적인 평화를 유지 ③ 이를 통해 자주적이고 평화적인 통일을 가속화

질적 당사자들'이란 북한과 미국으로 해석되었다. 한편 주한미군 철군과 관련해서도 친서울적 결의안은 "유엔사가 해체되는 그날부터 남한에 유엔 깃발아래 어떠한 군대도 잔류하지 않는다"고 표현하고 있는 반면, 친평양적 결의안은 "유엔사를 해체하고 유엔 깃발아래 남한에 주둔하고 있는 모든 외국군대를 철수한다"고 표현하고 있다. 전자의 경우 당시 유엔사의 통솔을 받던 주한미군이 다른 통솔기관으로[55] 이관될 경우 주한미군의 주둔을 허용하는 것이지만, 후자의 경우에는 당시 "유엔 깃발 아래 남한에 주둔하고 있는 모든 외국군"에는 주한미군이 포함되기 때문에 명백히 주한미군 철수를 의미하였다.

그 외의 사항들은 친서울적 결의안은 1974년 제29차 총회 결의안을 그대로 유지하였다. 반면 친평양적 결의안은 29차 결의안과 완전히 다른 내용을 포함시켰다. 우선 통일의 원칙과 관련해서는 1972년 <7.4 공동성명>에서 합의된 자주, 평화통일, 민족대단결의 3대 통일원칙을 천명했다. 다음으로 한반도문제에 관한 유엔의 권한을 완전히 삭제하고 "한반도 내부문제에 대한 외국의 간섭을 종식시킨다"는 조항을 삽입하였다. 이와 관련하여 리종목은 제30차 총회가 "1/4세기 동안이나 계속되어온 유엔에서의 조선문제 토의를 끝장내는" 총회가 되어야 한다고 주장한 바 있다.[56] 마지막으로 남북 당사자주의와 관련해서는 기존의 '남북대화를 통한 통일 촉진'에 더해 이를 위해 남북 간 군축과 긴장완화, 불가침 보장 등 실질적 조치를 취해야 한다고 규정하였다. 그러나 앞서 살펴보았듯이, 북한은 이를 북미 평화협정 체결과 주한미군 철수 이후에 추진할 사항으로 해석하고 있었다.

제30차 유엔총회는 서로 상반되는 두 개의 결의안을 동시에 통과시킴으로써, 리종목의 기대처럼 한반도문제의 유엔화에 종지부를 찍는 계기가 되었다. 이후 한반도문제(Korean Question)는 유엔무대에서 다시는 논의되지 않았으

---

55 이 결의안에 대한 대응으로 1978년 11월 한미연합사령부가 창설되었고, 주한미군에 대한 통솔은 유엔사에서 한미연합사로 이관되었다.

56 위의 리종목 연설, p. 770.

며, 이에 따라 한미 양국의 남북 당사자주의와 북한의 북미 당사자주의가 대립하는 가운데 동북아의 지역문제로, 즉 남과 북, 미국과 중국 등 직접 관련국들의 이해관계가 걸린 문제로 '동북아화' 하였다.

3. 다자적 접근의 모색과 4자회담

1) 다자의 형식: 2+1, 2+2, 1+1+1, 3-1, 4-2, 3+1

(1) 동상이몽의 다자회담 구상: 남북 당사자주의와 북미 당사자주의의 다양한 변종들

1979년 7월 1일 한미양국은 3자회담을 제안하면서 한반도문제 동북아화의 첫 신호탄을 쏘아 올렸다. 박정희 대통령과 카터 대통령은 한미 정상회담 직후 가진 공동성명에서 주한미군의 계속 주둔을 재확인함과 동시에 한반도의 항구적 평화정착을 위한 어떠한 조치도 남북한의 책임 있는 당국자 간 대화를 통해서만 이루어질 수 있다는 입장을 밝혔다. 이와 함께 한반도 평화와 긴장완화 문제를 논의할 남북미 고위당국자회담을 북한에 제안하였다.[57] 그러나 당시 한미양국의 제안은 남북미 3자회담에서 평화협정 체결을 논의하자는 것이 아니었다. 한반도 평화와 관련하여 한미양국의 관심은 정전협정을 유지하는 데 있었으며, 3자회담은 당시 막혀있던 남북대화를 재개하기 위한 하나의 수단일 뿐이었다.

반면 북한은 정전협정의 평화협정으로의 조속한 대체를 요구하고 있었다. 1984년 1월 10일 중앙인민위원회와 최고인민회의는 공동명의로 대미, 대남서한을 채택하고 3자회담 제안을 받아들이면서, 3자회담의 틀 내에서 북미

---

57 한미 정상회담 공동성명(1979년 7월 1일), 『남북한 통일제의 자료집』 3 (국토통일원, 1985), pp. 1057-1063.

간에는 평화협정을, 남북 간에는 불가침선언을 채택하자고 제안하였다. 평화협정 체결협상에서는 핵무기 및 미군 철수를 골자로 하는 평화보장 문제를, 불가침선언 체결협상에서는 남북 간 무력사용 반대 및 군축문제를 중심으로 다루고, 여타 한국과 미국이 관심 있어 하는 다른 의제들도 다룰 수 있다는 제안이었다.[58] 3자회담의 틀 내에서 북미대화와 남북대화를 별도로 진행하자는 제안으로, 남북대화 우선을 요구하며 북미대화를 거부해온 미국을 견인하려는 의도가 내포되어 있었다. 이는 북미 평화협정 제안 이후 유지되어온 先북미회담, 後남북회담의 구도를 포기한 것이기는 하지만, 평화협정 체결의 관점에서 보자면, 북한과 미국이 주도하고 한국은 참관자(들러리)로만 참여하는 '2+1'의 구상이었다.

따라서 한미양국은 남북대화를 우선 추진해야 하며 필요하다면 3자가 아니라 4자회담을 통해 한반도 평화체제 문제를 논의하자고 제안하였다. 1984년 1월 11일 손재식 통일원장관은 북한의 제안이 얼마 전 자행한 아웅산 테러를 무마하기 위한 평화공세에 불과하다고 보면서도, 남북 각료급회담(고위급회담)을 열어 불가침선언 문제를 협의하자고 제안하였다. 또한 한반도의 항구적 평화보장과 통일문제에 대해서는 분단과 한국전쟁에 '직접, 간접적으로 책임 있는 관계국들'이 함께 참가하는 방식이 적당하다고 밝혔다.[59] 미국 역시 북측 제안의 의도에 회의감을 표명하면서, 만일 한반도문제에서 남북 이외의 나라가 참석해야 한다면, 미국만이 아니라 중국도 포함되어야 한다며 4자회담을 제안했다. 또한 한반도 문제에서 주체는 남과 북이기 때문에 남북대화가 중심이 되어야 한다는 점을 다시 강조하였다.[60] 이는 북미 직접대화와 3자회담을 거부한 것으로 한미양국의 '2+2' 방식의 접근을 공식화시켰다.

---

58 『로동신문』 1984년 1월 11일.

59 손재식 통일원장관 담화(1984년 1월 11일), 『남북한 통일제의 자료집』 3, pp. 1216-1218.

60 당시 미국의 4자회담 제안은 한국의 강력한 요구에 의한 것이었다. 3자회담의 경우 북한과 미국이 협상을 주도하면서 자칫 한국이 들러리로 전락하지 않을까 하는 우려 때문이었던 것으로 보인다. 이에 대한 미 국무부의 성명, 슐츠 국무장관과 동아태 담당 국무부관리들이 언급한 내용의 원문은 심지연, 『남북한 통일방안의 전개와 수렴』, pp. 386-395.

따라서 북한으로서는 3자회담을 성사시키자면 들러리로 전락할지 모른다는 한국의 의구심을 불식시킬 필요가 있었다. 1986년 12월 김일성이 시정연설을 통해 3자회담을 주장하면서도, 처음으로 남북 간의 고위급 정치군사회담의 필요성을 받아들이고, 그것이 성공할 경우 남북 정상회담도 가능할 것이라고 제안한 것도 이런 맥락이었다.[61] 나아가 북한은 1987년 7월 23일 정부성명을 통해 보다 확실한 미끼를 던졌다. 우선 남과 북은 1988년부터 1991년까지 3단계에 걸쳐 군축을 실시하여 1992년부터는 각기 10만 명 이하의 병력을 유지하며, 다음으로 남과 북의 병력이 '먼저' 단계적으로 감축되는 데 따라 미군도 '단계적으로' 철수하며, 남과 북의 군사력이 각기 10만 명으로 감축되면 미국은 핵무기를 비롯한 모든 무력을 철수하자는 제안이었다.[62] 이는 그간의 先미군철수, 後남북군축의 주장에서 후퇴한 것으로 남북군축과 미군철수를 병행하자는 제안이었다. 더욱이 남북군축이 미군철수의 여건을 조성한다는 의미에서 한반도 평화체제 구축과정에서 한국의 역할을 보다 적극적으로 수용한 제안이었다.

이에 대해 1988년 10월 18일 노태우 대통령은 제43차 유엔총회 연설에서 남북 정상회담을 열어 남북 간 교류협력, 통일방안, 군축, 그리고 정전협정의 항구적 평화체제로의 대체 문제를 논의할 것을 제안하였다. 이는 북측의 군축 제안에 대한 호응인 동시에 '남북 평화협정'에 대한 한국정부의 최초의 공식 제안이었다.[63] 이에 북한은 11월 7일 노 대통령의 군축문제 협의의사를 환영하며 장문의 '포괄적 평화보장방안'을 제안하였다. 첫째, 통일지향적 평화, 외국무력(미군) 철수에 의한 평화, 남북군축에 의한 평화, 그리고 당사자 간 대화에 의한 평화 등 평화보장 4원칙을 제안했다. 특히 한반도 평화문제의 당사자는 "남조선에 군대를 주둔시키고 있는 미국과 조선의 북과 남"이라며 한국

61 김일성, 「사회주의의 완전한 승리를 위하여: 조선민주주의인민공화국 최고인민회의 제8기 제1차 회의에서 한 시정연설(1986년 12월 30일)」, 『김일성저작집』 40.

62 『조선중앙년감』 1988, <문건 및 자료편>.

63 원문은 허문영, 『한반도 평화체제: 자료와 해제』, 통일연구원, pp. 152-154.

의 역할을 보다 적극적으로 받아들였다. 다음으로 3자회담과 별도로 남북 간 고위급 정치군사회담을 개최하여 '당면한' 정치군사적 대결상태를 완화할 것을 제안하였다. 여기서 '당면한' 정치군사적 문제는 3자회담에서 다룰 본질적 문제인 미군철수 및 남북군축을 제외한 나머지 문제들, 예컨대 상호 비방 중지나 직통전화 개설, 적대적 군사훈련 중단 등 이른바 운용적 군비통제의 과제들이 제시되었다. 또한 3자회담과 고위급 정치군사회담이 성과를 내면 남북 정상회담이 개최될 수 있다는 점을 재확인하였다.

한편 미군철수 및 남북군축 제안은 1987년 정부성명과 대부분 유사하지만, 두 가지 점에서 차이가 있었다. 우선 핵을 포함한 미군무력과 남북무력은 단계적으로 철수하지만 미군철수와 남북군축 간의 연계는 발견되지 않는다. 더욱이 한반도 평화보장에서 미군의 존재가 가장 큰 장애이며, 이 문제의 해결은 남북 간 긴장완화에도 결정적 영향을 미친다고 하여 오히려 과거의 先미군철수론으로 회귀한 느낌마저 준다. 다음으로 3자회담을 분명히 재강조하고 있는 점이다. 즉 "3자회담에서 미군철수와 남북군축을 합의하여 그것을 조미사이의 평화협정과 북남사이의 불가침선언으로 확인하고 고착시킨다"는 것이다.[64] 이는 북한이 평화협정 문제에서 여전히 '2+1'의 구도를 가지고 있음을 보여주는 대목이다.

그러나 한국은 3자회담 제안을 계속 거절하였다. 예컨대 노태우 대통령은 1990년 8월 15일 광복절 45주년 경축사를 통해 남북의 책임 있는 당국자들 간의 회의를 열어 남북 간 불가침협정 및 정전협정의 평화협정으로의 대체문제를 논의할 것을 제안하였다.[65] 이에 북한은 기존의 남북 불가침선언과 북미 평화협정 주장을 지속하면서도 새로운 접근전략을 채택했다. 즉 기존의 3자회담 제안을 철회하고 남북회담과 북미회담을 분리하여 접근하기 시작한 것

---

64 '포괄적 평화보장방안'(조국의 자주적 평화통일을 촉진하기 위한 포괄적인 평화보장 대책)은 중앙인민위원회·최고인민회의상설회의·정무원 연합회의 명의로 채택되었다. 『조선중앙년감』, 1989, <당 및 국가 주요회의편>.

65 원문은 통일연구원, 『한반도 평화체제: 자료와 해제』, pp. 152–154.

이다.[66] '1+1+1'의 구상이었다. 이러한 전략하에서 북한은 남북 고위급회담을 통해 1991년 12월 남북기본합의서 및 불가침관련 부속합의서를 타결 짓고 이로써 남북 간 불가침 및 군비통제 문제에 관한 합의는 완료된 것으로 주장하기 시작했다. 따라서 이제는 북미협상을 통해 북미 평화협정을 체결하는 일만 남았다는 것이다.[67] '3-1'의 구상이었다.

(2) 새로운 평화보장체계: 북미 평화협정이 당장 어렵다면 잠정협정이라도 체결

북한은 자신의 요구를 관철하기 위해 정전체제를 무력화하기 위한 조치들을 취해나갔다. 1991년 3월 한미양국이 군사정전위원회 유엔군 측 수석대표를 미군 장성에서 한국군 장성(황원탁 소장)으로 교체하자 북한은 이를 정전협정 위반이라고 주장하며 1992년 8월 북측 군사정전위원회 수석대표를 소환해버렸다. 또한 1993년 4월과 1995년 2월에는 중립국감독위원회에서 각기 체코와 폴란드 대표단을 철수시키고 1994년 12월에는 군사정전위원회에서 중국 대표단을 철수시켰다. 그리고 1996년 4월 4일 조선인민군 판문점 대표부는 군사분계선과 비무장지대의 관리업무 등 정전협정 준수 임무를 포기한다고 선언하고, 다음 날부터 공동경비구역 북측 초소에 정전협정상 규정인원 30명보다 많은 130-260명의 중무장병력을 투입하여 사흘간 시위를 벌였

---

66 1990년 5월 31일 중앙인민위원회·최고인민회의상설회의·정무원 연합회의 명의로 제안한 <조선반도의 평화를 위한 군축제안>은 "미국이 3자회담에 응하지 않는 조건에서 무한정 (남북간) 군축문제 논의를 미룰 수 없다"며 남북 간 군축 및 불가침 논의와 북미 간 평화협정 논의를 분리하고 있다. 또한 미국에 대해서는 "조미회담이나 3자회담에 나와야 한다"며 3자회담의 의미를 축소하고 있다. 나아가 1991년 1월 1일 김일성 신년사에서는 남북 간 불가침선언과 북미 평화협정 체결을 주장하며 더 이상 3자회담 제안을 하지 않고 있다. 『조선중앙년감』, 1989, <당 및 국가 주요회의편>; 『조선중앙년감』, 1991, <당 및 국가 주요회의편>.

67 북한은 남북 기본합의서를 교류협력과 불가침 및 군비통제에 관한 합의로만 파악하지만, 한국은 합의서 제5조의 "남과 북은 현 정전상태를 남북 사이의 공고한 평화상태로 전환시키기 위하여 공동으로 노력한다"는 조항을 들어 남북 평화협정 체결의 근거를 마련한 문서로 파악하고 있다.

다.[68] 이렇게 정전체제를 뒤흔든 다음 북한은 '새로운 평화보장체계'를 주장하기 시작했다.

1994년 4월 28일 북한 외교부는 미국의 부당한 처사로 인해 "정전협정은 평화를 보장할 수 없는 빈 종이장으로 전락하고 군사정전위원회는 주인 없는 기구로 유명무실해졌다"며 "정전협정을 평화협정으로 바꾸고 현 정전기구를 대신하는 (새로운) 평화보장체계를 수립"하기 위한 북미협상을 요구하였다.[69] 또한 1995년 2월 25일에는 외교부 대변인 담화를 통해 새로운 평화보장체계 수립의 당사자는 북한과 미국이고 한국은 자격이 없다며 자꾸 "분수없이 끼어들게 되면" 남북 기본합의서가 백지화될 수 있다고 위협했다.[70] 그리고 1996년 2월 22일에는 한반도의 '항구적 평화 보장장치'를 마련하자면 북미 평화협정이 체결되어야 하지만, 그것이 당장 어렵다면 정전협정이 유명무실화된 마당에 무장충돌이라도 막기 위해 '최소한의 장치'라도 마련해야 한다며, 새로운 평화보장체계를 수립하기 위한 '전개된'(발전된) 제안을 내놓았다.

> ① 정전상태를 평화적으로 유지하기 위하여 '북미 잠정협정'을 체결한다. 잠정협정은 완전한 평화협정이 체결될 때까지 정전협정을 대신한다. 여기에는 군사분계선과 비무장지대의 관리, 무장충돌과 돌발사건 발생시 해결방도, 군사공동기구의 구성과 임무 및 권한 등의 내용을 담는다.
> ② 잠정협정을 이행, 감독하기 위하여 판문점에 군사정전위원회를 대신하는 '북미 공동군사기구'를 조직, 운영한다.
> ③ 잠정협정 체결과 북미 공동군사기구 조직과 관련하여 (북미 간) 협상을 진행한다.[71]

---

68 임수호, 2007, 「실존적 억지와 협상을 통한 확산: 북한의 핵정책과 위기조성외교(1989-2006)」, 서울대학교 박사학위논문, pp. 212-213.

69 북한 외교부성명(1994년 4월 28일), 『조선중앙년감』, 1995, <문건 및 자료편>.

70 북한 외교부 대변인담화(1995년 2월 25일), 원문은 통일연구원, 앞의 책, pp. 193-195.

71 북한 외교부 대변인 담화(1996년 2월 22일), 『로동신문』 1996년 2월 23일.

북미협상을 통한 한반도 평화체제 구축 요구에 대해 한미 양국은 다시 4자회담 카드를 꺼내들었다. 1996년 4월 16일 김영삼 대통령과 클린턴 대통령은 정상회담을 갖고 항구적 평화체제가 수립될 때까지는 정전체제가 유지되어야 하고, 평화체제 구축의 주체는 남과 북이어야 한다는 점을 강조했다. 그러면서 남북 간 대화 및 교류의 촉진, 긴장완화, 항구적 평화체제 수립 방안을 논의할 남·북·미·중의 4자회담을 열자고 제안하였다.[72] 당시 남북관계는 '조문파동' 이후 완전히 단절되어 있었다. 따라서 한미양국은 일단 4자회담을 열어 남북대화의 장을 마련하고 이 과정에서 한반도 평화문제에 관해 남과 북이 회담을 주도해나가게 한다는 '4-2'의 구상을 갖고 있었다.

이에 대해 북한은 만일 회담에 참여하게 된다면, 논의의 초점은 북미 평화협정 체결과 주한미군 철수 문제가 되어야 하며, 이미 남북 간에는 기본합의서가 마련되어 있기 때문에 평화체제를 논의하는 자리에서 굳이 새로 남북협상을 할 필요는 없다는 입장을 밝혔다.[73] 또한 회담은 4자회담이 아니라 "중국을 제외한 3자회담"이 타당하며, 굳이 중국을 참석시키려면 "먼저 3자회담을 진행하다가 적절한 시기에 중국을 포함시키자"는 '3+1'의 구도를 주장하기도 했다. 결국 북한은 한미양국이 대규모의 식량지원을 약속하고 나서야 4자회담에 참석하였다.[74]

2) 4자회담과 주한미군 철수문제

(1) 당사자문제와 주한미군 문제: 남북 주도론 vs. 북미 주도론, 미군문제 우선논의 vs. 논의 불가

4자회담은 1997년 3–6월까지 3차례의 3자(남북미) 공동설명회, 8–11월까

72 『김영삼대통령 연설문집』 4 (대통령비서실, 1997), pp. 205–206.
73 북한 외교부 대변인 담화(1996년 9월 2일), 『로동신문』 1996년 9월 3일.
74 박영호, 2000, 「4자회담의 전개과정과 평가」, 『한반도 평화전략』, pp. 145–150.

지 3차례의 4자 예비회담을 통해 참여 당사국의 범위와 의제를 조율한 후, 1997년 12월–1999년 8월까지 본회담을 여섯 차례 갖는 방식으로 진행되었다. 본회담은 제네바에서 열렸는데, 이는 4자회담이 제네바 정치회담을 44년 만에 재개한다는 의의가 있었기 때문이다. 의제는 '한반도 평화체제 구축과 긴장완화에 관한 문제'였다.

4자회담에서는 한미양국과 북한이 대치하는 가운데, 중국이 중간자 역할을 하는 구도로 진행되었다. 특히 중국은 결정적인 문제에서 북한의 손을 들어주지 않거나 한미양국의 편에 섬으로써 북한의 입장을 곤란하게 만들기도 하였다. 한국은 북한이 남북대화를 거부하는 상황에서 어쩔 수 없이 4자회담을 열기는 했지만, 회담과정에서 논의는 남북이 주도하고 미국과 중국은 한반도 평화체제에 대한 보장자 역할에 국한되기를 바랐다. 또한 장차 4자회담과 남북대화를 병행해나간다는 입장을 가지고 있었다. 북한 역시 미국이 북미 직접 협상을 거부하는 상황에서 어쩔 수 없이 4자회담에 참여하기는 했지만, 회담과정에서 논의는 북한과 미국이 주도해야 한다는 입장이었다. 또한 장차 4자회담과 북한-유엔사 장성급회담[75]을 병행해 나간다는 입장이었다. 남과 북은 모두 '4-2'의 구도를 갖고 있었지만 주요 당사자에 대한 생각은 판이하였던 것이다.

한편 미국은 남북대화를 촉진하는 계기로 4자회담을 활용하려는 입장이었다. 북미 간에는 1993년 6월부터 핵과 미사일문제를 중심으로 직접 협상이 개최되고 있었다. 이는 당시 클린턴 행정부가 핵과 미사일문제를 북미 간 현안으로 파악하고 있었기 때문이다. 그러나 문제는 한국의 소외였고, 이로 인해

---

75 1992년 8월 군사정전위원회에서 탈퇴한 이후 북한은 '조선인민군 판문점 대표부'를 설치하고 북미 공동군사기구 설치를 주장해왔다. 이에 대해 한미양국은 군사정전위원회에 복귀할 것을 촉구했으나 성과가 없자 군사정전위원회 유엔사 대표와 북한군 대표 간에 장성급회담을 제안하였고 북측이 이를 수용하여 1998년 1월부터 북한-유엔사 장성급회담이 열리게 되었다. 회담에는 유엔사 측의 한국-미국-영국-호주(혹은 프랑스) 대표 4명, 북한군 측 대표 3명 등 모두 7명이 참석해왔다. 그러나 북한은 2002년 8월 제14차 회의를 마지막으로 더 이상 회담에 참석하지 않아 현재는 유명무실한 상태이다.

한미동맹에도 파열음이 발생하고 있었다. 또한 미국은 군사정전위원회가 마비된 상태에서 정전체제를 효과적으로 관리하기 위해서는 북한의 협조가 필요하다고 보고 이를 위해 4자회담을 활용하려는 의도도 있었다. 중국은 북미접근을 차단하고 미국의 영향력 확대를 견제하여 한반도에 대한 영향력을 유지한다는 차원에서 4자회담에 참석하였다. 따라서 중국은 4자회담이 북미주도로 진행되는 것을 달가워하지 않았고 오히려 남북이 주도하기를 기대하였다. 이런 차원에서 중국은 때로는 한미 양국의 입장을 지지하고, 때로는 북한의 입장을 지지하면서 중재자 역할을 통해 자신의 입지를 확보하고자 하였다.[76]

4자회담 본회담에서 가장 첨예한 쟁점은 역시 평화협정의 당사자문제와 주한미군 문제였다. 북한은 예상대로 정전협정의 '실질적 당사자'인 북미 간에 평화협정을 체결해야 한다는 입장이었다. 정전협정 당사자 중 현재까지 한반도에 군대를 주둔하고 있는 나라는 북한과 미국뿐이라는 것이 그 근거였다. 그러나 한미양국은 북측의 주장은 정전협정의 서명당사자(signatory)와 조약당사자(party)를 혼동한 것이며,[77] 나아가 설사 한국이 정전협정의 당사자가 아니라 하더라도 정전협정의 당사자와 평화협정의 당사자는 반드시 일치할 필요는 없다는 점을 들어 한국이 평화협정의 주된 당사자임을 주장했다. 평화협정은 단순히 정전협정을 대체하는 것이 아니라 미래의 평화파괴를 예방하는 데 목적이 있는데, 한국의 역할을 빼고 한반도의 평화를 논의하는 것은 어불성설이라는 것이다.[78] 따라서 중요한 것은 중국의 입장이었다. 중국은 북한을 고려하여 명확한 입장을 표명하지는 않았지만, 북한과 미국 주도로 평화협정이 체결될 경우 한반도에 대한 자신의 영향력이 상실될 것을 우려했고, 따라서 한미양국의 남북 당사자주의에 동조하는 입장이었다.

---

76 박영호, 앞의 글, pp. 159–168.

77 유엔군사령관이 한국을 대리하여 서명했을 뿐, 한국은 엄연히 정전협정의 조약당사자라는 해석이다. 외무부, 1998, 『한반도문제 주요현안 자료집』, pp. 148–150; 제성호, 2000, 『한반도평화체제의 모색』, 지평, pp. 26–38.

78 백승주, 2006, 「한반도평화협정의 쟁점: 주체, 절차, 내용, 평화관리 방안」, 『한국과 국제정치』 22, 1, p. 265.

한편 4자회담의 의제와 관련하여 한미양국은 '합의가 쉬운' 남북 간 긴장완화나 신뢰구축 문제부터 먼저 논의하고 평화협정이나 주한미군 문제 등 합의가 어려운 문제는 점차적으로 논의하자는 입장이었다. 반면 북한은 평화협정이나 주한미군 문제 등 '근본문제'를 제쳐두고 긴장완화 문제나 논의하자는 것은 문제해결을 회피하기 위한 기도라고 비난하였다. 중국은 이에 대해 명확한 입장을 표명하지 않은 채 4자회담에서 북미관계 개선문제도 다루어야 한다고 주장했다.[79]

주한미군 철수문제에 있어서는, 한미양국은 주한미군은 한미상호방위조약에 따라 주둔하는 것으로 기본적으로 4자회담의 의제가 될 수 없다는 입장이었다. 다만 한반도 평화체제 구축에서 실질적 진전이 있을 경우 남북한의 군사력과 주한미군을 포함하여 한반도의 모든 군대의 구조나 배치문제가 논의할 수 있다는 입장이었다.[80] 반면 북한은 주한미군 철수문제의 우선 의제화를 강력히 주장하였고, 중국은 명확한 입장을 표명하지는 않았으나 대체로 북한의 입장에 동조하는 편이었다.

(2) 주한미군 주둔용인론: 조선반도는 강대국들로 둘러싸여 있기 때문에 주한미군이 주둔하는 것이 바람직

여기서 제기되는 의문은 주한미군 문제에 대한 북한의 진정한 입장이 무엇인가 하는 점이다. 왜냐하면 북한은 탈냉전 이후 주한미군의 주둔을 용인하는

---

79 박영호, 앞의 글, pp. 170–175.

80 한반도 평화체제와 주한미군 문제에 대해 한국정부의 공식입장은 1999년 4월 8일 국가안전보장회의(NSC) 결정에서 찾아볼 수 있다. ① 주한미군은 한미상호방위조약에 따라 주둔하는 것으로서, 전적으로 한미 간의 문제이며, 남북 간이나 북미 간에 논의될 사안이 아니다. 한반도에 침략의 위협이 있는 한 주한미군의 존재는 필수적이다. ② 평화체제 구축문제에 실질적인 진전이 이루어질 때, 한반도의 모든 군대의 구조나 배치문제에 대한 논의가 가능하다. 이때는 남북한의 군사력과 주한미군을 함께 논의하는 것이 가능하다. 이는 한미공동의 입장이다. ③ 한반도에 평화체제가 구축되고, 통일이 이루어진 후에도 미군이 동북아지역의 안정자 역할을 수행하기 위해 한반도에 주둔하는 것이 바람직하다. 박종철, 2006, 「한반도 비핵화와 평화체제 전환」, 『한국과 국제정치』 22, 1, p. 116 재인용.

듯한 입장을 표명해왔기 때문이다. 특히 2000년 6월 남북 정상회담과정에서 김정일은 통일 후에도 주한미군 주둔을 용인할 수 있다는 입장을 피력한 것으로 알려져 있다. 주한미군에 대한 북한의 입장은 몇 단계를 거치면서 변화해왔다. 앞에서도 살펴보았듯이, 정전협정 이후 북한은 주한미군(혹은 유엔군)의 즉각적 철수를 요구해왔다. 그러다 1972년 1월 10일 김일성이 '정전협정을 대체할 남북 평화협정' 체결을 요구한 이후에는 先남북평화협정, 後주한미군철수를 주장했으며, 이는 1974년 3월 허담의 연설을 계기로 先북미평화협정, 後주한미군철수로 변화되었다. 그러나 이 모두는 크게 보면 주한미군 즉각철수론의 범주에 포함되는 것으로 볼 수 있다.

북한의 입장이 변화하기 시작한 것은 1987년 7월 23일자 정부성명에서부터였다. 여기서 북한은 주한미군이 남북군축에 맞춰 '단계적으로' 철수해도 좋다는 입장을 밝혔다. 이어 1990년 5월 31일 '조선반도의 평화를 위한 군축제안'에서도 같은 메시지를 반복하였다.[81] 이어 김일성은 1991년 6월 5일 "북남 쌍방이 10만 명 이하로 무력을 감축할 때까지 주한미군이 단계적으로 철수"하면 된다는 입장을 재확인했다. 다시 말해서 남북 간의 실질적 군축 이전까지는 주한미군의 주둔을 용인할 수 있다는 입장이었다.[82] 남북 간의 실질적 군축은 통일단계로 진입할 때 가능하다고 한다면, 이는 통일과정에서 주한미

---

81 「중앙인민위원회·최고인민회의상설회의·정무원 연합회의에 관한 보도(1990년 5월 31일)」, 『조선중앙년감』 1991, <당 및 국가 주요회의편>.

82 김일성, 「민족올림픽위원회협회 위원장인 메히코출판회사 위원장 겸 사장일행과 한 담화(1991년 6월 5일)」, 『김일성저작집』 43. 북한의 주한미군 단계적 철수론은 냉전 종식 이후 미국의 해외미군 감축계획에 편승한다는 의미도 있었다. 1989년 7월 미 상원은 '넌-워너 수정안'을 통해 해외미군 감축계획을 작성할 것을 국방부에 요구하였고, 이에 따라 국방부는 1990년 4월과 1992년 7월 두 차례에 걸쳐 '동아시아전략구상'(EASI)을 제출하였다. 한국, 일본, 필리핀 주둔 지상군과 일부 공군병력을 향후 10년간 3단계에 걸쳐 감축한다는 것이 골자였다. 이에 따라 주한미군 일부의 1단계 감축이 실행되었으나 2단계 감축은 핵 위기의 발발로 1991년 11월 정식으로 동결되었다. 이후 클린턴행정부는 동아시아 주둔미군을 현 10만 명 선에서 동결하기로 결정했고, 이에 따라 2001년 부시행정부가 등장할 때까지 미군 감축은 더 이상 추진되지 않았다. 자세한 내용은 김일영·조성렬, 2003, 『주한미군: 역사·쟁점·전망』, 한울, 제4장을 참조.

군 주둔을 용인할 수 있다는 의미로 해석되었다. 김일성의 이 발언은 이후 북한 고위인사들에 의해 여러 차례 표명된 '주한미군 주둔용인론'의 기반이 되었다. 대표적인 예를 들어보면 다음과 같다.[83]

- 1992.1 김용순-캔터 회담에서 김용순 노동당 국제비서의 발언
  - 미군주둔을 용인하며, 연방제통일 이후에도 동아시아의 안정을 위해(일본의 위협을 고려해) 단계적 철수도 가능하다.
  - 연방제 통일 이후에도 한미상호방위조약을 포함 남북이 체결한 모든 조약은 존중될 것이다.
- 1992.6 하와이에서 열린 <한반도평화와 남북통일에 관한 6개국 회의>에서 리삼로 외교부 군축평화연구소 고문(북일수교협상 대표)의 『마이니치』 인터뷰(6.23)
  - 한미상호방위조약을 포함 통일 전에 남북이 외국과 체결한 모든 조약은 통일 후에도 존중되지 않으면 안 된다.
  - 필요하다면 주한미군이 통일 후에 단계적으로 철수해도 좋다. 한국과 미국이 북한의 위협이 있다고 생각한다면 그것이 없다고 판단될 때까지 주한미군은 체류해도 좋다.[84]
- 1995.9 셀릭 해리슨 방북 당시 북한인사 인터뷰
  - 김영남 외교부장: 주한미군이 남한에 존속하는 상황에서도 남북 간의 연방

---

83 이하의 발언들은 다음을 참조하여 재구성. Wit, Joel, et al., 2004, *Going Critical: The First North Korean Nuclear Crisis*, Brooking Institute Press, pp. 12-13; 『세계일보』 1992년 7월 6일; 『한겨레』 1992년 6월 25일, 1992년 6월 26일, 1992년 6월 27일, 1995년 10월 4일, 1996년 5월 1일, 1999년 4월 7일; 『동아일보』 2000년 8월 19일, 2000년 8월 31일.

84 그러나 리삼로는 사흘 후 『한겨레』과의 인터뷰(6.26)에서는 이 발언을 뒤집었다. 첫째, 미군이 지금 당장 나가는 게 좀 불가능하다면 연방제 형식의 통일이 실현될 때까지 단계적으로 철수할 수 있다. 그러나 통일 이후에는 철수되어야 한다. 둘째, 한미방위조약은 반민족적 군사조약이므로 연방제가 실현되면 철폐되어야 한다. 6월 23일 인터뷰와 6월 26일 인터뷰 중 어느 것이 사실인지는 알 수 없는 일이다. 『마이니치』가 인터뷰 내용을 과장했을 가능성도 있지만, 인터뷰가 언론에 공개되어 북한 내에서 문제가 되자 『한겨레』을 통해 해명성 인터뷰를 했을 가능성도 있다.

을 구성할 수도 있다.

- 리찬복 조선인민군 판문점대표부 대표(조선인민군 중장): 우리는 현실적인 미국의 아시아 전략상 미군이 당장 내일 철수하지 않으리라는 것을 알고 있다. 우리가 원하는 것은 주한미군 철수가 아닌 적대적 관계의 종식이다.

■ 1996.4 미국 조지아대학 학술회의에서 북한인사 발언
- 리종혁 아태평화위원회 부위원장: 주한미군이 평화유지자 역할을 수행한다면, 주둔에 반대하지 않는다.
- 박승덕 민족문제연구소 회장: 미국은 한반도에서 평화유지자로서의 직접적이고 막중한 책임을 가지고 있다.

■ 2000.6 남북정상회담에서 김정일 위원장 발언에 대한 김대중 대통령의 전언
- CNN 인터뷰(2000.8.18): 주한미군에 대해 김 위원장도 동북아의 세력균형을 위해 통일 후에도 주둔해야 한다는 내 말에 동의했다.
- Washington Post 인터뷰(2000.8.30): 김정일 위원장은 주한미군의 필요성을 주장하는 한국의 입장을 잘 이해했다. 한반도는 일본, 중국, 러시아 등 강대국들로 둘러싸여 있기 때문에 주한미군이 남아 있는 게 바람직하다는 그의 말을 듣고 매우 놀랐다.

여기서 주목해야 할 것은 1996년 4월 이후 2000년 6월까지의 공백이다. 주지하듯이 1996년 4월은 한미정상이 4자회담을 제안한 시점인데, 이때부터 주한미군 주둔용인론 대신 북미 평화협정체결 주장과 미군철수론이 다시 등장하기 시작했던 것이다. 앞서 살펴보았듯이, 북한 외교부는 1994년 4월 28일 '새로운 평화보장체계'를 제안했는데, 당시 그것이 무엇을 의미하는지, 즉 전통적인 북미 평화협정을 의미하는지, 아니면 보다 유연한 제안을 담고 있는지에 대해서 구체적인 내용을 밝히지 않았었다. 1995년 9월 셀릭 해리슨의 방북 당시 김영남 외교부장, 강석주 외교부 부부장 등은 그 내용을 다음과 같이 밝혔다고 한다.[85]

> 평화협정의 실현은 극히 복잡한 문제이기 때문에 당장의 관심사항은 아니다. 그렇지만 정전협정이 적대국가 사이에 맺어진 것이기 때문에 북미관계 개선을 꾀하고 있는 현 국면에는 맞지 않다. 그래서 '새로운 평화보장체계'라는 안을 제기했다. '새로운 평화보장체계'는 주한미군의 철수를 전제로 하는 것이 아니다. 주한미군이 한반도 전역에 대한 안전보장 구실을 하는 것이 필요하다. 주한미군 철수는 동북아시아의 힘의 균형을 깨뜨릴 수 있으며 특히 일본의 재무장을 초래할 수도 있다.

이는 미군주둔 용인론과 맥을 같이 하고 있는 것이다. 또한 1996년 2월 22일 원칙적으로는 북미 평화협정을 체결해야 하지만, 당장은 잠정협정을 체결하자는 제안과도 맥을 같이하고 있다. 북미 평화협정이 주한미군 철수의 여건을 조성하기 위한 것이라면, 잠정협정 제안은 북미관계 개선으로 가는 데서 걸림돌인 주한미군 철수문제를 '회피'하기 위한 조치로 파악될 수 있는 것이다. 그러나 그 이후부터 북한의 주장은 완전히 바뀌어버렸다.

1996년 9월 2일 외교부 대변인은 더 이상 미군이 주둔할 명분이 없다며, 4자회담이 개최된다면 미군철수가 주된 의제가 되어야 한다는 담화를 발표했다.[86] 또한 1997년 1월 1일 신년공동사설은 올해의 투쟁구호로 민족자주화투쟁을 제시했다. 신년사나 신년공동사설을 통해 민족자주화 투쟁을 요구한 것은 1992년 이후 처음이었다. 1997년 8월『로동신문』은 북미 평화협정 체결과 주한미군 철수는 "철회할 수 없는 원칙적 입장"이라며, 한반도 평화를 위협하는 '암'인 주한미군을 '조기에 완전철수'하라고 요구했다.[87] 1997년 9월 5일자『로동신문』은 통일은 전국적 범위에서 민족의 자주권을 확립하는 문제로서 미군철수를 '필수적 전제'로 한다고 주장했다.[88] 이후 이러한 주한미군 철

---

85 셀릭 해리슨과의 인터뷰(1995년 10월 2일),『한겨레』1996년 10월 4일.

86 북한 외교부대변인 담화(1996년 9월 2일),『조선중앙통신』1996년 9월 3일.

87 「미군철수는 조선반도 평화보장의 기본열쇠」,『로동신문』1997년 8월 6일;「4자 예비회담이 결실 없이 끝난 책임은 미국측에 있다」,『로동신문』1997년 8월 16일.

수주장은 북미 평화협정 체결주장과 함께 4자회담 과정에서, 그리고 2000년 남북 정상회담 이전까지 무수히 반복되었다.[89]

4. 9.19 프로세스와 남은 쟁점

(1) 핵 보유선언과 평화체제 문제의 쟁점화: 비핵화의 전제조건으로서의 평화체제 수립

4자회담은 1999년 8월의 제6차 본회담을 끝으로 성과 없이 종결되었다. 그러나 한반도 평화체제를 논의하기 위한 기회는 지속되었다. 1998년 집권한 김대중 대통령은 남북대화의 중요성을 강조하면서도 미국과 일본 등 주변국의 대북접근을 적극 환영한다는 의사를 표명하였고, 이에 따라 미국은 핵문제와 미사일문제를 북미수교와 맞바꾸는 '페리프로세스'를 가동할 수 있었다. 또한 북한은 김대중 정부의 적극적인 대북 교류협력 의사에 보조를 맞춰 先북미대화, 後남북대화 입장, 이른바 통미봉남의 정책을 철회하고 북미대화와 남북대화를 동시에 추진하는 새로운 입장을 취하였다. 이에 따라 2000년 6월에는 분단 이후 처음으로 남북 정상회담이 개최되어 통일방안 등에 대한 합의가 이루어졌고, 같은 해 10월에는 조선인민군 차수 조명록이 워싱턴을 방문하여 북미관계 개선과 한반도 평화체제 구축에 관한 의지를 담은 북미 공동 코뮤니케를 발표하였다. 특히 여기서 북한은 한반도 평화체제 구축에는 "4자회담 등 여러 가지 방법이 있다"고 합의하여 향후 4자회담이 다시 개최될 수 있는 여지를 두었다.[90]

---

88 「미군의 남조선 강점은 그 무엇으로도 합리화될 수 없다」, 『로동신문』 1997년 9월 5일

89 1996년 가을부터 2000년 남북 정상회담에 이르는 기간 동안 북한의 강경한 주장은 4자회담에서 승기를 잡기 위한 협상전술인지 아니면 북한체제의 보수화, 즉 선군정치의 등장에 따른 정책적 선회인지는 불분명하다.

90 북미 공동 코뮤니케(2000년 10월 12일). 원문은 심지연, 『남북한 통일방안의 전개와 수렴』, pp. 445–448.

그러나 2001년 출범한 부시 행정부는 클린턴 행정부의 대북정책을 재검토하면서 북미접근에 신중한 태도를 보였다. 특히 9.11 테러 이후 네오콘과 공화당 매파늘이 외교정책을 주도하면서 북한과의 대화는 진지한 문제해결보다는 북한의 불순한 의도를 드러내 '처벌을 위한 국제연대'를 구축하려는 수단으로 전락하고 말았다. 또한 부시 행정부는 2000년 6월 남북 정상회담과 2001년 9월 북일 정상회담 이후 급격히 가까워지고 있던 남북, 북일관계를 통제하고자 하였다. 이러한 과정에서 2002년 10월 북핵 위기가 재발하였고 2003년 3월 미국이 이라크를 침공하면서 한반도에는 "이라크 다음은 북한"이라는 위기감이 감돌기 시작했다. 북한은 "물리력에는 물리력으로" 맞선다는 초강경의 입장하에서 2003년 1월 말부터 제네바합의로 동결됐던 핵시설을 재가동하고 플루토늄 재처리에 나섰다. 이에 미국은 주한 미공군 전력을 증강하면서 북한에 대해 "미국은 2개의 전쟁에 동시에 대처할 능력이 있다"(럼스펠드 국무장관, 2003년 2월 5일), "군사적 옵션을 배제하지 않는다"(파월 국무장관, 2003년 2월 6일), "모든 옵션이 열려 있다"(부시 대통령, 2003년 2월 7일) 등 강경한 입장을 표명하였다. 이처럼 미국과 북한이 상호 억지력으로 '대화'를 해나가고 있는 상황에서 마침내 중국이 개입했고, 핵문제를 협상을 통해 해결할 수 있는 길이 열렸다. 그러나 2003년 4월부터 개최된 3자회담(북미중)과 2003년 8월부터 2004년 6월까지 열린 1-3차 6자회담에서는 先핵포기, 後보상을 요구하는 미국과 핵포기와 보상의 동시행동을 요구하는 북한의 주장이 충돌하면서 아무런 성과도 내지 못했다.[91]

북미관계 개선과 한반도 평화체제 논의의 새로운 전기는 역설적으로 북한의 핵 보유선언으로 촉발되었다. 2005년 2월 10일 북한은 "우리는 부시행정부의 증대되는 대조선 고립압살정책에 맞서 자위를 위해 핵무기를 만들었다"며 6자회담에 무기한 참여하지 않겠다고 선언했다.[92] 나아가 3월 2일에는 미

---

91 자세한 내용은 임수호, 2007, 앞의 글, 제6장 참조.

92 북한 외무성 성명(2005년 2월 10일), 『조선중앙통신』 2005년 2월 10일.

사일시험발사 유예조치도 더 이상 유효하지 않다며 미국이 '조건과 명분'을 만들어줘야 6자회담에 나갈 수 있다고 밝혔다.[93] 이런 가운데 북한은 2005년 3월 31일과 "동결과 보상과 같은 주고받기식의 문제를 논할 시기는 지났다"며 6자회담의 '군축회담'화를 주장했다. 그러면서 "조미가 기술적으로 전쟁상태에 있고, 남조선이 미국의 핵우산 밑에 있는 조건에서 그전까지는 (그것이 해소되기 전까지는) 우리가 핵무기를 가지는 것이 오히려 조선반도에서 전쟁을 막고 평화와 안정을 보장하는 기본 억제력(억지력)으로 된다"고 주장했다.[94] 다시 말해서 비핵화의 전제조건으로 기술적 전쟁상태의 해소, 곧 평화협정 체결과 핵우산의 제거, 곧 한미군사동맹의 사실상의 해체를 요구한 것이다. 이러한 요구는 2005년 7월 22일 담화에서 보다 분명하게 제시되었다.

> ① 조선반도의 정전체제를 평화체제로 전환하게 되면 핵문제의 발생근원으로 되고 있는 미국의 대조선 적대시정책과 핵위협이 없어지는 것으로 되며, 그것은 자연히 비핵화 실현에로 이어지게 될 것이다. 결국 평화체제 수립은 조선반도의 비핵화 목표를 달성하기 위해서도 반드시 거쳐야 할 노정으로 된다.
>
> ② 조선반도에서 불안정한 정전상태를 공고한 평화체제로 전환하는 것은 곧 조선반도문제의 평화적 해결과정으로 된다. 그러므로 조선반도에서의 평화체제 수립과정은 반드시 조미사이의 평화공존과 북남사이의 평화통일을 실현하기 위한 환경조성에 기여하는 것으로 되어야 한다.
>
> ③ 우리는 '미국을 비롯한 유관세력들'이 평화체제 수립과 관련한 우리의 정당한 주장에 응당한 주목을 돌리고 긍정적으로 호응하기를 기대한다.[95]

①은 평화체제의 수립이 완전한 비핵화의 전제조건이라는 의미로 비핵화과정과 평화체제 수립과정이 동시에 진행되어야 함을 지적한 것이다. 이는

93 북한 외무성 비망록(2005년 3월 2일), 『조선중앙통신』 2005년 3월 2일.
94 북한 외무성 대변인 담화(2005년 3월 31일), 『조선중앙통신』 2005년 3월 31일.
95 북한 외무성 대변인 담화(2005년 7월 22일), 『조선중앙통신』 2005년 7월 22일.

2005년 9월 제4차 6자회담에서 채택된 '9.19 공동성명'에서 비핵화와 함께 "(6자회담과 구분되는) 적절한 별도 포럼에서 한반도의 항구적 평화체제에 관한 협상을 가진다"는 조항으로 반영되었다. ②에서 북미 간 평화공존의 환경조성이란 북한에 대한 소극적 안전보장(negative security assurance)과 북미관계 개선에 대한 요구로 보이며, 남북 간 평화통일을 위한 환경조성이란 남북군축문제와 더불어 주한미군 문제에 대한 문제제기라고 보인다. 그리고 ③에서 '미국을 비롯한 유관세력들'이란 한반도 평화체제문제의 당사자를 지적한 것으로 9.19 공동성명에서는 '직접 관련 당사자들(directly related parties)'라는 문구로 반영되었다.

그러나 북한의 주장 중 상당부분이 9.19 공동성명에 반영될 수 있었던 것은 미국의 정책전환이 없었다면 불가능했을 것이다. 2005년경 필립 젤리코 미국무부 고문은 유럽의 냉전종식과 통합 경험을 한반도문제에 적용한다는 구상하에 '젤리코 보고서'를 작성하여 라이스 국무장관과 부시 대통령의 승인을 받았다. 이에 따르면, 정전협정을 영속적인 평화조약으로 바꾸고 한반도 통일을 지원하며 동북아의 다자간 안보협력틀을 구축하며, 미국의 강요가 아니라 한국 스스로의 국익에 따라 한미동맹 유지를 선택하게 한다는 것이다. 그리고 이러한 틀 속에서 북한 핵문제에 접근한다는 구상이었다.[96]

(2) 한반도 평화체제수립의 남은 문제들: 당사자, 선후차, 그리고 소극적 안전보장의 문제

2005년 <9.19 공동성명> 이후 그 후속조치에 관한 합의들인 <2.13 합의>(2007년 2월 13일)와 <10.3 합의>(2007년 10월 3일)가 채택되면서 '9.19 프로세스'는 본격적인 이행단계로 접어들었다. 그러나 2008년 들어 핵신고 및 검증문제를 둘러싸고 6자회담은 다시 진통을 겪게 되었고, 결국 6자회담은 2008년 12월을 마지막으로 현재까지 1년 3개월 이상 열리지 못하고

96 윤덕민, 2007, 「한반도 평화체제 구축을 위한 외교전략」(6월 28일), p. 7.

있다. 이 과정에서 북한은 장거리 로켓 시험발사(2009년 4월)와 2차 핵실험(2009년 5월)을 감행하였으며, 이에 대해 국제사회는 대북 군수품 전면 금조 조치를 골자로 하는 <안보리 제재결의안 1874호>(2009년 6월)로 맞서는 등 핵문제를 둘러싼 한반도 정세에는 한치 앞도 내다볼 수 없는 대결국면이 조성되었다. 그러나 지난 2009년 12월 보스워스 미국 대북특사의 방북을 계기로 현재 북한의 6자회담 복귀는 시간문제가 되고 있다. 그리고 6자회담이 재개되어 현재 이행 불능상황에 빠진 <2.13 합의> 및 <10.3 합의>를 대체할 새로운 이행의 로드맵이 마련된다면, <9.19 공동성명>에 따라 '직접 관련 당사국들' 사이에 '한반도 평화포럼'이 가동될 전망이다.[97] 이는 1954년의 제네바정치회담, 1990년대 말의 4자회담에 이어 한반도 평화체제와 관련하여 주요 당사국들 간에 벌어지는 세 번째 협상무대가 된다. 그러나 지난 4자회담의 경험에서 알 수 있듯이 협상에는 여전히 많은 난관이 도사리고 있으며, 북한이 두 차례에 걸쳐 핵실험을 실시했다는 점을 감안하면 문제는 보다 복잡한 것이 사실이다.

첫째, 평화체제의 당사자문제이다. 앞서 살펴보았듯이, 이 문제와 관련해서는 전통적으로 한미양국의 남북 당사자주의와 북한의 북미 당사자주의가 대립해왔다. 그러나 최근에는 남북미 3자 당사자주의로 입장이 수렴하는 듯한 모습을 보이고 있다. 2005년 7월 22일 북한 외무성이 평화체제 당사자로 지목한 "미국을 비롯한 유관세력들"과 관련하여, 같은 해 8월 한성렬 북한 유엔대표부 차석대사는 미국과의 비공식 접촉에서 남북미 3자를 언급하였다.[98]

---

97 현재 오바마 행정부의 대북구상이 무엇인지에 대해서는 구체적으로 알려진 바가 없지만, 북핵 문제를 핵문제에 국한시키지 않고 보다 넓은 한반도 평화체제 수립의 맥락에서 다루려는 구상인 것만은 분명한 듯하다. 지난 2009년 1월 19일 힐러리 클린턴 미국 국무장관은 북한이 비핵화에 대한 약속을 이행한다면 북미수교와 정전협정을 평화협정으로 대체하는 문제를 검토할 수 있다고 언급한 것도 이러한 맥락으로 읽힌다. 『연합뉴스』(2009년 11월 21일).

98 조성렬에 따르면, 북한은 1998년 6월 유엔사-북한군 장성급회담에서 한국을 당사자로 인정한 남북미 3자 잠정평화협정 체결을 처음 제안하였다고 한다. 조성렬, 『한반도 평화체제』, 푸른나무, p. 47.

특히 그는 2004년 5월 <USA Today>와의 인터뷰에서 "한반도에 군대를 주둔하고 있는 모든 나라들"이 평화체제 구축의 당사자이며 그 전에는 핵무기를 포기하지 않을 것임을 밝힌 바 있다. 한반도에 군대를 주둔하고 있는 나라는 남과 북, 그리고 미국이다.[99] 부시 대통령 역시 2006년 11월 18일 하노이에서 개최된 한미정상회담에서 "북한이 핵을 포기하면 전쟁종결을 선언하고 평화조약을 맺을 수 있다"며 남북미 3자의 조건부 종전선언 가능성을 내비친 바 있다.

그러나 한반도 평화포럼에 3자만이 참석할 가능성은 높지 않다. 지난 2007년 10월 노무현-김정일 정상회담에서 도출된 <10.4 합의>에는 "남과 북은 항구적인 평화체제를 구축한다는 데 인식을 같이 하고 직접 관련된 3자 또는 4자 정상들이 한반도 지역에서 만나 종전을 선언하는 문제를 추진한다"(제4항)고 되어 있다. 그 직후 10월 7일 닝푸쿠이 주한 중국대사는 "중국은 평화체제 수립에서 배제되지 않을 것"이라며, 강한 불만을 표현하였다. 이에 대해 우리정부는 "기본적으로 4자체제이다,"(송민순 외교통상부 장관) "3자 또는 4자안은 북측 제안이고, 중국이 원하면 포함될 수 있다"(천호선 청와대 대변인)고 밝히는 등 사태 진화에 나섰다. 중국 현대국제관계연구원(CICIR) 푸멍즈 원장조리에 따르면, 중국은 한반도 평화체제 수립과정을 방관만 하지 않을 것이며, 오히려 적극적으로 참여할 의사를 갖고 있다며 명백히 2+2(남북+미중)의 구상을 갖고 있다고 한다.[100] 네그로폰테 미 국무부 부장관 역시 2007년 10월 23일 미국기업연구소(AEI) 연설에서 한반도 평화체제의 당사자는 남북한과 함께 미국, 중국이 되어야 한다고 밝힌 바 있다.[101]

중국 배제는 북한이 강하게 요구하고 있는 사안이다. 북한 김계관 외무성

---

99 Slavin, Barbara, "North Korea suggests peace treaty to settle nuclear dispute," USA TODAY (May 12, 2004).

100 Fu Mengzi, 2007, "China's Strategy for the Implementation of a Framework for Peace on the Korean Peninsula," 『6.15 정상회담과 한반도 평화체제』, 통일연구원.

101 여인곤, 2007, 「정전체제의 특성과 한반도 평화협정 체결방안」, 『한반도 군비통제』 12월, p. 196 재인용.

부상은 2007년 키신저를 만난 자리에서 "미국과 북한의 전략적 관계는 북한에 도움이 되며 지역을 안정시킨다"고 발언했다고 한다. 더욱이 그는 뉴욕에서 열린 토론회에서도 "중국은 우리에게 큰 영향력이 없다. 미국은 핵문제 해결에서 중국에 너무 기대하지 말라"고 발언했다고 한다.[102] 그러나 이는 미국과 중국 간에 등거리외교를 펼쳐 최대의 이익을 산출하겠다는 구상이지, 중국을 배제하고 친미국가가 되겠다는 구상은 아닌 것이다. 따라서 과거 4자회담 준비과정에서 중국배제론을 주장하다 결국 4자회담에 참여했듯이, 결국은 중국의 참여를 수용할 가능성이 높다. 물론 이 과정에서 중국은 북한에 '성의'를 보여야 할 것인데, 2009년 10월 원자바오 총리의 방북을 통해 대규모 대북원조가 결정된 것 역시 이와 무관해 보이지 않는다.

둘째, 비핵화와 평화체제 수립의 관계문제이다. 과거 4자회담 때와 달리 현재는 비핵화가 한반도 평화체제 구축의 핵심 구성요소로 자리 잡고 있다. 노무현 정부는 한반도 평화포럼에서 평화협상을 벌이다가 정치적 추동력이 필요할 때 4자가 종전선언을 한다는 구상을 갖고 있었다.[103] 또한 2007년 12월 3일 백종천 청와대 안보실장과 라이스 국무장관이 핵 불능화와 신고 이후 핵폐기 과정에서 남북미중 4자 종전선언을 추진하기로 합의한 것으로 미루어볼 때 부시 행정부 역시 비슷한 접근법을 가지고 있었던 것으로 보인다.[104] 즉 노무현 정부 및 부시 행정부는 "핵 신고 및 불능화 → 한반도 평화체제 협상 시작 → 핵폐기 과정 본격화 → 한반도 종전선언 → 핵 폐기 완료 → 한반도 평화협정 체결"의 구도하에서 '9.19 프로세스'를 진행시켜왔다고 보인다.

그러나 여기에는 두 가지 문제가 따른다. 하나는 노무현 정부와 부시 행정부에서 합의된 프로세스가 이명박 정부와 차기 미국정부에서까지 이어질 수 있을까 하는 점이다. 주지하듯이 이명박 정부는 북한이 먼저 핵무기를 포기해야

---

102 윤덕민, 앞의 글, p. 6 재인용.
103 외교통상부, 『장관 내외신 브리핑』(2007년 10월 31일).
104 여인곤, 앞의 글, p. 195 재인용.

평화문제를 비롯한 정치, 군사, 경제적 보상이 북한에 주어질 수 있다는 입장을 견지하고 있다. 2009년 9월 이명박 대통령이 제안한 '그랜드 바겐'(grand bargain) 구상 역시 북한의 先핵폐기를 전제로 하고 있다는 점에서 이전의 '비핵·개방·3000 구상'과 큰 차이는 없어 보인다. 반면 오바마 행정부의 '포괄직 패키지'(comprehensive package) 구상은 先핵폐기론보다는 기존 '9.19 프로세스'의 비핵화-평화체제 병행론에 보다 근접한 것으로 판단된다. 물론 한국과 미국은 양국의 입장을 보다 충분히 조율한 이후 북한에 제안을 할 것이고 이 과정에서 한국의 입장과 미국의 입장이 다소간 절충된 안이 도출될 것으로 보인다.

다음으로 보다 중요한 문제는 과연 비핵화가 어느 정도 진행되어야 핵 폐기로 볼 것인가 하는 점이다. 노무현 정부와 부시 행정부 당시 한미 양국 정부는 한반도 비핵화를 3단계로 보았다. 즉 지난 2007년 8월 종료된 핵시설 폐쇄/봉인이 1단계이고, 핵 불능화와 신고가 2단계이며, 나머지 핵 프로그램 해체 및 핵무기 해체를 포괄적으로 3단계로 포함시키고 있었다. 그러나 북한은 핵 프로그램 해체와 핵무기 해체를 별개의 문제로 간주하는 4단계 구상을 갖고 있다. 핵 프로그램은 북미수교나 경수로제공 등의 보상과 교환할 수 있지만, '이미 만든 핵무기'는 북미수교 이후에나 논의해볼 수 있다는 입장이다.[105] 실제로 북핵 3단계를 위해 북한이 제출한 핵 신고서에는 핵무기는 제외되어 있는데, 당시 신고내용은 북미 간에 조율을 거친 후 나온 것이다. 다시 말해서 부시 행정부 역시 3단계가 아닌 4단계 비핵화 구상에 '암묵적으로' 동의했을 가능성이 있는 것이다.

그러나 이러한 접근은 현재 오바마 행정부나 이명박 정부에서는 지속되기 어려운 상황이다. 현재 한미양국 정부는 과거처럼 언제든지 되돌릴 수 있는

---

105 이는 2003년 12월 16일 리근 북한 외무성 미주국 부국장이 미국 민간정책연구기관인 국가정책센터(CNP)에 보낸 공개답변서에서 처음 주장되었다. 리근, 「핵문제 해결의 제반요소들」(2003년 12월 16일).

‘낮은 수준의 불능화’가 아니라 실제로 핵폐기 효과를 가져올 수 있는 ‘높은 수준의 불능화’를 요구하여 관철시킨다는 입장을 갖고 있으며, 여기서 가장 중요한 조건이 플루토늄의 해외반출이라고 보고 있다. 즉 플루토늄의 해외반출에 동의하는가 여부가 비핵화에 관한 북한의 진정성을 판가름하는 기준이 된다는 입장이다. 그러나 북한이 핵무기 제조에 사용된 플루토늄까지 해외반출에 동의할 가능성은 매우 낮다는 것이 문제이다.

마지막으로 셋째, 북한에 대한 소극적 안전보장과 한미동맹 간의 충돌에 관한 문제이다. 9.19 공동성명 제1조는 “미국은 한반도에 핵무기를 가지고 있지 않으며, 핵무기 혹은 재래식 무기로 북한을 공격/침공할 의사가 없다”고 밝히고 있다. 이는 소극적 안전보장에 관한 공약이다. 비핵보유국에 대한 핵보유국의 안전보장은 적극적 안전보장(positive security assurance)과 소극적 안전보장으로 나뉜다. 전자는 어떤 비핵보유국이 핵보유국으로부터 핵공격을 받거나 핵위협을 받을 때 제3의 핵보유국이 군사적 지원을 통해 안전을 보장한다는 개념으로서, 핵우산이 대표적인 예가 된다. 반면 소극적 안전보장은 핵보유국이 비핵보유국에 대해 핵사용 및 핵위협을 가하지 않겠다는 약속을 제공하는 것이다. 여기서 문제는 그 약속이 신뢰할 만한가 하는 점이다. 따라서 비핵보유국은 법률적 구속력이 있는 약속을 원하는 반면, 핵보유국은 그러한 구속은 자국의 행동능력을 제약하기 때문에 꺼려하는 경향이 강하다. 특히 한국, 북한, 미국의 관계처럼 어떤 나라(미국)가 A(한국)라는 비핵보유국에 적극적 안전보장을 제공하고 있는 경우, 동시에 B(북한)라는 비핵보유국에 소극적 안전보장을 제공하는 것은, 만일 A와 B가 적대국일 경우, A에게는 핵우산의 약화, 안보공약의 후퇴로 비치게 된다. 따라서 미국의 대미 소극적 안전보장과 대남 적극적 안전보장은 딜레마의 관계에 있으며,[106] 북한으로 하여금 미국의 소극적 안전보장을 믿지 못하게 하는 핵심 근거가 되고 있다.

북한이 ‘이미 만든 핵무기’는 북미수교 이후에나 논의할 수 있다고 주장하

---

106 임수호, 2007, 앞의 글, p. 134.

는 것도 핵무기를 북미수교를 압박하는 협상카드로 활용하려는 의도일 수도 있지만, 실제 북미수교 이후 새로운 요구를 관철하기 위한 카드로 남겨두려는 의도일 수도 있다. 만일 후자일 경우 북한은 그 실현가능성과 무관하게 핵무기 폐기문제를 미국의 대남 핵우산 폐기나 주한미군 지위변경 문제 등에 활용할 가능성이 있다. 대남 적극적 안전보장을 폐기함으로써 대북 소극적 안전보장을 확실히 하겠다는 구상인 것이다.

제8장

에필로그: 전략적 인내와 6자회담의 미래

2009년 1월 오바마 행정부가 기대 속에 등장하였다. 북핵 문제에 대해 지난 해 선거 과정에 보여준 파격적 공약들은 많은 이들에게 낙관적 전망을 심어주었다.

> 나는 우리의 동맹국과 친구뿐 아니라 시리아, 이란, 북한, 베네수엘라 같은 우리의 적들과도 강력한 외교를 주도해 나갈 것이다. 나는 지도자들을 만날 것이며 준비는 하되 조건은 없이 만날 것이다. 나는 이들 지도자들에게 그들이 어떻게 변해야 하는지를 명료하게 설명할 것이다. 북한과 대화를 하지 않았던 게 북한의 핵 개발로 이어졌고 (그제야) 대화를 해야만 하겠다는 것을 깨닫게 됐다. 6자회담은 불완전하기는 하지만 적어도 진전을 이뤄냈고 북한으로 하여금 (무기를) 내려놓게 했다. (오바마 후보의 사우스다코타 기자간담회, 2008년 5월17일)

1. 말리워죽이기 논란과 맞받아치기 공방

그러나 오바마 행정부의 대북정책이 채 마련되기도 전에 발표된 북한의 대응은 예상을 뛰어넘는 강경한 것이었다. 주변국들이 미국의 정권 교체에 따른 새로운 모멘텀을 기대하고 있었지만 북한은 여전히 2008년 12월의 6자회담 결렬 분위기를 이어가고 있었다. 이 시기 발표된 북한의 주장은 비핵화라기보다는, 비핵지대화나 핵군축론에 가까운 쪽으로 기울어 가고 있었기 때문이다.

> 6자는 조선반도의 북반부가 아니라 전 조선반도를 비핵화하기로 합의하였으며 이를 위해 미국은 우리와의 적대관계를 청산하고 핵불사용담보를 하며 남조선에 핵무기가 없도록 한다는것 등을 공약하였다. … 미국핵무기의 남조선반입과 배비, 철수경위를 확인할수 있는 자유로운 현장접근이 담보되고 핵무기가 재반입되거나 통과하지 않는가를 정상적으로 사찰할 수 있는 검증절차가 마련되여야 한다. … 미국의 핵위협이 제거되고 남조선에 대한 미국의 핵우산이 없어질 때에 가서는 우리도 핵무기가 필요없게 될것이다. 이것이 바로 조선반도비핵화이며 우리의 변함없는 립장이다. … 적대관계를 그대로 두고 핵문제를 풀려면 모든 핵보유국들이 모여 앉아 동시에 핵군축을 실현하는 길밖에 없다. (외무성 대변인 성명 2009년 1월 13일)

같은 날 인준 청문회에서 힐러리 클린턴 국무장관 내정자 역시 오바마 대통령에 대한 기대에 비해 강경한 대북 인식을 표명하고 있었다. 그는 북미관계 정상화는 북한이 핵무기 개발을 완전하고 검증가능한 방식으로 제거하지 않고는 불가능하다며, "칙령보다는 모범으로 이끄는 미국, 가치의 전범(典範)으로서의 미국, 국내에서의 가치와 국외에서의 이익 사이에서 조화"를 강조하며(힐러리 클린턴 청문회 자료, 2009년 1월 13일) 북한 문제를 이라크, 아프가니스탄, 중동에 이어 4순위로 언급하였다.

특히 클린턴 내정자는 청문회 이전에 제출된 서면 답변서에서 북한이 "핵합의 준수를 촉구하면서 의무를 다하지 않을 경우 해제했던 대북 제재의 부활은 물론 새로운 제재도 고려하겠다"는 방침을 밝혔다. 그는 "제재는 오로지 북한이 약속을 이행하는 데에 따라서 해제해야 한다"면서 "만약 북한이 그들의 의무를 충족하지 않는다면, 우리는 해제했던 제재를 신속히 다시 가해야 하며, 새로운 제재도 고려해야 한다"고 말했다. 그는 "북한이 의무를 이행하지 않는다면 미국은 협상의 어떤 지렛대도 놓지 않을 것"이라고 부연했다. 이는 북핵 검증 방법 이행과 관련, 북한이 만족스러운 답을 내놓지 않을 경우 북한을 테러지원국으로 다시 지정하는 것은 물론 더 이상의 제재도 가할 수 있다는 경고로 해석되고 있었다.

이에 대한 북한의 반응은 예상대로였다. 북한은 이를 빌미로 13일자에 비해 한결 강경한 논조의 성명을 발표하였다. 관계정상화가 된다고 하여도 미국의 핵 위협이 남아 있는 한, 핵 폐기는 불가능하다는 주장을 내걸기 시작했다. 이는 사실상 한반도 평화체제 구축이 관계정상화보다 앞선다는 것이었고, 따라서 정전체제의 평화체제로의 전환이라는 조건이 핵 협상에 추가된 것으로 볼 수 있었다. 북한이 정전체제의 전환과 종전문제를 북미 협상의 주된 의제로 제기할 것을 예상할 수 있는 대목이었다.

> 미국과의 관계정상화가 없이는 살아갈 수 있어도 핵 억제력이 없이는 살아갈 수 없는 것이 조선반도의 현실이다. 우리는 미국과의 관계정상화가 없이도 수십 년을 살아왔으며 지금도 끄떡없이 살아가고 있다. 관계정상화와 핵문제는 철두철미 별개의 문제이다. 우리가 갈망하는 것이 있다면 조미관계정상화가 아니라 우리 민족의 안전을 더욱 믿음직하게 지키기 위한 핵 억제력을 백방으로 강화하는 것이다. … 설사 조미관계가 외교적으로 정상화된다고 하여도 미국의 핵위협이 조금이라도 남아 있는 한 우리의 핵보유지위는 추호도 달라지지 않을 것이다. (외무성 대변인 성명 2009년 1월 17일)

국제사회에서는 이제 북미 간 화해를 기대하기는 어렵다는 시각이 확산되기 시작했다. 특히 미국 내에서 확산되기 시작한 북한 핵 보유론은[1] 사실상 북

---

1 2008–2009년 사이에 게이츠 국방장관의 Foreign Affairs 투고 논문, "A Balanced Strategy"나 미 합동군사사령부의 합동작전환경평가보고서, NIC의 Global Trend 2025 등에서, 미 국방 인사들이 연이어 북한을 핵 보유국 혹은 핵 개발국으로 표현하기 시작했다.

한 핵 불포기론 나아가 협상 무용론을 확산시키는 방향으로 흘러갔다. 워싱턴의 이 같은 분위기[2]를 감지하고 있던 북한 역시 이에 대해 새로운 대응 방향을 선포하고 나섰다. 소위 인공위성 정국이 그것이다.

북한은 3월부터 소위 은하 1호와 광명성 2호라는 로켓과 인공위성 발사를 공공연히 준비하기 시작했다. 북한은 1998년과는 달리 사전에 로켓의 궤도를 공개하고 사후적으로 로켓 발사 장면과 제어실을 공개하기까지 했다. 그리고 4월 5일 마침내 북한은 로켓 발사를 강행하였고, 국세사회는 이에 대해 유엔 의장성명으로 대응하고 나섰다. 2006년 10월의 유엔제재 1718호를 위반한 데 대한 규탄 성명이었다. 북한이 이에 강력 반발하고 나선 것은 정해진 수순이나 마찬가지였다.

> 력사에 유엔안전보장리사회가 위성발사를 문제시한 적은 없다. … 위성발사이든 장거리 미싸일 발사이든 누가 하는가에 따라 유엔안전보장리사회의 행동기준이 달라진다는 데 문제의 엄중성이 있다. … 이런 회담에 다시는 절대로 참가하지 않을 것이며 6자회담의 그 어떤 합의에도 더 이상 구속되지 않을 것이다. 우리의 주체적인 핵동력 공업구조를 완비하기 위하여 자체의 경수로발전소건설을 적극 검토할 것이다. … 6자회담합의에 따라 무력화되였던 핵시설들을 원상 복구하여 정상가동하는 조치가 취해질 것이며 그 일환으로 시험원자력발전소에서 나온 폐연료봉들이 깨끗이 재처리될 것이다. (외무성 성명 2009년 4월 14일)

---

2 "A review, carried out by the Obama administration during its first month in office, concluded that North Korea had no intention of trading away what it calls its "nuclear deterrent" in return for food, fuel and security guarantees. Mr. Obama's aides have said that while the new president is willing to re-engage in either the talks with North Korea and its neighbors, or in direct bilateral discussions, he will not agree to an incremental dismantlement of the North's nuclear facilities. "There are ways to do this that are truly irreversible," said one of Mr. Obama's aides, declining to be specific.(NYT 2009년 6월 16일)

≪식칼≫이 ≪총창≫과 ≪공통점≫이 있기 때문에 통제를 받아야 한다는 억지론리를 대화일방이 접수할리가 만무(『조선신보』 2009년 4월 14일)

이 같은 비난에 연이어 북한은 5월 25일 전격적으로 2차 핵실험을 실행하였다. 누구도 예상하지 못한 빠른 행보였다. 국제 사회가 본격적인 대북 제재에 나선 것은 말할나위 없었다. 그로부터 보름간의 격론을 거쳐 6월 12일 유엔 제재 1874호가 채택되었다. 1874호가 무엇보다도 해상에서의 차단을 법적으로 가능하게 하는 일부 요소를 담고 있다는 점에서 그것은 지난 1718호에 비해 매우 구체적인 대북 위협 요소로 될 수 있었다.

이 시기 북한은 오바마 민주당에 대한 환상을 경계하는 반제 노선을 반복하여 강조하기 시작했다. 과거처럼 생경한 용어를 사용하지는 않았지만 그들의 자주 노선은 불변이고 오히려 오바마 행정부의 대북정책이야말로 대북 봉쇄 전략이자 무시전략인 "말리워죽이기 전략"이라는 것이었다.

현대제국주의의 침략책동에서 중요한 특징의 하나는 반제자주적인 나라들을 정치, 경제, 군사의 모든 분야에 걸쳐 조이고 압박하면서 서서히 파멸시키는 말리워죽이기 전략을 쓰고 있는 것이다. 제국주의자들은 때로는 인위적으로 정세를 악화시키면서 자주적인 나라들이 경제건설에 힘을 집중하지 못하게 하고 때로는 황당한 구실을 만들어 국제적포위환을 형성하면서 전반적국력을 약화시키려고 악랄하게 책동하여왔다. 속전속결을 노린 군사적침공작전에도 경각성을 높여야 하지만 더 경계해야 할 것은 오랜 기간에 걸쳐 지긋이 감행되는 제국주의자들의 말리워죽이기 전략이다. (『로동신문』 논설, 2009년 6월 9일)

그들의 주장은 전쟁불사론에 가까운 것이었다. 과거 백수공권으로도 싸워 이긴 자신들이 핵으로 무장한 오늘에 와서 무엇이 두려워 꽁무니를 빼겠는가라는 내부 정당화를 위한 격려성 선동이었다.[3]

세계적범위에서 랭전이 끝났다고 해도 그것은 대국들사이에 한한것이지 조선반도에서는 랭전이 그대로 지속되고있다. 유엔안전보장리사회가 조작해낸 ≪유엔군사령부≫가 바로 조선정전협정의 체약일방으로 되어있다. 유엔안전보장리사회의 적대행위는 정전협정의 파기로 된다. (외무성 대변인 성명 2009년 5월 29일)

우리는 설사 지난 전쟁시기와 같은 준엄한 시련을 겪고 제2, 제3의 ≪고난의 행군≫을 한다고 해도 반제투쟁의 기치를 견결히 고수해나가야 한다. … 오늘의 의지전은 지난날처럼 빈터에서 하는 의지전이 아니다. … 지난날 청소한 국방공업과 보잘 것 없는 경제토대밖에 없던 때에도 미제와 15개 추종국가의 침략군대와 싸워 이겼는데 모든 것이 튼튼히 갖추어진 오늘에야 무엇이 두려울것이 있겠는가.(『로동신문』 논설, 2009년 6월 9일)

조선의 강성대국건설은 적대국들과의 치렬한 대결전속에 진행되고있다. 단계적인 긴장격화가 그 어떤 극단적인 사태를 촉발할지 알수 없다. ≪래일 전쟁이 일어난다 해도 오늘 밤 12시까지는 건설해야 한다.≫는 것이 오래고도 간고한 대결전속에 굳어진 조선인민의 생활신조다. … 조선이 자위적조치로서 단행한 2차핵시험을 판단기준으로 삼고있다. ≪다시는 페허가 되지 않는다. 평양에는 한발의 포탄도 떨구지 못한다.≫ 지난 세기의 전쟁으로 평양은 재더미가 되였다. 전후의 나날, 빈터우에 건설한 살림집들을 허물고 고층건물을 다시 일떠세우는 사람들은 자기들이 벌리는 핵대결전의 전도를 우려해본적이 없다고 한다. ≪2012년구상≫의 전제는 평화다. 적대국들은 조선의 진로를 오판하고 있다. ("150일 전투의 나날에-핵대결전속에 속도 올리는 수도건설", 『조선신보』2009년 6월 26일)

---

3 국내용이라는 그 점 때문에 그것은 주변국들에 대한 사대주의, 즉 중국이나 러시아에 대한 환상을 경계하는 내용까지 담고 있었다.

"사태가 여기까지 오게 된 책임은 전적으로 우리의 평화적위성발사를 유엔에 끌고가 비난놀음을 벌린 미국과 그에 아부, 추종한 세력들에게 있다. 이런 나라들이 우리앞에서는 위성발사가 주권국가의 자주적권리라고 말해놓고 정작 위성이 발사된후에는 유엔에서 그를 규탄하는 책동을 벌렸다."(외무성 대변인 성명 2009년 5월 29일)

그러나 이 같은 담론에도 불구하고 북한의 6월은 예상과는 달리 조용한 편이었다. 그들의 주장은 요란했으나 실질적인 위협을 초래할 만한 조치는 시행되지 않았다. 서해 NLL도 조용했고 미국이 특히 예민하게 반응할 만한 대륙간 탄도미사일(ICBM)이나 3차 핵실험에 대한 언급도 없었다. 다만 북한은 유엔제재 1874호가 채택된 다음날인 6월 13일 성명에서 우라늄 주기를 완성하겠다는 발언을 통해 체면은 세우되 자극은 최소화하는 방향을 택하였다.

> 첫째, 새로 추출되는 플루토니움전량을 무기화한다. 현재 페연료봉은 총량의 3분의 1 이상이 재처리되였다. 둘째, 우라니움농축작업에 착수한다. 자체의 경수로건설이 결정된데 따라 핵연료보장을 위한 우라니움농축 기술개발이 성과적으로 진행되여 시험단계에 들어섰다. 셋째, 미국과 그 추종 세력이 봉쇄를 시도하는 경우 전쟁행위로 간주하고 단호히 군사적으로 대응한다. (외무성 성명 2009년 6월 13일)

국내에서는 이를 북한이 2002년 고농축우라늄개발프로그램(HEUP) 계획을 시인하고 우라늄 핵개발을 공식화한 것이라고 법석을 떨었으나, 동 성명만으로는 그렇게 단정하기 어려운 내용이었다. 핵발전을 위한 핵 주기의 완성을 의미하는 것으로도 해석될 수 있는 이중성이 있었기 때문이다. 결국 6월 12일의 유엔 제재 조치에 대해서 북한은 2009년 초반부터 시작된 맞받아치기식 공방전(tit for tat)에서 후퇴한다는 인상을 주지 않고 체면을 살리면서도, 협상의 여지를 남기는 고도의 전술적 대응책을 구사한 셈이다.

2009년 7월 들어 미국과 북한은 또 한 차례 공방을 주고받았다. 미국이 유엔 제재 1874호에 따라 북한의 강남호를 공해상에서 추적하자, 결국 미얀마로 향하던 동 화물선은 선로를 돌려 남포항으로 되돌아가고야 말았다. 그러나 그것으로 끝이 아니었다. 북한은 7월 4일 미국의 독립 기념일에 맞추어 중거리 미사일 7발을 발사하였다.[4] 이는 2일의 4발에 연이은 것으로 정치적 성격

---

4 북한은 4일 오전 8시께 강원도 원산 인근의 깃대령 미사일 기지에서 미사일 2발을 발사한

의 발사라는 중론에 따르면 북한의 선택은 명백히 유엔 제재 1874호와 강남호 사건에 대한 대응적 성격의 것이었다.

그러나 2009년 4월부터 시작되어 7월 초까지 정신없이 전개되어온 행동 대 행동의 공방은 조금씩 잦아들었다. 확실히 2009년 하반기는 행동 대 행동보다는 말 대 말 공방의 시기였다. 북한과 내국의 성명전과 비난전은 계속되었지만 이렇다 할 사건으로 나아가지는 않고 잠재하고 있었던 것이다.[5] 말 대 말 공방이 점입가경으로 치닫고 있는 것이다.

이제 북한과 미국이 각각이 내걸 수 있는 중요한 카드를 내민 상태이다. 미국은 유엔 제재를 통해 사실상의 해상 봉쇄에 가까운 효과를 누릴 수 있게 되었고 북한은 북과 ICBM의 보유를 과시하였다. 이 점에서 양자가 내세울 수 있는 행동 대 행동의 공방은 한계에 도달한 듯하다. 북한이 정전체제를 전면적으로 부정하는 또 다른 단계로의 업그레이드가 가능하겠지만, 현 단계에서는 이 같은 행동 단계로의 진입은 상호가 자제하고 있는 듯하다.

다시 시작된 말 대 말 공방이 역설적이지만 반가운 것은 그래서이다. 행동 대 행동의 맞받아치기가 말 대 말 맞받아치기로 잦아들면 그만큼 협상으로의 진입이 가까워지고 있다는 신호일 수 있기 때문이다. 물론 협상과 중재가 실

뒤 오전 10시 45분과 정오, 오후 2시 50분, 4시 10분, 5시 40분께에도 같은 장소에서 동해로 미사일 한 발씩 발사했다. 정부 당국자는 "북한이 4일 발사한 미사일은 단거리이긴 하지만 크루즈가 아닌 탄도 미사일로 유엔 안전보장이사회 결의 1695, 1718, 1874호 위반"이라고 말했다. 발사된 미사일 7발은 모두 사거리 400-500㎞로 알려졌다. (『한겨레』) http://www.hani.co.kr/arti/politics /defense/ 364060.html 검색일자: 2009년 7월 25일.

5 2009년 ARF회담에서 힐러리 클린턴 국무장관이 7월 20일 ABC 방송과 인터뷰에서 북한을 "관심을 끌려고 보채는 꼬마와 철부지 10대"라고 표현하고, 23일에는 "그들에게 남아 있는 친구는 없다"고 지적하자 이에 발끈한 북한은 외무성 대변인 성명을 통해 "소학교 녀학생 같아 보이기도 하고 때로는 장마당에나 다니는 부양을 받아야 할 할머니"(외무성 대변인 성명 2009년 7월 23일)라고 맞받아쳤다. 이에 뒤질세라 필립 크롤리 미 국무부 공보담당 차관보는 "비열한 것은 북한 정부가 주민을 위한 충분한 식량보다는 미사일을 수확하기로 작정한 것"이며, "우둔한 것은 북한 정부가 선택한 길"이라며 협상 테이블 복귀를 거부하는 북한을 노골적으로 비난했다. 또 북한이 선택한 길은 "주민들에게 비참한 미래를 가져오는 막다른 골목"이라며 "북한이 힐러리 클린턴 국무장관이 제시한 확실한 길을 선택할 현명함이 있는지 모르겠다"고 비꼬았다.

패할 경우 정전체제의 무력화와 지역분쟁이라는 행동 대 행동 단계가 남아 있기는 하지만, 일단 현 단계의 행동 대 행동의 갈등은 숨고르기에 들어간 것이 확실하다.

2. 천안함과 연평도 이후의 북미관계

2010년은 단연 천안함과 연평도 정국이라 불릴 법하다.

3월 26일 서해상에서 침몰한 천안함이 북측 잠수정의 어뢰 공격의 희생양이라는 확신을 지닌 한미 정부는 대북 강경책에 시동을 걸었고 이는 동해상에서 항공모함 진입을 수반하는 군사연습으로 이어졌다. 동북아의 긴장도가 극도로 고조되었음은 물론이다. 북한이 천안함 사건을 남측의 자작극이라고 발표하자 중국과 러시아는 남북의 어느 입장에도 동조하지 않은 채 외교적 물타기를 계속하였다. 심지어 중국은 항공모함을 동반한 한미 군사훈련이 서해상에서 진행되는 것을 결사 반대하고 미군부와 신경전을 벌여 마치 냉전시대로 회귀하는 듯한 정국이 이어지기도 했다.

대립은 유엔 무대에서도 이어졌지만 그 결과는 한미의 의도와는 다소 거리가 있는 것이었다. 천안함 이후 한국 정부가 추진했던 새로운 대북 제재 결의안은 중러의 반대로 엄두조차 내기 어려웠고 결과적으로 다소 격이 낮은 의장성명에 만족해야 했다. 의장성명은 북한을 구체적으로 직시하여 규탄하지도 못했고, 도리어 북한의 반론까지 인용하는 성명이 되어 우리 정부와 국민을 실망시켰다.[6]

---

6 의장성명의 내용은 다음과 같다.

1. 안보리는 2010년 6월 4일자 대한민국(한국) 주유엔대사 명의 안보리 의장앞 서한(S/2010/281) 및 2010년 6월 8일자 조선민주주의인민 공화국(북한) 주유엔대사 명의 안보리 의장앞 서한(S/2010/294)에 유의한다.
2. 안보리는 2010년 3월26일 한국 해군함정 천안함의 침몰과 이에 따른 비극적인 46명의 인명 손실을 초래한 공격을 개탄한다.

한국 정부는 이 과정에서 매우 강경한 대북정책 소위 5.24 조치를 입안하여 북한에 대한 압박을 시도하였지만 그 결과는 신통한 것이 아니었다. 한미가 합의한 군사적 압박은 북한보다는 오히려 중국을 자극하여 중국의 대북 접근도를 높이는 역효과를 낳는 듯 했다. 이 기간 중 북한과 중국은 두 차례의 정상회담을 가졌고 중국은 이른바 창지투 개발 프로젝트를 통해 북한과의 밀접한 경제협력을 진척시켜 나가는 모양새를 띠어 갔다. 동시에 중국은 한미 간 군사연습에 대해서 이례적으로 강하게 반발하면서 북중러 군사 협력을 도모하는 모습을 보이기 시작했다.

반면 이 시기에 북한의 대외 강경정책은 다소간 누그러들기 시작했다. 2010년 4월 21일 발표된 핵 정책 관련 비망록은 다음과 같이 두 가지 정책방향을 암시하고 있었다.

조선반도에 공고한 평화체제를 마련하고 비핵화를 실현하려는 공화국 정부의

---

3. 안보리는 이러한 사건이 역내 및 역외 지역의 평화와 안전을 위태롭게 하는 것이라고 규정한다.
4. 안보리는 인명의 손실과 부상을 개탄하며, 희생자와 유족 그리고 한국 국민과 정부에 대해 깊은 위로와 애도를 표명하고, 유엔 헌장 및 여타 모든 국제법 관련규정에 따라 이 문제의 평화적 해결을 위하여, 이번 사건 책임자에 대해 적절하고 평화적인 조치를 취할 것을 촉구한다.
5. 안보리는 북한이 천안함 침몰의 책임이 있다는 결론을 내린 한국 주도하에 5개국이 참여한 '민·군합동조사단'의 조사결과에 비추어, 깊은 우려를 표명한다.
6. 안보리는 이번 사건과 관련이 없다고 하는 북한의 반응, 그리고 여타 관련 국가들의 반응에 유의한다.
7. 결론적으로 안보리는 천안함 침몰을 초래한 공격을 규탄한다.
8. 안보리는 앞으로 한국에 대해 또는 역내에서 이러한 공격이나 적대 행위를 방지하는 것이 중요함을 강조한다.
9. 안보리는 한국이 자제를 발휘한 것을 환영하고, 한반도와 동북아 전체에서 평화와 안정을 유지하는 것이 중요함을 강조한다.
10. 안보리는 한국 정전협정의 완전한 준수를 촉구하고, 분쟁을 회피하고 상황악화를 방지하기 위한 목적으로, 적절한 경로를 통해 직접 대화와 협상을 가급적 조속히 재개하기 위해 평화적 수단으로 한반도의 현안들을 해결할 것을 권장한다.
11. 안보리는 모든 유엔 회원국들이 유엔 헌장의 목적과 원칙을 지지하는 것이 중요함을 재확인한다.

립장은 불변하다. 2005년 6자회담에서 채택 발표된 9.19공동성명에 지적된 조선반도 비핵화는 검증 가능한 방법으로 조선반도에 대한 외부의 실제적인 핵위협을 완전히 제거하는데 기초하여 전 조선반도를 핵무기가 없는 지대로 만드는 과정이다. 비핵화의 실현은 신뢰조성을 필요로 하고 있다. 아직도 정전상태에 있는 조선반도에서 평화협정이 빨리 체결될수록 비핵화에 필요한 신뢰가 조속히 조성될 것이다. 조선민주주의인민공화국 핵무력의 사명은 조선반도와 세계의 비핵화가 실현될 때까지의 기간에 나라와 민족에 대한 침략과 공격을 억제, 격퇴하는데 있다. 조선민주주의인민공화국은 핵보유국과 야합하여 우리를 반대하는 침략이나 공격행위에 가담하지 않는 한 비핵국가들에 대하여 핵무기를 사용하거나 핵무기로 위협하지 않는 정책을 변함없이 견지하고 있다. 우리는 다른 핵보유국들과 평등한 립장에서 국제적인 핵전파방지와 핵물질의 안전관리노력에 합세할 용의가 있다. 우리는 필요한 만큼 핵무기를 생산할 것이지만 핵군비경쟁에 참가하거나 핵무기를 필요이상으로 과잉생산하지 않을 것이며 다른 핵보유국들과 동등한 립장에서 국제적인 핵군축노력에 참가할 것이다. 조선민주주의인민공화국은 6자회담이 재개되든 말든 관계없이 지난날과 마찬가지로 앞으로도 조선반도와 세계의 비핵화를 위하여 시종일관한 노력을 기울여 나갈 것이다. (조선 외무성 비망록 ≪조선반도와 핵≫ 2010년 4월 21일)

동 비망록은 핵보유국으로서 자위력의 차원에서만 핵을 보유하며 핵물질 수출 등과 같은 핵확산에 나서지 않는다는 것, 따라서 핵을 갖지 않은 나라에 대해 핵 공격을 하지 않는다는 소극적 안전보장(NSA) 정책을 확인하였다. 동시에 비망록은 미국이 북한에 대해 어떤 태도를 취하던 자신의 핵 억지력이 훼손되지 않는 한 북미회담에 연연해하지 않겠다는 것이었다. 추가의 벼랑끝 전술로 북미대화를 유도하는 것과 같은 정책은 불필요하다는 의미였다. 천안함 사태에 대한 한미의 압박에 반항해 3차 핵실험과 같은 모험주의적 행태를 우려하고 있던 국제 사회에는 역설적이지만 안도감을 주는 것이었다. 특히 김정일 위원장의 5월 방중을 앞두고 천안함 사건 이후의 한반도 사태를 예의주시하고 있던 중국에게 이 같은 성명은 위안이 될 만한 내용을 담고 있었다.

이후 천안함 위기 국면이 다소 안정을 찾아가는 듯한 9월에 들어 북한은 3차 당대표자회를 개최하였다. 동시에 북한 당국은 다시 비핵화를 강조하기 시작했다. '선군 승리의 장엄한 포성이 울린 오늘'이라는 표현을 사용하여[7] 핵 보유국 지위하의 정책적 입지를 강조하면서도 동시에, "≪강성대국건설≫과 조선반도 비핵화≫, ≪조국통일≫은 모두 주석님의 유훈"(조선신보 10월 2일)임을 강조하여 비핵화 협상의 여운을 흘리고 있다. 사실상의 핵 보유국 지위를 통한 대미 억지 전략을 강조하면서도 동시에 비핵화를 내거는 이중 전략인 셈이다.

실제로 북한의 이중적 핵 담론을 푸는 열쇠는 '비핵화'라는 단어를 어떻게 독해하는가 하는 문제와 연관되어 있다. 앞의 인용문에 드러나듯이 2009년 이후 비핵화는 비핵지대화라는 이상론이기도 했고 핵군축론이라는 현실론이기도 했다.[8] 실질적인 핵 폐기 협상과 이를 위한 경제적 보상을 의미하는 자유주의적 접근법은 아주 이따금씩만 등장할 따름이었다. 2009년 이후 '비핵화'는 평화체제와 등가물로 된 것이었다. 9.19 당시 북한은 평화 체제 외에도 경제 보상이나 북미 수교 등 순차적이고 다양한 옵션을 비핵화와 연계했었지만, 2009년 이후 북한은 이처럼 평화협정만을 비핵화의 등가물로 제기하고 있는 것이다. 시각에 따라서는 별 변화가 없는 것으로 보일 수도 있지만, 종전선언 등 평화체제 논의에 천착해온 논자에게는 이 같은 변화는 무시할 수 없는 새로운 언술 체계이다.

2009년 당시 "다시는 절대로" 참가하지 않겠다고 선언했던 6자회담에 대해서도 북한은 미묘한 변화를 보이고 있었다. 2010년 1월 18일자 성명은 "평화체제를 론의하기 앞서 비핵화를 진척시키는 방식은 실패로 끝난 것"이고 "우리가 제재 모자를 쓴 채로 6자회담에 나간다면 그 회담은 9.19공동성명에

7 『로동신문』 2010년 9월 17일.

8 이상주의를 현실주의의 위장 수사로 본다면, 비핵지대화는 사실상 핵군축이라는 현실론의 명분을 축적하기 위한 레토릭에 다름 아닐 것이다.

명시된 평등한 회담이 아니라 ≪피고≫와 ≪판사≫의 회담으로 되고 만다" 라는 논리로 6자회담 참가에 부정적 견해를 내비치면서도,[9] 평화협정 논의를 시작할 수 있다면 제재상태에서라도 어떤 형태의 대화에도 나갈 수 있다고 선언하였다.

애초에 평화협정은 핵문제와 관계없이 자체의 고유한 필요성으로부터 이미 체결되였어야 했다. 조선반도에 일찌기 공고한 평화체제가 수립되였더라면 핵문제도 발생하지 않았을 것이다.

9.19공동성명에도 평화협정을 체결한 데 대한 문제가 언급되여 있는 조건에서 그 행동순서를 지금까지의 6자회담이 실패한 교훈에 비추어 실천적 요구에 맞게 앞당기면 될 것이다. 평화협정이 체결되면 조미적대관계를 해소하고 조선반도비핵화를 빠른 속도로 적극 추동하게 될 것이다.

조선민주주의인민공화국 외무성은 위임에 따라 조선전쟁발발 60년이 되는 올해에 정전협정을 평화협정으로 바꾸기 위한 회담을 조속히 시작할 것을 정전협정 당사국들에 정중히 제의한다. 평화협정체결을 위한 회담은 9.19공동성명에 지적된 대로 별도로 진행될수도 있고 그 성격과 의의로 보아 현재 진행 중에 있는 조

---

9 2010년 1월 18일자 외무성 대변인 성명의 관련 부분은 다음과 같다.
우리는 미국 측의 사정을 고려하여 6자회담에서 평화협정체결론의에 앞서 비핵화론의를 선행시키는 아량있는 노력을 6년이상 기울여보았다. 2008년에 국제사회는 녕변핵시설의 랭각탑이 폭파되는 장면을 목격하였다. 미국이 우리 나라에 대해 적성국무역법적용을 중지하고 ≪테로지원국≫명단에서 삭제할만큼 비핵화과정은 실질적인 진전을 이룩하였었다.

그럼에도 불구하고 평화협정 체결론의는 시작도 떼지 못하였으며 결과적으로 비핵화과정은 역전되고 말았다. 평화체제를 론의하기에 앞서 비핵화를 진척시키는 방식은 실패로 끝난 것이다. 신뢰가 없이 비핵화를 추진한다는 것은 기초가 없이 집을 짓는 것과 같다는 것을 실천경험이 보여주었다 … 중략 …

6자회담이 다시 열리려면 회담을 파탄시킨 원인이 어떤 방법으로든 해소되여야 한다. 수십년간의 봉쇄와 제재에 익숙되여 있는 우리에게 이번 제재가 특별히 새삼스러운 것은 아니다. 그러나 우리가 제재모자를 쓴채로 6자회담에 나간다면 그 회담은 9.19공동성명에 명시된 평등한 회담이 아니라 ≪피고≫와 ≪판사≫의 회담으로 되고 만다. 이것은 우리의 자존심이 절대로 허락치 않는다. 자주권을 계속 침해당하면서 자주권을 침해하는 나라들과 마주 앉아 바로 그 자주권수호를 위해 보유한 억제력에 대하여 론의한다는 것은 말이 되지 않는다.

미회담처럼 조선반도비핵화를 위한 6자회담의 테두리 내에서 진행될 수도 있다. (조선 외무성 성명 2010년 1월 11일)

평화협정 논의만 시작된다면 제재 여부를 문제 삼지 않고 6자회담에 참가하겠다는 뜻이었다. 9.19 공동성명이 평화협정 논의와 별개로 비핵화 프로세스를 진행할 수 있다는 합의로 독해되는 것을 허용해오던 북한은 '광명성' 미사일 발사에 대한 유엔 제재 건을 문제 삼아 평화협정 없는 비핵화는 무용이라는 논리를 부각시키기 시작한 것이다. 사실상 비핵화와 평화협정을 상호 교환 대상으로 명기하기 시작했다. 군사적 신뢰가 없는 조건에서의 비핵화 논의는 무장해제에 다름 아니라는 논지를 제기함으로써, 군사적 신뢰 조치의 일환이기 때문에 평화협정 논의가 비핵화의 전제 조건 혹은 교환 대상임을 강조한 것이다.

이후 중국은 이 같은 북한의 의견을 반영하여 <북미 양자회담 – 6자 예비회담 – 6자 본 회담> 의 순서에 따른 중재안을 마련하여 북미 평화협정 논의를 병행하는 가운데 6자회담을 재개하는 방안을 타진해왔다.

물론 한국과 미국 정부는 중국의 이 같은 중재안을 단호히 거부하였다. 연초에 남북정상회담을 위한 비밀접촉을 무산시킨 바 있는 한국 정부는 대북 고립과 압박을 통한 북한 붕괴 전략을 가속화하고 있었다. 위키 리크스 폭로 전문에 드러난 한국 정부 고위 관료들의 발언은 사실상 한국이 대북 흡수통일정책으로 전환하고 있음을 드러내고 있는 것이었다. "김정일 사후 2–3년 안에 북한이 붕괴할 것", "중국의 신세대 관료들은 한국이 북한을 흡수통일해야 한다고 생각한다"(2010년 2월)는 천영우 청와대 외교안보수석의 발언이나 "김정일 국방위원장이 3–5년 이상을 살 것 같지 않다"(2009년 7월)는 현인택 통일부 장관의 전언 그리고 2010년 북한 내 기아 사태를 전망한 유명환 전 외교부장관과 평양–베이징 철도노선의 폭발물 발견 소식에 대한 정보를 공개한 김성환 외교부 장관의 대화록들은 한국 정부의 핵심 외교안보팀들이 북한을 어떻게 바라보고 있는가를 잘 보여주는 단면이다. 즉 조만간 붕괴가 가시화되고 있는 북한에게 다른 지원을 주는 것은 천재일우의 기회를 놓치는 것이라는 인식들이었다.

6월 초까지 이어지던 위기 국면은 9-10월간 당대표자회와 G20 등 남북한 각각의 정치 일정이 진행되면서 다소 주춤하는 듯했다. 그러나 11월 중순 북한의 또 다른 게임이 시작됨에 따라 긴장은 다시 한번 고조되었다. 북한의 농축 우라늄 시설 공개와 연평도 포격은 예의 벼랑끝 전술인 위기조성외교의 시작이었다. 한반도를 일촉즉발의 위기로 몰고 가는 것이 아닌가 하는 의구심이 들 정도의 거센 전쟁 전야 상황이 촉발되었다. 사실상 포격전에서 참패한 한국 정부는 연평도에서의 해상사격훈련을 재실시하여 북한을 상대로 하는 명예회복에 나섰고 이에 대한 북한의 전면전론은 한국전쟁 이래 최악의 남북관계라는 평가를 받으며 악화일로를 걷고 있었다.

지난 8월 24일자 노동신문 정론이 "아직 우리가 다 말하지 않은 무진막강한 자주국방력"이라는 표현을 사용한 데 이어, 10월 10일의 노동당 창건 65주년 군사 퍼레이드에서 '요격미사일 종합체'라는 것을 등장시키고 핵 실험장이었던 풍계리와 영변에서 다양한 움직임을 보이는 등 내연해오던 북한의 벼랑끝 전술이 막상 고개를 내밀자 그 파장은 상상 이상의 메가톤급이었다. 특히 이 과정은 한반도의 불안정한 안보 상황을 전 세계에 재확인시키는 계기가 되었고, 서해 지역마저 분쟁지역으로 인식될 가능성이 높아져 한국 정부가 손해 보는 게임을 하게 될 가능성마저 점쳐지고 있었다. 이 같은 상황 전개야말로 한국 정부가 전쟁 위기의 전면화라는 가능성에도 불구하고 연평도 해상사격훈련의 재개를 강행하지 않을 수 없는 배경이었다.

1) 남북관계진전과 평화협정의 선순환론

2010년 9월 19일자 조선신보는 "평양에서 북남수뇌회담이 열린지 약 4개월 후 워싱톤에서 조미공동콤뮤니케가 발표되였다"라며 남북관계가 북미관계를 푸는 열쇠임을 강조하였다. 특히 "남측의 통일부장관이 김정일총비서의 접견을 받고 ≪제2의 6.15≫라고 하는 새 국면이 열리였다. 갑론을박이 계속된 6자회담에서 9.19공동성명이 채택된 것은 그 3개월 후의 일이다"라며 2005년의 9.19 공동 신인을 남북관계 진전과 연결시킨 것은 매우 이례적인 논법이었다.

심지어 10월 2일자 조선신보는 "오늘의 국제 정세하에서 나라의 경제부흥과 조선반도의 평화보장, 북남관계의 개선은 서로 련계되여 있다"며 자신들의 경제 개발이 남북관계 개선과 평화협정 논의와 직결되어 있음을 재차 강조하였다. 당시에는 이 같은 논리가 북한이 남북관계 개선을 통해 북미 평화협정 논의에 본격 돌입하는 국면 전환을 꾀하고 있는 것으로 보였다. 북한이 곧이어 금강산 이산가족상봉에 적극 응하여 나선 것을 그 신호탄으로 해석하는 시각도 있었다. 10월초 북한이 남북관계와 대미관계에 유화적인 시그널을 보내자, 한국 내에서는 북한의 경제정책변화를 기대하는 목소리가 높았던 것도 사실이다. 특히 2차례에 걸친 북중 정상회담과 중국의 창지투 개발 프로젝트를 연계시키는 관점에서, 원자바오 총리의 개혁 개방 제안을 북한이 수용하여 중국식 개혁 개방 노선을 수용할 것인가에 대한 관심이 높았다.

2) 북한의 대중국 자립 노선과 보수적 전통주의

그러나 정작 당대표자회를 전후해서 북한 당국이 보인 정책이나 규약 등에서 중국의 개혁 개방 선언과 같은 큰 변화는 없었다. 오히려 북한은 1998년 이래 고수해왔던 강계정신과 같은 전통적 노선을 고수하겠는 의지를 드러냈던 것으로 확인되고 있다. "적대국들이 기대하는 ≪변화≫는 없다"는 조선신보의 10월 2일자 기사는 경제정책에 관한 한 비사회주의 노선 즉 개혁 개방의 길로 가는 일은 없을 것이라는 선언과도 같은 셈이었다. 이에 관해서는 당대표자회 직전에 나온 정론이 암시하는 바 있다. 9월 17일자 정론 <곧바로 가자>는 "만약 천리마가 남들이 바람타고 동쪽으로 간다고 하여 가던 길을 에돌거나 방향을 바꾸었다면 한달음에 천리는 커녕 침체와 답보를 면치 못하였을 것이다"라며 남의 노선에 휘둘리지 않겠다는 의지를 분명히 하였다. 정론은 "선군승리의 장엄한 포성이 울린 오늘에도 고난의 그 시기에 높이 추켜드시였던 붉은 기를 더 높이 추켜"드는 것인가라는 자문에 자답하면서 "성공과 부흥을 위한다고 하면서 수단을 가리지 않고 온갖 변태적인 것과 이색적인 것들을 마구 끌어"들이는 행태를 강하게 비판하였다. 핵 보유국으로 억지에 성공한 자신들이지만 '비굴하게 얻은 번영'을 취할 수는 없으며 따라서 '혼돈과 변색의 두 길, 세 길'을 가지 않겠다는 의지를 내외에 분명히 하였다.

다음 날 9월 18일자 정론 <주체화는 우리 경제의 부흥과 비약의 기치이다>는 이 같은 기조를 더욱 강조하여 "남에게 빌어먹는 절름발이경제를 다음 세대에 넘겨주는 것처럼 큰 죄악은 없다"며 "외세의존에서 살 길을 찾는 것은 후대들이야 어찌되건 자기 세대만 잘 살아보자는 리기적인 관점의 발현"이라며 자립, 자강의 길을 재차 강조하였다.

중국 경제에로의 종속에 대한 우려를 무릅쓰면서까지 비사회주의적인 개혁 개방에 나서지는 않겠다는 것을 분명히 한 것으로 해석될 만한 정론이었다. 북한의 개혁 개방을 고대하는 우리로서는 다소 섭섭한 내용이긴 하지만, 다른 한편으로 외세 의존에 대한 강한 반대 즉 중국에 대한 북한 경제의 종속을 우려하는 논자에게는 안도할 여유를 주는 것이기도 했다. 북한의 정책적 보수성이 연평도 사태와 같은 도발로 이어지는 측면도 있지만 한편으로는 그것이 중국에 대한 북한의 경도를 막는 긍정적인 양면성도 있다는 뜻이다. 그리고 그와 같은 대중국 홀로서기는 '장기적으로는' 대미 협상과 남북협력이 유용하다는 북한의 전략적 판단이 아직은 폐기된 것이 아니라는 우리의 '소망적 사고'를 버릴 수 없게 하는 북한의 이중 행태이기도 하다.

3) 2011년에 대한 실낱같은 희망

북한에 대한 이 같은 미련이 현실화될 수 있을지에 대해서는 예측하기 어렵다. 무엇보다도 미국 정부나 한국 정부의 대응을 예상하기 어렵기 때문이다.

다만 한 가지 미묘한 변화는 미국 행정부 내에서 전개되고 있는 변화의 조짐이다. 과거와는 달리 북한의 핵 게임이 재개되자 백악관의 반응이 그리 무딘 것만은 아니기 때문이다. 11월 중순 프리처드 전 국무부 대북교섭담당 대사와 지그프리드 헥커 전 로스앨라모스 핵연구소장의 방북 이후 북한의 핵 문제에 대한 무시 전략의 근간이 흔들리는 듯한 모습이 연출되기 시작했다.

문제는 우라늄 농축 설비에 대한 시급한 검증이 요구되는 상황에서 북한의 연평도 포격이 가져온 대화의 단절이었다. 사실 북한의 농축우라늄(UEP)문제는 2009년에 이미 공개되었다.[10] 언론 보도들은 2009년의 선언이 2002년 고농축우라늄(HEUP) 프로그램이 없다는 북한의 해명이 거짓임을 증명하는 것으로 해석했지만 북한은 이를 경수로 원료를 위한 저농축 우라늄 프로그램(LEUP)이라고 주장하고 있다. 양자 간에는 무기급이냐 아니냐의 차이가 있기 때문에 이를 무조건 동일시하는 것은 무리가 있는 발상이다.

지금 와서 돌아보면 2009년 북한의 이 같은 성명에도 불구하고 한미는 무시 전략을 지속했고, 그 결과 헥커 박사가 놀라움을 표현할 정도로 현대적인 설비를 갖춘 북한 농축우라늄 설비가 2010년 10월 이후 가동을 시작하게 되었다. 한미가 아무런 조치도 취하지 않은 상태에서 벌어진 놀라운 사태발전이었고 비핵화를 주장해온 오바마 행정부로서는 방기하고 있을 수만은 없는 상황전개였다.

---

10 조선민주주의인민공화국 외무성은 위임에 의하여 유엔안전보장리 사회 ≪결의 1874호≫를 단호히 규탄배격하며 미국과의 전면대결이 시작된 현 단계에서 민족의 존엄과 나라의 자주권을 지키기 위하여 다음과 같은 대응조치를 취한다는것을 선언한다.

첫째, 새로 추출되는 플루토니움전량을 무기화한다. 현재 폐연료봉은 총량의 3분의 1이상이 재처리되였다.

둘째, 우라니움농축작업에 착수한다. 자체의 경수로건설이 결정된데 따라 핵연료보장을 위한 우라니움농축 기술개발이 성과적으로 진행되여 시험단계에 들어섰다.

셋째, 미국과 그 추종세력이 봉쇄를 시도하는 경우 전쟁행위로 간주하고 단호히 군사적으로 대응한다.

미국을 비롯한 적대세력들이 제아무리 고립봉쇄하려고 하여도 당당한 핵보유국인 우리 공화국은 끄떡도 하지 않는다. ≪제재≫에는 보복으로, ≪대결≫에는 전면대결로 단호히 맞서 나가는 것이 우리의 선군사상에 기초한 대응방식이다. (외무성대변인 성명 2009년 6월 13일)

그러나 최근 한미동맹의 성격으로 미루어본다면 미국은 한국 정부의 의사와 무관하게 대북 협상을 진행할 수만은 없었다. 그런 상태에서 북한의 연평도 포격까지 이어졌으니 미국 역시 대북 강경책에 동참하지 않을 수 없는 분위기였다. 이 때문에 한국의 연평도 재훈련에 대해서 중국과 러시아가 긴장 고조를 우려하여 강력한 반대 성명을 내는 상황에서도, 미국은 한국 정부의 군사 훈련을 지지하는 성명을 발표하였다.

이 시점에 주목할 만한 사태 전개가 바로 빌 리처드슨 뉴 멕시코 주지사의 방북이었다. 개별 방북의 형식을 띠고 있었지만 리처드슨 주지사의 방북과 관련한 상황 전개 과정을 보면 그의 방북이 미 행정부의 긴박한 움직임과 관련이 있음을 부인하기 어려웠다. 당시 북경에는 스타인버그 국무부 부장관과 커트 캠벨 동아태 담당 차관보 등 미 대북 담당 팀이 총 집결해있었다. 동시에 서울에서는 스티븐슨 주미대사와 샤프 주한미군 사령관이 청와대를 방문하여 연평도 포격이 불가피한 것인가를 묻고 있었다. (워싱턴포스트 2010년 12월 28일) 리처드슨이 일정을 하루 연기해가며 평양에서 대화를 진행하던 바로 그 상황에서 한국 정부는 연평도 해상사격 재훈련을 강행하였다. 다행히 북한은 인민군 최고사령부 보도 형식을 빌어 "우리 혁명 무력은 앞에서 얻어맞고 뒤에서 분풀이하는 식의 비열한 군사적 도발에 일일이 대응할 일고의 가치도 느끼지 않는다"(2010년 12월 20일)며 추가 대응에 나서지 않았다. 결과적으로 한반도가 안정을 되찾았음은 물론이다.

사실상 리처드슨의 방북이 한국의 추가 해상사격훈련에 대한 북한 달래기일 수 있다는 의구심이 제기되는 가운데 리처드슨은 북한과의 네 가지 합의사항(▲남북미 서해분쟁 감시 군사위원회 ▲남북 군사 핫라인 ▲IAEA 사찰단의 영변 핵 시설 복귀 ▲12,000개 미사용 핵 연료봉 해외 판매)을 발표하였다. 이에 대해 한국 정부는 초기에 ▲우라늄 농축 프로그램(UEP)을 포함한 모든 핵프로그램 중단 ▲국제원자력기구(IAEA) 사찰단 복귀 ▲2005년 9.19 공동성명 이행 확약 ▲한국전쟁 휴전협정 준수 ▲탄도미사일 발사 보류 등 5개 조건을 내걸어 북한의 완전한 굴복을 요구하였지만 그 톤과 수위는 점차 낮아지고 있는 상황이다. 북한의 완전한 굴복과 비핵화 선행 조치 없이는 6자회담도 없다던 한국 정부 역시 '6자회담을 통한 비핵화'라는 담론을 수용하는 쪽으로 정책을 선회해가고 있다. "6자회담 (IAEA) 상주사찰단을 수용하는 것이지 북한이 우라늄농축프로그램(UEP) 가동을 종료하지 않으면 사찰단이 못 간다는 뜻은 아니다"라는 정부 고위 당국자의 12월 27일 발언은 이같은 태도 변화를 보여주는 단초이다.

사실상 IAEA 사찰단의 영변 핵 시설 복귀가 과거 플루토늄 관련 사찰단의 복귀라기보다는 새로운 농축우라늄 시설이 무기급인지 아닌지 즉 무기급의 고농축(HEUP)인지 발전용의 저농축(LEUP)인지에 대한 one-point 사찰의 성격을 지니고 있다는 것이 알려지고 있는 가운데, 이것이 더 이상 방치할 수 없는 북핵 협상에 대한 미국의 태도 변화가 아닌가하는 논의가 부각되고 있는 것 또한 사실이다.

현 시점에서는 오바마 행정부가 북한에 대해 무시 전략으로 일관하기에는 더 이상 임계점이 도달했다는 평가와 동시에 그것이 반드시 대북 화해와 대화정책으로 이어질 것으로 이어지는 것 또한 기대하기 어렵다는 평가가 공존한다. 전자의 길이 평화를 보장하는 전통적인 길이겠지만, 이명박 정부의 대북 흡수통일 정책이 소위 '통일외교'라는 이름으로 공공연히 되고 있는 시점에서 강화되고 있는 한미군사동맹이 북한에 대한 군사적 압박과 고립을 통해 적대적 개입과 저강도 전략을 통한 공포의 평화라는 길을 선택할 수도 있다. 현재까지 이에 대한 논란은 내연하고 있어 진행형인 듯하고 그 길을 예측하기는 쉽지 않다.

반면 중일 조어도 분쟁 이후 동아시아 역내 영향력을 과시한 중국은 적극적으로 북미 대화를 중재하고 있다. 남북관계의 경색 국면이 가져올 역내 긴장의 부정적 효과에 대해 경계의 눈초리를 강하게 드러내고 있는 것이다.

강석주를 부총리로 승진시키고 '2000년의 북미 공동 코뮤니케'를 강조하며 고위급 대화를 기대하고 있는 북한의 입장은 분명하다. 문제는 천안함과 연평도를 타넘자는 북한과 이를 반드시 짚고 넘어간다는 우리 정부의 대립이다.

10년전에 그러했던 것처럼 조선은 교전국의 ≪선의≫에 기대하여 상황이 바뀌여지는것을 기다리지는 않을것이다...... ≪조선반도의 환경변화≫는 북과 남이 6.15리행 의 궤도에서 발걸음을 맞추어나갈 때 일어난다. 오바마 정권이 조선과의 교전관계를 더이상 지속시키지 못하게 되는 조건을 마련하여 ≪변혁≫을 현실로 만들어낼 수 있게 하는 대전환의 결단력이 조선에는 있다. (조선신보 2010년 9월 19일)

교전국의 선의에 기대하기보다는 정전해체의 조건을 강제로 만들어 변혁을 일구어가겠다는 조선신보의 선언이 의미하는 바는 영변 핵시설 공개와 연평도 포격 사건으로 구체화되었다. 대화냐 전쟁이냐는 이분법을 강제하는 북한의 전형적인 협상론이 한층 강화된 비대칭 전력과 이에 따른 더 심각한 수준의 리스크를 담보로 하여 재개되고 있는 가운데 격화된 긴장을 대하는 미국의 접근법 변화가 한반도 대립의 마지막 국면을 향해 가고 있는 인상이다. 파국이든 평화체제든 어떤 형태로든지 이번 대립이 엔드게임이 될 가능성은 높아만 가고 있다.

참고문헌

구갑우, 2002, 「비판적 국제이론과 한반도 평화과정: 대안적 연구의제의 설정」, 『통일정책연구』 제11권 1호, 통일연구원.

김예경, 2007, 「한국의 부상과 북한의 대응전략: 편승전략과 동맹, 유화 그리고 현안별 지지정책」, 『국제정치논총』 47, 2.

김일성, 1980, 「모든 것을 전후 인민경제 복구발전을 위하여(1953년 8월 5일)」, 『김일성저작집』 8, 조선로동당출판사.

_____, 1981, 「조선인민의 민족적 명절 8.15 해방 15돐 경축대회에서 한 보고(1960년 8월 14일)」, 『김일성저작집』 14, 조선로동당출판사.

_____, 1982, 「조선민주주의인민공화국 정부의 당면사업에 대하여(1962년 10월 23일)」, 『김일성저작집』 16, 조선로동당출판사.

_____, 1983a, 「조선로동당 제5차대회에서 한 중앙위원회사업총화보고(1970년 11월 2일)」, 『김일성저작집』 25, 조선로동당출판사.

_____, 1983b, 「올해사업총화와 다음해 사업방향에 대하여(1973년 12월 31일)」, 『김일성저작집』 25, 조선로동당출판사.

_____, 1984a, 「조선민주주의인민공화국의 당면한 정치, 경제 정책들과 몇 가지 국제문제에 대하여(1972년 1월 10일)」, 『김일성저작집』 27, 조선로동당출판사.

_____, 1984b, 「미국 워싱턴 포스트지 기자와 한 담화(1972년 6월 21일)」, 『김일성저작집』 27, 조선로동당출판사.

_____, 1984c, 「민족의 분렬을 방지하고 조국을 통일하자(1973년 6월 23일)」, 『김일성저작집』 28, 조선로동당출판사.

_____, 1985a, 「다오메정부기관지 다오엑스 프렉스 사장과 한 담화(1974년 9월 19일)」,

『김일성저작집』 29, 조선로동당출판사.
______, 1985b, 「일본 요미우리신붕 편집국장이 제기한 질문에 대한 대답(1975년 9월 28일)」, 『김일성저작집』 30, 조선로동당출판사.
______, 1986a, 「≪두개 조선≫ 조작책동을 짓부시고 조국을 통일하기 위한 투쟁을 더욱 힘있게 벌리자(1977년 12월 22일)」, 『김일성저작집』 32, 조선로동당출판사.
______, 1986b, 「일본 정치리론잡지 <세까이> 편집국장과 한 담화(1976년 3월 28일)」, 『김일성저작집』 31, 조선로동당출판사.
______, 1987, 「조선로동당 제6차 대회에서 한 중앙위원회 사업총화보고(1980년 10월 10일)」, 『김일성저작집』 35, 조선로동당출판사.
______, 1989, 「조선민주주의인민공화국 창건 스무돐 기념 경축대회에서 한 보고(1968년 9월 7일)」, 이한 편, 『북한의 통일정책변천사』 下, 온누리.
______, 1993, 「미국 <워싱톤타임스> 기자단이 제기한 질문에 대한 대답(1992년 4월 12일)」, 『조선중앙연감』, 조선로동당출판사.
______, 1994, 「사회주의의 완전한 승리를 위하여(1986년 12월 30일)」, 『김일성저작집』 40, 조선로동당출판사.
______, 1995a, 「우리나라 사회주의의 우월성을 더욱 높이 발양시키자(1990년 5월)」, 『김일성저작집』 42, 조선로동당출판사.
______, 1995b, 「미국 <워싱톤타임스> 기자단이 제기한 질문에 대한 대답(1994년 4월 16일)」, 『조선중앙연감』, 조선로동당출판사.
______, 1996, 「총련사업에 대하여(1992년 2월 24일)」, 『김일성저작집』 43, 조선로동당출판사.
김일영·조성렬, 2003, 『주한미군: 역사·쟁점·전망』, 한울.
김재목, 1995, 『북핵협상 드라마』, 경당.
김재홍, 1999, 「한국의 대북정책」, 경남대 극동문제 연구소, 『한미일의 대북정책』, 통일전략 포럼 보고서 99-2.
김정일, 1991, 「인민대중중심의 우리 식 사회주의는 필승불패이다」, 『근로자』, 6호, pp. 3-25.
______, 1997a, 「사회주의 건설의 역사적 교훈과 우리당의 총로선(1992년 1월 3일)」, 『김정일선집』 12, 조선로동당출판사.

_____, 1997b, 「우리 나라 사회주의는 주체사상을 구현한 우리 식 사회주의이다(1990년 12월 27일)」, 『김정일선집』 10, 조선로동당출판사.

김철우, 2000, 『김정일장군의 선군정치』, 평양출판사.

김태현, 2004, 「한미관계와 남북관계」, 『남남갈등 해소 및 진단 방안』, 경남대학교 통일관 개관기념 학술회의.

대한지방행정공제회, 「제21회 유엔총회와 한국문제: 주목되는 바루디씨의 對북괴 태도」, 『지방행정』 15.

민병원, 2006, 「세계화 시대의 국가변환」, 『국가전략』 12, 3.

박건영·정욱식, 2007, 『북핵 그리고 그 이후』, 풀빛.

박건영·남창희·이수형, 2002, 「미국의 동북아 동맹전략과 동맹의 안보딜레마, 그리고 한국의 국가안보전략 에 대한 함의」, 『한국과 국제정치』 18, 4.

박영호, 2000, 「4자회담의 전개과정과 평가」, 김학성 외 편, 『한반도 평화전략』, 통일연구원 연구 총서 00-33.

박용수, 2007, 「1990년대 이후 한반도 안보환경의 변화: 푸에블르호 사건과 비교해본 1, 2차 북핵 위기의 특징」, 『국제정치논총』 47, 2.

박종철, 2006, 「한반도 비핵화와 평화체제 전환」, 『한국과 국제정치』 22, 1.

박홍서, 2007, 「탈냉전기 중미간 '협조체제'의 출현?: 9.19 공동성명 후 북핵문제에 대한 중미간 협력」, 한국국제정치학회, 『국제정치논총』 47집 3호.

_____, 2008, 「중국의 부상과 탈냉전기 중미 양국의 대한반도 동맹전략」, 『한국정치학회보』 42, 1.

백승주, 2006, 「한반도평화협정의 쟁점: 주체, 절차, 내용, 평화관리 방안」, 『한국과 국제정치』 22, 1.

백학순, 2007, 「북미관계」, 세종연구소 북한연구센터, 『북한의 대외관계』, 한울아카데미.

서보혁, 2004, 『탈냉전기 북미관계사』, 선인.

신성택, 2000, 「북한 핵개발의 현황과 아국의 대응방향」, 『전략연구』 20.

신욱희, 2005, 「기회에서 교착상태로: 데탕트 시기 한미관계와 한반도의 국제정치」, 『한국정치외교사논총』 26, 2.

신정화, 2004, 『일본의 대북정책: 1945-1992』, 오름.

심지연, 2001, 『남북한 통일방안의 전개와 수렴』, 돌베개.
여인곤, 2007, 「정전체제의 특성과 한반도 평화협정 체결방안」, 『한반도 군비통제』.
오진용, 2004, 『김일성시대의 중소와 남북한』, 나남.
윤덕민, 2006, 「한반도 평화협정에 관한 연구: 평화협정의 쟁점사항을 중심으로」, 『주요국제문제분석』, 외교안보연구원 6월.
______, 2007, 「한반도 평화체제 구축을 위한 외교전략」, 현대경제연구원, 『통일경제』 여름호 Vol. 89.
이석, 2006, 『북한경제의 대외의존성과 한국경제의 영향력』, 통일연구원.
이신철, 2006, 「1954년 제네바 정치회담 시기 남북의 통일론」, 『史林』 25.
이원덕, 2003, 「북방정책과 일본: 북일 수교교섭과 일본의 대북정책」, 하용출 외, 『북방정책: 기원, 전개, 영향』, 서울대학교출판부.
이태환, 2003, 「북방정책과 한중관계의 변화」, 하용출 외, 『북방정책: 기원, 전개, 영향』, 서울대학교출판부.
이한 편, 1989, 『북한의 통일정책 변천사: 1948년-1985년』 上, 下, 온누리.
이희옥, 2004, 「중국은 우리에게 무엇인가」, 『미국의 신보수주의 외교 전략과 한반도 평화문제』, 서울: HWB.
임동원, 2002, 「제1차 남북정상회담의 성사과정과 향후 과제」, 『남북한 관계의 회고와 전망』, 2002년 한국정치학회 하계 학술대회 자료집.
______, 2008, 『피스메이커: 남북관계와 북핵문제 20년』, 중앙 Books.
임수호, 2007, 「실존적 억지와 협상을 통한 확산: 북한의 핵정책과 위기조성외교(1989-2006)」, 서울대학교 박사학위논문.
______, 2008, 「미국의 대북경제제재 완화와 남북경협」, SERI Issue Paper (6월호).
______, 2009, 「전환을 모색하는 한반도」, 권순우·신창옥 외, 『SERI 전망 2010』(삼성경제연구소).
우승지, 2007, 「김정일 시대 북한의 국제관계론 이해를 위한 시론」, 『국제정치논총』 47, 4.
장노순, 1999, 「약소국의 갈등적 편승외교정책: 북한의 통미봉남 정책」, 『한국정치학회보』 33, 1.
장달중, 1999, 「김정일 체제와 주체비전」, 고려대 아세아문제연구소, 『아세아문제연구』 101.
______, 2001,「북미관계: 북한측 시각」, 경남대 극동문제연구소,『북미관계의 현황과 전망』 통일전략포럼 보고서 2001-2.
장준익, 1999,『북한 핵·미사일 전쟁』, 서문당, 제3장.
정봉화, 2005,『북한의 대남정책: 지속성과 변화, 1948-2004』, 한울.
정세현, 1989,「북방정책에 대한 북한의 반응」,『국제정치논총』 29, 2.
전성훈, 2005,「북한의 핵능력과 핵위협 분석」,『국가전략』 11, 1.
전재성, 2003,「노태우 행정부의 북방정책 결정요인과 이후의 북방정책의 변화과정 분석」, 하용출 외,『북방정책: 기원, 전개, 영향』, 서울대학교출판부.
______, 2006,「미국 부시행정부의 변환외교」,『국가전략』 12, 4.
______, 2007,「한국 국제정치학의 향후 과제들」,『국제정치논총』 46 특별호.
조동준, 2004,「자주의 자가당착: 한반도 국제관계에서 나타난 안보모순과 동맹모순」,『국제정치논총』 44, 3.
조성렬, 2007,『한반도 평화 체제: 한반도 비핵화와 북한체제의 전망』, 푸른나무.
제성호, 2000,『한반도평화체제의 모색』, 지평.
최용환, 2003,「북한의 대미 비대칭 억지·강제 전략: 핵과 미사일 사례를 중심으로」, 서강대학교 박사학위논문.
최종기, 1983,「국제연합과 한국문제」,『행정논총』 21, 2.
하기하라 료(양창식 역), 2005,『김정일의 숨겨진 전쟁』(알파).
하용출 외, 2003,『북방정책: 기원, 전개, 영향』, 서울대학교출판부.
함택영, 2002,「정상회담 이후 남북한관계 및 평화체제 전망」, 서대숙 외,『정삼회담 이후의 북한』, 경남대 극동문제연구소.
______, 2002,「21세기 한반도 평화전략」,『동북아연구』 7.
황지환, 2007,「전망이론의 현실주의적 이해: 현상유지경향과 상대적 손실의 국제정치 이론」, 국제정치학회,『국제정치논총』 47, 3.
허문영, 2000,「남북한의 평화전략」, 김학성 외,『한반도 평화전략』, 통일연구원.
허문영 외, 2007,『한반도 평화체제: 자료와 해제』, 통일연구원.
홍성표, 2005,「북한의 군사과학 기술(後)」,『군사논단』 42 여름.
홍용표, 2006,「1954년 제네바회의와 한국전쟁의 정치적 종결 모색」,『한국정치외교사논총』 28, 1.
후나바시 요이치(오영환 외 역), 2007, 『김정일 최후의 도박』, 중앙일보 시사미디어.
히다카 요시키(은영미 역), 2003, 『미국은 북한을 핵폭격 한다』, 나라원.
船橋 洋一, 2006, ザ,ペニンシュラ.クエスチョン:朝鮮半島 第2次 核危機(東京: 朝日新聞).
春原 剛, 2004, 『米朝對立: 核危機 10年』(日本經濟新聞社).
Albright, David and Paul, Brannan, 2007, "The North Korean Plutonium Stock," Institute for Science and International Security (February 20).
Albright, Madelaine, 1997, Statement before the House International Relations Committee, FY-98 International Affairs Budget, February 11, http://secretary.state.gov/www/statements/970211.html(2008.11.2.)
Armitage, Richard, 1999, "A Comprehensive Approach to North Korea," Strategic Forum 159 (March).
Baker, James, 1991-1992, "The Summer of Arab Discontent," *Foreign Affairs* 70, 5 (Winter).
Bechtol, Bruce, 2009, "The North Korean Long-Range Missile Test-Launch of April 2009: Results and Implications," *Nautilus Institute Policy Forum Online* 09-032(April 21).
Bermudez, Joseph, 1999, "A History of Ballistic Missile Development in the DPRK," *CNS occasional paper* 2.
Betts, Richard, 1993, "Paranoids, Pygmies, Pariahs and Nonproliferation Revisited," Davis, Zachary and Frankel, Benjamin eds., *The Proliferation Puzzle: Why Nuclear Weapons Spread and What Results*, Frank Cass.
Bunn, George, 1977, "The Legal Status of U.S. Negative Security Assurance to Non-Nuclear-Weapon States," *Nonproliferation Review* (Spring/Summer).
Bush, George H., 1992, Address Before a Joint Session of the Congress on the State of the Union, January 28, http://www.gpoaccess.gov/sou/index.html (2008.11.2.).
Bush, George W., 2002a, Address Before a Joint Session of the Congress on the State of the Union, January 28, http://www.gpoaccess.gov/sou/index.html (2008.11.2.).

______, 2002b, Remarks by the President at 2002 Graduation Exercise of the United States Military Academy West Point, June 1.

______, 2003, Address Before a Joint Session of the Congress on the State of the Union, January 29, http://www.gpoaccess.gov/sou/index.html (2008.11.2.).

Carter, Ashton and William Perry, 1999, *Preventive Defense: A New Strategy for America* (Brookings Institute Press).

Center for Nonproliferation Studies, 1997, *Nuclear-Weapon-Free-Zone* (July 25).

Covault, Craig, 2009, "North Korean Rocket Flew Further than Earlier Thought," *Space Flight Now* (April 10).

Eberstadt, Nicholas, 1999, *The End of North Korea*, AEI Press.

Feaver, Peter, 1993, "Proliferation Optimism and Theories of Nuclear Operations," Zachary Davis and Benjamin Frankel eds., *The Proliferation Puzzle: Why Nuclear Weapons Spread and What Results*, Frank Cass, pp. 175-178.

Fukuyama, Francis, 1989, "The End of History," *The National Interest* (Summer).

Fu Mengzi, 2007, "China's Strategy for the Implementation of a Framework for Peace on the Korean Peninsula," 『6.15 정상회담과 한반도 평화체제』, 통일연구원.

Gaddis, John Lewis, 2000, "On Starting All Over Again: A Naive Approach to the Study of the Cold War," Rosenbaum, Arthur and Lee, Chae-Jin eds., *The Cold War-Reassessments*, Monograph No. 12, The Keck Center for International and Strategic Studies, Claremont McKenna College.

Greenway, 2008, "The Daydream Believers' Nightmare," *International Herald Tribune*, (Februry 27).

Halloran, Richard, 1998, "S. Korea, U.S. draft deadly response plan. If North invades, destruction is goal," *Washington Times* (November 19).

Harkavy, Robert, 1998, "Triangular or Indirect Deterrence/Compellence: Something New in Deterrence Theory," *Comparative Strategy* 17.

Harrison, Selig, 1994, "The North Korean Nuclear Crisis: From Stalemate to Breakthrough," *Arms Control Today* (November).

Hayes, Peter, 2005, "Defense Intelligence Agency Says North Korea has Nuclear Armed

Missiles," *Nautilus Institute Special Report* 05-37A (May).

Hugh, Gusterson, 2008, "Paranoid, Potbellied Stalinist Gets Nuclear Weapons - How the U.S. Print Media Cover North Korea?," *Non-Proliferation Review* Vol. 15, No. 1.

Jervis, Robert, 1976, *Perception and Misperception in International Politics*, Princeton: Princeton Univ. Press.

Joffe, Josef, 2006, *Uberpower: The Imperia Temptation of America*, NewYork: W.W. Norton & Company, Inc..

Johnson, Chalmers, 2000, *Blowback*, New York: Henry Holt and Company.

Kang, Jungmin and Peter Hayes, 2006, "Technical Analysis of the DPRK Nuclear Test," *Nautilus Institute PFO* 06-89A (October 20).

Keohane, Robert, 1971, "The Big Influence of Small Allies," *Foreign Policy* (Spring).

Khalizad, Zalmay M., 2000, "Sweet and Sour," *RAND REVIEW* (Winter 1999–2000).

Kincade, William, 1995, "Nuclear Proliferation: Diminishing Threat?," *INSS Occasional Paper* 6 (December).

Kristensen, Hans, 2002, "Preemptive Posturing: What happened to deterrence?," *Bulletin of the Atomic Scientists* 58, 5 (September/October).

Lee, Chae-Jin, 2006, *A Troubled Peace: U.S Policy and the Two Koreas*, Baltimore: The Johns Hopkins Univ. Press.

Mann, Jim, 1996, "U.S. Watches North Korea for Signs of Collapse," *Los Angeles Times* (February 12).

Mansourov, Alexandre, 1994, "North Korean Decision-Making Process Regarding the Nuclear Issue," *Nautilus Institute Special Report* (May).

______, 1995, "The Origins, Evolution, and Current Politics of the North Korean Nuclear Program," *Nonproliferation Review* (Spring/Summer).

Mazarr, Michael, 1995, "Going Just a Little Nuclear: Nonproliferation Lessons from North Korea," *International Security* 20, 2 (Autumn).

______, 1997, *North Korea and The Bomb*, St. Martin's Press.

Morgenthau, Hans, 1970, "Charles de Gaulle: The Grand Design," *Truth and Power*, New York, Praeger Publishers.

______, 1971, “Changes and Chances in American-Soviet Relations,” *Foreign Affairs*, Vol. 49, No. 3 (April).

Nakamura, Kennon H. and Susan B. Epstein, 2007, Diplomacy for 21st century-Transformational Diplomacy, *CRS Report* (August 23).

Niksch, Larry, 2005, “Korea: U.S.-Korean Relations,” *Congressional Research Service, The Library of Congress* (June).

Oberdorfer, Don, 2001, *The Two Koreas: A Contemporary History*, Basic Books.

Oberdorfer, Don and Reid, T.R., 1991, “North Korea Issues Demand for Mutual Nuclear Inspections,” *Washington Post* (June 21, 1991).

Perry, William, 1999, Review of United States Policy Toward North Korea: Findings and Recommendations (October 12, 1999).

Pinkston, Daniel and Diamond, Andrew, “Special Report on the Shutdown of North Korea's 5MW(e) Nuclear Reactor.”

Pritchard, Charles L., 2007, *Failed Diplomacy*, Washington D.C.: Brookings Institution Press.

Quinones, Kenneth(노순옥 역), 2000, 『2평 빵집에서 결정된 한반도 운명』, 중앙 M&B.

Safire, William, 1994, “Clinton's Concessions,” *New York Times* (October 24).

Sanger, David, 1994, “Who Won in the Korean Deal,” *New York Times* (October 23).

______, 1998, “North Korea Site an A-Bomb Plant, U.S. Agencies Say,” *New York Times* (August 17).

Scalapino, Robert A., 1997, “North Korea at a Crossroads,” *Essays in Public Policy*, Hoover Institution.

Schweller, Randall L., 1994, “Bandwagoning for profit: Bringing the Revisionist State Back In,” *International Security* Vol. 19.

Sigal, Leon, 1998, *Disarming Strangers: Nuclear Diplomacy with North Korea*, Princeton U.P..

Slavin, Barbara, 2004, “North Korea suggests peace treaty to settle nuclear dispute,” USA TODAY (May 12).

Snyder, Glenn H., 1984, “The Security Dilemma in Alliance Politics,” *World Politics*,

Vol. 36, No. 4.

Spector, Leonard and Ohide, Aubrie, 2005, "Negative Security Assurance: Revisiting the Nuclear-Weapon-Free Zone Option," *Arms Control Today* (April).

Stein, Arthur A. 1990, *Why Nations Cooperate? Circumstance and Choice in International Relations*, NY: Cornell University Press, pp. 36-78.

Stoiber, Carlton, 2003, "The Evolution of NPT Review Conference Final Documents, 1975–2000," *Nonproliferation Review* (Fall/Winter).

Tonelson, Alan, 1991, "What is National Interest?" *The Atlantic Monthly* (July).

Trachtenberg, Marc, 1985, "The Influences of Nuclear Weapons in the Cuban Missile Crisis," *International Security* 10, 1 (Summer).

Tucker, Robert C., 1967, "The Deradicalization of Marxist Movements," *APSR*, Vol.61, No. 2 (June).

Umebayashi, Hiromichi, 2000, "Northeast Asia Nuclear Weapon Free Zone," *Disarmament & Security* 56 (April).

Walt, Stephen M., 1987, *The Origins of Alliances*, Ithaca: Cornell Univ. Press.

Waltz, Kenneth N.(박건영 역), 2000, 『국제정치이론』, 사회평론.

Waltz, Kenneth, 2003, "More May Be Better," Sagan, Scott and Waltz, Kenneth, *The Spread of Nuclear Weapons: A Debate Renewed*, W.W. Norton&Company.

Weber, Steve, 1993, "Shaping the Post War Balance of Power: Multilateralism in NATO," Ruggie, J. Gerald ed. *Multilateralism Matters: The Theory and The Praxis of Institutional Form*, Columbia Univ. Press.

Wit, Joel, et al., 2004, Going Critical: *The First North Korean Nuclear Crisis*, Brookings Institute Press.

______(김태현 역), 2005, 『북핵위기의 전망』, 모음북스.

Wohlforth, William, 2000, "German Unification: A Reassesment," Rosenbaum, Arthur and Lee, Chae-Jin eds., *The Cold War-Reassessments, Monograph* No. 12, The Keck Center for International and Strategic Studies, Claremont McKenna College.

■ 기타 자료

① 북한

조선중앙년감

조선중앙통신

로동신문

조선신보

근로자

② 한국

조선일보

경향신문

동아일보

한겨레

한국일보

국민일보

중앙일보

연합뉴스

대통령비서실, 1966, 『박정희 대통령 연설문집』 2

______, 1971, 『박정희 대통령 연설문집』 7

______, 1974, 『박정희 대통령 연설문집』 10

동아일보사, 1976, 『북한대외정책기본자료집』 Ⅱ

국토통일원, 1985, 『남북한 통일제의 자료집』 3

외무부, 1998, 『한반도문제 주요현안 자료집』

③ 미국자료

Washington Post

Newsweek

USA Today

Insight on the News

AP

The New York Times

NSS

UN General Assembly Resolution

④ 일본자료

산케이

마이니치

⑤ 웹데이터 베이스

• 영문 웹주소

http://www.presidency.ucsb.edu

http://cns.miis.edu/pubs/week/pdf/050428.pdf

http://monthly.chosun.com/lecture/view.asp?c_cc=LL&c_idx=95

http://www.un.org/documents/resga.htm

http://www.gpoaccess.gov/sou/index.html

http://secretary.state.gov/www/statements/970211.html

• 국문 웹주소

http://news.empas.com/show.tsp/cp_do/20070305n00757/?kw=%7B%B1%E8%B5%BF%C7%F6+%C5%EB%BF%AA+2002%7D+%7B%B1%E8%B5%BF%C7%F6+%C5%EB%BF%AA+2002%7D+%7B%B1%E8%B5%BF%C7%F6+%C5%EB%BF%AA+2002%7D+%7B%7D

http://kr.ks. yahoo.com/service/ques_reply/ques_view.html?dnum=HAI&qnum=5406873

http://en.wikipedia.org/wiki/Paris_Peace_Accord

찾아보기

ㅅ

ㅇ

ㅈ

ㅊ

ㅋ

ㅌ

ㅍ

ㅎ

▌Abstract ▌

US-DPRK Confrontation:
Cold War Confrontation within the Post-Cold War Era

Dal-Joong Chang, Jung-Chul Lee, Soo-Ho Lim

Many people see the North Korean Nuclear crisis as a preordained event of US-DPRK confrontation. In Korean society almost everyone comprehends the crisis from the viewpoint that the crisis was a "pre-determined" result of the US-DPRK confrontation. Considering their ideological inclinations, the two camps of conservative and progressive are distinct in terms of perspective. While the conservatives see the crisis in terms of a moral dichotomy of good and evil, the liberals view it as a conflict between an imperial hegemony and a minor power, thereby offering a more realistic approach. Nonetheless, both sides share a common ground in that they both regard the North Korean Nuclear crisis as a natural outcome of an asymmetry that characterizes the post-Cold War reality of the Korean Peninsula and the US-DPRK confrontation.

Viewing the North Korean Nuclear crisis as a predestined outcome is unwise, as the crisis on the Korean Peninsula has persisted since the end of the Cold War and is not a coincidence. The argument that supports predetermination is to remain merely a static analysis since it focuses upon confrontation and discord solely within the systematic and structural dimensions, thus regarding the crisis as a 'given' factor. Conscious of this fact, this research observes numerous "words and deeds" traded between North Korea and the U.S. that are hidden behind confrontation and discord. This approach will enable an escape from the trap of predetermination and discover 'opportunities' and 'possibilities' that were buried for the last two decades after the Cold War. Above all, this research has made an effort to provide a balanced discussion as previous arguments have focused on the 'lost opportunities of North Korea' rather than the 'lost opportunities of the U.S.'. No peaceful solution by means of negotiation is likely to be positively considered through a biased perspective that focuses on the evil of the North Korean regime, North Korean misjudgment, and its eccentric brinkmanship strategies.

As for the method and the data, the main subject of analysis consists of primary documents and recordings of the two governments. The fact that the issues and time-setting are still on-going and that the particularity of the North Korea system makes it impossible to use materials such as interviews. Nonetheless, there is a high probability that text-based analysis may lead to a neglect of context or create arbitrary interpretations. In order to overcome such limitations, this research underwent a process of extensive examination of secondary literature as well as cross-checking the literature against primary data. By verifying and supplementing data between North Korea and the U.S., this research focused on vividly reconstructing what had "actually" happened within US-DPRK relations, and on defining theoretical implications. In particular, an attempt was made to overcome the limits of previous studies by devoting efforts to analysis on "words" of the DPRK that have been denounced as mere rhetoric or bluff.

This research consists of *Part I History*, *Part II Issues*. First, *the Part I History* consists of four chapters: Chapter 1: *Cold War End Game and US-DPRK Confrontation*, Chapter 2: *Post-Cold War and Pre-Geneva Agreement Regime*, Chapter 3: *Geneva*

Agreement Regime, and Chapter 4: *Six-Party Talks Regime*. *Part I* examines the viewpoints and perspectives of the author on the North Korean Nuclear crisis. Based on such perspectives, the post-Cold War era is divided into three periods that are analyzed in terms of perceptions of each other between North Korea and the U.S. as well as their reactions; the focuses on whether the decisions of North Korea were rationally based. Evaluation of this subject has been polarized into two arguments, one that evaluates the decisions of North Korea as being greatly inclined to political realism and the other that claims it to be an act of insanity. However, the actual analysis yielded results similar to the opinion of political realism.

With a focus on specific issues, *Part II Issues* advances to a more comprehensive explanation that expands beyond the US-DPRK relations toward an analysis that covers the Korean Peninsula. Chapter 5: *DPRK's Nuclear Deterrence Strategy: the Limited Denuclearization vs. the Complete Denuclearization* presents a meticulous examination of the North Korean nuclear strategy and the technical issues implied by the North Korean Nuclear problem itself. Chapter 6: *The Two Koreas and US: Nation vs. Alliance* analyzes the effects of the US-DPRK relations on or its correlation to inter-Korean relations and ROK-US relations. Such an approach enables a general view that encompasses the North Korean nuclear issue and the Post-Cold War structure within the Korean Peninsula. With a focus on the two Koreas, Chapter 7: *Korean Peninsula Peace Regime: Inter Korean Peace Treaty vs. US-DPRK Peace Treaty* scrutinizes the development of previous discussions on the peace efforts within the Korean Peninsula and the positions held by North and South Korea. It also provides a brief overview and prospect on points of dispute that are discussed in recent times in which the establishment of the peace regime within the Korean Peninsula has become a full-fledged debate. Finally, Chapter 8: *Epilogue: Strategic patience and the Future of Six-Party Talks* provides an analysis on the advent of the Obama administration and the following events that were excluded from the main subject of examination of this book.

The assessment on the degree of achievement by the authors regarding the research objectives is entirely up to the reader. The contributors hope that this research will assist in an accumulation of wisdom that enables the transformation of the future settlement process of the North Korean Nuclear crisis from a simple temporary appeasement to a process that resolves the cause of the crisis itself through the improvement of US-DPRK relations and the establishment of a Korean Peninsula peace regime.

부 록

1. 주요 합의문 및 성명서 원문
2. 북미관계 주요 연표(1990-2009)

1. 주요 합의문 및 성명서 원문

한반도 비핵화 공동선언

1991.12.31

『남과 북은 한반도를 비핵화함으로써 핵전쟁 위험을 제거하고 우리나라의 평화와 평화통일에 유리한 조건과 환경을 조성하며 아시아와 세계의 평화와 안전에 이바지하기 위하여 다음과 같이 선언한다.

1. 남과 북은 핵무기의 시험·제조·생산·접수·보유·저장·배비·사용을 하지 아니한다.
2. 남과 북은 핵에너지를 오직 평화적 목적에만 이용한다.
3. 남과 북은 핵재처리시설과 우라늄농축시설을 보유하지 아니한다.
4. 남과 북은 한반도의 비핵화를 검증하기 위하여 상대측이 선정하고 쌍방이 합의하는 대상들에 대하여 남북핵통제공동위원회가 규정하는 절차와 방법으로 사찰을 실시한다.
5. 남과 북은 이 공동선언의 이행을 위하여 공동선언이 발효된 후 1개월안에 남북핵통제공동위원회를 구성, 운영한다.
6. 이 공동선언은 남과 북이 각기 발효에 필요한 절차를 거쳐 그 문본을 교환한 날부터 효력을 발생한다.

조선민주주의인민공화국－미합중국 공동성명

1993. 6. 11 뉴욕

조선민주주의인민공화국과 미합중국 사이의 정부급회담이 1993년 6월 2일부터 11일사이에 뉴욕에서 진행되였다. 회담에는 조선민주주의인민공화국 정부를 대표하여 강석주 외교부제1부부장을 단장으로 하는 대표단과 미합중국 정부를 대표하여 로버트 엘, 갈루치 국무성차관보를 단장으로 하는 대표단이 참가하였다. 쌍방은 회담에서 조선반도의 핵문제를 근원적으로 해결하는데서 나서는 정책적문제들을 토의하고 핵전파를 방지하기 위한 목적에 부합되게 북남비핵화공동선언에 대한 지지를 표명하였다.

조선민주주의인민공화국과 미합중국은 다음과 같은 원칙들에 합의하였다.

· 핵무기를 포함한 무력을 사용하지 않으며 이러한 무력으로 위협도 하지 않는다는 것을 담보한다.
· 전면적인 담보적용의 공정성보장을 포함하여 조선반도의 비핵화, 평화와 안전을 보장하며 상대방의 자주권을 호상 존중하고 내정에 간섭하지 않는다.
· 조선의 평화적통일을 지지한다.

이러한 원칙들에 준하여 조미쌍방정부들은 평등하고 공정한 기초우에서 대화를 계속하기로 합의하였다.

이와 관련하여 조선민주주의인민공화국정부는 핵무기전파방지조약으로부터의 탈퇴효력을 필요하다고 인정하는만큼 일방적으로 림시 정지시키기로 하였다.

조선민주주의인민공화국과 미합중국사이의 기본합의문

1994. 10. 21 제네바

조선민주주의인민공화국 정부대표단과 미합중국정부대표단은 1994년 9월 23일부터 10월 21일까지 제네바에서 조선반도핵문제의 전면적해결에 관한 회담을 진행하였다.

쌍방은 조선반도의 비핵화, 평화와 안전을 이룩하기 위하여 1994년 8월 12일부 조미합의성명에 명기된 목표들을 달성하며 1993년 6월 11일부 조미공동성명의 원칙들을 견지하는것이 가지는 중요성을 재확인하였다.

조선민주주의인민공화국과 미합중국은 핵문제의 해결을 위하여 다음과 같은 행동조치들을 취하기로 결정하였다.

1. 쌍방은 조선민주주의인민공화국의 흑연감속로와 련관시설들을 경수로발전소들로 교체하기 위하여 협조한다.

1) 미합중국은 1994년 10월 20일부 미합중국 대통령의 담보서한에 따라 2003년까지 총 200만 ㎾ 발전능력의 경수로발전소들을 조선민주주의인민공화국에 제공하기 위한 조치들을 책임지고 취한다.

· 미합중국은 자기의 주도하에 조선민주주의인민공화국에 제공할 경수로발전소 자금과 설비들을 보장하기 위한 국제련합체를 조직한다. 이 국제 련합체를 대표하는 미합중국은 경수로 제공 사업에서 조선민주주의인민공화국의 기본상대자로 된다.

· 미합중국은 련합체를 대표하여 이 합의문이 서명된 날부터 6개월 안에 조선민주주의인민공화국과 경수로제공계약을 체결하기 위하여 최선을 다한다. 계약을 체결하기 위한 협상은 이 합의문이 서명된 후 될수록 빠른 시일 안에 시작된다.

· 조선민주주의인민공화국과 미합중국은 필요에 따라 핵에네르기의 평화적리용분야에서의 쌍무적 협조를 위한 협정을 체결한다.

2) 미합중국은 1994년 10월 20일부 미합중국 대통령의 담보서한에 따라 련합체를 대표하여 1호경수로발전소가 완공될 때까지 조선민주주의인민공화국의 흑연감속로와 련관시설들의 동결에 따르는 에네르기손실을 보상하기 위한 조치들을 취한다.

· 대용 에네르기는 열 및 전기생산용 중유로 제공한다.

· 중유납입은 이 합의문이 서명된 날부터 3개월 안에 시작하며 납입량은 합의된 계획에 따라 매해 50만 t 수준에 이르게 된다.

3) 경수로제공과 대용 에네르기 보장에 대한 미합중국의 담보들을 받은데 따라 조선민주주의인민공화국은 흑연감속로와 련관시설들을 동결하며 궁극적으로 해체한다.

· 조선민주주의인민공화국의 흑연감속로와 련관시설들에 대한 동결은 이 합의문이 서명된 날부터 1개월 안에 완전히 실시된다. 이 1개월간과 그 이후의 동결기간에 조선민주주의인민공화국은 국제원자력기구가 동결상태를 감시하도록 허용하며 기구에 이를 위한 협조를 충분히 제공한다.

· 경수로대상이 완전히 실현되는 때에 조선민주주의인민공화국의 흑연감속로와 련관시설들은 완전히 해체된다.

· 경수로대상건설기간 조선민주주의인민공화국과 미합중국은 5㎿시험원자로에서 나온 페연료의

안전한 보관방도와 조선민주주의인민공화국에서 재처리를 하지 않고 다른 안전한 방법으로 폐연료를 처분하기 위한 방도를 탐구하기 위하여 협조한다.

4) 조선민주주의인민공화국과 미합중국은 이 합의문이 서명된 후 될수록 빠른 시일 안에 두 갈래의 전문가협상을 진행한다.

· 한 전문가협상에서는 대용 에네르기와 관련한 련관 문제들과 그리고 흑연감속로계획을 경수로대상으로 교체하는데서 제기되는 련관 문제들을 토의한다.

· 다른 전문가협상에서는 폐연료의 보관 및 최종처분을 위한 구체적인 조치들을 토의한다.

2. 쌍방은 정치 및 경제관계를 완전히 정상화하는데로 나아간다.

1) 쌍방은 이 합의문이 서명된 후 3개월 안에 통신봉사와 금융결제에 대한 제한조치들의 해소를 포함하여 무역과 투자의 장벽을 완화한다.

2) 쌍방은 전문가협상에서 령사 및 기타 실무적 문제들이 해결되는데 따라 서로 상대방의 수도에 련락사무소들을 개설한다.

3) 조선민주주의인민공화국과 미합중국은 호상 관심사로 되는 문제들의 해결에서 진전이 이루어지는데 따라 쌍무관계를 대사급으로 승격시킨다.

3. 쌍방은 조선반도의 비핵화, 평화와 안전을 위하여 공동으로 노력한다.

1) 미합중국은 핵무기를 사용하지 않으며 핵무기로 위협하지도 않는다는 공식담보를 조선민주주의인민공화국에 제공한다.

2) 조선민주주의인민공화국은 시종일관하게 조선반도의 비핵화에 관한 북남공동선언을 리행하기 위한 조치들을 취한다.

3) 조선민주주의인민공화국은 이 기본합의문에 의하여 대화를 도모하는 분위기가 조성되는데 따라 북남대화를 진행할 것이다.

4. 쌍방은 국제적인 핵전파방지체계를 강화하기 위하여 공동으로 노력한다.

1) 조선민주주의인민공화국은 핵무기전파방지조약의 성원국으로 남아 조약에 따르는 담보협정의 리행을 허용할 것이다.

2) 경수로제공계약이 체결되면 동결되지 않는 시설들에 대한 조선민주주의인민공화국과 국제원자력기구사이의 담보협정에 따르는 정기 및 비정기사찰이 재개된다. 계약이 체결될 때까지는 동결되지 않는 시설들에 대한 담보의 련속성을 보장하기 위한 국제원자력기구의 사찰이 계속된다.

3) 경수로대상의 상당한 부분이 실현된 다음 그리고 주요핵관련부분품들이 납입되기 전에 조선민주주의인민공화국은 국제원자력기구와 자기의 핵물질초기보고서의 정확성 및 안전성검증과 관련한 협상을 진행하고 그에 따라 기구가 필요하다고 간주할 수 있는 모든 조치들을 취하는 것을 포함하여 기구와의 담보협정(회람통보/403)을 완전히 리행한다.

조선민주주의인민공화국 대표단 단장
조선민주주의인민공화국 외교부 제1부부장 강석주
미합중국대표단 단장
미합중국 순회대사 로버트 엘. 갈루치

제네바합의문 비공개 양해각서 전문

북한 외무성 2002. 10. 25 공개

연합뉴스 2002. 10. 25

『미국과 북한간의 '합의의 틀'과 관련하여 쌍방은 이 합의의 틀에 담겨진 사항들의 이행에 참고하기 위하여 다음과 같은 양해사항과 정의에 합의했다.

1. 경수로 사업은 각기 약 1,000㎿/E의 발전용량을 갖는 2기의 원자로로 구성된다. 제2호 원자로의 준공은 제1호 원자로의 준공 후 약 1년 내지 2년 안에 이루어지는 것을 양해한다.
2. 미국 기업이 핵심부품을 공급하는 경우에는 미국과 북한은 그러한 부품의 공급이 이루어지기 전에 평화적 핵 협력을 위한 쌍무 협정을 체결하기로 한다. 그 같은 협정은 경수로사업의 상당한 부분이 이행되기 전에는 이루어지지 않을 것이다.
3. 북한의 흑연감속로와 관련 설비의 동결조치에는 다음의 사항들이 포함된다.
   - 5㎿/E급 시험용 원자로의 연료 재장전 및 가동금지
   - 50㎿/E 및 200㎿/E급 원자로의 건설 중지
   - (사용후 연료의) 재처리 금지
   - '방사화학실험실'의 봉인 및 가동 중지
   - (핵)연료의 가공공장의 가동 중지
4. 북한은 더 이상의 흑연감속형 원자로와 관련 설비를 일체 건설하지 않는다.
5. 이 합의문 서명 후 첫해 중 중유(발전 및 난방용)의 대북한 공급 스케줄은 다음과 같이 합의한다.
   - 3개월 이내 5만t
   - 3개월 이후 1년 이내: 추가로 10만t
   - 그 뒤 매년 50만t
6. '합의의 틀'에 명시된 대로 경수로의 상당 부분이 완성되었을 때 북한은 북한 내에 있는 모든 핵 물질에 관한 북한의 최초보고의 정확성과 완전성을 검증하기 위해 국제원자력기구(IAEA)에 IAEA가 필요하다고 판단하는 추가적인 장소와 정보에의 접근을 허용하는 것을 포함해 안전조치협정을 전면적으로 이행하기로 한다.
7. 이 양해각서와 '합의의 틀'에 언급된 '경수로사업의 상당 부분'은 다음과 같이 해석하기로 한다.
   1) 경수로 사업을 위한 계약의 체결
   2) 경수로 부지의 준비와 굴착의 완료와 경수로 사업용 건설을 지원하기 위한 설비 준비의 완료
   3) 선정된 경수로 부지에 건설할 공장의 최초 설계도면 완성
   4) 사업계획과 일정에 의거한 제1호 원자로의 주요 부품의 확정과 가공
   5) 사업 계획과 일정에 의거한 터빈과 발전기를 포함한 제1호 원자로용 비핵 주요부품의 인도
   6) 사업계획과 일정에 정해진 진도에 따른 제1호 원자로용 터빈 수용 건물 및 부속 건물의 완공
   7) 핵 증기공급 시스템용 부품 공급이 시작될 수 있을 단계까지의 제1호 원자로의 원자로용 건물과 그 부속건물의 완공
   8) 사업계획과 일정에 따른 제2호 원자로의 토목공사와 부품의 가공 및 인도
8. 제1호 원자로가 완공되면 북한은 동결상태의 흑연감속로와 관련 설비들의 해체에 착수하며 그 같은 해체작업은 제2호 원자로가 준공될 때 완료하기로 한다. 북한의 동결된 흑연감속로와 관련 설비의 해체

는 그 설비의 해체나 파괴를 통하여 그 부품과 장비들이 더 이상 사용될 수 없도록 하는 것을 의미한다.

9. 제1호 원자로의 주요 핵심부품의 인도가 시작되면 북한으로부터의 사용 후 연료의 최종처리를 위한 국외 반출을 개시하여 제1호 원자로가 준공될 때 완료하기로 한다. 미국과의 협의를 거쳐 기술적 및 안전상의 고려가 요구되는 기간 안에 북한은 최종적 국외반출을 가능하게 할 사용 후 연료 보관방법을 결정하고 이를 이행하기로 한다.
10. 이 양해각서와 '합의의 틀'에서 언급되는 '주요 핵심부품'은 핵공급 그룹(N UCLEAR SUPPLIERS GROUP)의 수출통제품목(EXPORT TRIGGER LIST)에 의하여 통제되는 부품을 의미하는 것으로 한다.

조선민주주의인민공화국과 미합중국사이의 공동콤뮤니케

2000. 10. 9 워싱톤

조선민주주의인민공화국 국방위원회 김정일위원장의 특사인 국방위원회 제1부위원장인 조명록차수가 2000년 10월 9일부터 12일까지 미합중국을 방문하였다.

방문기간 국방위원회 김정일위원장께서 보내시는 친서와 조미관계에 대한 그이의 의사를 조명록특사가 미합중국 윌리암 클린톤대통령에게 직접 전달하였다. 조명록특사와 일행은 매덜레인 알브라이트 국무장관과 윌리암 코헨국방장관을 비롯한 미행정부의 고위관리들을 만나 공동의 관심사로 되는 문제들에 대하여 폭넓은 의견교환을 진행하였다.

쌍방은 조선민주주의인민공화국과 미합중국사이의 관계를 전면적으로 개선시킬수 있는 새로운 기회들이 조성된데 대하여 심도 있게 검토하였다. 회담들은 진지하고 건설적이며 실무적인 분위기속에서 진행되였으며 이 과정을 통하여 서로의 관심사들에 대하여 더 잘 리해할수 있게 되였다.

조선민주주의인민공화국과 미합중국은 력사적인 북남최고위급상봉에 의하여 조선반도의 환경이 변화되였다는것을 인정하면서 아시아태평양지역의 평화와 안전을 강화하는데 리롭게 두 나라 사이의 쌍무관계를 근본적으로 개선하는 조치들을 취하기로 결정하였다. 이와 관련하여 쌍방은 조선반도에서 긴장상태를 완화하고 1953년의 정전협정을 공고한 평화보장체계로 바꾸어 조선전쟁을 공식 종식시키는데서 4자회담 등 여러가지 방도들이 있다는데 대하여 견해를 같이하였다.

조선민주주의인민공화국측과 미합중국측은 관계를 개선하는 것이 국가들사이의 관계에서 자연스러운 목표로 되며 관계개선이 21세기에 두 나라 인민들에게 다같이 리익으로 되는 동시에 조선반도와 아시아태평양지역의 평화와 안전도 보장하게 될것이라고 인정하면서 쌍무관계에서 새로운 방향을 취할 용의가 있다고 선언하였다.

첫 중대조치로서 쌍방은 그 어느 정부도 타방에 대하여 적대적의사를 가지지 않을것이라고 선언하고 앞으로 과거의 적대감에서 벗어 난 새로운 관계를 수립하기 위하여 모든 노력을 다 할것이라는 공약을 확언하였다.

쌍방은 1993년 6월11일부 조미공동성명에 지적되고 1994년 10월21일부 기본합의문에서 재확인된 원칙들에 기초하여 불신을 해소하고 호상신뢰를 이룩하며 주요관심사들을 건설적으로 다루어 나갈수 있는 분위기를 유지하기 위하여 노력하기로 합의하였다.

이와 관련하여 쌍방은 두 나라 사이의 관계가 자주권에 대한 호상존중과 내정불간섭의 원칙에 기초하여야 한다는것을 재확언하면서 쌍무적 및 다무적공간을 통한 외교적접촉을 정상적으로 유지하는것이

유익하다는데 대하여 류의하였다. 쌍방은 호혜적인 경제협조와 교류를 발전시키기 위하여 협력하기로 합의하였다. 쌍방은 두 나라 인민들에게 유익하고 동북아시아전반에서의 경제적협조를 확대하는데 유리한 환경을 마련하는데 기여 하게 될 무역 및 상업가능성들을 탐구하기 위하여 가까운 시일안에 경제무역전문가들의 호상방문을 실현하는 문제를 토의하였다.

쌍방은 미싸일문제의 해결이 조미관계의 근본적인 개선과 아시아태평양지역에서의 평화와 안전에 중요한 기여를 할것이라는데 대하여 견해를 같이하였다.

조선민주주의인민공화국측은 새로운 관계구축을 위한 또 하나의 노력으로 미싸일문제와 관련한 회담이 계속되는 동안에는 모든 장거리미싸일들을 발사하지 않을것이라는데 대하여 미국측에 통보하였다.

조선민주주의인민공화국과 미합중국은 기본합의문에 따르는 자기들의 의무를 완전히 리행하기 위한 공약과 노력을 배가할것을 확약하면서 이렇게 하는것이 조선반도의 비핵평화와 안전을 이룩하는데 중요하다는것을 굳게 확언하였다.

이를 위하여 쌍방은 기본합의문에 따르는 의무리행을 보다 명백히 할데 대하여 견해를 같이하였다.

이와 관련하여 쌍방은 금창리지하시설에 대한 접근이 미국의 우려를 해소하는데 유익하였다는데 대하여 류의하였다.

쌍방은 최근년간 공동의 관심사로 되는 인도주의분야에서 협조사업이 시작되였다는데 대하여 류의하였다. 조선민주주의인민공화국측은 미합중국이 식량 및 의약품지원분야에서 조선민주주의인민공화국의 인도주의적수요를 충족시키는데 의의있는 기여를 한데 대하여 사의를 표하였다.

미합중국측은 조선민주주의인민공화국이 조선전쟁시기 실종된 미군병사들의 유골을 발굴하는데 협조하여준데 대하여 사의를 표하였으며 쌍방은 실종자들의 행처를 가능한 최대로 조사확인하는 사업을 신속히 전진시키기 위하여 노력하기로 합의하였다. 쌍방은 이상의 문제들과 기타 인도주의문제들을 토의하기 위한 접촉을 계속하기로 합의하였다.

쌍방은 2000년 10월6일 공동성명에 지적된바와 같이 테로를 반대하는 국제적노력을 지지고무하기로 합의하였다.

조명록특사는 력사적인 북남최고위급상봉결과를 비롯하여 최근 몇개월사이의 북남대화상황에 대하여 미국측에 통보하였다.

미합중국측은 현행 북남대화의 계속적인 전진과 성과 그리고 안보대화의 강화를 포함한 북남사이의 화해와 협조를 강화하기 위한 발기들의 실현을 위하여 모든 적절한 방법으로 협조할 자기의 확고한 공약을 포명하였다.

조명록특사는 클린톤대통령과 미국인민이 방문기간 따뜻한 환대를 베풀어준데 대하여 사의를 표하였다.

조선민주주의인민공화국 국방위원회 김정일위원장께 윌리암 클린톤대통령의 의사를 직접 전달하며 미합중국대통령의 방문을 준비하기 위하여 매들레인 알브라이트 국무장관이 가까운 시일에 조선민주주의인민공화국을 방문하기로 합의하였다.

2000년 10월12일
워싱톤

제1차 6자회담
〈의장국(주최국) 요약발표문〉

2003.8.29

1. 6개국은 북핵문제를 대화로써 평화적으로 해결해야 한다는 희망을 표명하고, 이런 평화적 해결을 통해 한반도의 평화안정을 확보해야 한다는데 공감했다. 이런 전제하에 한반도 비핵화는 기필코 실현돼야 한다는 것도 공감했다.
2. 아울러 북한이 갖고 있는 안보우려도 해결해야 할 필요성이 있다는데도 공감대가 형성됐다.
3. 북핵 문제를 해결하는 방법은 단계별 병행적 포괄적으로 해결해야 한다는데도 공감대가 형성됐다.
4. 이러한 협상이 진행되고 평화적으로 해결되기 위해서는 사태를 악화시키는 행동은 하지 말아야 한다는 데도 의견이 일치를 봤다.
5. 6개국은 대화를 통한 해결을 위해 차이점 보다는 공통점을 확대해 나가기로 했다.
6. 6개국은 6자회담을 계속해 나가기로 합의하고, 2차회담의 날짜와 장소는 외교 채널을 통해 협의하기로 했다.

제2차 6자회담 〈의장성명〉

2004.2.28

1. 제 2차 6차회담이 베이징에서 중국, 북한, 일본, 한국, 러시아, 미국 사이에 2004년 2월 25부터 28일까지 개최됐다.
2. 각 대표단의 수석대표는 중국 왕이 외교부 부부장, 북한 김계관 외무성 부상, 일본 아부나카 미토지 아시아.대양주 국장, 한국 이수혁 외교통상부 차관보, 러시아 알렉산드르 로슈코프 외무차관, 미국 제임스 켈리 국무부 동아.태담당 차관보가 참석했다.
3. 6개국은 2차 6자회담에서 실질적인 문제에 관해 유익하고 긍정적인 협의가 개시됐고 또 모든 참가국들의 협의태도가 진지했다는 데 의견을 같이 했다. 회담을 통해 아직 차이점은 남아 있으나 참가국들은 상호입장에 대한 이해를 증진했다.
4. 6개국은 한반도와 이 지역 전체의 평화와 안정을 유지하기 위해 핵무기 없는 한반도에 대해 그리고 상호존중의 정신에 입각한 대화와 평등에 기초한 협의를 통한 핵문제의 평화적 해결에 대해 의지를 표명했다.
5. 6개국은 평화적으로 공존하고자 하는 의지를 표명했다. 6개국은 핵문제 및 관련된 관심사를 다루는데 있어서 상호 조율된 조치를 취하기로 합의했다.
6. 6개국은 대화 과정을 계속하기로 합의했고 2004년도 2분기 내 베이징에서 제3차 6자회담 전체회의를 개최하기로 원칙적으로 합의했다. 참가국들은 전체회의의 준비를 위한 실무그룹을 구성하기로 합의했다. 실무그룹의 임무 등은 외교적 경로를 통해 결정될 것이다.
7. 북한과 일본, 한국, 러시아, 미국 대표단은 중국 측이 두 번에 걸친 6자회담의 성공적인 개최를 위해 노력한데 대해 사의를 표명했다.

제3차 6자회담 〈의장성명〉

2004.6.26

1. 제3차 6자회담이 중화인민공화국, 조선민주주의인민공화국, 일본, 대한민국, 러시아연방, 미합중국 사이에 2004년 6월 23일-26일간 북경에서 개최되었다.
2. 각 대표단의 수석대표는 중화인민공화국 왕이 외교부 부부장, 조선민주주의인민공화국 김계관 외무성 부상, 일본 야부나카 미토지 외무성 아주국장, 대한민국 이수혁 외교통상부 차관보, 러시아연방 알렉산더 알렉세에프 외교부 특사, 미합중국 제임스 켈리 국무부 동아시아.태평양 차관보이었다.
3. 제3차 6자회담을 준비하기 위하여, 두 차례의 실무그룹회의가 5월 12일-15일 및 6월 21일-22간 북경에서 개최되었다. 참가국들은 실무그룹회의 운영에 관한 개념 문건을 승인하였다.
4. 제3차 회담 중에 참가국들은 건설적·실용적·실질적인 토의를 가졌다. 제2차 회담 의장성명에 반영되어 있는 컨센서스에 기초하여, 참가국들은 한반도 비핵화 목표에 대한 의지를 재확인하였으며, 그 목표를 향하여 가능한 한 조속히 초기 조치들을 취할 조치의 필요성을 강조하였다.
5. 참가국들은 핵문제의 평화적 해결을 위하여 "말 대 말", "행동 대 행동"의 단계적인 과정에 대한 필요성을 강조하였다.
6. 이러한 맥락에서, 제안, 의견, 건의들이 모든 참가국들에 의하여 제의되었다. 참가국들은 이러한 제안, 의견, 건의들의 제출을 환영하고, 향후 작업에 유용한 기초가 될 공통 요소들이 있다는데 주목하면서, 참가국들간의 사이에 이견이 남아 있다는 데에도 유의하였다. 참가국들은 공통의 기반을 확대하고 기존 차이점을 줄여 나가기 위해 추가 토의가 필요하다는데 의견을 같이 하였다.
7. 참가국들은 제4차 6자회담을 9월말 이전에 북경에서 개최하자는데 원칙적으로 합의하고 일자는 실무그룹의 진행을 고려하여 외교경로를 통해 결정하기로 하였다. 참가국들은 실무그룹이 가능한 가장 빠른 날짜에 개최되어 비핵화를 위한 초기조치들로서, 범위, 기간, 검증과 상응조치를 정의하며, 적절한 대로 제4차 회담에 건의를 하기로 하였다.
8. 조선민주주의인민공화국, 일본, 대한민국, 러시아연방, 미합중국 대표단들은 중국측이 제3차 회담의 성공을 위하여 기울인 노력에 대하여 사의를 표명하였다.

제4차 6자회담 9·19 공동성명

2005.9.19

제4차 6자회담이 베이징에서 중화인민공화국, 조선민주주의인민공화국, 일본, 대한민국, 러시아연방, 미합중국이 참석한 가운데 2005년 7월 26일부터 8월 7일까지 그리고 9월 13일부터 19일까지 개최되었다.

우다웨이 중화인민공화국 외교부 부부장, 김계관 조선민주주의인민공화국 외무성 부상, 사사에 켄이치로 일본 외무성 아시아대양주 국장, 송민순 대한민국 외교통상부 차관보, 알렉세예프 러시아 외무부 차관, 그리고 크리스토퍼 힐 미합중국 국무부 동아태 차관보가 각 대표단의 수석대표로 동 회담에 참석하였다.

우다웨이 부부장은 동 회담의 의장을 맡았다.

한반도와 동북아시아 전반의 평화와 안정이라는 대의를 위해, 6자는 상호 존중과 평등의 정신하에, 지난 3회에 걸친 회담에서 이루어진 공동의 이해를 기반으로, 한반도의 비핵화에 대해 진지하면서도 실질적인 회담을 가졌으며, 이러한 맥락에서 다음과 같이 합의하였다.

1. 6자는 6자회담의 목표가 한반도의 검증가능한 비핵화를 평화적인 방법으로 달성하는 것임을 만장일치로 재확인하였다.
   조선민주주의인민공화국은 모든 핵무기와 현존하는 핵계획을 포기할 것과, 조속한 시일 내에 핵확산금지조약(NPT)과 국제원자력기구(IAEA)의 안전조치에 복귀할 것을 공약하였다.
   미합중국은 한반도에 핵무기를 갖고 있지 않으며, 핵무기 또는 재래식 무기로 조선민주주의인민공화국을 공격 또는 침공할 의사가 없다는 것을 확인하였다.
   대한민국은 자국 영토 내에 핵무기가 존재하지 않는다는 것을 확인하면서, 1992년도 「한반도의 비핵화에 관한 남.북 공동선언」에 따라, 핵무기를 접수 또는 배비하지 않겠다는 공약을 재확인하였다.
   1992년도 「한반도의 비핵화에 관한 남.북 공동선언」은 준수, 이행되어야 한다.
   조선민주주의인민공화국은 핵에너지의 평화적 이용에 관한 권리를 가지고 있다고 밝혔다. 여타 당사국들은 이에 대한 존중을 표명하였고, 적절한 시기에 조선민주주의인민공화국에 대한 경수로 제공 문제에 대해 논의하는데 동의하였다.
2. 6자는 상호 관계에 있어 국제연합헌장의 목적과 원칙 및 국제관계에서 인정된 규범을 준수할 것을 약속하였다.
   조선민주주의인민공화국과 미합중국은 상호 주권을 존중하고, 평화적으로 공존하며, 각자의 정책에 따라 관계정상화를 위한 조치를 취할 것을 약속하였다.
   조선민주주의인민공화국과 일본은 평양선언에 따라, 불행했던 과거와 현안사항의 해결을 기초로 하여 관계 정상화를 위한 조치를 취할 것을 약속하였다.
3. 6자는 에너지, 교역 및 투자 분야에서의 경제협력을 양자 및 다자적으로 증진시킬 것을 약속하였다.
   중화인민공화국, 일본, 대한민국, 러시아연방 및 미합중국은 조선민주주의인민공화국에 대해 에너지 지원을 제공할 용의를 표명하였다.
   대한민국은 조선민주주의인민공화국에 대한 2백만 킬로와트의 전력공급에 관한 2005.7.12자 제안을 재확인하였다.
4. 6자는 동북아시아의 항구적인 평화와 안정을 위해 공동 노력할 것을 공약하였다.
   직접 관련 당사국들은 적절한 별도 포럼에서 한반도의 항구적 평화체제에 관한 협상을 가질 것이다.
   6자는 동북아시아에서의 안보협력 증진을 위한 방안과 수단을 모색하기로 합의하였다.
5. 6자는 '공약 대 공약', '행동 대 행동' 원칙에 입각하여 단계적 방식으로 상기 합의의 이행을 위해 상호조율된 조치를 취할 것을 합의하였다.
6. 6자는 제5차 6자회담을 11월초 북경에서 협의를 통해 결정되는 일자에 개최하기로 합의하였다.

제5차 6자회담 1단계회의 〈의장성명〉

2005.11.13

제5차 6자회담 1단계회의가 2005.11.9-11간 북경에서 개최되었다. 관련국들은 진지하고, 실용적이며, 건설적인 토의를 가졌으며, 제4차 6자회담 공동성명 이행 방안에 관한 제안들을 제시하였다.

관련국들은 검증 가능한 한반도 비핵화를 조속히 실현하고 한반도 및 동북아의 항구적인 평화와 안정에 기여하기 위하여 '공약 대 공약', '행동 대 행동' 원칙에 따라 공동성명을 전면적으로 이행할 것임을 재확인하였다.

관련국들은 신뢰구축을 통해 공동성명을 포괄적으로 이행하고, 다양한 분야에서의 모든 공약들을 실천하고, 시의적절하고 조율된 방식에 따라 이행 과정을 개시하고 완결지으며, 협력을 통해 균형된 이익과 모두가 승자가 되는 결과를 성취할 의지가 있음을 강조하였다.

관련국들은 상기 언급된 정신에 따라 공동성명 이행을 위한 구체적인 계획, 조치 및 순서들을 만들기로 합의하였다.

관련국들은 제5차 6자회담 2단계회의를 가능한 가장 빠른 일자에 개최키로 합의하였다.

제5차 6자회담 2단계회의 〈의장성명〉

2006.12.22

제5차 6자회담 2단계회의가 2006.12.18-22간 북경에서 개최되었음.

각측은 6자회담 관련 상황의 변화와 진전사항을 재검토하고 대화를 통한 평화적인 한반도 비핵화 달성의 공동목표와 의지를 재확인하였음. 각측은 2005.9.19 공동성명상 의무를 성실하게 이행해 나갈 것임을 재확인하였으며, 행동 대 행동 원칙에 따라 단계적인 방식으로 가능한 한 조속히 공동성명 이행을 위한 조율된 조치를 취해 나가기로 합의하였음.

각측은 공동성명 이행을 위한 조치들과 초기단계에서 각측이 취할 행동에 관해 유익한 논의를 가졌으며, 몇가지 새로운 방안들을 제시하였음. 각측은 집중적인 양자접촉을 통해 각측의 관심사항에 관해 솔직하고 심도있는 의견을 교환하였음.

각측은 휴회하고 본국 정부에 보고하기로 하였으며, 가장 빠른 기회에 회의를 속개하기로 합의하였음.

제5차 6자회담 3단계 회의
9·19 공동성명 이행을 위한 초기조치, 2·13 합의

2007.2.13

제5차 6자회담 3단계회의가 베이징에서 중화인민공화국, 조선민주주의인민공화국, 일본, 대한민국, 러시아연방, 미합중국이 참석한 가운데, 2007년 2월 8일부터 13일까지 개최되었다.

우다웨이 중화인민공화국 외교부 부부장, 김계관 조선민주주의인민공화국 외무성 부상, 사사에 켄이치로 일본 외무성 아시아대양주 국장, 천영우 대한민국 외교통상부 한반도평화교섭본부장, 알렉산더 로슈코프 러시아 외무부 차관, 그리고 크리스토퍼 힐 미합중국 국무부 동아태 차관보가 각 대표단의 수석대표로 동 회담에 참석하였다.

우다웨이 부부장은 동 회담의 의장을 맡았다.

Ⅰ. 참가국들은 2005년 9월 19일 공동성명의 이행을 위해 초기단계에서 각국이 취해야 할 조치에 관하여 진지하고 생산적인 협의를 하였다. 참가국들은 한반도 비핵화를 조기에 평화적으로 달성하기 위한 공동의 목표와 의지를 재확인하였으며, 공동성명상의 공약을 성실히 이행할 것이라는 점을 재확인하였다. 참가국들은 '행동 대 행동'의 원칙에 따라 단계적으로 공동성명을 이행하기 위해 상호 조율된 조치를 취하기로 합의하였다.

Ⅱ. 참가국들은 초기단계에 다음과 같은 조치를 병렬적으로 취하기로 합의하였다.

1. 조선민주주의인민공화국은 궁극적인 포기를 목적으로 재처리 시설을 포함한 영변 핵시설을 폐쇄·봉인하고 IAEA와의 합의에 따라 모든 필요한 감시 및 검증활동을 수행하기 위해 IAEA 요원을 복귀토록 초청한다.
2. 조선민주주의인민공화국은 9.19 공동성명에 따라 포기하도록 되어있는, 사용후 연료봉으로부터 추출된 플루토늄을 포함한 공동성명에 명기된 모든 핵프로그램의 목록을 여타 참가국들과 협의한다.
3. 조선민주주의인민공화국과 미합중국은 양자간 현안을 해결하고 전면적 외교관계로 나아가기 위한 양자대화를 개시한다. 미합중국은 조선민주주의인민공화국을 테러지원국 지정으로부터 해제하기 위한 과정을 개시하고, 조선민주주의인민공화국에 대한 대적성국 교역법 적용을 종료시키기 위한 과정을 진전시켜 나간다.
4. 조선민주주의인민공화국과 일본은 불행한 과거와 미결 관심사안의 해결을 기반으로, 평양선언에 따라 양국관계 정상화를 취해 나가는 것을 목표로 양자대화를 개시한다.
5. 참가국들은 2005년 9월 19일 공동성명의 1조와 3조를 상기하면서, 조선민주주의인민공화국에 대한 경제·에너지·인도적 지원에 협력하기로 합의하였다. 이와 관련, 참가국들은 초기단계에서 조선민주주의인민공화국에 긴급 에너지 지원을 제공하기로 합의하였다. 중유 5만톤 상당의 긴급 에너지 지원의 최초 운송은 60일 이내에 개시된다.

   참가국들은 상기 초기 조치들이 향후 60일 이내에 이행되며, 이러한 목표를 향하여 상호 조율된 조치를 취한다는데 합의하였다.

Ⅲ. 참가국들은 초기조치를 이행하고 공동성명의 완전한 이행을 목표로 다음과 같은 실무그룹(W/G)을 설치하는데 합의하였다.

1. 한반도 비핵화
2. 미·북 관계정상화
3. 일·북 관계정상화
4. 경제 및 에너지 협력
5. 동북아 평화·안보 체제

실무그룹들은 각자의 분야에서 9.19 공동성명의 이행을 위한 구체적 계획을 협의하고 수립한다. 실무그룹들은 각각의 작업진전에 관해 6자회담 수석대표 회의에 보고한다. 원칙적으로 한 실무그룹의 진전은 다른 실무그룹의 진전에 영향을 주지 않는다. 5개 실무그룹에서 만들어진 계획은 상호 조율된 방식으로 전체적으로 이행될 것이다.

참가국들은 모든 실무그룹 회의를 향후 30일이내에 개최하는데 합의하였다.

Ⅳ. 초기조치 기간 및 조선민주주의인민공화국의 모든 핵프로그램에 대한 완전한 신고와 흑연감속로 및 재처리 시설을 포함하는 모든 현존하는 핵시설의 불능화를 포함하는 다음단계 기간중, 조선민주주의인민공화국에 최초 선적분인 중유 5만톤 상당의 지원을 포함한 중유 100만톤 상당의 경제·에너지·인도적 지원이 제공된다.

상기 지원에 대한 세부 사항은 경제 및 에너지 협력 실무그룹의 협의와 적절한 평가를 통해 결정된다.

Ⅴ. 초기조치가 이행되는 대로 6자는 9.19 공동성명의 이행을 확인하고 동북아 안보협력 증진방안 모색을 위한 장관급 회담을 신속하게 개최한다.

Ⅵ. 참가국들은 상호신뢰를 증진시키기 위한 긍정적인 조치를 취하고 동북아에서의 지속적인 평화와 안정을 위한 공동노력을 할 것을 재확인하였다. 직접 관련 당사국들은 적절한 별도 포럼에서 한반도의 항구적 평화체제에 관한 협상을 갖는다.

Ⅶ. 참가국들은 실무그룹의 보고를 청취하고 다음단계 행동에 관한 협의를 위해 제6차 6자회담을 2007년 3월 19일에 개최하기로 합의하였다.

대북 지원부담의 분담에 관한 합의 의사록

미합중국, 중화인민공화국, 러시아연방, 대한민국은 각국 정부의 결정에 따라, Ⅱ조 5항 및 Ⅳ조에 규정된 조선민주주의인민공화국에 대한 지원부담을 평등과 형평의 원칙에 기초하여 분담할 것에 합의하고, 일본이 자국의 우려사항이 다루어지는 대로 동일한 원칙에 따라 참여하기를 기대하며, 또 이 과정에서 국제사회의 참여를 환영한다.

第6차 6자회담 제1단계 회의 〈의장성명〉

2007.3.22

제6차 6자회담 1단계회의가 2007년 3월 19일에서 22일까지 북경에서 개최되었다.

각측은 5개 실무그룹의 보고를 청취하고, 초기조치 이행 및 다음단계 행동계획에 대한 논의를 진행하였다.

각측은 6자회담 과정을 계속 진전시켜 나가기로 합의하였다. 각측은 2005.9.19 공동성명 및 2007.2.13 『공동성명 이행을 위한 초기조치』상의 공약을 성실히 이행할 것임을 재확인하였다.

각측은 휴회에 합의하였으며, 다음단계 행동계획을 지속적으로 논의하고 수립해 나가기 위해 가능한 가장 빠른 기회에 회담을 재개할 것이다.

第6차 6자회담
9.19 공동성명 이행을 위한 제2단계조치, 10·3 합의

2007.10.3

제6차 6자회담 2단계회의가 베이징에서 중화인민공화국, 조선민주주의인민공화국, 일본, 대한민국, 러시아연방, 미합중국이 참석한 가운데, 2007년 9월 27일부터 30일까지 개최되었다.

우다웨이 중화인민공화국 외교부 부부장, 김계관 조선민주주의인민공화국 외무성 부상, 사사에 켄이치로 일본 외무성 아시아대양주국장, 천영우 대한민국 외교통상부 한반도평화교섭본부장, 알렉산더 로슈코프 러시아 외무부 차관, 그리고 크리스토퍼 힐 미합중국 국무부 동아태 차관보가 각 대표단의 수석대표로 동 회담에 참석하였다.

우다웨이 부부장은 동 회담의 의장을 맡았다.

참가국들은 5개 실무그룹의 보고를 청취, 승인하였으며, 2.13 합의상의 초기조치 이행을 확인하였고, 실무그룹회의에서 도달한 컨센서스에 따라 6자회담 과정을 진전시켜 나가기로 합의하였으며, 또한 평화적인 방법에 의한 한반도의 검증가능한 비핵화를 목표로 하는 9.19 공동성명의 이행을 위한 제2단계 조치에 관한 합의에 도달하였다.

Ⅰ. 한반도 비핵화

1. 조선민주주의인민공화국은 9.19 공동성명과 2.13 합의에 따라 포기하기로 되어 있는 모든 현존하는 핵시설을 불능화하기로 합의하였다.

영변의 5MWe 실험용 원자로, 재처리시설(방사화학실험실) 및 핵연료봉 제조시설의 불능화는 2007년 12월 31일까지 완료될 것이다. 전문가 그룹이 권고하는 구체 조치들은, 모든 참가국들에게 수용 가능하고, 과학적이고, 안전하고, 검증가능하며, 또한 국제적 기준에 부합되어야 한다는 원칙들에 따라 수석대표들에 의해 채택될 것이다. 여타 참가국들의 요청에 따라, 미합중국은 불능화 활동을 주도하고, 이러한 활동을 위한 초기 자금을 제공할 것이다. 첫번째 조치로서, 미합중국측은 불능화를 준비하기 위해 향후 2

주내에 조선민주주의인민공화국을 방문할 전문가 그룹을 이끌 것이다.

2. 조선민주주의인민공화국은 2.13 합의에 따라 모든 자국의 핵프로그램에 대해 완전하고 정확한 신고를 2007년 12월 31일까지 제공하기로 합의하였다.
3. 조선민주주의인민공화국은 핵 물질, 기술 또는 노하우를 이전하지 않는다는 공약을 재확인하였다.

Ⅱ. 관련국간 관계정상화

1. 조선민주주의인민공화국과 미합중국은 양자관계를 개선하고 전면적 외교관계로 나아간다는 공약을 유지한다. 양측은 양자간 교류를 증대하고, 상호 신뢰를 증진시킬 것이다. 조선민주주의인민공화국을 테러지원국 지정으로부터 해제하기 위한 과정을 개시하고 또 조선민주주의인민공화국에 대한 대적성국 교역법 적용을 종료시키기 위한 과정을 진전시켜나간다는 공약을 상기하면서, 미합중국은 미·북 관계정상화 실무그룹 회의를 통해 도달한 컨센서스에 기초하여, 조선민주주의인민공화국의 조치들과 병렬적으로 조선민주주의인민공화국에 대한 공약을 완수할 것이다.
2. 조선민주주의인민공화국과 일본은 불행한 과거 및 미결 관심사안의 해결을 기반으로, 평양선언에 따라 양국관계를 신속하게 정상화하기 위해 진지한 노력을 할 것이다. 조선민주주의인민공화국과 일본은 양측간의 집중적인 협의를 통해, 이러한 목적 달성을 위한 구체적인 조치를 취해 나갈 것을 공약하였다.

Ⅲ. 조선민주주의인민공화국에 대한 경제 및 에너지 지원

2.13 합의에 따라, 중유 100만톤 상당의 경제·에너지·인도적 지원(기전달된 중유 10만톤 포함)이 조선민주주의인민공화국에 제공될 것이다. 구체 사항은 경제 및 에너지협력 실무그룹에서의 논의를 통해 최종 결정될 것이다.

Ⅳ. 6자 외교장관회담

참가국들은 적절한 시기에 북경에서 6자 외교장관회담이 개최될 것임을 재확인하였다.

참가국들은 외교장관회담 이전에 동 회담의 의제를 협의하기 위해 수석대표 회의를 개최하기로 합의하였다.

2. 북미관계 주요 연표(1990-2009)

1990. 2.26	북한, 원자력발전소 건설 최초인정. 핵무기 개발은 부정: <조선중앙통신>
1990. 3. 6	IAEA 이사회, 대북 안전협정 체결 권고
1990. 5.24	북한, 최고인민회의, "주한미군 점진적 철수론" 발표
1990. 5.30	북한, 제10차 북미 참사관 회의 '주한미군 단계적 철수론' 미국 측에 직접 전달
1990. 5.31	북한, <조선반도의 평화를 위한 군축제안>
1990. 9.28	조선노동당·일본자민당·일본사회당: <3당공동선언>
1990.11.16	북한, IAEA 안전협정 서명의 전제조건으로 소극적 안전보장만 요구
1991	북한, 5MWe 흑연감속로 50일간 가동중단
1991. 1.17	걸프전 발발 (~2.27)
1991. 3.25	북한, "정전협정 무력화" 군사정전위 본회의 참석거부
1991. 4	한국, 유엔 단독가입 의사 표명
1991. 5.22	북한, 중립국 감시위원회 무용론 주장
1991. 5.27	북한, 유엔가입 의사 발표
1991. 6.10	북한, 안전협정에 무조건 서명 의사 표명
1991. 7.16	북한, IAEA 안전협정 가서명
1991. 7.30	북한, <조선반도의 비핵화를 위한 새로운 제안> 발표
	* 남북이 공동으로 비핵지대화를 선포하고, '미·중·러'가 법적 보장
1991. 9.12	북한, IAEA 정식서명 전제조건으로 주한미군 핵철수 다시 제기
	* IAEA 이사회, 대북 안전협정 서명 촉구 결의안 채택
1991. 9.17	남북 유엔동시가입
1991. 9.27	미국, 부시大 전술핵무기 철수선언
1991.11.8	한국, 노태우大, <한반도 비핵화와 평화군축을 위한 선언>
	* 남북 모두 핵무기의 제조, 보유, 저장, 배비, 사용 금지
1991.11.11	한미 92년 팀스피리트훈련 중단 결정
1991.11.25	북한, 주한미군 핵무기의 철수시작 확인 시 전면 안전조치 조인 의사 표명
1991.12.13	제5차 남북고위급회담. 남북기본합의서 채택
1991.12.18	한국, 노태우大, 핵부재선언
1991.12.23	북한, IAEA 안전협정 무조건 서명 용의 표명
	* 단, IAEA사찰과 남북동시사찰 동시진행 요구
1991.12.24	조선노동당 중앙위원회 제6기 19차 전원회의
1992. 1. 6	미국, 부시大 북미접촉 수준 격상 시사
1992. 1.20	한반도비핵화 공동선언
1992. 1.22	김용순-캔터 회담 (*북미 간 최초의 고위급회담)

1992. 1.30	북한, IAEA 안전협정 정식서명 (1992.4.10 발효)
1992. 3.4	미국, 북한 핵문제 해결 시까지 주한 미군 철수 보류 언급
1992. 4.10	북한, IAEA 핵안전협정 발효 (*1992.5.4. 북한, IAEA에 시초보고서 제출)
1992. 5	제1핵폐기물저장소 은폐 및 신핵폐기물저장소 급조
	북러 원자로공급협정 중단
1992. 5.11–16	한스블릭스 IAEA 사무총장 방북
	* 재처리 시설 확인, 소규모 재처리 시설 은닉 가능성 시사
1992. 5.26–6.5	IAEA 1차 임시사찰
1992. 6.15–19	IAEA 정기 이사회, 북한 IAEA 사찰 성실 이행과 상호 사찰 실시 촉구
1992. 6.21	북미 고위급 회담. 릴리 차관, 허종 부 대사에게 상호 핵사찰 수용 촉구
1992. 7.7–20	IAEA 2차 임시사찰, 시초보고서와의 불일치 발견
1992. 9	북한, 북미고위급회담 요구. 미국 거절.
1992. 9.1–11	IAEA 3차 임시사찰
1992.10.8	한미, 93년 팀스피리트훈련 재개 결정
1992.10.27	"정부·정당·단체 연석회의" 팀스피리트훈련을 이유로 모든 남북관계 동결 위협
1992.11.3	북한, 팀스피리트 훈련 재개 시 IAEA 사찰 보이콧 성명
1992.11.2–14	IAEA 4차 임시사찰
1992.12.14–20	IAEA 5차 임시사찰
	* IAEA, 2개 미신고시설에 대한 시료채취 요구. 북한 거부
1992.12.17	제13차 남북핵통제공동위원회 회의
1993. 1.26	한미, 93 팀스프리트 훈련 실시 발표
1993. 1.26–2.6	IAEA 6차 임시사찰
	* IAEA, 2개 미신고시설에 대한 시료채취 요구. 북한 거부
1993. 1.29	고위급회담 북측대표단, 모든 남북대화 중단 발표
1993. 2. 9	IAEA, 대북 특별사찰 요구. 북한 거절
1993. 2.25	IAEA 대북 특별사찰 결의안 채택
1993. 3. 8	북한, 준전시상태 선포
1993. 3. 9–18	한미, 93년도 팀스피리트훈련 시행
1993. 3.12	북한, NPT 탈퇴선언, 특별사찰과 팀스프리트 훈련 재개에 대한 반발
1993. 3.17	북한, 유엔주재 부대사 허종, 탈퇴재고의 전제조건 밝힘
	* 팀스피리트훈련 영구중단, 미군 핵기지 완전공개, 소극적 안전보장
1993. 3.18	IAEA 특별이사회, 대북한결의안 채택
1993. 3.29	북한, 사태해결을 위한 북미협상 제안
1993. 4. 1	IAEA, 북핵 문제 안보리 회부
1993. 4. 5	북한, "안전조치의 연속성" 차원의 제한적 사찰(감시활동) 허용 발표. 임시 및 일반사찰 거부
1993. 4. 8	안보리 의장성명
	* NPT 복귀 및 안전협정 이행 촉구
	* 제재결의안이 아닌 "사태를 주시하겠다"는 의장성명

1993. 4. 9	김정일, 국방위원장 취임
1993. 4.15	미국, 북미 고위급회담 제안
1993. 5.10–14	IAEA 제한적 사찰 실시
1993. 5.11	안보리 대북결의안
	* NPT 복귀 및 안전협정 이행 촉구
	* "필요하다면 추가조치 검토"
	* 북미접촉에 대한 환영의사 표명
1993. 5.17	북미 고위급회담 합의
1993. 5.29	북한, 첫 번째 핵탄두미사일 노동미사일(MRBM) 시험발사
1993. 6. 2–11	제1차 북미고위급회담 (강석주-갈루치)
	* 북미공동발표문 채택(6.11)
	* 북한 NPT 탈퇴유보("탈퇴를 유보한 특수지위") 합의
1993. 6. 3	북한, 박길연 UN 대사, UN제재 조치 시 '한국전쟁' 재발 발언
1993. 6. 4	제1단계 2차 북미회담
1993. 6.10	제1단계 3차 북미회담
1993. 6.11	북미, 북한 NPT탈퇴 유보 공동성명 발표
1993. 6.14	한국, 팀 스프리트 훈련 중단 발표
1993. 7.14–19	제2차 북미고위급회담
	* 북한, 흑연감속로의 경수로 대체 공식 제안. 미국, 지지의사 표명
	* 북한, IAEA 및 한국과의 협의 재개 합의
1993. 8	북한-IAEA 사찰협상 재개
1993. 8. 4	북한, 영변의 핵폐기 시설 사찰 거부
1993. 9.13	미 하원, 대북 무역 금융 제재 결의안 채택
1993.10. 1	IAEA 제37차 총회, 핵안전협정의 완전한 이행 촉구를 위한 대북 결의안 채택
1993.10.12	북한, 비공식적으로 일괄타결안 제안
1993.12.29	북미, 뉴욕 추가 접촉서 핵사찰 수용 합의
1993. 1. 7	북-IAEA 사찰 협상
1994. 2.15	IAEA, 북한 핵사찰 수용 발표
1994. 2.25	북한, 3월 1일 사찰 개시에 동의
1993. 3. 3	미국, 팀 스프리트 훈련 중단. 3단계 회담 발표
1994. 3.14	IAEA, 사찰단 철수
1994. 3.19	북한, "서울 불바다" 발언
1994. 3.21	IAEA, 북핵문제 안보리회부 결의안 통과
	북한, 북미고위급회담 재개 및 팀스피리트훈련 중단이 없으면 "NPT 완전탈퇴 경고"
1994. 3.31	안보리 의장성명
	* IAEA 사찰, 남북대화, 북미접촉 촉구
	* "필요시 추가조치 고려"
	* 중국 동참 (중국이 반대나 기권하지 않은 최초의 사례)
1994. 4.27	북한, "조만간" 5MWe 원자로 연료봉 교체 작업 시작 발표

1994. 4.28 북한, 정전협정을 대체할 <새로운 평화보장체계> 제안, 군사정전위에서 대표단 철수

1994. 5. 8 북한, 사용 후 핵-연료봉 추출

1994. 5.17 IAEA 세 사찰단 북한 도착

1994. 5.13 북한, 8,000개 연료봉 교체 작업 시작

1994. 5.24 군사정전위원회 대신할 '조선인민군 판문점 대표부' 설치 통보

1994. 6. 3 한스블릭스 IAEA 사무총장, 안보리 보고
* "북한의 연료봉 무작위 인출로 과거 핵 전용여부를 검증하는 것이 불가능해졌다"

1994. 6.10 IAEA, 대북 기술협력 중단 결의안 채택(채택)

1994. 6.13 북한, IAEA 탈퇴선언. "안전조치 연속성" 차원의 제한사찰도 거부

1994. 6.15 카터 방북(15-18)

1994. 6.16 페리 국방장관, 대북 군사옵션 보고

1994. 7. 9 김일성 사망

1994 .8. 5-12 제3차 북미고위급회담 1단계 회담

1994. 9. 23-10.21 제3차 북미고위급회담 2단계회담
* 북미기본합의문 타결 (제네바합의)

1994.11.1 북한, 핵동결선언

1994.11-1995.4 북미 경수로전문가 회담 5차례 개최 (한국형 경수로 도입 관련)

1994.12-1995.9 북미 연락사무소 개설 협상

1995. 1. 1 북한, 선군정치의 공식적 시작

1995. 1.15 미국, 대북 중유제공 개시

1995. 1 미국, '대외활동지출법안', 특정국가에 대한 직접 원조 금지 조항 속에 북한 포함

1995 미국, '국무부수권법안' 근거, 국제원자력기구(IAEA) 안전조치 협정을 위반 하거나 미국과의 협력협정을 위반한 비핵국가에 대한 원조 금지

1995. 2.24 북한 외교부, 새로운 평화보장체제 불수용 시 "상응한 또 다른 조치" 경고

1995. 2.25 한미, 95 팀스프리트 훈련 중단 발표

1995. 3. 3 북한, 북미 장성급 회담 제의

1995. 3. 9 한반도에너지개발기구(KEDO) 설립

1995. 4.17-5.12 제5차 NPT 평가회의. NPT 영구조약으로 갱신

1995. 4.21 갈루치, 북한에 고위급 회담 제의

1995. 5.19-6.13 북미 경수로 준고위급회담, 한국형경수로 사실상 합의

1995. 6.22 북한, 정전협정 파기 선언 계획 통보
* 북한 군사정전위원회 참모장교 접촉 시 유영철 상좌 언급 "6월25일 부로 정전협정 파기를 구두로 통보"

1995. 6.25 주러 북한대사(손성필), 러북 우호협회 주최 연설에서 북미평화협정체결 주장

1995. 6.27 제네바 주재 북한대사(이철) 유엔군축회의 연설에서 정전협정 무용론 주장

1995. 6.29 북한, 외교부 비망록 유엔군 사령부 해체 주장

1995. 7. 5 북한, UNC 군정위 대표에게 평화체제구축관련서한

1995. 7.21 북한 김영남 외교부장, UN 사무총장에 서한 "주한 유엔군 사령부 해체 요구"

1995.10.18 북한, 평화보장체계 협상 거부 시 정전체제 완전 청산조치 경고

1995.11.1	UN 총회, 북 핵관련 IAEA의 대북 핵안전 조치 촉구 결의안 채택
1995.12.12	IAEA 사무총장(블릭스), 북한의 IAEA 핵사찰 활동 거부 발표
1995.12.15	북한-KEDO 간 경수로공급협정 체결
1996. 1	미국, 유엔의 대북긴급 지원 요청 수용, 2백만 달러 조건 없이 기부
1996. 1.11	제1차 북미 미군유해협상
1996. 1.31	북한, IAEA에 신고 핵시설 사찰허용
1996. 2.15	한미 96 팀스프리트 훈련 중단 발표
1996. 2.22	북한, 정전협정을 대체할 잠정협정 체결 제안
	* 군사정전위를 대체할 북미군사공동기구 제안
1996. 3. 8-3.9	북한, '조선인민군 판문점 대표부 비망록'
1996. 3.29	북한, 추가 식량지원의 '절박한 필요성' 언급(95년 수해 이후 2차 지원 요청)
1996. 4. 4	북한, 군사분계선 및 비무장지대 관리업무 포기 선언
1996. 4. 5	북한, 공동경비구역 무장시위
1996. 4.16	한미정상, 4자회담 제안
1996. 4.17	미일, '신 안보공동선언'
1996. 4.20-21	북미 제1차 미사일회담
	* 북한, 대북식량지원과 탄도 미사일 대외 수출 중단을 맞바꾸자고 제안함
1996. 4.27	북한, 8,000개 폐연료봉 밀봉작업(canning) 개시
1996. 5	미국, 북한과 이란에 미사일 기술 이전 관련 경제제재
1996. 5.10	제2차 북미, 미군유해협상
1996. 9	북러 상호방위조약 공식 폐기
1996. 9.18	강릉 잠수함 침투사건
1996. 9.22	북한, 핵합의 파기 위협
1996. 9.24	미국, 97팀스프리트 훈련 재검토 용의 시사
1996.10.16	UN안보리 대북 의장성명 채택, 잠수함 사건 우려 및 한반도 평화 권고
1996.10.26	북한, '핵동결 합의' 재고 표명
1996.10.27	미국, 크리스토퍼 국무장관, 북한 핵 동결 파기 시 군사 대응 언급
1996.10.29	유엔총회, 북한의 안전협정 이행촉구 결의안 채택
1996.11. 4	북한, 폐연료봉 봉인 작업 중단
1996.11.11	한국, 김영삼大 경수로 지원 무기한 연장 발표
1996.11.15	북한, 핵개발 재개 위협
1996.11.19	북한, 판문점 연락사무소 폐쇄
1996.11.29	북한, 북미 합의문 파기 위협
1996.12.29	북한, 잠수함 침투 사건 공식 사과
1997. 2	황장엽 망명
1997. 2.10	북한, 미국-북한 핵합의 파기 위협
1997. 2.13	북한, 포괄적핵실험금지조약(CTBT) 서명 거부
1997.3월-6월	4자회담 공동설명회 3차례 개최(뉴욕)
1997. 3. 7	북미 준 고위급 회담

1997. 3.12	북미 연락사무소 설치 합의
1997. 6. 8	미일 방위 협력 지침 중간보고서 발표
1997. 6.11-13	북미 제2차 미사일회담
1997. 7.16	비무장지대 교전발생
1997. 7.28	KEDO 금호지구 사무소 개설
1997. 8.19	경수로공사 착공
1997. 8월-11월	4자회담 예비회담 3차례 개최
1997. 8. 5	북한, 정전체제 복귀
1997. 9. 9	미국 국적 민항기 최초로 북한 도착
1997. 9.18	제2차 4자회담 예비회담(~19, 뉴욕)
1997. 9.23	미일 신가이드라인 발표
1997.10.23	미국, 경수로공사비 분담 불가 방침 한국에 통보
1997.10.31	북한, 8,000개 폐연료봉 밀봉 완료
1997.11.21	제3차 4자회담 예비회담(~22, 뉴욕), 4자회담 개최 합의
1997.12월-1999 8월	4자회담 본회담 6차례 개최
1998	미국, 북한 HEU 관련 원심분리기 구입 시도 포착
1998-2002	북한, 70여 차례 고폭실험
1998. 1. 1	북한, 혁명적 경제전략을 폐기하고 중공업우선주의로 회귀
1998. 3.16	4자회담 2차 본회담 개막(~21, 스위스 제네바)
1998. 5	인도 및 파키스탄 핵실험
1998. 6	미국, 북한 "지하핵시설" 의회 브리핑 개시
1998. 8.17	뉴욕타임즈, 금창리 지하핵시설 의혹 보도
1998. 8.21-9.5	뉴욕 북미 고위급회담
1998. 8.22	북한, 노동신문 정론 "강성대국" 발표
1998. 9. 5	북한, 국방위원회, 김정일위원장 재추대
1998. 8.31	장거리 미사일 대포동1호 시험발사 (북한은 인공위성 광명성 1호라고 주장)
1998.10.1-2	북미 제3차 미사일회담
1998.10-99.2	북한, 제네바합의 파기 및 미사일시험발사 재개 노골적으로 위협
1998.11. 9	KEDO 집행이사회, 경수로 재원분담 합의
1998.11.16	금창리사찰 관련 북미협상 시작
1998.11.19	미국, 대북선제공격내용을 담은 <작전계획 5027-98> 언론 유출
1999. 1.16	북미 고위급 3차회담(~17, 23~24, 스위스 제네바)
1999. 1.18	4자회담 4차 본회담(~22, 스위스 제네바)
1999. 3.15	북미 금창리협상 타결
1999. 3.29-30	북미 제4차 미사일회담 (성과없이 결렬)
1999. 3	미국, <아미티지보고서> 의회제출
1999. 4.24	4자회담 5차 본회담(~27, 스위스 제네바)
1999. 5	북한, 1차 금창리 시설 사찰 대가로 식량 60만톤 제공 요구
1999. 5.14	미국, 찰스 카트먼 한반도 평화회담 특사 방북(~15일)

1999. 5.22　미국, 북한에 식량 40만 t 지원 결정 발표

1999. 5.24　일본, 신가이드라인 관련법통과

1999. 5.25　미국, 윌리엄 페리 대북정책조정관 방북(～28일)

1999. 6.15　서해교전 발발

1999. 6.23-24　북미고위급회담(베이징)

1999. 6.25　미국, 1차 금창리사찰 결과 발표

* "원자로나 재처리시설이 없으며, 그 용도로 만들어진 것도 아니다"

1999. 8.3-9　제네바에서 재2차 북미고위급회담/ 4자회담 6차 본회담 (제네바 마지막 4자회담)

1999. 9.7-12　북미고위급회담(베를린)

* 미국, 경제제재 추가완화 발표(9.17)

* 북한, 미사일시험발사 유예 선언(9.24)

1999. 9.15　미국, 페리 대북정책 조정관 "페리보고서" 제출

1999. 9.27-10.2 뉴욕 북미고위급회담

* 미사일 개발 및 수출, 테러지원국 해제, 제네바합의 이행 등 일괄타결 논의

1999.11　미국 공화당 <대북자문그룹> 보고서, 고폭실험, HEU 문제 제기

2000. 1.22-28　북미고위급회담(베를린)

2000. 2. 3　경수로 본공사 착공

2000. 3. 9　한국 김대중大, "베를린선언"

2000. 5.24　북미 차관급회담(～30, 이탈리아 로마)

2000. 5.25　2차 사찰 금창리, 1차와 차이 없음

2000. 6.15　남북정상회담

2000. 6.19　미국, 대북한경제제재 완화조치 발효, 북미, 베를린회담(～21)

2000. 7.10-12　북미 제5차 미사일회담 (북한 미사일수출 중단 대신 3년간 30억 달러 요구)

2000. 7.28　북미 외무장관 접촉

2000. 8.8　북미, 테러회담(평양)

2000. 9.27　북미 차관급회담(미국 뉴욕)

2000.10. 6　북미, 국제테러에 관한 공동성명 발표

* 북한을 테러지원국 명단에서 삭제하기 위한 주요조치

2000.10. 9-12　북미공동코뮤니케 발표

2000.10.23-25　미국, 올브라이트 국무장관 방북

2000.11. 1-3　북미 제6차 미사일회담

2000.12.13　북미, 미군유해발굴회담(～17, 말레이시아 콸라룸푸르)

2000. 1.　북미, 부시大 취임

2001. 1.17　미국, 파월 국무장관(내정), 김정일 "독재자" 발언

2001. 1.18　북미, 비공식 실무회담(미 뉴욕)

2000. 2　미국, 이라크 폭격

2001. 3. 7　한미정상회담. 부시, 김정일에 대한 "상당한 회의감" 표출

2001. 5. 1　미국, 부시大 ABM 탈퇴 및 미사일방어망 추진 공식 선언

2001. 6. 6　미국, 부시大, 대북정책재검토 내용 발표

	* 제네바합의 이행개선, 미사일 검증가능한 제약과 수출금지, 재래식군사력 문제 등에 대해 "진지한 논의" 의사 표명
2001. 9. 9	북한 외무성, 주한미군철수 주장
2001. 9.11	9.11테러
2001. 9.25	제45차 IAEA 총회, 핵안전 협정 준수 촉구 대북 결의안 채택
2001.11	아프간전쟁 발발
2001.11. 8	북한, 2개의 반테러협약 서명
2001.12	유엔총회, 대북 핵사찰촉구 결의안 통과
2002. 1.15	국제원자력기구(IAEA), 과거 북핵 규명관련 시설 방문, 조사(~19)
2002. 1.29	부시, 북한을 "악의 축"으로 규정
2002. 1.30	북한 외무성, 부시 발언을 "대북 선전포고"로 규정
2002. 2.20	한미정상회담. 부시, "대북침공의사 없다", "평화적 방법"의 정권교체시사
2002. 2.22	북한, 부시의 정권교체론에 대해 "부시패거리와 상종할 생각 없다" 선언
2002. 4	미국, 부시大 '과감한 접근(bold approach)' 발표
2002. 5.22	미국, 북한을 테러지원국에 북한 재지정
2002. 6.1	미국, 부시大 선제공격 독트린 발표
2002. 6.27	미국, 북한에 공식적 양자회담 제안
2002. 6.29	서해교전 재발
2002. 8	미국, 대북 조기사찰 본격 제기 시작
2002. 8.23	북러 정상회담
2002. 8.29	미국, 볼튼 차관 북한이 "대량살상무기로 이빨까지 무장한 악의 정권"이라고 비난
2002. 9	미국, <국가안보전략> 발표. 선제공격 독트린 재확인
2002. 9.17	북일 정상회담
2002.10. 3-5	미국, 켈리 방북. HEU 문제 논의
2002.10. 7	북한, 미국 대통령 특사에 대한 태도 비난
2002.10.16	미국, "북한 HEU 시인" 발표 (제2차 북핵위기 발발)
2002.10.25	북한, 북미 불가침조약 체결 제의 및 제네바합의 비공개양해각서 공개
2002.11.14	미국 NSC 및 KEDO, 대북 중유공급 중단 결정
2002.11.20	북한 경비정, 서해 북방한계선(NLL) 침범
2002.11.30	IAEA, 대북 핵개발 포기 및 사찰수용 촉구 결의안 채택
2002.12.10	노동미사일 선적된 북한선박 <서산호>, 미-스페인 공동작전으로 나포
2002.12.12	북한, 핵동결 해제 선언
2002.12.21	북한, 핵시설에 대한 IAEA 감시장치 제거 등 핵동결 해제조치 개시
2002.12.25	북한, 5MWe 원자로 연료봉 재장전
2002.12.28	북한, IAEA 사찰관 추방
2002.12.31	미국, 부시大 북핵문제를 외교적 방법으로 평화적 해결 천명
2002. 1. 6	IAEA 특별 이사회, 대북결의안 통과
2003. 1.10	북한, NPT 탈퇴 및 안전협정 무효화 선언
2003. 1.11	북, 미사일 시험발사 재개 경고

2003. 1.14	미국, 부시大 북핵문제 다자적 접근 의지 표명
2003. 1.28	북한 외무성, "어떤 일이 있어도 다자회담에는 참여하지 않을 것"
2003. 1.29	미국, 부시大 북한을 "무법정권"(outlaw regime) 규정
2003. 2.12	IAEA, 북핵문제 안보리 보고 결의안 채택
2003. 2.20	북미, 핵문제 협의 위해 비공식 접촉(~21, 독일 베를린)
2003. 3초	북한, 미국 등 관련국에게 8,000개 폐연료봉을 재처리하고 있다고 통보
2003. 3. 7	중국, 첸지첸 부총리 김정일 면담, 3자회담 설득
2003. 3.12	미국, 켈리 차관보 다자회담의 형식으로 <P5+5 체제> 이외에 6자회담 고려 발언
2003. 3.20	이라크전쟁 발발
2003. 3.31	한성렬(북한 UN대사)-잭 프리처드(미국 대북교섭 담당), 북핵문제 논의
2003. 4.12	북한, 다자회담 참여 가능성 시사
2003. 4.16	제59차 유엔인권위원회, 북한 인권규탄 결의안 채택
2003. 4.18	북한, "폐연료봉 재처리작업 진행 중"
2003. 4.23-25	3자회담(베이징)
	* 북한, "북미 쌍방의 우려를 동시에 해소할 수 있는 새롭고 대담한 해결방도 제시"
	* 북미중 회담, 북미 양측의 제안을 절충한 중국의 작품
2003. 5. 9	북한, 봉수호 두번째 마약밀수 적발
2003. 5.15	한미정상회담, "추가조치 검토" 발표
2003. 5.24	북한, 조미쌍무회담을 다자회담으로 전환 가능
2003. 6. 2	조미쌍무회담 선행, 다자회담(중국 중재 명분)
2006. 초	미중 정상회담, 다자회담 틀 내에서 북미대화가 가능하다는데 부시 동의
2003. 6	미국 주도의 확산방지구상(PSI) 발족
2003. 6.11	미국, <인신매매보고서>에 북한 포함
2003. 7. 8	북한, 미국에 8,000개 폐연료봉 재처리 완료 통보
2003. 7.14	북중 접촉, 다이빙궈 설득을 북한 수용
	* 2003년 7월 중 선3자 후5(6)자 회담 가능하다는 입장
2003. 8. 1	6자회담에 대한 북한 외무성 및 미국의 입장 긍정적
	* 부시는 이에 대해 'Mr 김정일'이라고 존칭
2003. 8.27-29	제1차 6자회담
2003. 9. 3	PSI 참가국, 육해공 군사훈련 합의
2003.10. 2	북한, 사용 후 핵연료봉 재처리 완료 및 핵 억지력 강화 방향으로 용도변경 가능성 경고
2003.10.16	북한, "핵 억제력을 물리적으로 공개" 발표, 핵실험 가능성 암시
2003.10.20	미국, 부시大 다자틀 내 대북 안전보장 용의 표명
2003.10.25	북한, "부시의 '불가침담보' 발언 고려할 용의 있다"
2003.11	KEDO, 대북 경수로사업 12월 1일부터 1년 중단 결정
2003.12. 9	북한, 1단계 동시행동 일괄타결안 제의
2004.1. 6-10	미국, 헤커박사 등 전문가 영변 핵시설 방문
	* 북한, "핵 억지력"(플루토늄 금속)을 실물 공개
2004. 2.25-28	제2차 6자회담

2004. 4.28	미국, 북핵 최소 8개 추정 발표
2004. 4.30	미국 부시, 대북 직접대화 거부 의사 표명
2004. 5.12	제1차 북핵 실무그룹회의 개막
2004. 6.23-26	제3차 6자회담 * 미국, "북핵 5단계 해법" 제시 * 북한, "미, 보상 수용시 핵동결"
2004. 8.23	부시의 폭군 발언 규탄
2004. 9.27	북한, 최수헌 외무성 부상 사용후 핵연료봉 재처리로 얻은 플루토늄으로 핵무기 제조 발언
2004. 9.28	미국, <북한 인권법안> 상원 통과
2004.10. 6	미국, 주한미군 2008년까지 3단계 감축안 발표
2004.10.22	북한, 6자회담 재개 조건 제시
2004.11.13	북한, 6자회담 관련 입장 표명
2005. 1.11	북한, 김계관 외무성 부상, 미 하원 의원단에게 북한은 핵보유국이라고 밝힘
2005. 1.19	미국, 라이스 국무장관(내정), "북한은 폭정의 전초기지" 발언
2005. 2.10	북한, 핵보유선언, 6자회담 참가 무기한 중단 선언
2005. 3. 2	북한 비망록 "부시정부가 성의를 보이고 행동해 6자회담이 개최될 수 있는 조 건과 명분을 마련할 경우 언제든지 6자회담에 나가겠다"
2005. 3. 2	IAEA, 북핵문제에 대한 의장 결론문 채택, NPT와 6자회담 복귀 촉구
2005. 3.16	북한 외무성, 6자회담 참여 조건, 라이스장관의 "폭정의 전초기지" 발언 철회 요구
2005. 3.19-21	미국, 라이스 국무장관 북한을 '주권국가'라 지칭
2005. 3.31	북한, 6자회담의 군축회담화 주장
2005. 4.19	미국, 북한이 6자회담 복귀 않을 시 유엔 안보리 회부 검토 발언
2005. 4.25	북한, 미국이 핵문제 유엔 안보리 회부시 선전포고로 간주 경고
2005. 4.29	부시, 김정일을 '폭군(Tyrant), 위험한 인물'로 비난, UN 안보리 회부 언급
2005. 5.11	북한, 5MWe 원자로에서 사용후 핵연료봉 8000개 인출 완료 발표
2005. 5.13	조셉 디트라니(국무부 대북협상대사), 박길연(유엔주재 북한대사) 및 한성렬(차석대사) 접촉
2005. 5.31	부시, 백악관 기자회견에서 'Mr 김정일'이란 표현 사용
2005. 6. 6	북미, 북핵관련 실무접촉
2005. 6.30	미국, 리근(외무성 미주국장) - 디트라니(대북협상대사) 접촉
2005. 7. 9	김계관-힐 베이징 접촉. 7월 마지막주 6자회담 재개 합의
2005. 7.22	북한, 외무성 "평화체제수립을 비핵화를 달성하기 위한 로정으로 연계"
2005. 7.25	미국, 힐 미국 수석대표, 김계관 북측 수석대표 양자회담
2005. 7.26	제4차 6자회담 1단계회의 개최
2005. 7.28	북미 세 번째 양자회담
2005. 7.29	수석대표 소규모 회의, 북미 네 번째 양자 회담
2005. 8.3	북미중 연쇄 양자접촉 불발.
2005. 8.4.	남북미 접촉, 중국의 '4차 수정안' 절충 시도
2005. 8.5	*북미 리근 외무성/ 미국국장 조셉 디트라니 대북협상대사 간 차석 대표회의
2005. 8.7	6자회담 휴회

2005. 8.19	미국, 제이 레프코위츠 북한 인권특사 임명
2005. 9.13	2단계 제4차 6자회담 휴회 37일 만에 개막
2005. 9.15	북미 6개국 전체회의에서경수로 문제로 이견
2005. 9.15	미국, 방코델타 아시아 은행의 북한 위조달러 유통 및 불법 돈세탁 관련 발표
2005. 9.18	'6개국 수석대표 +1' 회의
2005. 9.19	4차 6자회담 2단계회의에서 <9.19> 공동성명 채택 * 핵문제해결과 한반도평화체제 동시추진
2005.10	미국, 대북 금융제재 개시
2005.11. 9–11	제5차 6자회담 1단계회의
2005.11.16	미일 정상회담 가운데 부시, 김정일 국방위원장에 대해 '폭군이'라고 지칭
2005.12. 7	미국, 버시바우 주한대사, 북한을 "범죄정권"이라 지칭
2005.12. 8	북한 인권국제대회 서울에서 개막
2005.12.11	북한, 미국의 금융 제재와 범죄 정권 발언 이유, 6자회담 무기한 연기
2005.12.12	미국, 부시大 필라델피아 세계문제협회 연설에서 "테러와의 전쟁은 독재정권 교체"
2005.12.17	유엔총회, '북한 인권 상황에 대한 결의안' 가결
2006. 1.31	미국, 부시大 북한 포함 5개국 '부자유 국가'로 지칭
2006. 3.23	제3차 북한 인권국제대회 벨기에 브뤼셀개막
2006. 3.30	미국, 재무부 스위스 회사 '코하스 AG' 금융제대(북한 WMD 지원 혐의)
2006. 4.30	미국 법원, 한국국적 탈북자에게 정치적 망명(political asylum) 최초 승인
2006. 6. 1	북한, 미국측 6자회담 수석대표(힐)를 초청 미측 거부
2006. 7. 5	대포동 2호 시험발사. 실패 추정
2006. 7.16	유엔안보리, 북한과의 대량살상무기 거래를 금지하는 결의안 통과
2006. 7.25	미국, 상원의회, 북한비확산법 만장일치 가결
2006. 9. 9	중국 등 세계 24개 금융기관 대북 거래 중단
2006. 9.13	미국, 하원의회 북한비확산법 만장일치 가결
2006.10. 3	북한, "앞으로 핵시험(핵실험)을 하게 된다"
2006.10. 6	유엔 안보리, 북한 핵실험 포기촉구 의장성명 발표
2006.10. 9	북한, 지하핵실험
2006.10.15	유엔 안보리, 헌장 7조 의거 대북한 제재결의 가결
2006.10.23	유엔 안보리, 대북제재위원회 공식 출범
2006.12.18	6자회담 제5차 2단계회의(~22, 중국 베이징)
2007. 1.16	김계관-힐, 베를린 회동(~17)
2007. 2. 8	6자회담 제5차 3단계 회의 개막(~13, 중국 베이징)
2007. 2.13	6자회담 제5차 3단계회의, "9.19 공동성명 이행을 위한 초기조치, 2·13 합의"
2007. 3.19	제6차 6자회담 개최(베이징~22)
2007. 6.21	미국, 힐 국무부 차관보 평양 방문(~22)
2007. 7.12	대북 중유공급재개
2007. 9. 1	북미, 실무협의서 연내 모든 핵시설 신고 및 불능화 합의(제네바~2)
2007.10. 3	북미, 비핵화 2단계 조치인 '불능화(disablement)'와 '신고' 이행 방안

2007.10. 4	남북정상회담, '남북관계 발전과 평화번영을 위한 선언문'발표
2007.12.19	미 국무부 북핵불능화팀 방북(~23)
2008. 2.26	뉴욕 필하모닉 평양공연~28)
2008. 3.28	북한, 서해상에서 단거리 미사일 발사
2008. 4. 8	북미, 싱가포르 회담 (미국 및 6자회담 수석대표 회담)
2008. 5.16	미국, 북한에 식량지원 5만 톤 발표
2008. 6.26	북한, 6자회담 의장국 중국에 핵 신고
	미국, 대북 적성국교역법 해제
2008. 6.27	북한, 냉각탑 폭파
2008. 7.10	6자 수석대표회담 (~12)
2008. 7.23	6자 외무장관 첫 회동 (싱가포르, ~24)
2008. 8.26	북한, 핵 불능화 이행 중단 선포
2008.10. 1	미국, 힐 차관보 방북(~3)
2008.10.11	미국, 북한 테러지원국 해제
2008.11.21	유엔총회, 대북인권결의안 채택
2009.11.12	북한, 판문점 적십자연락대표부 폐쇄
	북측 대표 철수 및 판문점을 경유한 모든 남북 직통 전화통로 단절
2009.12. 7	제6차 6자회담
2009. 1.20	미국, 오바마 대통령 취임
2009. 2. 3	미국, 스티븐 보스워스 방북
2009. 2. 3	미국, 북한 인권보고서 발표
2009. 3.13-14	북한, 개성공단 출·입경 불허
2009. 3.17	북, 미국 여기자 2명 억류
2009. 3.26	북한, 미사일 로켓, 발사대에 장착
2009. 4. 5	북한, '광명성 2호' 발사
2009. 4.13	유엔안보리 의장성명 채택
2009. 4.14	북한, 6자회담 탈퇴 및 IAEA 미국 측 검증요원 추방
2009. 4.25	북한, 폐연료봉 재처리 시작 및 여기자 2명 재판회부 결정
2009. 5.14	미국, 북한 미사일 발사 대비 요격미사일 배치
2009. 5.19	미국, 대 테러비협력국에 북한 재지정
2009. 5.25	북한, 제2차 핵실험 단행
	한국, PSI 전면참여 발표
2009. 5.30	한미, 북한의 ICBM 발사준비 징후 포착
2009. 6. 4	북한, 미국 여기자 재판
2009. 6. 8	북한, 미국 여기자 2명에 대해 12년 '노동교화형'
2009. 6.13	북한, 농축우라늄 선언
2009. 6.15	미국, 북한 핵실험 공식 인정
2009. 6.18	미국, 북한 선박 '강남호', 핵물자 수송 의심 및 추정
2009. 6.22	미국, 오바마大 대북경제제재 1년 연장 성명

2009. 6.26	미국, 대북경제 제대 범정부조직 구성
2009. 7. 2	북한, 지대함 단거리 미사일 4발 동해안으로 발사
2009. 7. 4	북한, 노동미사일, 스커드미사일 7발 동해안으로 발사
2009. 7. 5	북한 선박 강남포(군수물자 수송 추정) 서해상에 북상
2009. 7. 7	북한 선박 강남호 회항
2009. 7. 8	미국, 대북금융제재 강화
2009. 7. 14	북한, 김정일 투병설 및 권력승계 움직임
2009. 7. 15	북한, 6자회담 영구종식 주장
2009. 7. 16	유엔, "5·5·2 제재"
2009. 7. 22	미국, '포괄적 패키지' 북한에 제안
2009. 7. 26	북한, 미국에 양자회담 제의, 미국 거절
2009. 7. 30	미국, 북한기업(조선혁신무역회사) 대북금융제대 대상 기업으로 지정
2009. 8. 4	미국, 빌 클린턴 미국 전 대통령 방북
2009. 8. 5	북한, 김정일 여기자 석방 지시
2009. 8. 11	미국, 북한기업(조선광선은행) 금융제재 기업 지정
2009. 8. 18	미국, 오바마·빌 클린턴 회동
2009. 8. 20	북한, 보스워스 특사에 대한 방북 요청
2009. 8. 31	북한, 미국에 양자회담 제의
2009. 9. 6	미국, 보스워스 방한
2009. 9. 8	미국, 북한기업(조선원자력총국, 조선단군무역회사) 자산 동결 QDR, 북한 붕괴 시나리오 발표
2009. 9.18	김정일·다이빙궈 면담, 다자대화 복귀
2009. 9.30	북한, 주민 11명 귀순
2009.10. 7	김정일·원자바오 회담, 북한 6자회담 조건부 복귀용의
2009.10.12	북한, 단거리 미사일 연쇄 발사
2009.10.23	리근·성 김 회담
2009.10.28	미국, 오바마大 테러지원국 지정 판단 위한 북한행위보고서 제출 의무화
2009.10.30	유엔, 대북인권결의안 채택
2009.11. 3	북한, 폐연료봉 8,000개 재처리
2009.11.10	서해교전
2009.11.14	미국, 오바마 大 아시아 순방 시작
2009.12. 9	미국, 보스워스 방북
2009.12.10	보스워스·김계관 회담
2009.12.25	미국, '자유와 생명' 대표 로버트 박, 무단 입북

저자약력

장달중

현, 서울대학교 명예교수
서울대학교 정치외교학부 교수
서울대학교 정치학과 학사 석사
University of California(Berkeley) 정치학 박사
미국 U.C. Berkeley 동아연구소 객원교수 역임
일본 동경대 사회과학연구소 객원교수 역임
외통부, 국방부, 통일부 정책 자문위원 역임
통일부 정책평가 위원회 위원장 역임
저서: 『日韓政治社會の比較分析』(공편, 2006), 『戰後日韓關係の展開』(공편, 2005), 『김정일 체제의 북한: 정치·외교·경제·사상』(공편, 2004), 『분단 반세기 남북한의 정치와 경제』(공저, 1996) 외 다수

이정철

현, 숭실대학교 정치외교학과 교수
국회 외교통상통일위원회 자문위원
서울대학교 법학과 졸업
서울대학교 정치학과 정치학 석사 박사
삼성경제연구소 수석연구원 역임
통일부 회담본부 정책자문위원 역임
저서: 『최근 북한의 가격 유통체제 변화 및 향후 개혁 과제』(공저, 2005), 『미국의 신보수주의 외교 전략과 한반도 평화문제』(공저, 2004), 『북한경제개혁연구』(공저, 2002) 외 다수

임수호

현, 대외경제정책연구원 통일국제협력 팀장
민주평통 상임위원
서울대학교 경영학과 졸업
서울대학교 정치학과 정치학 석사 박사
저서: 『계획과 시장의 공존』(2008), 『김정일체제와 강성대국론』(공저, 2005), 『부시 행정부의 패권전략과 동아시아의 안보딜레마』(공저, 2004) 외 다수

서울대학교통일학연구총서

01 북한체제의 형성과 한반도 국제정치
김세균 · 유홍림 · 임경훈 · 임종헌 · 신욱희 · 정재호 · 전재성 · 조동준

02 북한 산업개발 및 남북협력방안 – 지리적 접근
박삼옥 · 허우긍 · 박기호 · 박수진

03 탈북 가족의 적응과 심리적 통합
이순형 · 조수철 · 김창대 · 진미정

04 남북한 환경정책 비교연구 1 – 자연환경, 자원 및 에너지
윤여창 외 6인

05 남북한 환경정책 비교연구 2 – 물환경, 대기, 폐기물, 도시계획
김정욱 외 4인

06 남북통합지수, 1989–2007
김병연 · 박명규 · 김병로 · 정은미

07 통일한국의 어린이 영양
이연숙 · 윤지현 · 심재은 · 장수정

08 북미 대립 – 탈냉전 속의 냉전 대립
장달중 · 이정철 · 임수호

09 네트워크 세계정치 – 은유에서 분석으로
하영선 · 김상배 엮음

10 김일성사회주의청년동맹과 조선민주녀성동맹 – 사회변동과 체제유지의 기제
이온죽 · 이인정

11 다플랫폼 다채널 시대의 통일방송
윤석민 · 배진아 · 곽정래 · 이현우 · 채정화

12 기초자료로 본 독일 통일 20년
임홍배 · 송태수 · 정병기

13 탈북인의 공 · 사적 관계와 의사소통
이순형 · 김창대 · 진미정

14 북한의 『조선어학전서』 연구
권재일

15 판례로 보는 남북한관계
이효원

16 북한 경제에서의 시장과 정부
김병연 · 양문수

17 통일농업 성장보고서(1991-2009) - 남북농업 교류협력 평가와 발전방향
최정남 · 김완배 · 리금 · 최장호

18 남북한 교류협력 거버넌스의 구조와 동학
정근식 · 정은미 · 강동완

19 독일 통일과 여성 – 젠더 관점에서 조망한 독일의 분단과 재통일
한정숙 · 홍찬숙 · 이재원

20 북한사회와 굴절된 근대 – 인구, 국가, 주민의 삶
박경숙

21 북한이탈청소년과 남한청소년의 도덕성, 법의식과 권위 인식
이순형 · 김창대 · 진미정

22 남북 언어의 어휘 단일화
권재일

23 남북한 젊은 세대의 통일관
강원택 · 이재철 · 조진만 · 한정택 · 김새미

24 북한이탈주민의 종교경험
이순형 · 최연실 · 진미정

25 여성 북한이탈주민의 경제적 적응 - 취업, 소득, 소비
정진화 · 손상희

26 북한의 체육과 여가
나영일 · 현주 · 안지호 · 신영진 · 진현주 · 성제훈

27 중국의 대북 무역과 투자 - 단둥시 현지 기업 조사
김병연 · 정승호

28 북한주민의 질병관과 질병행태
김석주 · 이왕재 · 박상민 · 이혜원 · 최희란

29 북한의 수학 연구 현황 분석
김도한 · 신정선

30 한국전쟁 사진의 역사사회학 - 미군 사진부대의 활동을 중심으로
정근식 · 강성현

31 통일의료
신희영 · 이혜원 · 안경수 · 안형순 · 임아영 · 전지은 · 최소영